文津流觞

国家图书馆古籍馆◎编

第一辑

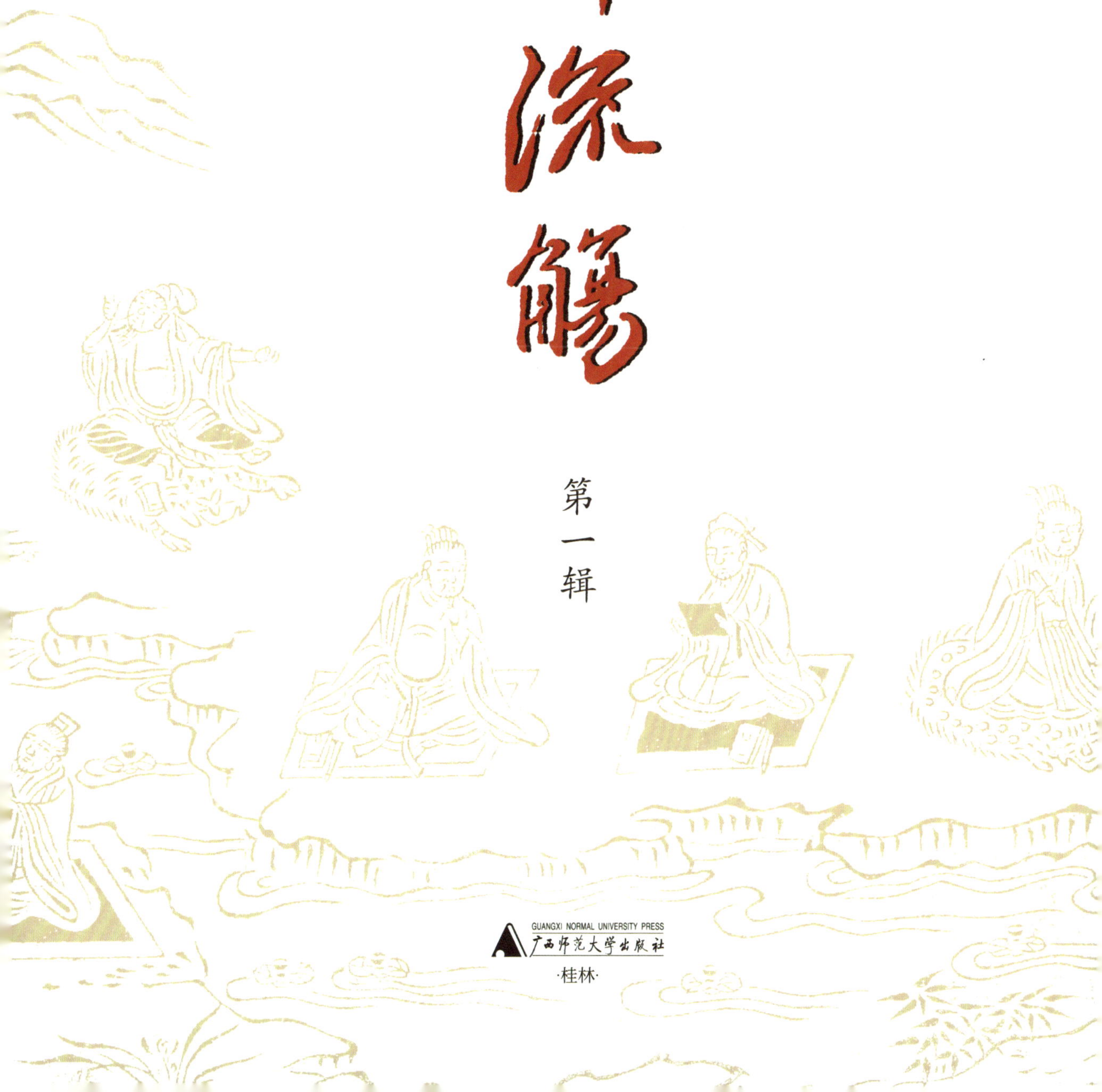

GUANGXI NORMAL UNIVERSITY PRESS
广西师范大学出版社
·桂林·

文津流觞
WENJIN LIUSHANG

图书在版编目（CIP）数据

文津流觞. 第一辑 / 国家图书馆古籍馆编. --桂林：广西师范大学出版社，2021.8
ISBN 978-7-5598-4100-1

Ⅰ.①文… Ⅱ.①国… Ⅲ.①图书馆学－文集 Ⅳ.①G250.1-53

中国版本图书馆CIP数据核字（2021）第151998号

广西师范大学出版社发行
（广西桂林市五里店路9号　邮政编码：541004）
　网址：http://www.bbtpress.com
出版人：黄轩庄
全国新华书店经销
北京博海升彩色印刷有限公司印刷
（北京市通州区中关村科技园通州园金桥科技产业基地环宇路6号　邮政编码：100076）
开本：787 mm×1 092 mm　1/16
印张：19.75　　字数：420千
2021年8月第1版　　2021年8月第1次印刷
定价：128.00元

如发现印装质量问题，影响阅读，请与出版社发行部门联系调换。

《文津流觞》编委会

主　编：陈红彦

副主编：谢冬荣　萨仁高娃　林世田

编　委：李　坚　刘　波　樊长远　赵爱学　白鸿叶　肖　禹
　　　　全桂花　胡　泊　田周玲　薛文辉　赵大莹　谢德智
　　　　张彦希　程佳羽　颜　彦　宋　晶　孙羽浩　刘毅超
　　　　徐　蜀　郭又陵　乔祥飞　陈显英

寄语

咫尺翰墨廿载来　文津流觞又日新

在春暖花开、生机盎然的时节，获悉古籍馆主办的内部刊物《文津流觞》即将转为正式出版物，以集刊形式由广西师范大学出版社定期出版，我由衷地感到高兴。由内部刊物向正式出版的转身，说明《文津流觞》踏上了一个新台阶，达到了新高度，从而成为一个更宽广、更有力的古籍业务工作的研讨平台。

我馆主办的刊物，包括中国图书馆学会主办的刊物在内，目前已经形成了一个分工合作、各具特色的方阵：有致力于图书馆学的《中国图书馆学报》《国家图书馆学刊》，有以揭示文献史料、推进文史研究为宗旨的《文献》《文津学志》《书志》，还有专注于古籍保护事业的《古籍保护研究》。这六个刊物一半是期刊，一半是集刊。它们都是学术刊物，以发表学术论文为主，在各自耕耘的学术领域都有很好的口碑。翻阅过往20年的72期《文津流觞》，我感觉它最大的特点在于鲜活与生动。这里刊发的文章，有些学术性、资料性比较强，更多的是业务工作中的所思所感、馆藏文献相关掌故、古籍界的旧事新闻，以及对前辈专家的追思与怀念，等等。这些文章题材多样、笔调生动，让我们看到从事古籍工作的同仁在严谨谦逊的工作态度外，还有着犹如泉涌的文思与才情。如今《文津流觞》的加入，让我们的期刊方阵变得更加生动活泼，更加丰富多彩。

习近平总书记强调，要让书写在古籍里的文字活起来。如何做到这一点，是新时代摆在广大古籍工作者面前的重大课题。当前，各种信息传播平台层出不穷，新的信息传播方式各擅胜场，在这样的背景下，创新表述方式、更新表达渠道，是我们必须要勇于尝试的路径。同时，我们也不应忘记，内容创作永远是文化弘扬的基础，经过长期积累而逐步深厚的知识底蕴仍然是传播层面出彩的关键因素。在《文津流觞》正式出版之际，希望从事古籍工作的同仁们，用你们手中活的笔，写出更多关于那些书、那些年、那些人、那些事的精彩文章，为古籍工作留史，让典籍里的文字浸润人们的心灵。希望古籍馆加大编辑力度，让组稿、编辑工作在更高的标准下运行，让《文津流觞》成为古籍界同行的交流园地。

祝愿《文津流觞》百尺竿头更进一步，为越来越多的读者所接受、所喜爱。

我对新版《文津流觞》充满期待。

国家图书馆馆长
国家古籍保护中心主任
国家典籍博物馆馆长

文津流觞多隽永
敦崇实学待育人

李毅惠 二○二一年三月廿九日

芸台书香酿醇醪

中国典籍源远流长，博大精深。国家图书馆所藏古籍尤为丰赡精粹，品类繁多，满目琳琅，举世瞩目。其诸多善本更乃国家文化瑰宝，为业内津津乐道，阅览如于曲水饮流觞醇醪，享用文化盛宴。

国家图书馆古籍馆长期编印内部交流刊物《文津流觞》，已达廿载，出刊70余期，持续展示馆藏珍品，及时报道精品展陈，精心推介研究新著，密切跟踪学术互动交流，成绩灿然。尤其自国家开展全国古籍保护工作以降，加大推介古籍保护新进展、新事物、新成果的力度，诚为宣扬古籍保护之喉舌，传承优秀传统文化之津梁，为学界称道，为读者赞赏。

冀望古籍馆以《文津流觞》正式刊发为新起点，继续为加强古籍入藏、整理、保护、研究和利用，为书写在古籍里的文字活起来贡献力量，以达拓展文化推广事业和社会教育事业、满足人民文化需求和增强人民精神力量之宏愿。

中国社会科学院学部委员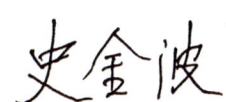

文脉传承　　源远流长

近日蒙国家图书馆古籍馆萨仁高娃女史告知,由该馆古籍馆(原善本特藏部)于2001年开始编印的内部刊物《文津流觞》将以集刊形式在广西师范大学出版社正式出版,征我寄语。我知道,20年间这个线下、线上的"内刊"已编印了70多期,惠及了无数关切馆藏古籍与传统文化传承的读者。现在即将以集刊的形式公开发行,将能发挥它更大的影响力,值得欣喜!

20年前,《文津流觞》主办方在发刊词中宣示:要致力于"培育中华文化传人,使文明薪火代代相传","《文津流觞》就是我们为大家精心奉献的一份文化礼品,她将及时报导善本特藏部和经典文化推广中心的各项活动,介绍国家图书馆的珍贵馆藏,推介有关古籍研究的最新成果等,以利经典文化推广事业和社会教育事业的拓展。"我认为,从该内刊已经刊发的上千篇文章与相关信息报道看,这个办刊宗旨与目的确实已经很好地实践了。我知道,国家图书馆古籍馆在编印《文津流觞》的同时还在举办"文津讲坛",邀请文化界学者名家,分门别类地进行各种专题演讲,传播广博的文史哲知识,至2019年底已经举办了1000讲,恰与《文津流觞》相得益彰。这也启示我们进一步理解文化传承的主体"人"与重要载体"书"是相辅相成、缺一不可的。因此,要将《文津流觞》办得更好,我们的编辑就必须从本刊的宗旨、特色出发,兼顾作者与读者两头。在一本篇幅有限的刊物中推介以国图为主的馆藏典籍及相关研究、动态,要符合不同层次读者的需求,就要力求内容丰富而精当,文字简洁明了、深入浅出、雅俗共赏,注重在普及知识的基础上提高学术含量。我曾在国图举办的"中国典籍与文化"讲座上说过一段"开场白",刊发在《文津流觞》内刊2002年第5期上,编辑定题为《大学者,小文章》,其中就介绍了中华书局《文史知识》杂志倡导大专家写小文章的经验,强调作者凭学术良心去和读者交流,普及准确、有用的文化知识的必要性。当然,在促进文化繁荣、实现伟大复兴的新时期,还必须秉持守正出新的原则,在遵循学术规范的基础上不断有所创新。我知道,《文津流觞》的编辑人数虽然不多,但大多是从事古籍整理、保护、研究、推介的专家,积累了多年办刊的经验,也有精心联系馆内外作者、读者和培养新生力量的好方法,在这方面一定会比我有更全面、深刻的体会。

著名文史专家余冠英先生36年前为《文史知识》杂志创刊五周年题写的五言贺辞云:"文史多佳境,诸公乐导游。方塘长作鉴,活水是源头。"道出了优秀的文史刊物传承源远流长文脉的功用。兹将此辞寄呈《文津流觞》诸位编辑同道,衷心祝贺新刊问世,文事吉祥,前景辉煌!

中华书局编审　柴剑虹

目 录

第一辑

寄语：饶　权　李致忠　史金波　柴剑虹

◎ 纪念丁瑜先生专栏 ◎
沉痛悼念丁瑜同志　李致忠 / 001
永远的怀念　陈红彦 / 002
怀念丁瑜先生　唱春莲 / 005
丁公琐忆　拓晓堂 / 007
追忆丁瑜先生点滴及三部文稿的整理　程有庆 / 011
深切缅怀丁瑜先生　赵　前 / 017
丁瑜先生与国家图书馆收藏的《碛砂藏》　李际宁 / 018
回忆丁瑜先生片段　黄霞 / 025
忆丁瑜先生兼谈《延年集》的编纂　李　坚 / 027
怀念和蔼谦抑的丁瑜先生　刘　明 / 032
您好，丁瑜先生！　罗　彧 / 035
承前启后传技艺
　　——丁瑜先生对国家图书馆古籍保护修复工作的贡献　王　沛　林世田 / 036
丁瑜致沈津信札　朱婷婷 / 043

◎ 文献天地 ◎
古籍中的医药文献
敦煌遗书中的医药文献　刘　波 / 046
国家图书馆藏《正统道藏》中的医药文献目录　郭　静　曹菁菁 / 049

国家图书馆藏少数民族文字医药古籍要目　王建海　李金花　朱志美 / 052
《针灸大成》学术价值及国家图书馆藏明刻本详考　杨照坤 / 059

金石拓片中的医药文献
药方刻石　孙羽浩 / 065
《风药论》及药方碑　韩　旭 / 068
《千金宝要》刻石　刘　贇 / 070
养气汤方摩崖石刻　孙可依 / 072
针砭铜人图刻石　宋　凯 / 074

中医文献的海外传播
法国学界对中医古籍的研究　贾瑞杰 / 77
近代中医药典籍翻译研究简述——以《黄帝内经》法文译本为中心　赵大莹 / 081
国家图书馆藏《伤寒杂病论》等中医典籍法文译本简介　张彦希 / 089
谈谈《脉经》的西传　彭福英 / 091

特色馆藏
保护与传承的思考　陈红彦 / 098
国家图书馆藏名家批校本　袁　媛 / 100
国家图书馆藏历代礼制文献　赵大莹 / 103
国家图书馆藏中国古代教育文献资源　颜　彦 / 106
国家图书馆藏中国古代书画文献　颜　彦 / 109
国家图书馆藏古代三山五岳文献资源　吴　寒 / 112
国家图书馆藏古代黄河文献资源　吴　寒 / 114
国家图书馆藏游记类文献　张　毅 / 116
国家图书馆藏裱本类金石拓片文献　刘　贇 / 118
国家图书馆藏闻一多古典文学手稿文献　程天舒 / 121

保护修复

简述图书馆针对新型冠状病毒的消毒方法　田周玲 / 123
基于汶川地震的消毒灭菌除霉方法浅析　田周玲 / 126
浅议图书馆水害后清理和消毒工作　闫智培 / 129
公共图书馆中图书的消毒灭菌方法简述　龙　堃 / 135
文献有害微生物研究进展　任珊珊 / 139
纸质文献霉菌侵害防治方案——以美国东北文献保护中心为例　张　铭 / 143
浅谈图书馆有害生物综合防治 IPM 管理方案　易晓辉 / 147
日本国立国会图书馆的有害生物综合防治和图书除霉操作规范　龙　堃 / 151
"天禄琳琅"《汉书》修复案例　郭志新 / 153
天坛藏清道光刻本《太常寺则例》修复方案的制定与思考　王　岚 / 159

文献采访

法文本《论语导读》入藏国家图书馆始末　赵大莹 / 169
郑振铎、徐伯郊等抢救流散香港文物往来信札介绍　袁　媛 / 176
阎宗临先生手稿捐赠国家图书馆　程天舒 / 178
世界首版《红星照耀中国》斯诺签名本入藏国家图书馆　程天舒 / 179
容庚先生《颂斋藏印》原钤本印谱入藏国家图书馆　宋　凯 / 181
2020 年国家图书馆善本及特藏文献采访工作述要　李　坚　吴　密　程天舒 / 183
2020 年国家图书馆普通古籍采访工作述要　樊长远 / 187
2020 年国家图书馆新入藏诗词别集七种述略　贾雪迪 / 191
2020 年国家图书馆家谱文献采访工作述要　赵依澍　杜立功 / 195
2020 年国家图书馆金石拓片采访工作述要　宋　凯 / 199

2020年国家图书馆地图文献采访工作述要　任映霏 / 201
2020年国家图书馆少数民族文字古籍采访工作述略　柳　森　李金花　王建海 / 202
2020年新入藏稀见革命文献提要五种　吴　密 / 213
2020年国家图书馆外文善本采访工作述要　彭福英 / 218
陈邦福生平及其手稿遗藏整理、捐赠　陈治华 / 221
塞外青城取经记　黄润华 / 226

◎ 工作纪实 ◎

整理出版
国家图书馆古籍馆古籍整理出版成果要览　潘　菲　徐　慧 / 232
《汉文敦煌遗书题名索引》前言　刘毅超 / 237

读者服务
国家图书馆古籍特藏在线查阅指南　曹菁菁 / 242
感谢你们还在提供服务——疫情期间善本特藏阅览室读者服务工作侧记　张伟丽 / 248
疫情中的坚守，因读者的鼓励而倍感温暖　肖　刚 / 250
文津讲坛的空间体验与技术革新　周升川 / 252
"中国典籍与文化"系列讲座二十周年工作述要　常芫心 / 257
国家图书馆古籍特藏文献近五年出境展览述略　萨仁高娃　赵大莹 / 263

数字化与文创
中国国家图书馆参与国际敦煌项目（IDP）二十年回顾　刘　波　乌心怡 / 278
历代方志资料类纂数据库　张　毅　肖　禹 / 290
文创产品的转型探索——以国家图书馆视听古籍产品为中心　朱默迪　朱婷婷 / 292

后记：陈红彦

纪念丁瑜先生专栏

沉痛悼念丁瑜同志

□ 李致忠　国家图书馆

  丁瑜同志是我的北大校友、学长，国图的同事、老师。朝夕相处，长期共事三十余年。我的很多知识、学识，多是从他那里学来的，我的成长、发展与他诲人不倦紧密相关。对他的陡然离世，驾鹤西归，一时不能接受，悲痛万分。又遇新冠疫情，最后送他一程，说一声丁公走好的机会都没有，更加重了我的悲情。万般无奈，以病体之躯，颤抖之手，含泪写下一联，借以寄托我的哀思：

> 丁公比我大一轮，学兄师长赋文津；
> 我比丁公小十二，问学受业长河滨。

2020年6月19日敬挽

永远的怀念

□ 陈红彦　国家图书馆古籍馆

2020年的6月，新冠疫情从北京新发地卷土重来，让已经近乎平静的生活又被打破，北京市民又开始了以居家为主的工作状态。6月16日，传来了我们尊敬的老前辈丁瑜先生仙逝的噩耗，我一时不敢相信。就在去年的110年馆庆前夕，丁先生为首的八位老专家收到习近平总书记的回信，八位老专家中曾经奋斗在古籍工作的一线的就占六席，这让从事古籍工作的我们深受鼓舞。春节前夕我和善本组的程有庆、李坚去丁先生家拜年，先生还是红光满面，谈笑风生，现在却突然阴阳两隔，真让人难以接受。最遗憾的是疫情期间竟无法瞻仰先生遗容，送丁先生最后一程，道一声先生走好，这或许让不少古籍人潸然泪下。好在丁先生走得安详，对大家还是个安慰。

《中国古籍善本书目》（全国善本总目）编纂后期，我曾与丁先生在一个狭小的办公室工作过，还曾在丁先生的组织指导下编文物定级古籍部分的图录，在"中华再造善本工程"工作中陪丁先生一起选目，听丁先生点评提要，在陈清华海外藏书回归中听丁先生回忆陈年往事，与丁先生一起的日子实在是获益良多。

一起工作的日子

1987年，我从北京大学中文系古典文献专业毕业，来到国家图书馆（当时称北京图书馆）善本特藏部（以下简称善本部）工作。当时善本部在文津街馆区，我分配到善本部善本组，善本组办公室的旁边就是全国善本总目办公室，当时丁先生在全国善本总目办公室工作。后来因为在全国善本总目办公室工作的几位都是老先生，结项的时间又紧，善本组就派我和胡谦到总目办公室协助前辈们，做一些辅助性工作。那时丁先生已过了退休的年龄，但为让总目能早日完成，他还是每天到馆，认真做着核对工作。

那时总目办公室条件很简陋，核对信息主要靠前期发函，必要时到现场去核对版本。一般情况下都是在办公室核对卡片，排好条目顺序。和丁先生一起工作的还有全国善本总目副主编冀淑英先生、陈杏珍老师，后来还有南京图书馆来帮助工作的沈燮元先生。大家都在一个办公室，每天看到先生们严谨认真的工作态度，感受他们注重细节的工作作风，那些情景至今记忆犹新。丁先生对于副主编冀淑英先生总是恭敬有加，遇到问题都会说："冀大姐，您看这个是这么个情况，这么处理怎么样？"

南京图书馆沈燮元先生是借调来北京工作的，独自在北京生活当然会有很多不便。记得一次周一上班，沈先生非常高兴地对大家说，丁公请他去荷花市场吃东西了。对朋友的温暖真诚，让我们了解了丁先生的另一面。几年的接触，我对丁先生的印象是谦谦君子，温润如玉。

一部定级图录的编纂

对于我们这样的晚辈，丁先生关心备至。丁先生是国家文物鉴定委员会委员兼古籍组的召集人，在古籍鉴定方面是权威。20世纪90年代末，根据善本部主任黄润华的安排，先生带着我们承担了文物定级图录的工作。记得参加工作的有黄主任，还有赵前、张丽娟、程有庆等，丁先生亲自定体例、搭框架，并审定我们的选目和著录文字。在丁先生指导下，书稿得以完成并交给组织者，虽然后来不知为何没能出版，但丁先生的提携关心，让我们年青一代心里暖暖的，也收获多多。

一段亲切的回忆

2002年，为让孤本不孤，让善本古籍化身千百，一则传承，二则便于利用，国家财政拨付专款启动了"中华再造善本工程"。工程启动之初，丁先生以及冯其庸、傅璇琮、程毅中、白化文、李致忠、杨成凯、陈高华、吴书荫等这个行业的大咖做再造善本选目，我们则做一些辅助工作，听他们讨论底本取舍的理由，真是一种享受。其后我们撰写的再造善本提要，又在先生们认真的审读提示后去查证，去修改，真是一段难得的历练，让参加工作的，特别是撰写提要的每个人都有了提高。当年指导我们的前辈冯其庸、傅璇琮、杨成凯还有丁先生陆续离世，留给我们的是渐渐远去的背影，和一段亲切的回忆。

一次重要的古籍海外回归的亲历

1996年，《中国古籍善本书目》历时17年，终于编纂完竣。完成了周恩来总理的嘱托，丁先生退休了。我们到丁先生家看望的时候，经常会提出请丁先生给善本部（古籍馆）的年轻人讲课的要求，但丁先生说他讲课会紧张，不然当时就留校当老师了，后来到图书馆工作主要是不善言辞，特别是不擅长讲课。后来我们就没有勉强老人家。

2004年，著名藏书家陈清华哲嗣陈国琅先生将郇斋旧藏中由他继承的23种另1轴送回国内，在嘉德公司出售。在陈清华所藏古籍从海外回归的事情上，丁先生毫不吝惜文字，亲自撰写了长文《郇斋携港藏书回归知见杂记》，回忆郇斋藏书的前两次回归，对当时库房的情况都有详细描述，特别是深情回忆1965年郇斋第二次售书时，周恩来总理的亲自过问、藏品运抵北京、北京图书馆特别举办的为期一天的展览鉴赏会、自己根据馆里指派亲自护送《蜀石经》到中南海请周总理过目等工作往事，详细生动的描述，给人身临其境的感受，让这段史诗般的海外珍贵古籍回归的故事成为一段全景式的国图记忆。丁先生还忆及嘉德1995年秋季拍卖会上宋刻《文苑英华》的昙花一现,对此书终却未能珠还合浦,而是被外商以140余万元拍得,持归海外,表达出深深的遗憾。2004年陈国琅先生转让郁斋旧藏古籍时,丁先生作为国家图书馆邀请的鉴定专家之一,明确表达了让郁斋第三批古籍回归,以与前两批郁斋藏书合璧的强烈愿望。这批古籍之后入藏国图,丁先生可以说是功不可没。

永远的怀念

在古籍界,丁先生备受尊重。与他编全国善本总目时共事的沈津等先生,常常在忆及丁先生的陈年旧事时不经意间流露出尊重和仰慕。不仅国图中像我们这一辈后学发自内心地仰慕,甚至连日本的高桥智先生等海外学者也与丁先生结下深厚友谊,就连随沈津等先生拜访丁先生,哪怕只见过一面的学生,都对他的博学、淡泊,崇拜得无以复加。

几十年的职业生涯、几十年的无私奉献,可以说先生之功,开来继往,先生之德,山高水长。宠辱不惊,淡泊名利,或许是丁先生一生最重要的品格特征吧,这是丁先生的人格魅力,又何尝不是我们这一代古籍人应该继承的品质呢。

怀念丁瑜先生

□ 唱春莲　国家图书馆国家古籍保护中心办公室

丁瑜先生是我非常敬重的长者、专家及同事。说是同事，其实我与先生个人交往很少，但确实从心里佩服先生在古籍版本方面的学识和对图书馆事业的贡献。他是二十世纪七八十年代参与国家重点文化工程项目《中国古籍善本书目》编纂、审稿、定稿的几个重要专家之一，这套大型古籍目录书为古籍工作者提供了极大的方便，成为业内案头必备的权威性工具书。先生凭着丰富的古籍版本鉴定经验，多次为丰富馆藏寻访奔波，慧眼识真，可谓功莫大焉。我曾多次参加馆里举办的有关古籍出版项目或相关古籍方面的研讨会，每当有某部古籍需要向丁先生求证，先生都能思路清晰、语调平和、言简意赅地将其来龙去脉、版本特点悉数道出，令人折服。

丁先生待人亲切谦和，说话总是不紧不慢的，给人一种与世无争、超然物外的感觉。但在古籍文化事业上，丁先生却是古道热肠，每每帮助与自己无甚相干的人。约在十几年前，有一位王书燕女士来馆找我们的同事程有庆，希望他帮忙整理出版其祖父王雨的学术成果。王雨，字子霖，民国时从一个旧书铺的小学徒起步，发展到有名的书商，同时在古籍版本方面也颇有心得和建树，留下了不少宝贵的文字资料，生前没能汇集成书，留有遗憾。王书燕决心了却祖父心愿，为此辗转找到丁先生求助，先生认为这对弘扬中华传统文化和丰富古书业史料都是件有意义的事。于是联系到时任善本组组长的程有庆，希望帮忙促成此事。之后就有了我们利用工余的边角时间，将王女士提供的零散资料整理拼接，分门别类，校订文字，辨别版本，配以书影等一系列工作。丁先生一直关心此事，其间多有询问和指导。经过我们的努力，2006年10月上海古籍出版社出版了《王子霖古籍版本学文集》，一套三册，其中《古籍善本经眼录》一册是程有庆和我一起整理的。

2016年3月的一天，善本组组长李坚联系我，说今年是丁先生九十大寿，馆里要赶在年内出版丁先生文集。这项工作主要由善本组承担，经过紧锣密鼓地组织搜访，加上国家图书馆出版社的协调努力，现在书稿已成，还需要后期的严格校对，以确保如期出版。时间紧迫，希望我来参与校对。以往就知道他们日常工作很繁忙，听着李坚急切的话语，在这当口，身为一个老善本人，我觉得这是责无旁贷的，正好也可以系统了解和学习丁先生的治学经验和善本知识，于是欣然领命。

拿到书稿，看到题名"延年集"三字，不禁让我想起有一年春节前，与陈红彦、程有庆、李际宁去丁先生家中看望慰问的往事。当时由程有庆带路，拐进一条老街小巷，抬头看到"延年胡同"四字，感觉这个名称起得真好，寓意吉祥，北京的胡同千百条，从此我记住了丁先生居住的这条胡同的名字。走进一个平房院落，老两口在家迎候我们，先生的家古朴整洁，丁夫人温婉贤惠，说话轻声细语，也给我留下很好的印象。我想这个老宅连带这条胡同或许是先生一生中留下足迹最多的地方，承载了太多的经历和记忆，用"延年集"命名这部书稿该是先生对这个地方的深厚情感所系吧。

书稿内容包括论文、论著和诗词三部分。第一部分收录了先生在古籍版本目录学研究方面的学术论文，经过详读细校，感觉对我们古籍工作者很有用，真是受益良多。第二部分为论著，题为《中国古籍装订修补技术》，内容从古籍装订技术的起源发展，到操作技术的全过程，阐述得细致入微。先生对古籍装订修补也这么内行，是我意想不到的。第三部分是诗词，收录了先生从1942年到2014年间创作的诗词71首。如此算来，先生青春年少时即擅长以诗词来抒发情怀。我不懂诗词，然而一遍遍品读诗作，不禁感慨先生还有如此的才华。这71首诗词记录了先生在人生不同时期的所遇所感，其中有家国情怀，也有对亲情、友情、爱情的记述与抒发，充分展现出丁先生在生活中重情重义的一面和卓越的文采。在大家的共同努力下，《延年集》当年如期出版。回想当时能够为丁先生文集的出版尽一份力，内心倍感欣慰，这也是对老先生最好的一种纪念了。

丁先生学风严谨，而且非常自律。听程有庆讲，当年校对《延年集》的时候，其中有一篇发表在《图书馆学研究》1982年第1期的论文《古籍丛书编目著录浅论》，作者署名丁瑜、陈绍业、阳海清，丁先生审核全书时，提出这是三人合撰，非个人学术成果，提出撤下。后来由于善本组、张志清副馆长、出版社等方面许多人的坚持，这篇文章才最终保留。

其实，上海古籍出版社1983年出版的王重民撰《中国善本书提要》，书后有王重民学生陈绍业、丁瑜辑补的王重民所写善本提要百余条，末尾有陈绍业、丁瑜合写的《补遗附记》。由于《补遗附记》文字太过简短，且为二人合写，属于丁先生主张不拟收入《延年集》的文章，当时程有庆未敢贸然提出并予以收入。现将此文摘出以飨读者，聊当是对《延年集》的一个小小补遗。

【附记】
《中国善本书提要》之《补遗附记》

有三师的《中国善本书提要》由上海古籍出版社出版。在清样覆阅时，刘修业师母间嘱我们对其中个别书名、著者、版本等，代为在图书馆核对原书，或查对有关文献资料。在查阅中，因发现有三师的《提要》稿，尚有部分遗漏在成书之外，因而集辑汇交修业师母，作为《补遗》，附于编后。所补多为美国国会图书馆藏本。其中或北图、北大亦藏同书同一版本，但因有三师先后所撰提要，可互相补充，故亦择要收入。至于每书之行数字数后之板框尺寸，在发现有三师旧稿时，则多已被删去，故从略。

后学 陈绍业 丁 瑜 谨记
一九八二年五月十六日

丁公琐忆

□ 拓晓堂　中国嘉德国际拍卖有限公司

丁瑜先生，我常称丁先生。"丁公"一称，是卅年前丁瑜、沈燮元二先生同在国图编纂全国善本总目时，尝有幸与二位先生小酌，一杯二锅头，一把花生米，斟酒闲话，沈先生称丁瑜先生为"丁公"，我亦随之有称。丁公与郑振铎、谢国桢等古籍善本鉴藏界前辈类同，嗜好小酒，沈燮元先生亦有此好，皆量窄，不误事。饮酒之人，一斗可醉，一石也可不醉，全在所遇也。丁公酒后脸红，沈先生酒后话多，不求醉意，只求谈书论人痛快。我觉得历史上的公侯伯子男爵位，"公"是一方雄霸的代言词，以丁公现在的成就，曾任北京图书馆中文编目组组长、善本组长、善本部副主任，国家图书馆研究馆员、文化部政府特殊津贴获得者，全国古籍保护工作专家委员会委员、国家文物鉴定委员会委员兼古籍组召集人，为上赞誉，当成中国古籍善本整理鉴定行业的一方霸主，故称"丁公"，实不为过，更觉得合适。

丁公谦恭，人皆知。我在大学读书时，主修近代史，尤为关注学术渊源和流派。以我的了解，丁公在北大读书期间，曾选修赵万里先生的有关古籍版本目录文献学方面的课（参见《延年集》），是赵万里先生的嫡传学生。1949年于北京大学中文系毕业时，恰逢王重民先生招收图书馆研究生班，丁公跻身其中，成为王重民先生的嫡传弟子。依此学术渊源和流派，丁公可谓继承王重民先生一系，又兼祧赵万里一门衣钵，可谓集两大流派之成就者。王重民先生的古籍版本目录的扛鼎之作《中国善本书提要》在1983年出版时，后面有《补遗》部分一百余种，乃丁公参与完成的，观其体例笔法，深得王重民先生的真传（参见《中国善本书提要》陈绍业、丁瑜《补遗附记》）。

我与丁公相识卅年，同事八载，深悉丁公宽仁厚德，为人谦逊，不求功名。作为他的后学，丁公对我的帮助，实难罄述。在国图工作时，丁公与冀淑英先生是善本部里资历最老的专家，经历和知晓的事多，因此每遇到一些工作和学术问题，免不了要常请教，丁公总是尽其所知解答，甚至是提携。论年龄，丁公是我的父辈，对我可以说是忘年。1987年我到国家图书馆善本部工作，在文津街老馆，那时丁先生已经在白石桥新馆的全国善本总目办公室上班，行政隶属善本部善本组。丁公偶尔到老馆办事，匆匆一过，且当时搬迁工作繁忙，并没有细微接触。20世纪80年代末，善本部全部搬迁到白石桥新馆，那时我已经负责善本组工作，曾遇到一件事，令我和丁公的关系极近。时丁公患病，住入与国家图书馆有医疗关系的北医附属医院。一日我忽接丁公电话，说他快要死了。我闻听大惊，问道："何出此言？"丁先生备述急发病苦，称北医不是专科，治疗非擅长。我问道："哪里是擅长的医院，何不转院治疗？"丁先生说，北京某医院是肛肠专科，但与国家图书馆没有医疗关系，不能转院。我一听就急了，放下电话，就去找馆医疗室，又去找馆长办公室，均以不符合国家的有关规定来答复。想来丁公已经找过，毫无办法了。这在当时是一件不大也不小的事，那时的制度很死板，随意转院治疗财务报销是大问题，更何况从北医转出到一家区级医院，那真是怪事。最后我就直接找馆长说明此事。不久就接到馆办的消息说，经多方协调医疗关系，同意转院治疗。丁公转院后，专科治疗对路，很快就康复了。丁公出院上班后，找我谢活人之恩。我说："那是您福大命大，天不绝人！"此后，丁公对我是格外关照。丁公向来处事极为谨慎，对我的关照也是多在学术和工作，外人不察而已。令我有感的是丁公从不以地位、学问教训人，拿捏分寸，从不言极，凡事都是点到为止。当然点的都很到位，能有所悟与否，那就要看个人的造化了。我就受到丁公的诸多点拨和帮助，多有感触。

丁公年轻时也曾是文艺青年，喜欢新诗，老年后又喜欢赋诗填词。丁公晚年的一些文章，叙事文笔行云流水，殊不知丁公文宗张中行前辈。20世纪90年代后，我也陆续写了一些藏书家和藏书楼的故事，丁公曾评论过文风格调，并谈起国内名家散文，尤看重张中行先生。我学识粗陋，一时不解丁公之言。此后不久，我见到张先生的散文集《桑榆琐话》，购回细读，亦为之感动。张中行是著名学者、哲学家、散文家，主要从事语文、古典文学及思想史的研究。治学严谨，博学多识，造诣深厚，号称20世纪末未名湖畔三雅士之一，与季羡林、金克木合称"燕园三老"。季羡林先生称赞他为"高人、逸人、至人、超人"。张先生的文笔流畅，内见国学功底，且有血有肉，没有那些叽叽歪歪，多愁善感的呻吟。一句话概括：有料，读来真是一种享受。张先生毕业于北京大学中国语言文学系，在北大文学院授课。1946年离开北大文学院，丁公此时正在北大中文系，应是张中行先生的门生。张中行先生终生为文"忠于写作，不宜写者不写，写则以真面目对人"，语言平实，功力深厚，毫无虚华的笔调，我也十分爱慕，因此多少也影响了我后来的写作风格。

对于我工作的专业知识，丁公也非常关注。上大学时，我读的是历史系。关于版本、目录、校勘、辑佚等知识只在读研究生期间上过必修课，但毕竟不是古典文献学专业出身，因此基础薄弱。丁公曾送我他点校出版的《读书敏求记》，并未多说和指点，只是让我读了多提意见。书送了，读不读，如何读，以及有何感受和收获，那就看读书人自己的造化了。我读此书之后，知丁公的专业水准非同一般，重要的是从中非常获益。尤其是钱曾的注释具有非常明显的欣赏性和故事性，让我领略到明清之际常熟古籍善本鉴赏一派的奥妙。古籍版本目录书通常都是干巴巴，没有情趣，但是看了此书，令人眼前一亮，原来古籍版本目录书籍也可以写得这么好看，这对我启发很大，粗略领悟了古籍善本的鉴赏玩法。

对于我的工作，丁公给我的指点更是不胜枚举。丁公从1954年后就在国图善本部任职，对库中之物了如指掌。20世纪80年代末，国图善本部从文津街老馆搬迁到白石桥新馆，我负责老馆藏品的起运工作。当时库里除了正式编目的善本书，包括敦煌经卷、《四库全书》等有目录和账本登记的之外，还有一些未编的文献图书资料。我记得其中有两宗未有登记的文献就得益于丁公的指点：一是翁氏文献资料，一是柏林寺《碛砂藏》。那是在《四库全书》装箱搬迁后，继而搬运四库书架。我当时在库里监督搬运工包装四库书架，这都是原来避暑山庄文津阁原装书架，亦属文物，需十分小心。不想突然在放倒的书架顶上散落下来一大堆书籍，我很是诧异。高大的四库书架，两米多高，通常看不到架顶上有何物。上去查看，乱七八糟，全无系统，什么都有，有明代奏折、清末刻本以及铅印本等。我仔细观察之后发现，内容大都与常熟翁同龢以及戊戌变法有关，于是问组里的同事，无人知晓这些资料的来路。后来请教丁公，他告知我那些书架的位置，是当年赵万里先生在库房的办公桌所在，这些资料或许是20世纪50年代赵先生从常熟将翁氏捐赠的古籍善本，连同家中的纸质资料一并拉回国图，经整理之后，善本古籍列入正编，其他资料不入正编，就暂置于办公桌附近的四库书架顶上。问明此节后，遂将这批资料安排傅敏先生登记造册，运至新馆。另一批是一批藏经，直到搬迁之时仍没有登记。我请教丁公，云这些是"文革"期间，北京柏林寺红卫兵"破四旧"，捣毁佛龛，从佛肚子里取出来的东西，即世称所谓"装藏"，这批藏经后来运至国图善本库中收藏。这批藏经丁公曾第一时间鉴定和整理，由于产权不清，故没有登录入册。丁公告诉我，这是一部很奇怪的藏经，怀疑是史料中有记载，而世间未见的"武林藏"，值得仔细整理和研究。这事我铭记在心，于是请傅敏先生登记造册。由于搬迁工作任务繁重，一时没有组织人员整理。搬到新馆后，方广锠先生调到国图善本部，他问我库里可以整理研究的项目时，我将这部藏经的情况告知。后来由方先生主持，傅敏先生具体工作，整理后认为是《碛砂藏》。

我离开国家图书馆后，入嘉德主事古籍拍卖，丁公也曾给予多方关照，鼎力相助，每遇疑难古籍版本问题之时，多有就教。说实话，那时我能从国图请得动的专家也就是丁公一人。如宋蜀刻中字群经本《春秋经传集解》、毛氏汲古阁抄本《陶渊明集》等重要拍卖品，都曾请丁公过目鉴定。此外，丁公还为我介绍并推荐了宋刻本《春秋经传》清宫天禄琳琅旧藏。记得最重要的一次是1995年得到陈澄中旧藏的宋周必大刻本《文苑英华》，宋宫旧藏。我曾参与撰写上海古籍出版社蜀刻唐人集的《丁卯集》和《权德舆集》的跋，此两本曾经都是民国著名藏书家陈澄中旧藏，为此我专门请教丁公。20世纪60年代，丁公当时正是善本组负责人，曾经亲历国家第二次购买海外陈澄中藏书事，涉知此事者，今已世无几人了，所谓硕果仅存。丁公讲起此事滔滔不绝，我受益匪浅。1995年秋，我从香港征集得宋周必大刻本《文苑英华》，此书亦为藏书家陈澄中旧物。为此我还专门邀请丁公撰写了《宋版〈文苑英华〉回归记》一文，并推荐给新加坡报刊发表。这篇文章已经收入到丁公的《延年集》中。丁公对我所言只是版本和学术价值问题，对于购藏之事，不多言半句。直到很多年以后，我才从网上看到了一篇文章《大道至简上善若水》，介绍丁先生几十年的往事，文中说道："1995年某拍卖公司上拍一册宋版《文苑英华》，起价100万元，上拍之前请丁瑜先生鉴定。他认为，此宋版书与北图旧藏为同书散出之本，应参拍竞购，而最终此书被印尼人以140万新加坡元拍走。"我真的不知道，丁公曾主张国家参与竞拍之事。这本国宝级的善本，丁公在《郁斋携港藏书回归知见杂记》一文中深切地说道："此次嘉德公司从海外征集的23种陈澄中藏书，就是当年其携港之剩余部分，内中宋元佳刻、黄跋毛钞居其太半，均为罕见珍本。感慨当年国家购书之余，唯望这批善本，勿若《文苑英华》昙花一现，而能留之乡梓，此乃国家文化学术之福祉也。"而此书后来为海外的收藏家购去，至今未归，不能不说是丁公心头的一件憾事。另外，2003年关于《出师颂》拍卖，曾引起一场风波，我也深陷争议之中。事实上关于《出师颂》的鉴定过程，先是故宫组织了鉴定会，之后北京市文物局再次组织了鉴定。组织鉴定之后，闭门讨论的结果我不得知。但丁公事后专门找到我，谈论他的鉴定意见，认为是隋人书比较稳妥。现在回过头来想想丁公当时的点拨，真是高人哪！

丁公是老一代版本专家，很早就养成了做笔记的习惯，随身常携带的小笔记本，上面记录随机所遇的古籍善本书，包括书名、卷数、行款等文献版本信息，密密麻麻，十分详细，积数十年来定有不少册。除了有关古籍善本经眼的内容之外，里面一定也记录着相关的人和事，无疑是一份非常珍贵的历史和学术心得的记录。如果能将这份笔记整理出来，可能更有文献史料价值和学术价值。丁公常对我说，"好记性不如烂笔头"，可惜晓堂愚顽，中庸之人，教亦学不来也。笔记也是碰到一批重要文献时偶尔为之，完全不成系统。当然也有一些不好谈论的原因，不想留给后人。

丁公为大师，持躬耿介，一志专心，不为物迁，终生服务于国家图书馆，从事古籍采访编目、整理研究和保护工作，不仅为国家图书馆采进、接收大量珍贵古籍，而且撰写并参与编纂《中国古籍装订修补技术》《中国古籍善本书目》《北京图书馆古籍善本书目》《中华再造善本》，为后学留下了诸多宝贵经验和知识。世称"德艺周厚，则名必善焉"，而"上士忘名"，"忘名者，体道合德，享鬼神之福佑"，天假丁公九五之寿，皆缘善庆。公之功德，泽被后学，晚生楷模，是为不朽矣。

追忆丁瑜先生点滴及三部文稿的整理

□ 程有庆　国家图书馆古籍馆

我和丁瑜先生是同事，但论起年龄和资历，却和他差着很大的辈分。丁先生1949年即在北平图书馆（北京图书馆前身）做实习编目，1954年正式进入北京图书馆工作，先在中文编目组，六十年代初调善本部，是善本组的老员工。而我1984年11月才来北京图书馆（国家图书馆前身）善本组工作，当时丁先生已58岁，我25岁。

我最初知道丁瑜先生的大名，是在即将来北图工作之前。大概是1984年10月或11月初，《光明日报》刊登了国家文物鉴定委员会文物鉴定委员的名单，其中有启功、朱家溍、顾廷龙、傅熹年等众多知名学者，北京图书馆善本组的两位古籍专家冀淑英、丁瑜的名字也赫然在列。因名单是按姓氏笔画排列，所以丁先生的名字位列第一，冀淑英的名字排在最后，这给我留下了极其深刻的印象。

我初到善本组工作时，冀淑英、丁瑜、陈杏珍三位先生正做《中国古籍善本书目》的编纂工作，不在善本组里办公，以至有挺长一段时间，我对丁瑜先生是只知其人，未识其面。然而，我对初次见到丁先生的印象竟是极其深刻。那是1984年底或1985年初某个周六的下午，善本部党支部在北海老馆1号楼前厅西北角的善本阅览室召开新党员薛殿玺、黄润华转正的会议，身为普通群众的我，窃喜不需参会而可以利用时间看书学习。没承想，组里有着多年党龄的邢秀珍老师要求我也参会，我推说自己思想落后，不具参会资格。不料她竟以不容商量的口气说："年轻人都要求上进，你一定得参会。"我初来乍到，哪敢违抗？只得不情愿地进入会场，缩在角落里旁听。

那天的会议开得十分热烈，几乎所有人都发了言。主题之外，更多的话题不自觉地涉及回忆二十世纪六七十年代发生过的那些个事情，人们各以自己的亲历，相互补充、印证着某些事情发生的过程及细节，场面非常生动。由此我一下子认识了善本部许多的人，知道了图书馆许多的事。

令我颇感惊讶的是一位老员工所做的自我批评。他深刻检讨了自己心中某些"不良"的想法，由于对私心揭示得太过彻底，真可以用那个年代常说的"襟怀坦白"来形容，一个人当众能说出如此坦诚的话，让我感受并见识到了怎样才算得上真诚与善良。不知为什么，当时我料定这位面容慈祥的发言人一定就是自己未曾谋面的丁瑜先生。果不其然，紧接着徐自强先生的发言证实了我的猜想，他说丁瑜先生的发言使自己深受感动，并也同样坦诚地检讨了自己曾经闪念过的私心。"要斗私批修"是二十世纪六七十年代盛行的风潮，我从小学到中学，有过无数次的亲身经历和体会，对于那些"狠斗私字一闪念"的空话、套话，早已司空见惯。但这一次，我真是深深地为两位先生无情解剖自我的勇气所折服，由此执着地认定他们都是好人。

许多年来，我多次和同事们说起此事，为自己有幸参加这次会议而感到高兴。前一阵子在家和父亲闲聊，说起1973年中华书局影印出版宋尤袤刻本《文选》，才知道当时曾通过白化文先生向北京大学王重民先生求助，白先生转达王重民指示，到北图找他的两个学生帮忙，这两个人正是丁瑜和徐自强先生。《文选》的影印出版，应有他们的一份功劳。

1985年底，善本组办公室由中通道搬到1号楼前厅的西南角，古籍善本总目办公室也搬到隔壁朝西的房间。由此，善本组年轻员工与做古籍善本总目工作的几位先生的接触稍稍多了起来。三位先生时常进善本组办公室来查阅善本编目草片或分类卡片目录，丁先生每次来去都是轻手轻脚，遇见我们年轻人，虽然说话很少，但总是含笑微微点头，一副和蔼可亲的样子。每当我们问丁先生是否需要帮忙时，他都微笑着说："不用，不用，我自己来，你们忙你们的。"但如果是遇见王玉良先生，丁先生往往就会主动与他交谈上几句。由此我知道，丁先生与王玉良先生的关系极好。

1988年，善本特藏部由北海老馆搬迁至白石桥新馆。全国古籍善本总目办公室先于善本组搬迁，善本总目办公室里集中了来自全国各地的集部书的目录卡片（另有很多经部、丛部的卡片），数量很大，目录柜有七八个之多。我看到冀淑英、丁瑜、陈杏珍等先生都在紧张地整理杂物，捆绑工具书和目录卡片，非常忙碌。三位先生中，陈杏珍虽然年纪最轻，但身体不好，诸如捆箱等重一些的活儿，丁先生都抢着干，累得他满头大汗。善本组年轻人对冀淑英、丁瑜、陈杏珍先生一向高仰，见此情形，立即组织人员前去帮忙。李际宁负责挪柜，并帮着我装箱、捆箱；陈红彦、胡谦、傅敏帮着捆工具书，并负责把目录卡片从目录屉中取出，穿线捆绑；拓晓堂、张胜利负责各类箱、柜、家具的转运。大家干得热火朝天，好像只有两天工夫，就把所有的东西都搬完了。冀淑英和丁瑜先生身为著名古籍版本专家，而且都早已过了退休的年龄，但在搬迁过程中，他们却不失图书馆员"勤杂工"的本色，着实令人钦敬。

20世纪90年代初，《中国古籍善本书目》主编顾廷龙先生来北京，居住在地处北苑航空城的儿子顾诵芬家里，我曾去家中探望。后来善本总目的几位先生去看望顾老，好几次都由我带路，指引馆里司机开到北苑。总目的编委会议，有两回是在顾老家中开的，中午大家就在顾老家中吃饭。我一个局外的年轻人，有幸旁听了总目的编委会议。印象中，会议没有开场白式的套话，先由冀淑英先生汇报总目工作进展情况，然后就工作中遇到的问题进行讨论，冀淑英、沈燮元、丁瑜、陈杏珍依次发言，大家畅所欲言。丁先生本性谦逊，不很善于表达，他的发言一般总是最短，说完之后，就静静地听大家说，顾老有问则答，否则基本不再说话了。相对而言，沈燮元先生说话比较自如，发言也稍长一些。顾老就大家的问题说了自己的看法，并提出要加快工作的进度。会议的具体内容全忘记了，但和谐的气氛给我印象极深。在此前后，我参加过不少图书馆的古籍会议，尤其是中文古籍机读目录格式的讨论会，见过持不同意见的几方争论得不可开交的场面，每每这个时候，就会联想起那次总目的编委会议。

《中国古籍善本书目》是国家现藏古籍善本书的总目录，它对于古籍版本的鉴别以及古籍的整理，具有重要参考价值。然而，这样一部大型书目的产生，实在是太不容易。按我个人的看法，如果不是深受广大人民爱戴的周恩来总理1975年于病床上提出"要尽快把全国善本书总目录编出来"，外加遇上改革开放之初那个全民充满活力和朝气的好时期，这个"全国（古籍）善本书总目录"是不可能编制出来的。因此，我从心底里敬重所有参与《中国古籍善本书目》编纂工作的人员。

沈津先生在《延年集序》中说，《中国古籍善本书目》从编纂到出版费时十八年之久，完整经历初审、复审、定稿工作的总共九人，这些人为全国古籍善本总目工作做出了重要贡献。对此我深有同感，全国古籍善本总目编纂委员会属于临时性机构，实际参与此项工作的单位、人员众多，而项目完成以后，机构、人员也自然撤销、解散。但编委会所有人员当年在艰苦条件下奋力工作的情况，应该有文字记述下来才是，这段曾经发生过的历史，不应任其湮灭。

2001年冀淑英先生去世以后，我就不断地"怂恿"丁瑜和沈燮元先生撰写回忆总目工作的文章，我甚至以这样的理由"胁迫"二老：如果您二位亲历编纂全过程的人不写，就有可能造成总目编纂工作部分历史的消失。二位老先生虽然认可我的观点，但他们做事谨慎，都没有贸然下笔。丁先生曾这样回答我："回忆历史必须与事实相符，我担心一言不慎，造成误解。先等等吧，或许哪天我心绪到了，再写。"2019年春节前，我和古籍馆馆长陈红彦、善本组组长李坚去看望丁先生，又说起回忆总目的事儿，丁先生说："我现在思路差了，你们动员沈燮元先生写吧，我可以帮着补充一些回忆。"2019年5月下旬，我受国家古籍保护中心指派，由冯坤博士陪同，和上海图书馆郭立暄先生一起前往镇江图书馆、南京图书馆核查古籍版本，见到沈燮元先生，说起丁先生希望沈老撰写回忆总目文章的事情，沈先生高兴地说："找机会和丁瑜先生见面，两人一起回忆总目的情况，可以相互补充、印证。"

20世纪80年代，北京图书馆及各个部门有逢年过节看望、慰问退休老员工的传统。我进入善本组工作以后，除在组长王玉良先生指导下学做各项业务，还经常跟随他四处去老同志的家里探望，我们一起去过赵万里、陈恩惠、许汉中、范惠芳、马侗瑾等人的家。丁瑜先生家的老宅在延年胡同，我随王玉良先生几乎每年都去，而且平常的日子，也去过很多回。每次去，往往会交谈很久。我就是通过二老的谈话，知道了一些善本部的往事。也因为这些个的缘故，我和丁先生的关系也日渐亲密起来。

前不久读到赵宣先生所著《口述史视阈下的古籍版本鉴定研究》，其中介绍丁瑜先生时，说我与丁先生亦师亦友，这显然不太准确，其实丁先生和我就是前辈先生与晚辈同事间的关系。但不得不说，丁先生对我确实很好。大概2012年秋季的一个下午，我因颈椎、腰椎难受，去医务室拿药，恰遇丁瑜先生由女儿丁欣陪着也来馆里报销医药费，丁先生见我身体不适，问明病情，嘱咐我好好休养，并告诉我有一种比较对症的药膏可以试试。哪知分别约一小时左右，丁先生竟拿着水果和刚刚他介绍的那种好用的药膏出现在我的办公室，当时我真是惊慌失措，感动得不知说什么好。

因为丁瑜先生的缘故，我参与了三部书稿的编辑与整理。第一部文稿是施廷镛编著的《丛书综合目录》（即《中国丛书综录续编》）。施廷镛先生是图书馆学界的老前辈，在中华人民共和国成立之前，曾司职于燕京大学图书馆、清华大学图书馆等多个单位，著述很多。《丛书综合目录》为施廷镛先生生前所著，然而属于未完稿。1994年，施廷镛长子施锐先生与齐鲁书社签订该书出版合同，后因内容与《中国丛书综录》雷同较多而被退稿，随后又联系北京图书馆出版社出版。

参照《中国丛书综录》的编辑体例，《丛书综合目录》书后应附有四角号码丛书书名索引及丛书子目索引。因熟悉四角号码的人相对较少，施锐先生请丁瑜先生帮忙。丁先生经与王玉良先生相商，得知我之前曾摸索过四角号码输入法，编辑四角号码索引不太费劲，便嘱咐我尽量帮施先生的忙。

施锐先生来图书馆找我，不只要我编索引，还希望我能审校书稿。经查原稿，很多丛书只有总名，缺少子目；还有些书，缺失编纂者，甚至有未列版本的现象。很显然，像这类内容有待完善的稿子，还不具备编制索引的基本条件。我向施锐先生说明原因，意图回绝。施先生见我退缩，焦急地说："我已70多了，就想完成这个事。我血压高，着不了急，请帮帮忙吧！"见施先生心情如此急迫，我勉强答应只编索引，但审稿的重任则不敢承当。不料，施先生见我答应下来，又拿出一段文字，叫我试着标点，挑明说要"看看你的水平"。我当时真是大臊，但碍于丁、王两位先生的情面，还是努力标点了。后来看到《〈中国古籍版本概要〉的标点文字错误》（古籍整理研究学刊，1989年1期）一文，才理解施锐先生为什么会向我提出那样的要求。

有些始料不及的是，这部书稿花了我约半年的业余时间。因为书中有大量的条目需要补充丛书子目，多亏组里同事唱春莲老师出手相助，帮我打字输入了很多补充的丛书子目，否则会花费更长的时间。编制索引时，施锐先生又提出需增编子目分类索引，这等于是给丛书所有的子目进行分类，大大增加了工作的繁琐程度和难度。

2003年，这部书稿改名《中国丛书综录续编》，终于由北京图书馆出版社出版。但书名更改得不够恰当，因为其中有不少内容已见于《中国丛书综录》，"续编"的称谓显然名实不符。施廷镛先生对古代丛书深有研究，其原作《丛书综合目录》的编撰早于《中国丛书综录》，二书内容有所重复，应予理解。

第二部是王雨先生的文稿。王雨字子霖，早年在琉璃厂经营藻玉堂，与众多知名学者、藏书家及图书馆相交往，蜚声于京都古书业。1936年，他介绍山东海源阁主人杨敬夫将残阁遗存的几十种宋元珍本以8万银元抵押于天津盐业银行。1945年抗战胜利以后，由当时的财政部长宋子文主持，将这些珍贵书籍全部赎出，拨交给国立北平图书馆典藏。这是王雨先生为保护国家珍贵古籍做出的重要贡献。

已故历史博物馆文物专家史树青先生早年就读辅仁大学时，就听余嘉锡、赵万里二位先生讲，王子霖是琉璃厂有见识的通人，曾为梁启超先生所称道。20世纪60年代初期，王子霖曾受聘为中国历史博物馆学术委员会顾问，并在历史博物馆讲授过古籍目录与版本的课程，史树青先生即是当年的听课人之一。

大约2001年，王雨先生的孙女王书燕女士为出版祖父的文集，找到中国历史博物馆，朱凤瀚馆长予以热情接待。史树青先生得知出版王雨文集需找熟悉古籍版本目录的人帮助整理时，给予了特殊的关心，他特地找到常与自己一起参与文物鉴定活动的好友丁瑜先生说："请你一定要帮帮王书燕女士，就把这个事情承下来吧。"丁先生当时年事已高，无力亲为，便向王玉良先生说明情况，请他把这个事情承下来。王玉良先生1996年退休后，一直在位于六部口的北京文史馆帮着管理图书资料，还承担了馆属刊物《北京文史》的编辑和稿件审校的任务，余暇不多，便打电话召我去北京文史馆，命我把这个事情承担下来。我素知史树青、丁瑜、王玉良相互间的笃好关系，今见几位先生以同样的话语相递重托，便打消原本想要拒绝的念头，承应努力去做，并请唱春莲老师和我共同做这个事。

王雨文稿分为"古籍版本学""古籍善本经眼录""日记、信札及其他"三部分，总名《王子霖古籍版本学文集》。其中"古籍善本经眼录"内容为王雨先生平生经眼善本古籍的记录，排序比较凌乱。原稿皆以毛笔所书，字迹比较潦草，文字辨识困难较大。好在其中很多的书籍已收归我馆，需要时可以查看原书。对于本书的整理，唱春莲老师花费的精力比我多。我们主要结合有关书目，对书名、作者、版本等各项内容一一核检；依据古籍著录的规范，补充完善各个项目；对提要性的文字，添加标点。整理完成后，王玉良先生又对书稿做了最终的审校。至于"古籍善本经眼录"的篇名，也是王玉良先生和我一起拟定的。

值得一提的是，"古籍善本经眼录"中附有袁克文1915至1918年日记中的购书记录，实为研究珍本古籍流传极其重要的资料。王玉良先生看到这部分文字，非常地重视与兴奋，他认真予以整理，并在前言中特别指出，若非王子霖先生有心摘抄，极有可能失传于世。除此之外，我还审读了"古籍版本学"的校样，改正了少量的误字与疏失。如家刻本一节介绍《清平山堂话本》括号中的文字，就是我删改后添加上去的。

第三部整理的文稿即丁瑜先生的文集（《延年集》）。这是国家古籍保护中心办公室和国家图书馆古籍馆交给善本组的任务。与前两次勉强参与文稿的整理不同，这一次我是愉快地接受了组里给我安排的任务。

我的任务之一是为收入文集的文章分类。学人出版文集是中国古代的传统，而古人文集大多是按类编排。丁瑜先生毕生与古籍打交道，编辑他的文集，当然宜于沿袭传统的类编方式。因此，我将丁先生历年所写文章依内容简单归为四类：综论版本、目录学的；具体研究、论述某部古籍的；序、跋；纪念、杂忆。这样做的目的，主要也是为了有一个大致的文章排列次序。

丁先生的论著有与肖振棠合撰的《中国古籍装订修补技术》。此书初写于1964至1965年，1978年修订删改，1980年由书目文献出版社出版。我初到善本组时，王大可副组长要求我学习的书籍中，就包括丁瑜先生的这本大作。当时我还听说，此书出版之前，丁先生曾问序于人，但或认为其学术价值不高，或属于合作等原因，竟无人承应。这也导致丁先生本人很少向人提起自己的这部著作。而且，由于是合著，丁先生也不太愿意把这本书纳入其文集之中。

其实，《中国古籍装订修补技术》的学术价值是显而易见的，如其《后记》所言，编辑这样一本书，"为了使这项濒于灭绝的传统工艺得以保存"。"本书的作者之一，肖振棠同志今年已经是七十岁的老人，从事古旧书籍装订工作有着近五十年的历史，积累了丰富的实践经验。这本小册子可以说是他五十年来工作的经验介绍。"丁瑜是富有实践经验的古籍版本目录专家（当年他一句"《永乐大典》栏线上下有针眼"，我谨记在心），肖振棠是人所公认、实打实的古籍修复专家，二人合著《中国古籍装订修补技术》的权威性，需要质疑吗？

近些年来，我们特别强调保护非物质文化遗产及其相关技艺的传承。《中国古籍装订修补技术》实属首次将古籍装帧修复工作的实际操作过程、经验用文字记录下来的著作，为后人的研究与利用打下了很好的基础。这是丁瑜先生对古籍保护事业做出的具有开创性学术贡献。

按照古人的先例，个人的文集大致分为两类，一类即所谓只收部分著述的别集，常见的主要收诗歌、散文；一类即所谓的全集，不论类别，所有著述一概收入。丁先生已九十高龄，他的文集，当然宜于采用全集式的编法。因此，善本组及张志清副馆长等一致认为，文集收入《中国古籍装订修补技术》一书，更有利于人们了解丁瑜先生的学术成果及学术贡献。

《延年诗草》收入《延年集》，算是一种机缘。诗缘情，按丁瑜先生的性格，一般是不太愿意把表露内心情感的诗歌轻易发表出来的。或许是出版他的文集特别高兴，导致他下决心把自己珍藏的诗作拿出来一并出版。丁先生把《延年诗草》交给我时，非常认真地对我说："你给看看，放在集子里行吗？我全听你的，你说了算。"同时一再叮嘱我不要给别人看。我为自己是《延年诗草》第一个读者而高兴，但由我来定夺丁先生的诗作是否适宜发表，则又深感责任重大。我当即非常郑重地向丁先生保证："我一定从一个读者的角度来评判您的诗作。"并建议说："志清喜欢诗，属于文学派，也请他看看吧，听听他的意见。只有我们两个人都认为可以，才收进集子；如果两个人看法不一致，就作罢。"

《延年诗草》述及了一些往事，因而具有一定的史料价值。这是张志清副馆长和我比较看重的，也是我们力主把《延年诗草》收入文集的理由之一。丁先生的新诗写得很好，富有时代感，我们隐约看到了一个充满青春气息和活力的丁瑜先生。

清人张贞《半部稿》自序云：

> 余文稿刻成，客有见者，曰："此子半部稿邪？"余问其故。客曰："古今之自集文，与集昔人之文者，必备诗赋、文章而后谓之全集。是编有文无诗，故知其半部也。"

按照这个标准，那么今人所出的文集，恐怕绝大多数只能算作"半部稿"，而丁瑜先生《延年集》文章、诗赋俱全，足堪"全集"之名了。

【附记】

2020年6月16日下午约3点钟，陈红彦忽然打来电话，她语调沉痛地说，丁瑜先生今天下午约1点钟去世了。我万分惊讶，不敢相信这个消息是真的。因为就在春节前，我曾两次去丁先生家中看望他，一次是得知丁先生身体不适，和李际宁到丁先生老宅延年胡同探望；一次是和陈红彦、李坚代表古籍馆和善本组同仁去里仁街图书馆宿舍给丁先生拜年。当时的丁先生，尚还精神矍铄，红光满面，与我们欢谈甚洽，并一再招呼我们吃水果。离别时，老先生一如既往，坚持送我们至门口，目送着我们离开。没想到，这竟成永诀。

深切缅怀丁瑜先生

□ 赵　前　国家图书馆古籍馆

2020年6月16日，得知丁瑜先生驾鹤西行，我心里很难受，不少往事又浮现在脑海中。

我认识丁先生有四十多年了，第一次见到他时，我还是个学生。印象中，他头发已经花白，面颊红润，戴着眼镜，当时北京正值夏天，丁先生身着半袖衬衫，拿着一把扇子，和蔼可亲，当时我称他丁伯伯。后来我到图书馆工作，称他丁先生。岁数大的同事尊称他丁公。

夜深人静，翻开丁先生为我的《明代版刻图典》作的序，看着看着，字迹变模糊了。抚书掩面，思绪万千。大概是2007年春节，我去看丁先生，和往次一样，给他带了两瓶好酒，我知道老人家没有别的嗜好，只是高兴时会喝两盅。进门落座后，伯母端来热气腾腾的茶水，丁先生则剥了柑子让我吃。我和丁先生聊起《明代版刻图典》即将刊行，希望老人家拨冗为书作序，丁先生思索了一下，慨然应允，让我赶快把书稿给他过目。一个月后，丁先生把书序给我，还有些歉意地说他有一段时间眼睛疼，虽然很着急，但没法看稿写序，耽误了时间。我看到他双眼布满血丝，眼睛还有些肿，心里很不是滋味，感觉很对不起他。丁先生的序稿，用钢笔誊写在绿格稿纸上，我赶快复制一份交出版社，因为他们希望2007年能够见书。但是由于种种原因，《明代版刻图典》2008年才刊布面世。丁先生在序文中对我的《明代版刻图典》给予了很高的评价：

> 建国初期，知名版本目录学前辈赵斐云、冀淑英两先生编撰出版《中国版刻图录》，为古籍版本研究者奉为主臬。忽忽五十年，尚无可以为继者。赵前同志与图书馆有不解缘，自幼及长受图书馆之熏陶，深得缥缃之三昧。大学毕业后，于国家图书馆从事古籍工作垂二十年，对明代书籍版印之研究尤加重视，工作所需，志趣所向，日积月累，资料盈然成帙，此《明代版刻图典》之萌蘖也。……而《图典》集明代古籍书影于一帙，一书各自著录其版刻时代、地点及类别，前有综论概说，条分缕析、梳理有序。读文知版本源流得失，观图识书籍形状风貌。《图典》之刊行为书籍领域添一异彩。信为有裨实用之作，不失为研究和收藏古籍者之津逮宝筏，亦将为保护古籍起到推波助澜之功效。其沾溉之广可以预卜，余耄耋暮年欣遇《图典》付刊行世，谨献芜辞。是为序。
>
> 二○○七年三月二十八日丁瑜于陶然西轩

我清楚地知道，这是丁先生对我的鼓励，他希望我能够做得更好。虽然已经过去了13年，回想起来，我仍然感到非常荣幸和幸运！

因为疫情不能送丁先生了，我写了一副挽联以表达对他的哀思：

> 孜孜不倦过眼珍藏万卷，扎扎实实探究善本古籍；
> 循循善诱提携晚辈学人，坦坦荡荡淡泊世间名利。

丁老安息吧！

2020年7月29日

丁瑜先生与国家图书馆收藏的《碛砂藏》

□ 李际宁　国家图书馆古籍馆

2020年6月16日，丁瑜先生以95岁高龄仙逝。丁先生出生于1926年，属虎，按照中国人的习惯，这个年龄已是望百期颐。如果从20世纪80年代《中国古籍善本书目》编辑工作开始，到90年代末该书全部完成、编委会解散、丁先生退休算起，已有30余年；要是从20世纪50年代丁先生到国图工作算起，先生与国图的因缘已经超过半个世纪。丁先生给国图善本部留下许多重要"遗产"。

作为在图书馆工作的后辈，时时从丁先生那一代前辈辛勤积累的丰富资源中获益；在工作中，在与丁先生的接触中，常常感悟到他对图书馆的深情；读丁先生的文字，似乎能够触摸到他心境。现在丁先生去世了，这让我总有一些话要写出来，希望能算是对丁先生的一点纪念。

1984年10月底，我到馆人事处报到，巧遇同时到馆报到的程有庆，"同日到馆"成为我和有庆三十余年交谊的因缘。真正入组工作，是在11月。从此，我与丁先生有了一点接触。已经记不得是什么样的机缘，第一次见到丁先生，印象就像沈津先生后来写到的，"头发已经有点斑白，老花镜架在鼻梁上"。当时丁先生穿什么衣服、鞋子，已经完全没有记忆。沈津先生的描述"……他风度翩翩，似乎'温良恭俭让'都被他占了"的神情，特别传神，完全就是我心里的印象。丁先生没有任何架子，开始与我拉家常，也是前辈对新入职者的了解吧。20世纪80年代，我父母住北大蔚秀园，一日，我在园里遇见老邻居北大西语系主任李赋宁先生，李先生特意停住脚，关心地询问我，毕业后在哪里工作，现在干什么？我说刚刚调到北京图书馆（1998年改名国家图书馆）善本组工作。李先生立刻说道："丁瑜还在吧？他是国家文物鉴定委员会委员，是国家级专家。"我向丁瑜先生说到这里，先生笑了，说他们两家还有点亲戚关系呢！由李赋宁先生的话题，将我和丁先生拉近了许多。

20世纪80年代中期以后，丁先生长期在《中国古籍善本书目》编委会工作，编委会办公室（我们都简称"总目办公室"）与善本组办公室一墙之隔，虽因工作关系，来往并不多，请教更少，但也经常能在书库见到"总目办公室"的冀淑英先生、陈杏珍先生和丁瑜先生。我们在库房查阅善本原件，常常惊叹善本书库清洁、整齐。善本部搬到白石桥馆区后，一次陪丁先生下库房，丁先生忽然说起善本书摆放的习惯，说善本书摆放要整齐，重心要稳，线装书比较脆弱，摆放整齐，就是保护古籍。我体会，这是先生委婉地批评我们工作没有做好。

丁先生任过善本组组长。过去，善本特藏部各组工作，"采""编""阅""藏"一条龙管理，书库管理当然是重中之重。特别是"文革"初期，社会上"破四旧"的风暴，严重干扰了文物保护和研究。文物受到极大破坏的同时，凡与文物沾边的人，也备受冲击。那时期，图书馆的基本业务工作已经停滞，特别是1969年"一号命令"以后，北京各大事业单位的工作人员大多下放干校，各单位一片混乱。如何保证善本书库的安全，是紧要的问题。大约在这个时期，丁先生以组长职管理书库。他将书库内旧目录、留底账簿一一编号、造册建目，仔细包装收藏。一直到1987年善本书库搬迁清点，我们看到很多旧目，如学部时期的善本书目，国立北平图书馆时期的几部目录底稿，20世纪20年代到30年代善本书登记旧账目，甚至几张旧纸抄写的书目档案，都保护完好。那时期善本书库位于一号楼地下，从阅览室入口到内部，依次是四库、甲库、乙库、禁库、名家手稿库。这些旧书目，大多存放在善本书库最里边的"禁库"书柜里。当时，由善本组管理的敦煌遗书、《思溪藏》、战备装箱善本书等一批特别典籍，存放于四号楼地下书库。而隶属于善本组的新善本办公室，就位于四号楼。当时常用的旧书目，包括善本排行账目，摆放在库房一下楼楼梯拐角处古色古香的书柜上，整整齐齐，井然有序。这些书目的"总目"，是丁先生整理并钢笔手书，今天，这些资料已经成为了解和研究本馆善本古籍入藏历史的重要档案。沈津先生说："丁公在《书目》（按：指《中国古籍善本书目》）编纂过程中，老成持重，任劳任怨，兢兢业业，笃行不倦。"我想，这几句话，其实也是对丁先生这个时期管理书库和目录的最好评价。

　　1956年和1964年，国家斥巨资从香港购回陈澄中藏书，传为书林佳话。这批书入藏本馆的经过，丁先生在《郋斋携港藏书回归知见杂记》有详细记述，其中1964年入藏那一批，丁先生是主要经手人之一，他的记录和他对这批书的版本研究，是了解这批书学术史的重要参考资料。古籍界讲国图重要藏品，有所谓"南陈北周"之谓，"北周"是居于天津的周叔弢，"南陈"就是上海的金融银行家祁阳陈澄中。陈氏郋斋重要藏书，分两批入藏国图，成为国图重要收藏品，丁先生赞誉道："这些善本珍籍可称为宝中之宝，善中之善。真是琳琅满目，美不胜收。"丁先生有诗云："从此西城踪迹少，屈指收藏数谁家；况有赵宋景祐本，赏奇差足慰生涯。"这诗，是那个风卷云起、山雨欲来的时代，他那一辈老图书馆员能为保护中华民族文化尽一份力的感慨！

　　丁先生一生的学术贡献，在他的《延年集》中已经略有呈现。其实，丁先生还有另一项重要贡献，就是在"文革"时期，保护了从柏林寺砸毁的大佛腹中掏出来的《碛砂藏》。

　　《碛砂藏》是南宋开雕、元代递修完成的一部佛教大藏经。明代中期以后，因为明代新雕印大藏经的流通，这部宋元间请印流通不多的大藏，几乎完全被遗忘了。20世纪30年代以后，在陕西省开元寺、卧龙寺再次发现《碛砂藏》，引起学术界高度重视。目前，全世界范围内发现的《碛砂藏》，除零本较多以外，比较完整的有五部，除陕西开元寺、卧龙寺两部外，还有三部：一部在太原崇善寺，一部在美国普林斯顿葛思德东方书库，还有一部在日本大阪武田科学振兴财团所属"杏雨书屋"。此外，1935年，上海影印宋版藏经会影印出版了陕西收藏的《碛砂藏》。

　　《碛砂藏》这套体量庞大的佛教大藏经，因其特殊而复杂的历史，每一部的内容都有差别，有其特殊的版本特点和不同的历史文物价值。著名佛教学者吕澂先生说过："在宋、元各种大藏经刻板中再没有像碛砂版这样关系复杂的了。"所以，尽管有陕西省开元寺、卧龙寺的重要发现，至今《碛砂藏》留给学术界的未解之谜依然很多。

1966年红卫兵打碎了柏林寺大殿佛像，在大佛像中发现了佛教藏经，同时还有一些零本佛经以及少量单册古籍。这些书籍当时就散乱地堆在院中。消息传来，丁瑜、王玉良等先生迅速前往考察。经简单翻检，怀疑这是珍贵的《碛砂藏》，便抢救收捡起来，装于多个大木箱中，存放善本书库。

1987年至1988年，善本部从北海文津街馆区搬迁到白石桥馆区，当时由于地下善本书库尚在验收考察中，全部善本书另存他处。1990年至1991年间，善本书开始入库。这个时期，丁瑜先生特别向善本部副主任方广锠先生提到这批《碛砂藏》，建议整理编目。后来笔者也多次访问丁先生，问到当时抢救保护的情况。丁先生说，当时一大堆佛经，就堆在院子中，风一吹，纸片任随风卷，如果不赶紧收集起来，后果不堪设想。当时也不知道是什么经，只是从扉画看，似乎是《碛砂藏》，"文革"期间，不可能详细考察，当时也没有那么多时间去想，只是一念之间，觉得要保护起来。

1992年，善本书库搬迁上架工作已经完成，方广锠先生指导善本组工作人员傅敏，将这部大藏经按照端平本《碛砂藏》目录顺序做了初步清理，分装10个木箱中。1992年清理之余，尚有一些《碛砂藏》残册零叶，装在其他木箱中。2013年白石桥馆区善本书库大修完毕，这批零本残叶与这部《碛砂藏》整体收归一起，以便将来整理、修复。此前，国图已经收藏少量《碛砂藏》零册，这部从柏林寺抢救回来的《碛砂藏》，又给国家图书馆增加了一部珍贵的宋元版佛教大藏经。

1994年笔者对这批《碛砂藏》逐册做了调查和记录，对这部差一点被毁掉的《碛砂藏》，有了新的认识。

（1）《碛砂藏》全藏591函，千字文编帙号从"天"至"烦"，约6362卷。这部国图本《碛砂藏》虽然只残存2400余册，不到总数的一半，然而其基本框架完整，起于"玄一"《大般若经》卷二十一，尾止于"烦七"《天目中峰和尚广录》卷二十七之上。其中"武"至"遵"帙是由管主八主持刊雕的二十八函"秘密经"。

（2）《碛砂藏》始刊于南宋宁宗赵扩嘉定九年（1216）。经过几十年的发展，刻藏事业正在走向全盛时期，不料宝祐六年（1258）碛砂延圣院发生大火，经板多有损坏，刻藏事业受到一定影响。不久之后，宋元朝代更替，刻藏事业完全停顿。一直到元代大德年间，才陆续重新恢复刻藏事业。柏林寺本这部大藏，对研究碛砂延圣寺历史，提供了非常重要的资料。

（3）这部国图《碛砂藏》中保存了许多重要题记，对解开吕澂先生所说《碛砂藏》版本"复杂"的问题，具有其他几部《碛砂藏》不可替代的重要价值和意义。

比如：藉此可以知道这部原藏苏州碛砂延圣寺的大藏经板，到明初已经有许多残损。于是遂有永乐九年十年间杭州慧因寺沙弥鲍善恢的补刊活动。如："珠"帙《大般若波罗蜜多经》卷五百二十八有题记："……善恢宿生庆幸，忝遇佛乘，司殿职于万善戒坛，唯惭唯愧；慕正知于一真实地，诚恐诚惶。尝睹本寺藏经函内少欠数多，遂往碛沙、妙严二刹补印藏典，全其品章。因见彼寺经板年深岁久，朽烂缺欠者多。发心备板，化募众缘，命工刊补完就，使大教以流通，令正法而久住……永乐九年（1411）辛卯孟春吉日，杭州仙林万善戒坛知殿净人鲍善恢谨识。"

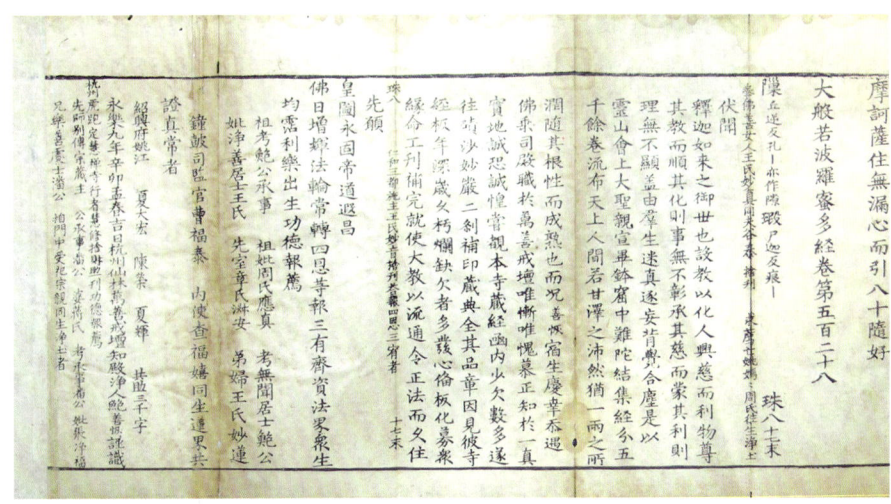

图1 《大般若波罗蜜多经》卷五百二十八鲍善恢题记*

又如：胡适以普林斯顿葛思德东方书库藏品为实例，提出了"天龙山藏经"问题。借助此部国图《碛砂藏》可以知道，明代初年《碛砂藏》的《华严经》板已经全部损毁，不得不用当时南京天龙禅寺收藏的《华严经》配补，这一点还可以得到普林斯顿葛思德东方书库藏品的佐证。

再譬如：利用本部《碛砂藏》可以解决《中国大百科全书·宗教卷》所谓"武林藏"的历史遗留问题。"武林藏"一词源于明代万历年间修《嘉兴藏》时道开等人记录的传闻，但是，自从此名词提出以来，学术界和收藏界就没有人见过"武林藏"实物，"武林藏"也就成为一个历史之谜。1982年童玮先生根据当时发现的17册有"杭州施主"字样，由"杭州在城大街众安桥北杨家经坊印行"的大藏经零本判断，这就是传说中的"武林藏"。丁瑜等先生抢救保护的柏林寺本《碛砂藏》，为解开此谜提供了确切证据，证明《中国大百科全书·宗教卷》所谓"武林藏"，就是明代初年由杭州众安桥北杨家经坊印刷装潢的《碛砂藏》。

（4）这部国图《碛砂藏》最重要的意义，是其中保留金代崔法珍刊刻《金藏》的珍贵史料，对研究中国佛教史和佛教大藏经史，具有特别重要的意义。这条资料，保存在《大宝积经》卷二十九（"火九"）和《大宝积经》卷第一百五（"文五"）的经尾。前者是一个完整题记（见题记一），后者是前者的缩写本（见题记二），题记一文字如下：

最初敕赐弘教大师雕藏经板院记

潞州长子县崔进之女，名法珍，自幼好道，年十三岁断臂出家。尝发誓愿，雕造藏经，垂三十年，方克有成。大定十有八年（1178），始印经一藏进于朝。奉敕旨，令左右街十大寺僧，香花迎经于大圣安寺安置。既而宣法珍，见于宫中尼寺，赐坐设斋。法珍奏言："臣所印藏经，已蒙圣恩，安置名刹。所造经板，

---

* 本书未标注图片来源的图均由国家图书馆提供，非国家图书馆提供的图片则标注图片来源。

亦愿上进。庶得流布圣教，仰报国恩。"奉诏许之，乃命圣安寺为法珍建坛，落发受具，为比丘尼。仍赐钱千万，洎内阁赐五百万，起运经板。至二十一年（1181）进到京师，其所进经板凡一十六万八千一百一十三，计陆千九百八十为卷。上命有司选通经沙门导遵等五人校正。至二十三年（1183），赐法珍紫衣，号弘教大师。其导遵等，亦赐紫衣德号。其同心协力雕经板杨惠温等七十二人，并给戒牒，许礼弘教大师为师。仍置经板于大昊天寺，遂流通焉。韪哉！眷遇之隆，古未有也。自昔释迦如来为一大事因缘出现于世，灵山演法，各随众生根器利钝方便，分别大小乘教，为世津梁，后人因之。识心达本，悟无为法者，不可以数计矣。然教法之兴，虽系于人，亦由其时。自汉明帝，历晋魏以来，虽有释氏经典，所传由未广也。其后，玄奘、义净二大士跋涉瀚海，至天竺国，不惮艰苦，磨以岁月，得经教焉。自是震旦佛法备矣。是以城邑山林、精蓝塔庙，或建宝藏，或为转轮，安置经典，为世福田。若缁若素，书写受持，顶戴奉行者，无处无之。盖如来本愿，欲使众生见闻而获福也。然今弘教大师备修苦行，以刊镂藏板为本愿。于是协力助缘，刘法善等五十余人……助修经板胜事，始终三十年之久，方得成就。呜呼，可谓难也哉。已门人慧仁等，具言刊经本末，谒文于东平，赵沨述记。时岁次己丑，仙林讲寺祇殿鲍善恢为是本寺藏典缺少，尝往碛砂、妙严二刹印补，见彼经板多有朽烂欠缺，发心备板，化募众缘，命工刊补，幸获完备。今善恢自思，刊补小缘，经于岁月，率难成就。想当时弘教大师自幼出家，断臂设誓，刊刻藏板，始终三十年，方得成就，实为世间第一希有功德，而复遇金世宗皇帝敕赐钱及号记焉。善哉！得非有是道，复有是人，有是人复遇是时，此其所以成难成之功，庶不负如来付嘱之意。呜呼！前哲之功，于斯盛矣，惧夫久而泯其所由、无传于世，因而刊之，使后贤观其所由，遂不昧弘教大师之功也耶！时永乐九年（1411）岁次辛卯孟冬望日杭州仙林万善戒坛祇殿善恢谨题。

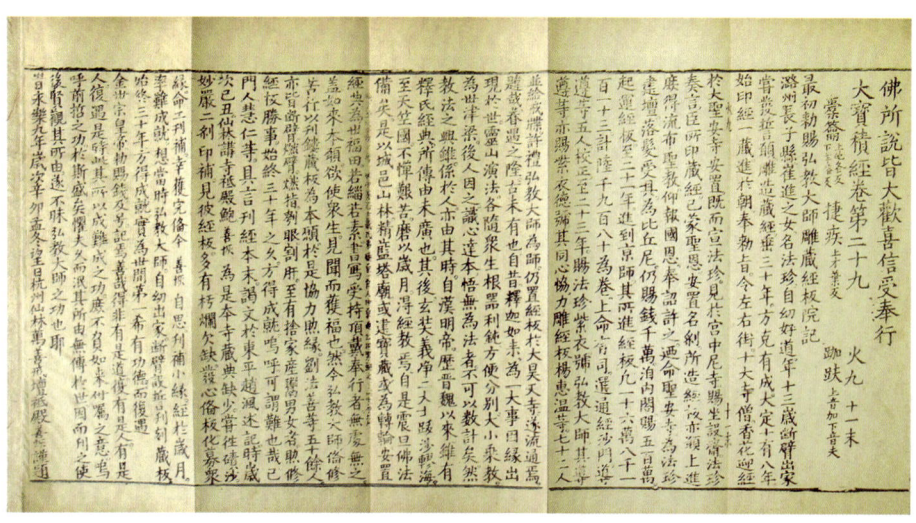

图2 《大宝积经》卷二十九《最初敕赐弘教大师雕藏经板院记》

题记二：

最初雕造大藏经板

　　昔潞州长子县崔进之女法珍，年一十三岁，断臂出家。发大誓愿，雕藏经板，垂三十年，方刻有成。大定十有八年（1178），始印一藏进于朝。敕旨迎经于大圣安寺，建坛受具为比丘尼。仍赐钱千万，泊内阁施钱五百万起运经板。至二十一年（1181）至京师。其所进经板凡一十六万八千一百一十三面，为卷六千九百八十。敕命有司选通经沙门导遵等五人教正。二十三年（1183）赐法珍紫衣，敕号弘教大师。其协力雕造经板杨惠温七十二人，并给戒牒，许礼弘教大师为师。仍置经板于大昊天寺安奉，遂流通焉。然其旧经率多缮写，故教完具为难。今弘教大师备修苦行，以刊镂藏经为本愿，于是刘法善等五十余人……助修经板胜事，始终三十年之久，方得成就。呜呼，可谓难也哉。时永乐七年（1409）己丑岁，杭州仙林讲寺祇殿善恢，为见本寺藏典数多缺欠，尝往碛沙、妙严二刹印补。因见彼寺经板多有朽烂缺少，发心备板，化募众缘，命工刊补完备，经于岁月，率难成就。今善恢自思，往昔弘教大师，自幼以清净坚固勇猛之心，断臂设誓，刊刻藏板，数至二十万，始终三十余年方得成就，实为世界第一希有功德。此其所以成难成之功也耶。因而刊之，使后观其所由，不昧初因者也。时永乐九年（1411）岁次辛卯仲秋吉杭州仙林讲寺祇殿善恢谨题。

　　这里，题记一的前半部分，是金章宗明昌四年（1193）由秘书丞兼翰林修撰赵沨书写、翰林侍讲学士党怀英撰额的碑文，记述了崔法珍刊雕《金藏》的史实。后半段是补刊《碛砂藏》者鲍善恢的发愿文。有关《赵沨碑》的研究，见笔者撰的《〈金藏〉新资料考》①。

　　我们知道，最早记录金代刊雕大藏经史事的《赵沨碑》早已佚失。元代《析津志》《元一统志》所载只言片语，被收录在《永乐大典》中，之后，亦随《永乐大典》的消亡而散逸。有关金代崔法珍募刻大藏经一段历史，从蒋唯心发现《赵城金藏》起，备受学术界关注，但苦于史料的缺乏，这段重要历史，始终存在很多缺憾，幸赖这部《碛砂藏》中鲍善恢的题记，保留了这些珍贵史料。

　　现在，每当我回想丁先生一生的学术贡献，一方面，感谢丁先生敏锐的学术眼光，感谢丁先生以强烈的历史责任感保护了这部珍贵的宋元版《碛砂藏》。另一方面，也深感自己特别幸运，如果没有当年先生的一念之想，这部《碛砂藏》可能早就灰飞烟灭了，那个记录崔法珍刊雕金藏的重要史料——赵沨撰写的《最初敕赐弘教大师雕藏经板院记》碑文，也就没有了。

　　要之，目前全世界收藏的五部比较完整的《碛砂藏》，只有国图这部保存了这条明代中期以来就已经丢失的重要史料。佛教大藏经，动辄六千余卷，而经过数百年以至今日，没有一部大藏经是真正完整的，这是大型丛书必然的历史宿命。国图收藏的这部柏林寺本《碛砂藏》，从康熙年间重修柏林寺，将这部大藏经装藏时候起，就已

---

① 李际宁：《佛教大藏经研究论稿》，宗教文化出版社，2007年，第7—33页。

经残缺不全了。柏林寺本《碛砂藏》能够从那个动乱的年代中保存下来，成为国图一份重要藏品，与丁瑜先生的保护和抢救分不开。

丁瑜先生一生谦虚谨慎，他的论文集中没有对此事做介绍，似乎风吹云过，没有此事一样。但其实，丁先生主持抢救保护的这部《碛砂藏》，其文物价值和学术意义都极高。试想，金源一代雕刊佛教大藏经的史料久已缺佚，其他几部《碛砂藏》也没有保存这个记录，崔法珍刊雕金藏一事，从蒋唯心的研究开始，多少学者都希望找到《赵沨碑》原文，一睹"真容"而不得。余为晚生后辈，得益于丁先生等前辈之余荫，理应将这一段历史旧事讲出来，将这部大藏经的历史价值和学术价值揭示于世，以彰显国图收藏的这部柏林寺原藏《碛砂藏》的重要性，以便同好所知。今日，谨以此文缅怀和纪念丁瑜先生。

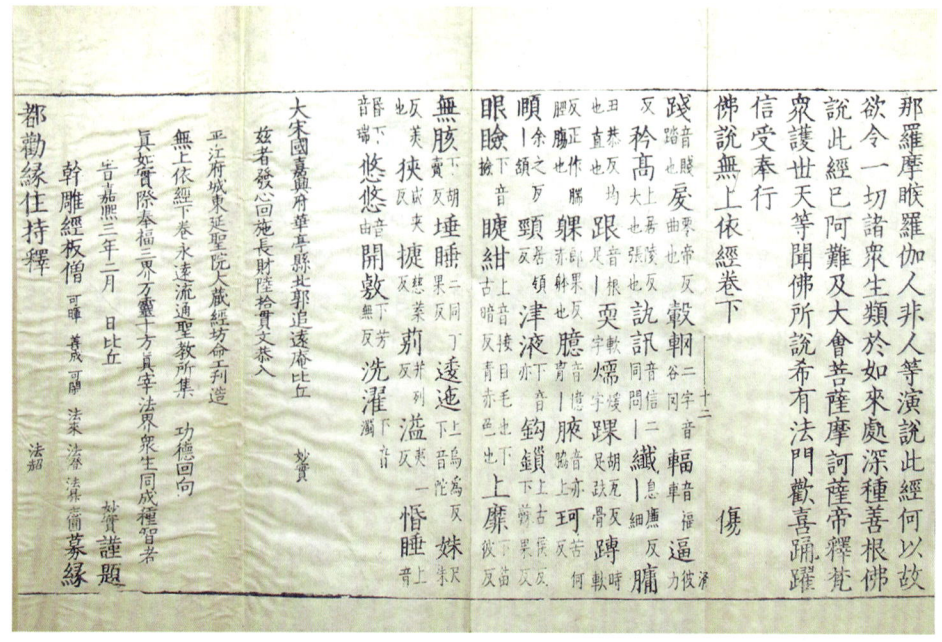

图3 《佛说无上依经》卷下宋刊《碛砂藏》题记

回忆丁瑜先生片段

□ 黄　霞　国家图书馆古籍馆

2020年6月17日，获悉丁瑜先生已于前一日去世的噩耗，这位德高望重的学者，和蔼可亲的长辈永远地离开了我们！这段时间，先生的音容笑貌常常浮现在我眼前。

1984年我大学毕业，被分配到国家图书馆善本特藏部（古籍馆的前身）善本组工作。工作之初，在善本阅览室实习，有时也去善本总目办公室帮忙，当时帮忙打包邮寄全国各地的，正是油印本的《中国古籍善本总目》，丁先生是该书的主要编辑人员之一。后来因为工作岗位的缘故（长期从事馆藏新善本文献的采访编目，以及馆藏敦煌遗书的编辑整理），我与先生的联系不多。先生退休后，只是在每年春节，组里与各位离退休老同志的聚会时能够见到他。先生给我的印象是慈眉善目，待人温和，为人低调，平易近人。

而我真正走近并熟悉先生，是通过几次难得的与丁先生一起工作的经历。2005年和2008年，我有幸在丁先生带领下，参与了北京市文物局图书资料中心、老舍纪念馆、北京李大钊故居纪念馆等单位对部分革命历史文献藏品的文物定级工作。通过这几次与先生一起工作，我不仅加深了对先生的了解，更感受到先生对晚辈后学的关爱。先生认真负责的工作态度，准确严谨的分析方法，都给我留下了极深的印象，使我受益匪浅。这其中，尤以去北京市文物局图书资料中心的工作经历记忆最为深刻。

2005年夏，丁先生带领赵洁敏老师和我，数次前往位于北京市东城区府学胡同36号的北京市文物局图书资料中心，为该中心的部分革命历史文献做藏品文物定级。当时的工作流程是资料中心的老师们把要做定级的藏品分次、分批拿出来，每次若干册，丁先生、赵老师和我分别传阅，阅后给出自己的意见，如果没有异议，藏品的定级意见就基本确定了。遇有不同看法时，丁先生会很平和地和我们一起讨论，最后统一意见，并不以长者和学问大压服别人。有些书丁先生

图1　2005年10月在老舍纪念馆门前合影
（左起：黄霞、赵洁敏、丁瑜）

一看就说有印象，说以前读过，甚至说出书的大致内容，大家都十分佩服先生惊人的记忆力和渊博的学识。

丁先生工作起来十分忘我，中间不休息，不喝水、不去卫生间，一般都是连续工作好几个小时。当时他已经七十九岁高龄了，又正值盛夏，大家都很担心他的身体，怕他累着，总是劝他多休息。每次先生都是满口答应，但只要一开始工作，他又把这些都忘脑后了。

北京市文物局图书资料中心所在的东城区府学胡同36号，是个古色古香的院子，绿荫遮蔽，曲径通幽，环境宜人。那段时间，每天中午我们都与资料中心的老师们一起去食堂用餐，饭后我们仨一般会先在院子里散散步，然后到休息室休息。休息室里有沙发，赵老师和我让丁先生在沙发上躺着休息，可每次他都说坐着眯会儿就行。先生有时也和我们一起聊会儿天，我觉得与先生聊天本身就是一种享受。

先生曾谈起他早年在北大读书和来我馆工作的经历，谈起他参与编辑《中国古籍善本书目》的工作经历，也曾谈到他的家庭。记得当时丁先生说他夫人得了三叉神经痛，他经常陪老伴去医院针灸。从这件小事上不难看出他对夫人的关心，也体现了他们夫妻感情的深厚。他还说起他的孩子们，其中谈到在他的大儿子上小学时，丁先生曾带着他一起骑自行车去天津的经历，让我们听了既惊讶又佩服！这也从一个侧面反映出先生不仅学问做得好，更是一位热爱生活的人。那时的公路还不像如今这么平整，他们骑行的也是普通的自行车，先生正是以这种身体力行的方式来锻炼孩子，培养孩子吃苦耐劳的精神。

2009年春节前，我与赵洁敏老师一起去丁先生家给先生拜年，我们给他带去了小礼品，离开时，先生执意要给我们每人一小盒茶叶作为回赠。在那之后，每年的春节、中秋节前，我曾多次与部里、组里的领导和同事们一起去先生家看望他老人家。先生在年近九十高龄时，仍在坚持读书看报、写文章，关心国家大事，关注古籍事业的发展。每次见到先生，他总是面色红润，精神矍铄，在谈及某个感兴趣的话题时，他仍是那样的思维敏捷，侃侃而谈。每次我们去看他，先生总是说麻烦你们了，当我们离开时，他都坚持要送我们到电梯口。后来几次先生年事已高，在我们的强烈劝阻下，他仍送到家门口，目送我们离开。

如今，丁瑜先生已驾鹤西游，但有关先生的这些往事，会一直留存在我的记忆中，我会永远怀念他！

愿先生在天国一切安好！

忆丁瑜先生兼谈《延年集》的编纂

□ 李 坚 国家图书馆古籍馆

丁瑜先生是善本组的老人。我1996年入馆分配到善本组时,丁瑜先生已退休多年,我并未与之共事,只是经常听同事们谈到丁先生。当时的组长程有庆老师经常提起,丁先生是国家文物鉴定委员会委员,《中国古籍善本书目》的主要编纂者,等等。李际宁老师说起《碛砂藏》,也总要提起丁瑜先生。近些年先生还参加了"中华再造善本工程"的前期选目,以及第一批《国家珍贵古籍名录》评审会、《永乐大典》采访鉴定会等工作。所以,提起丁先生的大名,不禁有些肃然起敬。而印象最为深刻的,则是每年春节前全组和老同志一起聚餐欢聚的情形。

组里的老先生很多,冀淑英、丁瑜、王玉良、杨讷等先生,每年春节前,都会请回来全组一起聚餐,与大家欢聚。与杨讷、王玉良等其他几位健谈的先生不同,丁先生每次来了都不声不响,笑眯眯地微微鞠躬,不停冲大家点头,特别和蔼可亲。大家兴致勃勃地寒暄聊天,丁先生也多是在一旁安静地聆听,很少插话。最近十来年因年事过高,丁先生已经不能参加组里聚餐了,但我还能常常想起他每次来组里,推门进来满脸笑意微微鞠躬的样子。

与丁先生的接触增多,是2014年我担任善本组组长之后。每年春节陪着古籍馆陈红彦副馆长和程有庆老师等去丁先生家慰问,先生每次看到我们都非常高兴,很愿意和我们聊天,只是自己说话不多,多是听陈副馆长和程老师在说,时不时让我们吃水果。儿子儿媳

图1 2017年春节慰问(左起:程有庆、丁瑜、陈红彦、李坚)

照顾得周到,丁先生的气色非常好,很多年了,似乎容貌没有什么变化。

2019年9月9日国家图书馆110周年馆庆前夕,以丁瑜先生为首的8位国图老专家给习近平总书记致信,很快收到总书记的回信。这是党和政府对文化工作的重视,是国图人的骄傲,丁瑜先生是善本组的前辈,当然更是善本组的骄傲。

2019年12月,丁先生的故交、著名版本学家沈津先生到北京来,专程带着复旦的

学生去拜访丁先生。因沈先生这次拜访，我们才知道前不久先生曾因脑梗住院。得知此消息，大家都很牵挂，我因为工作较忙走不开，便请程有庆和李际宁两位老师代表善本组去看望先生。他们二位回来时非常高兴，说丁先生恢复得很好。

2020年春节前夕，陈红彦副馆长、程老师和我还是一如既往地去丁先生家慰问，先生似乎与往年没有太大差别，只是稍微显得弱些。我们感慨于高龄的丁先生大病后恢复得如此之好，子女们照顾得真不错。临别时一起拍照留念，丁先生轻轻说了句："给我洗几张。"之后，我特意到冲印店里将最近几年的照片都冲洗了一份，同时，又请组里的年轻同事蒋毅把典籍博物馆大厅里习总书记给国图老专家们回信的雕塑也拍了照片，一起给丁先生寄去。

6月16日，北京新发地疫情暴发之际，传来了丁先生仙逝的噩耗，我恍惚还有些不敢相信。虽然先生年事已高，但我总以为他老人家会一直这么慈眉善目地微笑着，不会离去。据说丁先生当天上午感觉有些不舒服，下午就走了。先生走得安详，没有病痛折磨，也是福气。

丁瑜先生是谦逊而和蔼可亲的好人，他的离世，令善本组的众多同事伤感不已。前几年刚刚退休的申军老师说："我到善本组时丁老已退休多年了，因此我和他接触并不多，只是每年春节前和老同志聚会时才能见到他，他给我的感觉就是一个和气可亲的长者，一个没有学者架子的学者。记得他爱喝酒，我陪他喝酒，他点名喝小糊涂仙。遗憾的是我没有机会和他共事，接受他的教诲。如今丁先生已驾鹤西去，我将怀念他，好人会得好报，祝他在天国生活得幸福。"申老师的话，道出了每一位善本组人的心声。

丁瑜先生是著名的古籍版本鉴定专家，但我对于丁先生的学术成果，却了解不多。有幸的是，2015年至2016年，我参与了编纂丁先生的文集《延年集》的工作。作为文集编纂的主要联系人，我负责与张志清副馆长、古籍馆陈红彦副馆长、沈津先生、善本组参与此事的各位同仁、出版社等对接沟通，上传下达，对于文集编纂的全过程以及各方面的情况都有所了解。由于我们编纂文集的经验有限，加之时间紧张，很多问题考虑不周，书末没有附后记等说明编纂过程，不能不说是一种遗憾。现借悼念丁瑜先生之机，简要叙述当年文集编纂的经过及其相关事宜，权当补充"后记"一篇，以飨读者。

2015年2月9日中午，张志清副馆长把我和副组长李文洁叫到他的办公室布置任务说，为庆祝2016年丁先生九十寿辰，需尽快编纂出版丁瑜先生的文集，具体的文集编纂工作由善本组来承担。

早在2004年至2011年，国家图书馆、上海图书馆、南京图书馆联合编纂《芸香阁丛书》，收录顾廷龙、赵万里、潘天祯、冀淑英四位先生的文集，几位先生都是图书馆古籍版本目录学领域的宗师。图书馆古籍界除了这几位大师，还有一些学养深厚的专家，他们在本专业颇有建树，但淡泊名利，毕生坚守基础业务建设，将更多的精力投入集体工作和项目中，为图书馆的发展贡献良多。丁瑜先生就是其中的代表。国家图书馆、国家古籍保护中心办公室能为丁瑜先生编纂文集，并把此事当作新时代古籍保护计划工作的一个重要组成部分，充分体现了对这些一生默默奉献的专家的尊敬与重视。

张副馆长对文集编纂一事高度重视。2月9日刚给我们布置任务，2月15日就电话询问是否已经着手在做，是否已经与丁先生联系。紧接着与国图出版社沟通，确定由贾贵荣（1961—2020）总编辑负责落实此书的出版。

张副馆长对文集编纂的每个环节都及时做了指示，对我们汇报和反映的问题，无论是OA邮件，还是微信信息，都及时回复、随时解决，使得整个工作在有序平稳地进行。文集的字体字号、版式、开本、印装经过张副馆长拍板，均参照《赵万里文集》，并决定使用简体字；封面，出版社提供了两个设计稿供选择，由张副馆长选定了其中一款。

张副馆长还特别强调，文集编纂时要充分尊重丁先生本人的意愿，尤其是序言请谁来写、文集的名称等，都一定要听从丁先生的想法。2015年7月23日，张副馆长在给我的一个回复邮件中，有这样几句："很感谢善本组高效率完成了丁先生文集的整理工作"，"（关于文集的名称）如不叫文集，可请丁先生自己定个名字。比如像李致忠先生过去出过《肩朴集》，类似这样的名字，我觉得也不错"。"序言由谁来写，我建议由丁先生来指定撰写人为佳……《延年诗草》，我觉得不错，建议附在后面出版"，最后强调，"上述只是鄙意，还要以大家共同意愿为正，当然最重要的是丁瑜先生自己的意愿"。

张副馆长起初还计划文集出版以后，组织一个小型出版座谈会，由善本组牵头，以组内的老中青为主，包括退休的，叙叙旧。丁先生愿意请外馆的哪位先生，由老人家自己决定。但行事低调的丁先生坚决拒绝，这个计划便没有实施。

善本组承担了文集的全部编纂工作。接受任务之后，程有庆老师马上与丁先生联系，告知此事，并请丁先生做相关准备。丁先生非常高兴，积极配合，为我们提供线索。

我们尽快将丁先生的论著目录搜集了一下，组里的几位年轻人都参与了具体工作，蒋毅、刘悦、程天舒参与搜集、复制论文，在孔网上购买专著，去港台阅览室复印《联合早报》。初期查找到16篇论文，1部专著，形成初步的目录。经过几次核查，又增加了一些。后期校对过程中，贾大伟还核查了缩微的《中国文物报》，确认论文《"一方古砚写传奇"补遗》纸质复印本的夹字内容。有些文章，因为发表的年代较早，已经不容易找，丁先生自己有保存的，也加入进来。根据编辑的建议，我们又请丁先生找出一些照片，程老师取回来扫描之后提供给出版社，用于制作书前的彩页。

程有庆老师是文集编纂的主力，负责论文的分类、审稿校对中疑难问题的解决、书名的确定等，并承担了与丁先生联系沟通的重任。程老师是当之无愧的与丁先生沟通的不二人选，丁先生与他共事多年，很熟悉，交流起来更容易；程老师敦厚随和，对老年人热心、耐心、细致体贴，深受各位老同志信赖；更不用说程老师具有丰富的古籍工作经验，在古籍著录和版本鉴定方面有不少独到见解，为保证文集编纂质量提供了强有力的支持。与老人家沟通，仅靠电话，沟通效果往往会大打折扣。程老师无数次前往丁先生家，向先生汇报搜集资料的进展，听取先生的意见，沟通某些问题的处理办法，而对于较难抉择的事情，往往会提出一些建议，供先生选择，这些都是文集得以顺利编纂的基础和保障。

文集中能包含丁先生的诗作《延年诗草》，也很不容易。在文集编纂不断推进的过程中，也许是受到领导和同仁们的热情感召，谨言慎行的丁先生拿出自己多年来的诗作集成，自名《延年诗草》。丁先生家老宅位于西城区延年胡同，自幼居住在那里的丁先生对延年胡同充满感情，将自己的居处命名为"延年居"，诗作命名为"延年诗草"。丁先生征求张副馆长和程老师的意见，这些诗作是否能收入文集中？张副馆长和程老师都认为诗作颇有文采，尤其是反映了丁先生所经历的各个历史时期的一些人和事，具有史料价值，值得收录。于是文集中增加了一部分诗作。

文集名称的确定，也经过审慎的思考。起初，出版社耿素丽老师建议拟定类似"某某某版本目录学论集"的名称，后来觉得还是起个有寓意的名字更为妥当。程老师琢磨了很久，没有找到特别恰当的，也曾请沈津先生费心考虑。后来，受丁先生自拟的诗作名称《延年诗草》启发，程老师建议命名为《延年集》，先生与延年胡同关系密切，"延年"二字寓意也好。这个提议得到丁先生本人的认可，沈津先生也表示肯定，张副馆长很支持。文集的名称就这么确定了。

文集的分类排序，是由程老师完成的。全书约26万字，分三大部分，先后顺序为：一、论文34篇，二、专著1部（《中国古籍装订修补技术》），三、诗稿71首（按：最初排序为一论文、二诗稿、三专著）。论文按类排序，但不明确类别名称，因有些论文不易归类，仅作模糊处理；诗稿则根据写作时间排序（按：初选77首，经丁先生与程老师再次斟酌之后，又删除了几首不宜对外公开的，最终选定71首）。

全书的序言有两篇，一篇是韩永进馆长撰，一篇为沈津先生撰。组里的文学博士程天舒为韩馆长作序提供了一些资料；沈先生与丁先生几十年的交往，序言饱含深情，娓娓道来，很打动人。沈先生写稿格外认真，发来初稿之后又两易其稿，不断有修改。

沈津先生对文集的编纂贡献颇多。沈先生与丁先生在编纂《中国古籍善本书目》时共事多年，情谊深厚。他对编纂丁先生文集非常热心，除序言外，还提供了一些与丁先生的往来书信，积极为文集的编纂出谋划策。不少问题我们都是与沈先生商量决定的。

2015年12月底，文集的初期工作完成，2016年初将稿交国图出版社。最初由耿素丽老师负责，后因耿素丽老师岗位变动，2月底交由王雷老师负责。王雷老师非常努力，想尽一切办法赶时间，以期尽快出版。3月7日王雷老师将初稿校样排出来，我们便开始校对工作。时间紧任务重，校对任务交给了组里退休同事唱春莲老师，唱老师从事古籍工作多年，认真细致，校对又快又好。得知是为丁先生出版文集，毅然勇挑重担，没日没夜地加班校对，以保证如期出版。3月15日完成一校，交还出版社；3月29日二校稿样出来，唱老师开始二校；4月11日完成二校返还出版社。4月26日出版社出第三次清样，再返还唱老师；4月29日，唱老师完成三校。

三校完成后,由程有庆老师做终校,并同时送给丁瑜先生一份,丁先生本人也开始校核。程老师和丁先生同时看样稿,丁先生翻阅资料,认真审阅,校改了不少,认为有些地方一定要改。尊重作者本人的意见,程老师把丁先生的意见及时吸收进去。

丁瑜先生的生日是5月7日,张副馆长本来希望在此之前出版。当得知丁先生和程老师同时审校的时候,他非常理解,赞成吸收先生本人的意见,认真校对,保证质量,便允许出版时间稍微推迟一些。

在几次校对过程中,解决了不少问题,比如排印稿中有很多异体字,繁体字,一并改为简体字;有些漏印的内容也加上;用阿拉伯数字还是汉字数字,最后都根据古籍著录的规范改过来。

国图出版社在此书出版中也做出了很大努力。贾贵荣总编亲自督促进度。耿素丽老师在前期提了不少有益的建议。责编王雷老师积极配合支持,千方百计保证出版时间,严格三审三校,有疑问及时与我联系沟通;并尽量为我们的校对提供便利条件,对我们的修改要求也最大限度地满足。

5月6日,校好的稿件送还出版社;5月16日,出版社做好最后一稿,返回以后由程老师审最后一遍,5月19日审完后交还出版社,正式下印厂。7月5日,得知丁先生因病住院刚出院,张副馆长催促出版社尽快出书,得到反馈说已经印好了,正在装订。7月13日,我们从国家古籍保护中心办公室运回100册,当天程老师就先取了5册送到丁先生家里。拿到样书,丁先生非常高兴,非常满意。

7月25日,程老师和我一起又去丁先生家,再送去部分样书,并带着《延年集》的出版合同请丁先生签字。古籍馆陈红彦副馆长让我们带了两册书过去请丁先生签名,签名本保存于名家手稿库的签名本专藏中。《延年集》的编辑出版工作顺利完成,丁瑜先生高兴地与我们合影留念。

图2 丁瑜先生为国图名家手稿文库题写《延年集》签名本

图3 与丁瑜先生合影(左起:程有庆、丁瑜、李坚)

编纂《延年集》,是善本组的责任和义务,也是善本组老中青同仁的一次团队作战。通过这次编纂工作,我感觉与丁先生等老一辈图书馆员的距离拉近了,同时,也感受到了国图古籍事业先后传承的脉动。

怀念和蔼谦抑的丁瑜先生

□ 刘 明 中国社会科学院文学研究所图书馆

  为人淡泊、和蔼谦抑的丁瑜先生离开我们了！他离开是在2020年疫情期间的6月份，由于疫情防控的原因，没有公开举办追悼会和告别仪式。因为我已经调离国家图书馆，所以是从微信朋友圈获悉先生驾鹤西归的消息，随后澎湃新闻也做了报道，心中禁不住咯噔一下，不禁想起丁先生那慈祥温善的面容，他的谆谆教诲仿佛就在昨日。

  坦白地讲，作为晚辈后生的我与丁先生隔了数辈，还是称丁老最为允妥。过去有幸接触丁老的几个难忘的情景，也顿时涌现在脑海里，当时就很想沉下心来写一写，但碍于没有合适的"由头"，就搁置了下来。可我还是忍不住在善本组的微信群里聊了几句。我总觉得，平生中能够接触到一辈子都以古籍善本为志业的老先生是一种幸运，更是一种缘分，真不知道是修了多少年才积来的福分。杨成凯先生去世后，我在自己的博客上写了一篇纪念性文章，也把文字稿发给了组里的几位同事老师。记得程有庆老师还说写得太"平"了，的确，那篇纪念性的文章写得平淡至极，没有任何的藻饰，完全是大白话，但却寄托了我内心深处最深的哀思！现在我早已不写博客，况且年近不惑，写文字比起以前多少有些敬畏感。丁老的离去就是如此，我把哀思放在了心里，而没有倾吐在笔端。

  前几日，李坚发微信告诉我，希望我能够写一篇纪念性的文字，还准备刊登在古籍馆的刊物《文津流觞》上。我马上答应下来，不认为这是一种被动的义务，而是一种不容推卸的责任。回想自己从大学时代就迷恋上古籍，老天爷也赏饭，毕业之后到了国家图书馆善本特藏部工作，做的正是自己喜欢的古籍事业。最为重要的是，在这里听闻，也亲身接触到做了一辈子古籍的老先生们，言传身教，音容笑貌，自是别有一番天地。丁老就是其中的一位。当然我参加工作时，丁老早已离休在家，但还是有很多的机会听同事老师们讲起，有时开会或举办活动也能够见到丁老。但自己从未向丁老请益过古籍问题，也未听丁老长谈过，这一点和杨成凯先生不一样，原因大概是丁老毕竟已为耄耋老人，在丁老面前我还是拘谨了很多。在杨先生面前，我会大胆地问一些古籍问题，杨先生也从未给过我压迫感，他还是很平易的，他也愿意听到专业问题的讨论。除了会议活动见到丁老之外，善本组有一个保持了很多年的传统，就是每年末聚一次餐，退休的老同志，还有在岗的同事们一起见见面，叙叙家常，也谈一些以往的人和事。也正是在聚餐的场合，有几次丁老也到了，大家都很高兴，丁老也高兴，气氛很是温暖，其乐融融！丁老毕竟年事已高，也不是每年的聚餐都会到，然而寥寥数次到场，包括我在内的年轻同事们都切身感受到了丁老的和蔼慈祥。

  除了聚餐，丁老留给我的印象，很深刻，也很受教育的有三次。

  第一次是2007年11月份在友谊宾馆开第一批国家珍贵古籍名录的评审会议期间，丁老也被邀请参加这次会议，这也是我第一次见到丁老本人。记得那时候，丁老满头的白发，戴着一副眼镜，精神也不错，走起路来也还好，没觉得丁老有那么老，给人还是很矍铄的印象。有一天吃早餐，正好和丁老同桌，丁老吃了一个煮鸡蛋，他剥鸡蛋皮的情景恐怕我这一辈子都忘不了。丁老小心翼翼地一点一点地剥鸡蛋皮，而且鸡蛋皮还密实地叠累在一起，给人很认真、很精细的感觉，当时就想丁老做古籍工作可能也是这样的严谨细密。那时我刚参加工作，年轻不懂事，说话也不知道分寸。吃饭时就说饭后上午陪着李致忠先生，还有程有庆老师，北大图书馆的沈乃文先生，天津图书馆的李国庆和白丽蓉两位先生，一起去军事科学院看元刻本《十三经注疏》。当时古籍保护中心办公室在开会期间指定我是秘书之一，所以有些联系看书的事宜就让我来做，也借此开开眼。在丁老面前这么讲，暴露出了自己的得意和不谦虚，现在想想很不应该。一会儿，程老师到了餐桌前，向丁老问候，丁老说你们上午要到军科院看书吧，程老师就说了这件事的情况。当时我就在想，由程老师来说这件事多好。又一日，听说丁老在宾馆鼻子流血，毕竟还是年老了，身体会吃不消。但他还是坚持到评审会议开完，在会议结束时还做了发言。这一情景，给我留下了细致和细心的丁老形象，其实细致和细心的背后反映的是一个人的沉静。

友谊宾馆的评审会议结束以后，我还断断续续参加了一点与评审相关的工作，也听到了很多专家对第一批珍贵古籍名录遴选的意见。其中就有丁老的意见，但我只记得一条，其他的忘记了。这条意见是，丁老建议入选国家图书馆所藏的宋刻明州本《文选》，他认为这部《文选》解决了《文选》版本流传中的一些疑难问题，不宜不选。因为我在大学时代关注《文选》研究，自己也很喜欢去围绕《文选》的版本做一点考察和研究，所以对这条意见就特别地"敏感"，也就牢牢地记在心里了。明州刻《文选》是五臣在前、李善在后的六家注本，与馆藏宋刻赣州本《文选》的李善在前、五臣在后的六臣注不同。六臣注是如何形成的？有意见认为是将五臣、李善的注本顺序颠倒而已，明州本无疑是很好的实物证据。专家组采纳了丁老的意见，国务院公布的第一批国家珍贵古籍名录里也赫然入选了明州本《文选》。这件事说明丁老不仅对馆藏的珍贵善本的版本情况非常熟悉，对于它们的版本价值乃至于文献学史的价值，也了然于胸。丁老不但是本色当行的图书馆古籍善本专家，也完全可以称得上是古籍文献领域的学者。

第二次是2008年10月份在北京文物信息中心鉴定《永乐大典》期间，丁老作为资深的鉴定专家参加了鉴定会。需要鉴定的这一册《永乐大典》是在2007年底发现的，当时杨成凯先生和程有庆老师正在上海做国家珍贵古籍名录的复核工作，书主借此机会联系到了他们，并且有意转让给公藏单位。这就开始了该册《永乐大典》的鉴定工作，记得我参与的这一次是第二次鉴定。当时张志清主任安排我护送这册《永乐大典》到北京文物信息中心，并接了住在神州酒店的书主，一行四人一起赶往鉴定现场。到达后，不一会儿杨成凯先生和丁老也先后赶到，鉴定开始。我也趁机仔细听丁老和杨先生如何评价这册《永乐大典》。丁老就和程老师谈到了《永乐大典》画栏格为了取齐的上下针眼事。这真是独家"秘笈"，听得我如痴如醉，不由得感叹这古籍鉴定的学问太大了，没有一辈子的实践经验谈何鉴定！鉴定结束就开始进入专家撰写鉴定书的环节。只见得丁老稍加思索，便在鉴定书上撰写意见，不一会儿就写完了，写得话不多，写完后还让程老师看看写得如何。我也借机凑着脸看了几眼，现在只记得"珠联璧合，绝非赝品"这样一句话，其余的话不记得了。"珠联璧合"指的是和国图已藏的两册《永乐大典》恰好前后在卷目上配在一起，鉴定结论写得既言简意赅，又十分精彩，很精准地概括了这册新发现的《永乐大典》的文物价值。杨成凯先生的鉴定结论就写得多了一些，从文献价值展开来谈。鉴定结束后，丁老和杨成凯先生各自回家，我也又护送这册《永乐大典》回到了单位，这是我人生中一次难忘的经历。不仅亲临《永乐大典》鉴定现场长见识，还见识了丁老积累的深厚鉴定经验，特别是那短短的几句话，如果不是有一辈子的积累，恐怕是写不出来的。古人云"大道至简"，斯之谓也！

第三次好像是在2009年，有些记不清是哪次活动了，部门领导安排我去接丁老来馆参加活动。我一早上班后赶紧给丁老打电话，说接他来馆参加活动的事，光着急说接的事，电话一开始没介绍自己，让丁老有些失措，当时自己真是不会办事，也不会说话。打完电话后，随着馆里的车，到了丁老的住处，丁老早已在楼下等着，一起到馆。活动结束后，又送丁老回家，因为活动结束了，我也感觉轻松了，在路上就和丁老聊了几句。丁老问我是哪个学校毕业的，我说清华大学毕业，2007年到馆工作，就在善本组。丁老就说民国时期清华的文科还是很有名的，我就应了一句好好干工作。不一会儿，车到了丁老的住处，我扶丁老下车。我坚持要送丁老上楼后再回馆，但丁老坚持不让，说一上午都是我来接送，很累了，时间也不早了，赶紧回馆和开车师傅一起吃饭休息吧。但我还是要送，就一路走到了单元楼门口，丁老说别送了，赶紧回馆吧。这一次感受到了丁老关心晚辈、关心别人的一面，大家都评价丁老是一位好人，真的是一位时时刻刻都想着别人的好人！

我生性驽钝，在国图工作的十来年里没有学到多少古籍本事，但也确实积累了一点微不足道的古籍工作经验，不管身在哪里，这些工作经验都为我从事古籍事业打下了坚实的基础。还有，应该是更为重要的，就是亲眼受教了国之瑰宝。这些国之瑰宝，不仅包括那些放在古籍书库里的珍贵善本，还包括丁老在内的老一辈古籍专家，能够亲身聆听他们的教诲、感受他们的风采，是我一辈子的精神财富，甚至毫不夸张地说是自己古籍事业的一种资本，也是人生的一种资本。

谨以此文纪念和蔼谦抑的丁瑜先生。

您好，丁瑜先生！

□ 罗 彧　天津师范大学古籍保护研究院

2020年6月16日晚间，惊闻丁瑜先生过世，我顿时陷入哀痛和自责之中。

与丁瑜先生相识，是在2019年12月初的一个上午，在沈津先生带领下，我与复旦大学曹鑫老师、马步青博士一起去位于延年胡同里的小院探望丁先生。一路上我一边开车，一边听沈津先生回忆他与丁瑜先生交往四十余载的点点滴滴，其情切切，其意拳拳。沈先生说他几乎每隔一两年就会找时间来北京探望丁先生。我一直记得那天的会面，当时丁先生已经95高龄，而且是刚做完大手术出院不久。但知道我们要过去，他非常高兴，早早让家人备好果品茶点等候。丁宅是一幢坐落于胡同里的老房子，会客的房间不大，陈设十分简单。丁先生和沈先生坐在沙发上聊起旧人旧事，我们及丁先生家人则散坐于四周聆听。丁先生面容恬淡安详，听着沈先生回忆过往，不时点头微笑，偶尔说几句，口齿已不甚清晰。

两位先生的聊天亲切而温馨，通过他们的讲述，我对丁先生有了更深刻的了解。初冬的暖阳透过门窗照进来，旧房子愈显其年代感。看着眼前文雅朴实的老人，想着丁先生为古籍界做出的巨大贡献，我脑中闪过沈先生在《延年集》序文中对丁先生的评语，"高简、淡泊、深藏若虚、与世无争、不求闻达"，果真如此。

丁先生盼咐家人包饺子招待我们，由于担心太过打扰老人休息，我们谢绝了丁先生的挽留。临别时和丁先生约定，择日由我上门做一次专访，请先生回顾当年编纂《中国古籍善本总目》的重要史实。不料新冠疫情突发，未及再访，丁先生竟遽尔远行。每念及此事，便痛悔不已。

图1　探望当日的合影
（前排左起：丁瑜、沈津；后排左起：马步青、曹鑫、罗彧）

承前启后传技艺
——丁瑜先生对国家图书馆古籍保护修复工作的贡献

□ 王　沛　国家图书馆国家古籍保护中心办公室
　林世田　国家图书馆古籍馆

丁瑜先生是令人尊敬的图书馆前辈。先生自为学之日起便钟情图书馆，一生专注于基础业务，始终为国家图书馆事业的发展默默贡献力量。1950年北京大学图书馆专修科毕业后，先生先后在出版总署图书馆（今中国版本图书馆）、北京图书馆（今国家图书馆）工作[①]，历任中文提要卡片编辑组组长、善本组组长、善本特藏部副主任、《中国古籍善本书目》编委会分主编，享受国务院特殊津贴。曾任中国文物保护技术协会常务理事、文化部科技委员会委员、国家文物鉴定委员会委员、全国古籍保护工作专家委员会委员。先生在图书提要卡片目录、《中国图书馆图书分类法》（简称《中图法》）编纂，以及古籍文献搜采、典籍守护、技艺传承、善目编纂等方面笃行不倦，成就斐然。离开工作岗位后，丁瑜先生继续开展古籍整理研究，提携后学，并以年迈之躯参与"中华再造善本工程"，为"中华古籍保护计划"出谋献策，推动了中华传统典籍保护传承事业的发展。此外，丁瑜先生关于古籍保护修复方面所发挥的作用，亦需要我们铭记。

图1　中国文物保护技术协会第一届理事会照片（第二排右一为丁瑜先生）

古籍修复是中国的一项传统手工技艺，在中华传统典籍历代传承发展过程中发挥着重要的作用。前辈先贤在长期的修复实践中，积累了丰富的经验，但千百年来多

---

① 1998年12月12日，北京图书馆更名为中国国家图书馆。

为师带徒的口传心授，传世文献所载的只言片语多出于藏家、文人之手，既不系统，也不具体。虽明代周嘉胄《装潢志》等曾有专门记述，然时间久去，随着中国社会的发展和进步，亟需专门针对现代图书馆开展古籍保护修复工作的专门教材以指导实践。20世纪60年代，基于多年的古籍修复经验和图书馆管理经验以及扎实的古籍版本知识基础，肖振棠先生与丁瑜先生从工作角度出发，将古籍修复作为一个整体，融合必备的修复技艺、古籍版本知识、流程管理、核验等内容，合作完成《中国古籍装订修补技术》，该书成为近现代图书馆古籍修复领域的开山之作。20世纪80年代末90年代初，北京图书馆筹备开展敦煌遗书修复工作，丁瑜先生又与冀淑英先生，以及方广锠、杜伟生老师等人，吸收古今中外的文献修复经验，制定出一套行之有效的敦煌遗书修复方法，该方法成为今天古籍保护最通行的修复原则。

一、合作完成《中国古籍装订修补技术》

1961—1965年，为"继承我国装修古旧线装书的优秀技术"①，文化部先后举办了两期装修古旧线装书人员培训班，在北京图书馆和中国书店采取"以师带徒、边教边学边做的方式，由浅入深、从简到繁"，系统学习我国书籍发展的一般历史、装订形式的变迁、历代版本的区别和特点、装修技术的专门知识和操作方法。

图2　1963年7月古书装修训练班第一期毕业师生合影②

---

① 北京图书馆馆史资料汇编（二）编辑委员会编：《北京图书馆馆史资料汇编（二）（1949—1966）》，北京图书馆出版社，1997年，第402—417页。
② 根据《北京图书馆馆史资料汇编（二）（1949—1966）》第402页《中华人民共和国文化部关于培训装修古旧线装图书技术人员的通知》（1961年1月13日，（61）文群平字第36号），训练班全称为"装修古旧线装图书技术人员训练班"。

1961年7月,文化部装修古旧线装图书技术人员训练班在北京图书馆开班,由技艺精湛的张士达、肖振棠等担任师傅。4个月之后,刚刚完成参编《大型图书馆图书分类法》草案的工作后,丁瑜调入善本部。面对新的工作岗位,初入善本部的丁瑜学习欲望强烈,有时不我待的使命感和责任感。他留心于古籍保护的基础业务,常利用闲暇时间学习,并虚心向前辈们请教。1963年12月,中国文物保护技术协会开始筹建,丁瑜被推荐参与其中。在北京图书馆承担的1964—1965年国家科委和文化部文物保护科学技术研究工作计划"善本书修整装订技术的经验总结与改进"研究项目中,丁瑜作为召集人,项目成员有肖振棠、张士达、张耀华,项目的成果即为《线装书装订修补技术》[1]。与此同时,丁瑜从1964年初开始与肖振棠先生合作撰写《中国古籍装订修补技术》,1965年11月完成初稿。肖振棠先生近50年的古籍修复经验与丁瑜先生扎实的文字功底和目录版本学知识珠联璧合,最终合作完成此书。然而,初稿完成后遇上"文革",竟此尘封10余年。

1978年,全国第一次古籍善本书目编纂工作会议召开,应一些古籍整理工作同志的建议,丁瑜备受鼓舞,重理旧稿,删掉了一些与装订技术和操作方法没有直接关系的内容,将原稿36节概括为5章15节,1980年由书目文献出版社正式出版。这部著作系统、详尽地介绍了古籍修复技艺,并着重叙述实际操作方法,构建了古籍修复之"史""术""学"[2],为图书馆古籍保护修复工作提供了操作指南。全书共5章,分别为:书籍装订技术的起源和发展、装修古旧书籍常用的名词、装修古旧书籍应有的设备及常用材料、古旧书籍的修补与装订、古旧书籍的各种不同装修法。书后附《装修书籍操作规程及成品检查标准》《装修书籍操作统计单》。当时的古籍修复虽是"冷板凳",但却是保护典籍的基础手段。此书成为以图书馆古籍保护实践为基础、以古籍修复技艺为内容的具有开创性的学术著作,可见其具有从实践到理论、再由理论指导实践的重要意义,蕴含着前辈对于古籍保护工作之远见。

值得说明的是,该书对古籍修复的"整旧如旧"原则进行了专业的系统总结,为后人践行这一原则提供了指导。我国著名版本目录学家赵万里先生(1905—1980)在1950年

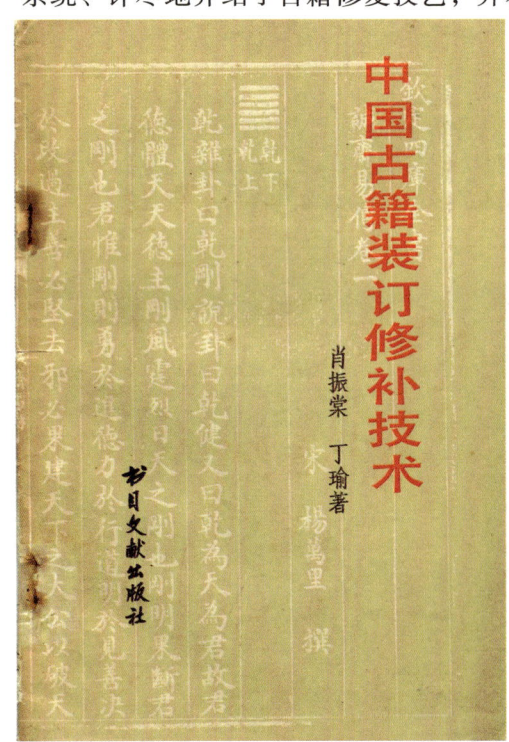

图3 《中国古籍装订修补技术》书影

---

[1] 北京图书馆馆史资料汇编(二)编辑委员会编:《北京图书馆馆史资料汇编(二)(1949—1966)》,第332—335页。
[2] 周余姣:《匠心独运——纪念〈中国古籍装订修补技术〉问世40周年》,《山东图书馆学刊》2020年第6期,第105—111页。

5月《赵城金藏》展览座谈会上提出:"过去本馆装修的观点是将每一书完全改为新装,此办法始而觉得很好,其后则发现它不对。一本书有它的时代背景,所以决定自(民国)廿三年后不再改装,以保存原样。"①此即后人熟知的"整旧如旧"原则。根据赵万里先生的这一要求,经过修复师的妙手,《赵城金藏》得以以最古朴的面貌保留下来。

图4 《赵城金藏》修复照片

至于"整旧如旧"如何操作,可惜没有更多具体的修复档案保存下来。然而,除了分析原物外,我们可以从《中国古籍装订修补技术》中一探究竟:"整旧如旧即是为了保持书籍的原始面貌和风格的装修方法……不仅要掌握精湛的装修技术,还要具备一些版本知识,了解不同时代书籍的不同风格,才能达到整旧如旧的要求,使修补过的古书保持原有的面貌。"②《整旧如旧装修法》小节从八个方面具体介绍了如何做到"整旧如旧",即:保持旧观的衬纸法、溜口和书角的修补法、书皮和护叶的修补法、扣皮法、包书角、书签修整法、订线和打眼、书套修整法。这些总结代表了当时的先进理念和技术,至今仍为古籍修复工作所遵循。

《中国古籍装订修补技术》是北京图书馆在文物保护技术方面的代表性成果,更是我国图书馆界古籍修复的第一部实用教材。该书不仅为古籍修复这项传统技艺的发展奠定了坚实的基础,也及时解决了中华人民共和国成立后古籍保护事业蓬勃开展却苦无教材参考之弊,是古籍保护领域古籍修复与版本知识、图书馆管理有机融合的范例。古籍整理和文物保管单位十分重视此书,纷纷以之作为业务学习教材。日本早稻田大学图书馆的村井田敬在该书出版第二年就将其译为日文出版。20世纪末,牛津大学图书馆的何大伟先生又将此书翻译成英文,对西方所藏汉文古籍保护和修复人员培养产生了重要影响。

---

① 北京图书馆馆史资料汇编(二)编辑委员会编:《北京图书馆馆史资料汇编(二)(1949—1966)》,第483页。
② 肖振棠、丁瑜:《中国古籍装订修补技术》,收入丁瑜:《延年集》,国家图书馆出版社,2016年,第251—255页。

二、参与制定敦煌遗书修复方案

在国家图书馆收藏的16000余号敦煌遗书中,有相当数量的卷子存在破损现象:破损较严重的卷子纸张已经老化,一触即碎,甚至完全不能展开阅读;有的卷子曾被油(古人使用的灯油或蜡油)、水浸泡,变得脆硬、糟朽,每展阅一次,常常掉下碎渣、碎片[①]。

20世纪80年代末,北京图书馆开始在前人的基础上进行敦煌遗书的修复探索。丁瑜先生与冀淑英先生、方广锠和修复专家杜伟生老师等人,吸收古今中外的文献修复经验,经过多次试验,系统总结出一套行之有效的修复原则。我们今天耳熟能详的"抢救为主,治病为辅""整旧如旧""过程可逆""最小干预"等古籍修复原则,都来源于敦煌遗书修复经验的总结提升。

(一)抢救为主,治病为辅。国家图书馆老一辈版本目录学家冀淑英先生(1920—2001)在指导修复敦煌遗书的过程中,最早提出了"抢救为主,治病为辅"的原则。即对敦煌遗书的修复,要突出重点,抢救那些影响寿命、必须修复的地方,破损不严重的地方尽量不动,以保持敦煌遗书的文物价值和文献价值不受损害。由此,敦煌遗书修复方案明确了以"局部修补"为核心的全新修复方法,成为指导敦煌遗书修复工作的重要原则,并逐渐为英法等国修复敦煌遗书所效法。这与文物领域"保护为主,抢救第一"的总方针也是高度一致的。

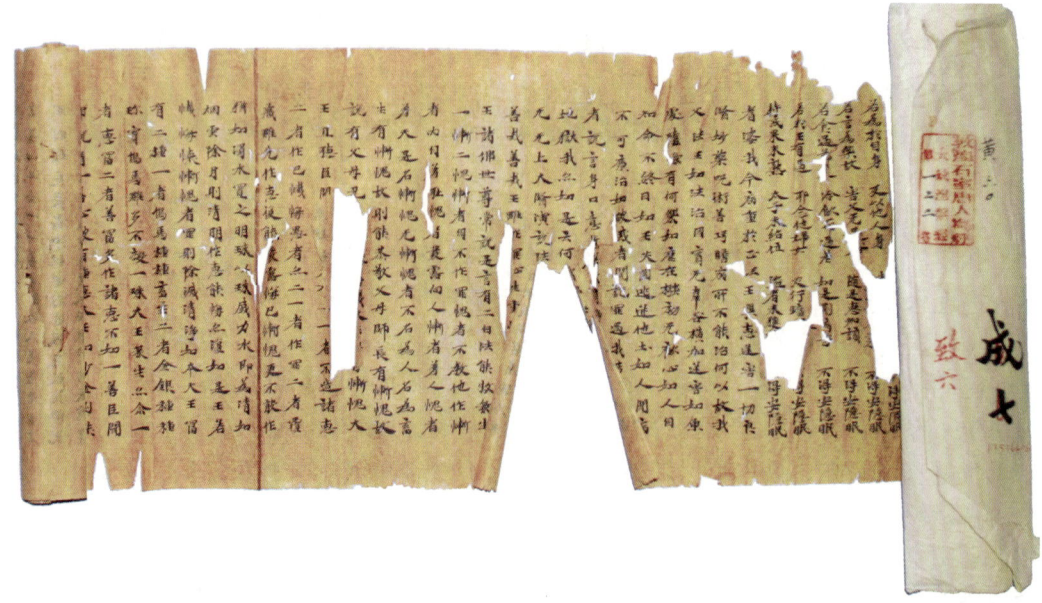

图5　修复前的敦煌遗书

---

① 张平:《中国国家图书馆敦煌遗书的修复与保护》,张志清、陈红彦主编:《古籍保护新探索》,浙江古籍出版社,2008年,第182—188页。

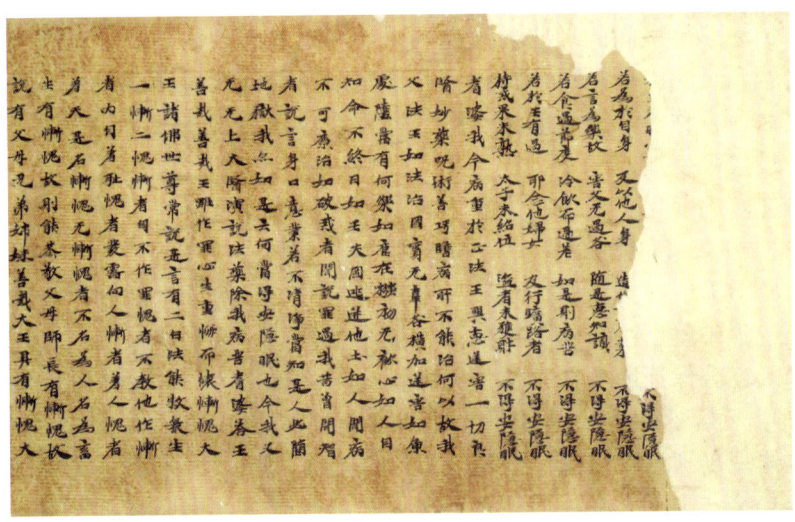

图6 修复后的敦煌遗书（正面）

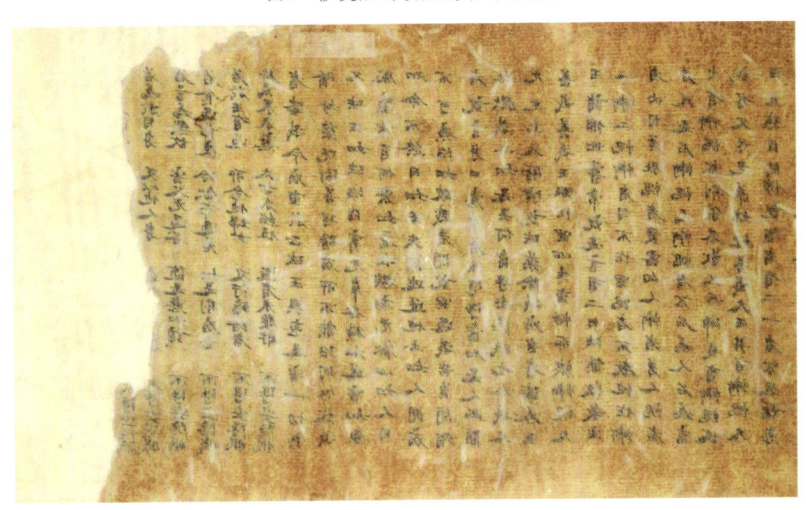

图7 修复后的敦煌遗书（背面）

（二）整旧如旧。所谓"整旧如旧"，不是企图恢复遗书没有损坏以前的原貌，而是尽可能保持其修复前的原貌，在修复工作中仅使残破部分得到养护，绝不使其它部分的现有状况产生任何形态上的改变。《中国古籍装订修补技术》中对"整旧如旧"提出了要求："对时代较早、有版本价值的善本书籍，须采用整旧如旧的装修法，以保持文物特点。装修时，要求不补字、不描栏、不划栏，不要有求全的思想。对珍贵的古书来说，一字的模糊，或一段界栏的断线，都是考定版本的有力证据。"①这是将修复与版本权衡之后对历史的尊重。

（三）过程可逆。我国传统的修复方法大多没有考虑到可逆性。有的善本由蝴蝶装或包背装被改为线装，或被裁去天头地脚，使后人失去了研究古籍独特装帧形

---

① 肖振棠、丁瑜：《中国古籍装订修补技术》，《延年集》，第251页。

式的可能；过去流落民间的一些敦煌遗书采用了通卷托裱的方式，虽然美观，但却使后人无法看到纸背的信息；西方国家在修复时还曾使用过化学胶水、加膜加网等不可逆的方法，自称为"善意的破坏"。国图在修复敦煌遗书时，坚决摒弃传统的通卷托裱，最大限度地遵循"过程可逆"原则，确保现在的修复不会对原卷形态造成任何不可逆转的变化。如果将来有更好的修复技术出现，便可随时恢复原状，改用更为先进的技术，以更好地保护这些遗书。

（四）最小干预。文物保护领域后来提出的"最小干预"原则，实际上在修复敦煌遗书的过程中就已经得到了贯彻。"最小干预"原则要求最大限度地减少修复行为，做到既充分保证原卷在正常使用的情况下不再损坏，保障研究者的使用与保管者的管理，又尽量少修，保留原卷的各种研究信息。在《中国古籍装订修补技术》中，也体现出了这种思想。在讲到卷轴装时，提出"如果书卷虽然破烂但不糟朽，也未经裱装，则不必在后面裱纸，只要把书叶破烂处用同样纸补整齐，上下亦不需裁切。……尤其对时代较早的古卷轴，更要避免揭裱，因为揭去一层纸，会使正面的字迹受到揭裱的影响，而模糊不清。前人曾总结出'纸去其半，伤字精神'的经验。具体地说，就是古卷轴揭去一层旧纸，另裱一层新纸，就改变了原来的面貌，如果裱后再加以裁切，使书品缩小，则受到的损失就更大了"①。

三、结　语

上述修复原则与方法的提出，在世界范围的敦煌遗书修复工作中尚属首次。回顾世界文物修复史，即会发现，国家图书馆从敦煌遗书修复中总结出的这些原则，与1964年5月31日第二届历史古迹建筑师及技师国际会议在威尼斯通过的《关于古迹遗址保护与修复国际宪章》（即《威尼斯宪章》）以及1979年的《巴拉宪章》高度吻合②。如"最有必要和最小干预原则""可辨识性原则""可逆性原则"等，为文物保护工作奠定了科学基础，具有里程碑式的重要意义。"中华古籍保护计划"实施十余年来，以古籍普查、名录评审等工作为抓手，古籍的原生性和再生性保护事业蓬勃发展，古籍修复人员从之前的不足百人发展壮大至上千人，总量超过360万叶珍贵古籍得到抢救修复。现在，人们已不再单单将古籍修复认为是一门匠人手艺，而是需要具备古籍版本、修复技艺、艺术修养、材料学、保护技术等各种专门知识融为一体的综合知识和能力储备。我们需要铭记以丁瑜先生等为代表的老一辈学人，他们在中国崛起的发展历程中，探索的不仅仅是图书馆事业，更重要的是以"心有华夏"的大胸怀，为中华珍贵典籍的保护、传统技艺的延续甘为人梯，发挥了承前启后的作用。

---

① 肖振棠、丁瑜：《中国古籍装订修补技术》，《延年集》，第263页。
② 何流、詹长法：《〈威尼斯宪章〉的指导思想和现实意义》，《中国文化遗产》2015年第1期，第82—89页。李颖科：《中西方文化遗产保护理念辨析——兼论中国特色文化遗产保护发展理念的理论建构》，《中国文化遗产》2020年第1期，第57—64页。

丁瑜致沈津信札

□ 朱婷婷　国家图书馆古籍馆

【整理者按】
1. 信件格式按当前通信规范整理，不保留原信提行版式。
2. 部分信件原文无标点，整理者根据文意添加。
3. 信件原文的繁体字均转换成当前通用规范简体字。
4. 第二通书信的第一首七言诗，书信原文无序号"（一）"，为整理者所加；第二通书信有他人隐私，整理时做了处理。
5. 此三通信件为沈津先生授权发表，特此致谢。

第一通

沈公道席：

　　金陵一别，倏经六载，流光逝水，实增惋叹。年来承蒙劳念，屡赠书刊，友人处亦多蒙提及贱名，挚情厚谊，铭感胸臆。月前偶赴北图，收到大著《书城挹翠录》，欢欣感谢之情，无可名状。读是书如重晤老友，亦如面对师座。一书相随，犹似师友相伴，时时均可请教解惑也。原拟驰函致谢，奈不悉尊处地名，故向多闻兄询问。他刚刚把尊址寄我，随之又寄来阁下手书和大著《后序》及《古籍存藏》撰稿注意事项等，拜读再三，感慨良多。你我相识廿载，今日尚是第一次亲切叙家常。您坦诚地介绍远在大洋彼岸的家庭生活和职业工作情况。没有客套，没有隔膜。读这样的信和这样的文章，犹如来到你的庭院里、工作间里谈话一样亲切。文如行云流水，写出了工作收获，写出了幸福生活，在此为您，为您全家祝福，衷心致贺。正是：
　　　　西方明，东方明，哈佛燕京美居停，华夏更欢迎。
　　　　南京情，北京情，海上新潮享太平，同人分棹行。
　　效颦涂鸦，卜君一粲。
　　承蒙相邀为《大陆图书馆古籍存藏研究》撰稿，深感盛情，又颇觉抱歉。因离开北图已数年，再写她今日的情况，多有困难和不便，只能以歉疚之情，敬谢不敏。祈请鉴宥，专此敬覆。
　　并致衷心诚挚的谢忱！

丁瑜顿首
八月三日①

---

① 经沈津先生确认，此通信件为丁瑜先生1996年所写。

第二通

沈公赐鉴：

新年伊始，接奉惠赠尊著《翁方纲年谱》，感谢莫可名状。近年来屡蒙惠赐翰章大作，颇增见闻，深受教益。良友如君，倍加欣慰，无以答报，徒增惭怍也。

日昨接阁下越洋电话，既感且愧，急修书致候，感谢老友盛情。且拜个晚年，恭祝全家幸福平安，万事如意。

去年因患眼疾（白内障）辞去文研所工作，闲居家舍闭目塞听，图书界消息知之甚少。阅尊著《〈历代卅四家文集〉该不该出版》《翁方纲年谱序》等文，拜读再三，感受良多。文章内容涉及到文学、史学、目录、金石各个方面，在搜集整理资料中能详其所详，拾遗补阙，仔细体味治学之道，意境无穷。更难得的是《翁序》中写出了对恩师的孺慕之思，深为感人。贵伉俪唱随之深情，更使人欣羡。阁下实为当今罕见之性情中人的学者也。欣阅《年谱》全书，读史以知今，读传以知人，史传佐人以悟世事。君之赐予我之帮助大矣。阅读之顷，率成七言二首以寄友人。虽为七言八句，但非七律之韵，吾友当勿讥之。

（一）
羊年复始又开头，挚友情谊堪回眸。
凌云壮志思鸿鹄，大洋彼岸率斗牛。
书城把翠添嘉话，著作等身胜二酉。
点检琳琅诚如是，不朽名篇宏烨楼。

（二）
来年花甲六十秋，春风哈佛更上楼。
羡公文捷真良骥，笑我吟迟笨如牛。
《苏斋年谱》拜读毕，订讹辨伪足消愁。
明眼丹黄精神具，顾老门人第一流。

见笑，见笑。

昨日电话询及小安消息，两年来与之不曾联系，确实常在念中，借兄问询之机，今日上午即赴故宫，因不知其具体工作部门，进神武门找人事处，始知他在古器物部，穿过多半个故宫，在文华殿旁南三所找到他办公室，但人又不在，记下了他手机号……打电话找他，他又关机，只能乘兴而来、兴尽而返。故人的消息容当以后再报。

专此奉闻，顺颂撰安。

再次拜谢！

丁 瑜

二月十一日①

---

① 经沈津先生确认，此通信件为丁瑜先生2003年所写。

第三通

沈公大鉴：

尊著《版本学家赵万里先生》，初、二稿均已收阅。十分钦敬您对前辈学者的怀念和颂扬。现寄上冀大姐遗作一篇请参考。我所能补充的有如下一点，似乎很少人提及，但这是赵先生亲口所说，我印象较深。尊著和冀文中亦有所反映，似可印证。

赵先生自谓其研究成就目录版本学并不是首要的。第一是词曲，次为辑佚，第三方是目录版本流略之学。写此并不是针对尊文题目想起的，冀大姐和所有知道赵先生的人提到赵先生，首先想到的就是“目录版本学的权威”。四十年代在北大选赵先生的课，也是选他的版本学和史部目录学。解放后在北图业务学习还是听他讲目录学……不过他确实讲过以上他自我评定的话，大概在63年前后。

专此布达。

丁　瑜

2005年2月5日

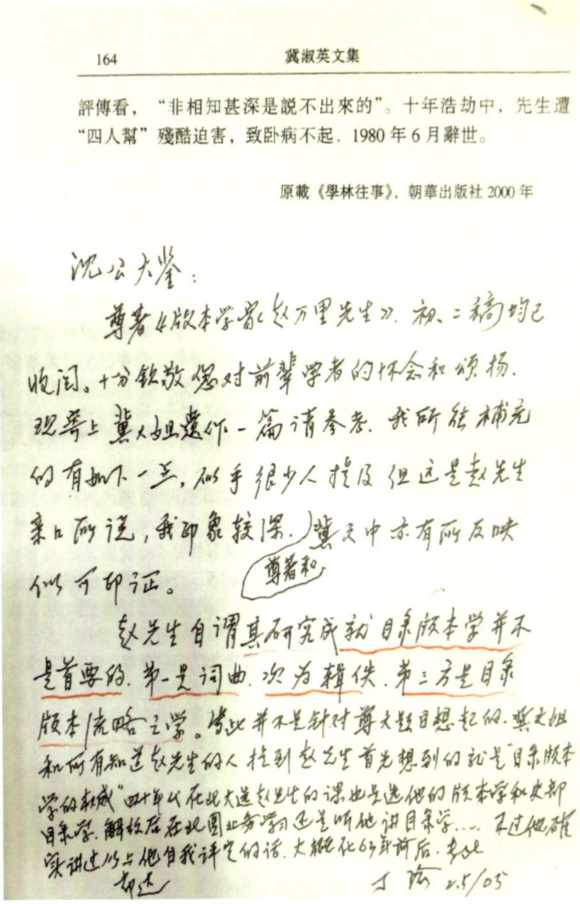

164　冀淑英文集

評傳看，“非相知甚深是說不出來的”。十年浩劫中，先生遭“四人幫”殘酷迫害，致卧病不起，1980 年 6 月辭世。

原載《學林往事》，朝華出版社 2000 年

沈公大鉴：

尊著《版本学家赵万里先生》，初、二稿均已收阅，十分钦敬您对前辈学者的怀念和颂扬。现寄上冀大姐遗作一篇请参考。我所能补充的有如下一点，似乎很少人提及但这是赵先生亲口所说，我印象较深。尊著和冀文中亦有所反映似可印证。

赵先生自谓其研究成就目录版本学并不是首要的。第一是词曲，次为辑佚，第三方是目录版本流略之学。写此并不是针对尊文题目想起的。冀大姐和所有知道赵先生的人提到赵先生首先想到的就是“目录版本学的权威”四十年代在北大选赵先生的课也是选他的版本学和史部目录学。解放后在北图业务学习还是听他讲目录学……不过他确实讲过以上他自我评定的话，大概在63年前后。专此布达

丁瑜 2.5/05

图1　第三通书札

文献天地

⊙ 古籍中的医药文献

敦煌遗书中的医药文献

□ 刘　波　国家图书馆古籍馆

敦煌文献中所存的医药文献写卷总计八十余件，它们大都残缺不全，不少文献的书名、卷次、撰者等均已亡佚。这些写卷的抄录时间多在南北朝至唐末五代时期，但绝大多数具体年代不可考。

敦煌医药文献内容广泛，涵盖医经、五脏、诊法、伤寒、医方、本草、针灸、养生及医药史料等多方面内容。这里略举数例，以见大概。临床治疗学方面，P.3287张仲景《伤寒杂病论》，集秦汉医药理论之大成，确立了中医辨证论治的基本法则。脉学方面，存S.5614《平脉略例》《五脏脉候阴阳相乘法》《脉经》，P.3477《玄感脉经》，P.3655《七表八里三部脉》《青乌子脉诀》等写卷，论及诊脉部位、方法、脉象特征及主病等问题；P.2815卷背也是诊脉医书。药物学方面，存南朝梁陶弘景《本草经集注》、唐代官修药典《新修本草》的多种写本，以及S.76《食疗本草》等药学专书，国图藏BD12242与日本大阪杏雨书屋羽40号这两件都是《新修本草》写本，可以缀合（图1）。针灸学方面，S.6168+6262《灸法图》及P.2675《新集备急灸经》是现存最早的两部绘有人体穴位的灸法图谱。诸书中保存的医方多达一千数百帖，医方写卷有P.2565、P.2637、P.2662、P.2703、P.2882v、P.3144v、P.3596v、P.3930、P.3960v、P.4837b、P.5549、S.1467、S.3347、S.4433v、S.5435、S.5795、S.6052、S.6177v等数十件，其中不仅有中古时期医家验证的经效方剂，而且《辅行诀脏腑用药法要》一书中还保存了汉代以前的若干古"经方"佚文。此外，关于气功、辟谷、石药服饵、疗服石药中毒、方术禁方、房中术、佛家及道家所用医方（如P.4038）等，也都从不同角度反映了中古时期的医药学成就。

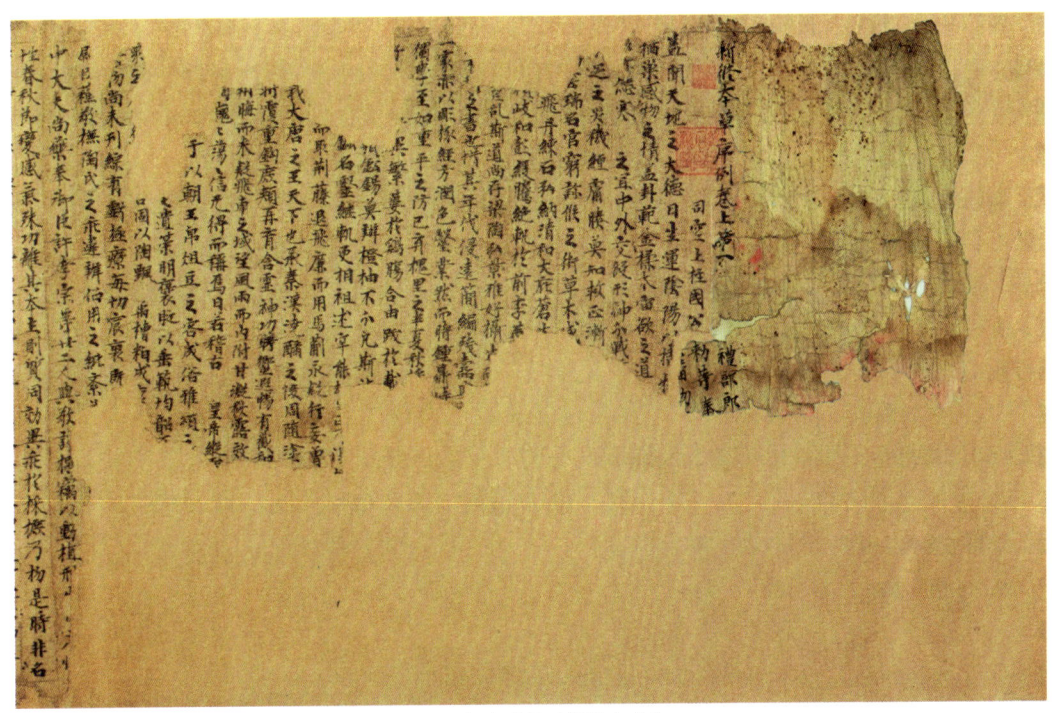

图1 缀合后的《新修本草》

敦煌文献中还保存了多种藏文医药书籍,如P.T.127《藏医灸法》、P.T.1044《藏医灸法》、P.T.1057《藏医杂疗方》等,保存了中古时期藏医的灸疗方法与医方,是珍贵的藏医学研究资料。P.2893卷背则是稀见的于阗文医药文献。

敦煌医药文献具有很高的研究价值,它们保存了为数众多的中古医学典籍。例如:《汉书·艺文志》中著录了多种"五脏论"类文献,但宋以后大多佚失,幸而敦煌遗书中保存有《张仲景五脏论》《明堂五脏论》等多种,为古代脏腑理论的探讨提供了依据。敦煌医药文献抄写年代较早,最能反映早期医学文献原貌,为《黄帝内经》《伤寒论》《脉经》等传世古医籍提供了重要的校勘依据,也为《本草经集注》《新修本草》《食疗本草》《张仲景五脏论》等古佚医籍的辑佚工作提供了难得的资料。敦煌医药文献反映了隋唐之际医药学的多方面成就,加深了学术界对中古医学的了解,有助于澄清医药文献的某些疑难问题。

敦煌遗书发现之后不久,其中的医药文献即引起学者们的研究兴趣。罗振玉影印的《开元写本本草经集注序录残卷》,为敦煌医药文献刊布之始。其后,王国维、李盛铎、唐兰、王重民、刘铭恕、向达、罗福颐、姜亮夫等中国学者与中尾万三、黑田源次、渡边幸三、小川琢治等日本学者,都针对个别残卷进行了研究。

近三十年来,敦煌医药文献的整理研究进入了蓬勃发展的阶段,取得了很大的成就。这一时期发表的主要著作有:马继兴主编《敦煌古医籍考释》(江西科学技术出版社,1988年),马继兴、王淑民、陶广正等辑校《敦煌医药文献辑校》(江苏古籍出版社,1998年),罗秉芬主编《敦煌本吐蕃医学文献精要:译注及研究文集》

（民族出版社，2002年），陈明《敦煌出土胡语医典〈耆婆书〉研究》（新文丰出版公司，2005年），马继兴《出土亡佚古医籍研究》（中医古籍出版社，2005年），李应存、李金田、史正刚《俄罗斯藏敦煌医药文献释要》（甘肃科学技术出版社，2008年），陈增岳编著《敦煌古医籍校证》（广东科技出版社，2008年），王淑民编著《英藏敦煌医学文献图影与注疏》（人民卫生出版社，2012年），李应存主编《敦煌佛书与传统医学》（中医古籍出版社，2013年），钱超尘《影印南朝秘本敦煌秘卷〈伤寒论〉校注考证》（学苑出版社，2015年），袁仁智、潘文主编《敦煌医药文献真迹释录》（中医古籍出版社，2015年），沈澍农主编《敦煌吐鲁番医药文献新辑校》（高等教育出版社，2016年），陈明《敦煌的医疗与社会》（中国大百科全书出版社，2018年），李廷保编著《敦煌遗书及古代医籍同名方集萃》（兰州大学出版社，2018年），田永衍《敦煌医学文献与传世汉唐医学文献的比较研究》（甘肃文化出版社，2018年），王银平、张宗权主编《敦煌针灸文献辑释与临证发微》（甘肃文化出版社，2018年）等。

国家图书馆藏《正统道藏》中的医药文献目录

□ 郭 静 曹菁菁 国家图书馆古籍馆

国家图书馆藏明正统十年（1445）内府刊本《道藏》是一部融汇百家、包罗万象的丛书，荟萃了哲学思想、经世权谋、祭祀占卜、天文地理以及医药化学等方面的各种文献。由于道家注重养生技术与养生哲学，道教文化也与中医药的发展息息相关，故《正统道藏》中不乏与中国传统医药相关的文献。这些文献涉及中医学理论、生理病理、药物方剂、饮食禁忌等多方面内容，是珍贵的中国医药学研究资料，亟待系统梳理与深入发掘。兹梳理《正统道藏》中与中医医理、药学相关的文献，条列于下（表1），以备读者参考。

表1 《正统道藏》中的医药文献

序号	分类	卷名	首函千字文	函序
1	洞真部	还丹众仙论一卷	珠	53
2	洞真部	黄庭内景五藏六府图一卷	菜	61
3	洞真部	修真精义杂论一卷	芥	63
4	洞真部	茅山志三十三卷	龙	73
5	洞玄部	洞玄灵宝丹水飞术运度小劫妙经一卷	人	79
6	洞玄部	太上洞玄灵宝素灵真符三卷	衣	87
7	洞玄部	灵宝众真丹诀一卷	位	90
8	洞玄部	神仙服饵丹石行乐法一卷	位	90
9	洞玄部	黄庭内景五脏六腑补泻图一卷	国	92
10	洞玄部	灵宝领教济度全书三百二十卷嗣教录一卷	民	98
11	洞玄部	上清天枢院回车毕道正法三卷	此	146
12	洞玄部	高上月宫太阴元君孝道仙王灵宝净明黄素书十卷	身	147
13	洞玄部	灵宝净明院真师密诰一卷	身	147
14	洞玄部	灵剑子一卷	大	150
15	洞玄部	玄圃山灵匿秘箓三卷	五	151
16	洞玄部	黄帝太乙八门逆顺生死诀三卷	五	151
17	洞玄部	仙苑编珠三卷	惟	154
18	洞玄部	仙都志二卷	鞠	155

续表

序号	分类	卷名	首函千字文	函序
19	洞神部	四气摄生图一卷	竞	240
20	洞神部	图经集注衍义本草五卷	竞	240
21	洞神部	图经衍义本草四十二卷	资	241
22	洞神部	太清中黄真经二卷	尽	255
23	洞神部	枕中记一卷	临	257
24	洞神部	养生延命录二卷	临	257
25	洞神部	神仙服食灵草菖蒲丸方传一卷	临	257
26	洞神部	上清经真丹秘诀一卷	临	257
27	洞神部	太清经断谷法一卷	临	257
28	洞神部	太上肘后玉经方一卷	临	257
29	洞神部	混俗颐生录二卷	临	257
30	洞神部	保生要录一卷	临	257
31	洞神部	三元延寿参赞书五卷	深	258
32	洞神部	太上除三尸九虫保生经一卷	夙	261
33	洞神部	紫团丹经一卷	夙	261
34	洞神部	太清石壁记三卷	兴	262
35	洞神部	太极真人九转还丹经要诀一卷	清	264
36	洞神部	上清九真中经内诀一卷	似	265
37	洞神部	金华玉液大丹一卷	兰	266
38	洞神部	还丹肘后诀三卷	斯	267
39	洞神部	悬解录一卷	如	269
40	洞神部	灵飞散传信录一卷	松	270
41	太玄部	黄帝内经素问补注释文五十卷	慎	293
42	太玄部	黄帝素问灵枢集注二十三卷	业	298
43	太玄部	黄帝内经素问遗篇五卷	所	299
44	太玄部	黄帝八十一难经纂图句解七卷注义图序论一卷	籍	301
45	太玄部	云笈七签一百二十二卷	学	305
46	太玄部	至言总五卷	去	317
47	太平部	洞玄灵宝道学科仪二卷	仪	344
48	太平部	孙真人备急千金要方九十三卷	授	363
49	太平部	急救仙方十一卷	恻	372
50	太平部	仙传外科秘方十一卷	造	373

续表

序号	分类	卷名	首函千字文	函序
51	太平部	法海遗珠四十六卷	次	374
52	正一部	上清明鉴要经一卷	满	396
53	正一部	太上正一延生保命箓一卷	物	398
54	正一部	道法会元二百六十八卷	移	400
55	正一部	灵书肘后钞一卷	笙	456
56	正一部	葛仙翁肘后备急方八卷	陛	460
57	正一部	太清道林摄生论一卷	众	479

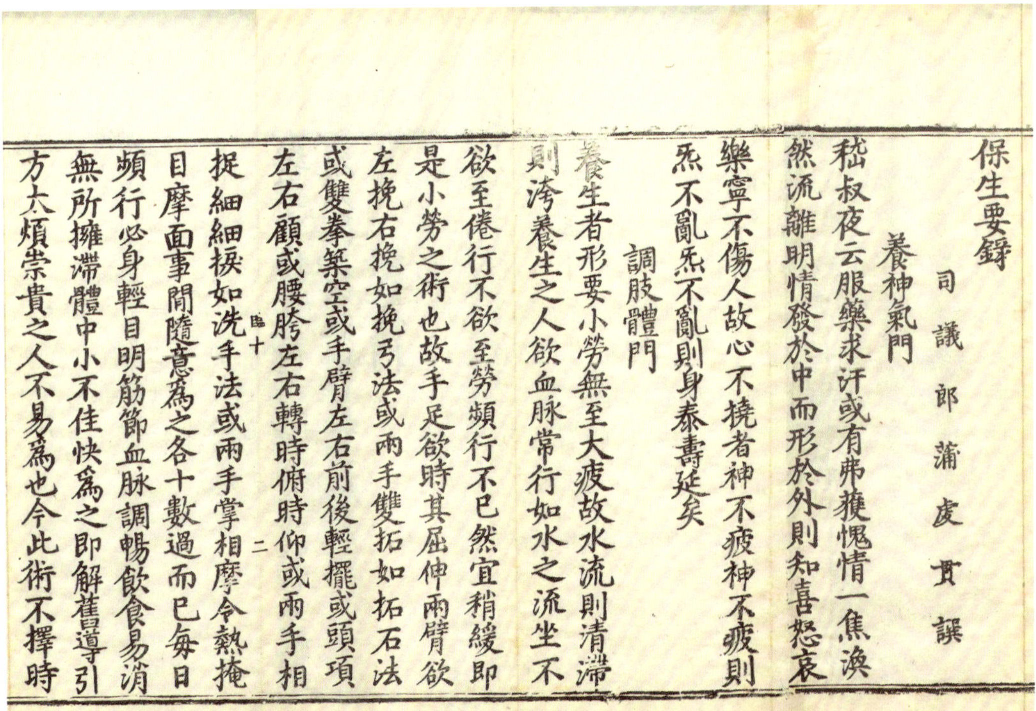

图1 《正统道藏》中的《保生要录》书影

国家图书馆藏少数民族文字医药古籍要目

□ 王建海　李金花　朱志美　国家图书馆古籍馆

一、藏文医药古籍

藏文医药类古籍是藏文古籍的重要组成部分，其发展历史源远流长。藏族人民从很早就开始重视医学的研究，在8世纪时，不仅翻译了汉文医书《月王药诊》，而且本土学者玉脱·云丹贡布著成了藏医名著《四部医典》，对后世藏医学发展产生了巨大影响。此后，历代学者撰写了无数的藏医药典籍。在此略举数例：公元15世纪时，绛巴·囊杰扎桑著成《医学四续释难·除暗明灯》和《医学四续·难关除暗》，宿喀·娘尼多吉著成《医学四续广注·水晶彩函》等；16世纪时，白玛噶波著成《医学四续讲话·济世仓廪》；17世纪时，第司·桑杰嘉措著成《兰琉璃》（又名《蓝琉璃》），杜玛格西·丹增彭措著成《晶珠本草》；18世纪时，噶玛·额列丹增著成《诊药二元要诀》；19世纪时，局迷旁·囊杰嘉措著成《医学四续疑难旁注·如意宝鉴》，等等。这些历代藏医学家所著医药著作，即是藏族医药文化精华之所在。

国家图书馆藏藏文古籍中即有数十种藏医药古籍，内容上涵盖了方方面面，包括上述《月王药诊》《四部医典》《兰琉璃》等医药名著，以及《药方集》《药方宝库》等药方古籍和《玉脱·云丹贡布传》等医家传记。从版本上，则有德格版、八邦寺版、北京版、塔尔寺版，亦有少量手写本。其中宣统三年（1911）刊塔尔寺版《本草图解》是藏、蒙、汉文对照本，较有特色。这些藏文医药古籍内容丰富，版本众多，是研究藏族医药学的重要典籍，也是研究藏文古籍版本的重要文献。

表1　国家图书馆藏藏文医药古籍一览表

索书号	题名	版本
2009-11	医方府库	德格版
2252-5	痘疮疗法	八邦寺版
2288-12	饮酒之害教言集	八邦寺版
2289-2	论饮酒之过患	八邦寺版
2315-22	医药初学须知药方	八邦寺版
2341-1	中风疗法等医药类小品约三十篇	德格版
2364-24	吸烟之害处	德格版

续表

索书号	题名	版本
2378-6	医方明要诀选集	德格版
2378-3	四部医典释难	德格版
2379-1	杂症甘霖	德格版
2379-4	药方集	德格版
2397-6	甘露药修法	德格版
3101	四部医典	德格版
3104	月王药诊	德格版
3107	兰琉璃（上）	德格版
3108	兰琉璃（下）	德格版
3113	四部医典第三卷诀窍功用典补编	德格版
3116	达莫医师秘传医方	德格版
3119-3	玉脱心髓中加持上师修法	德格版
3122-1	玉脱·云丹贡布传	德格版
3122-2	小玉脱·云丹贡布传	德格版
3124	玉脱医书十八支分（上）	德格版
3125	玉脱医书十八支分（下）	德格版
3126	玉脱医书十八支分	德格版
3128	药性及作用	德格版
3129	俱胝舍利医方集	德格版
3132	医方明集要·寒光新月	德格版
3133	医方明集要·利乐宝库（上）	德格版
3134	医方明集要·利乐宝库（下）	德格版
3136	医方明集要·利乐宝库	德格版
3139-1	医方明八功德水渊集要	德格版
3192-2	短篇医方汇编	德格版
3194-2	四部医典仙人亲教第四章脉经尿经注	八邦寺版
3194-3	药方宝库	八邦寺版
3194-4	药物配方·甘露一滴	八邦寺版
3284-3	养身须知八品	德格版
3294-13	炼汞及丸药修合方	德格版
4016-9	依上师修制丸药法	北京版
4032-1	医方要略	北京版

续表

索书号	题名	版本
4032-2	医方支分简编	北京版
4032-3	医方明要诀	北京版
4032-4	简易药方	北京版
4032-5	药物辨识	北京版
4075-9	汉传梅毒疗法	北京版
4084-26	药物识别	北京版
4084-27	药物识别	北京版
4084-28	药物识别	北京版
4084-29	药物识别	北京版
4087-2	劝戒烟酒文	北京版
4089-28	劝戒烟诗	北京版
4103	医药辑要	北京版
4104	蓝琉璃第二篇	北京版
4105	蓝琉璃第三篇	北京版
4107-1	四部医典	嵩祝寺版
4121	蓝琉璃第一篇	北京版
4159	蓝琉璃第四篇	北京版
4185	四部医典之第三部——要诀功德典补编	北京版
4253-4	番汉药名	清雍正十二年(1734)北京版
4458	四部医典·诀窍部	清雍正十年(1732)北京刻本
4462	秘诀典补编单传秘方	北京板
4478	四部医典之第一部	嵩祝寺版
4479-1至4479-4	四部医典	北京版
4533	藏蒙汉文药名	北京版
4581-8	药方	写本
4584-21	药力说	写本
5065-23	矿物药识别法	塔尔寺版
5280	四部医典	塔尔寺版
5282	诀窍秘籍	塔尔寺版
5283-1	本草图解	宣统三年(1911)刊塔尔寺版
6275-4	医学书	刻本

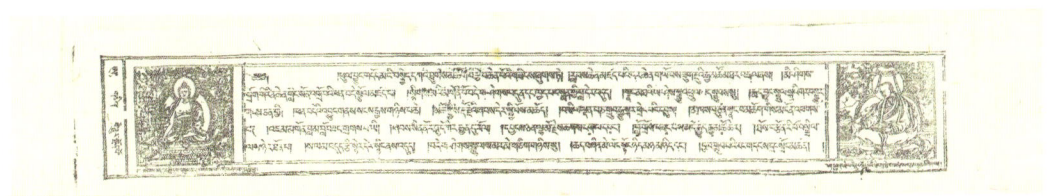

图1 《蓝琉璃》首叶

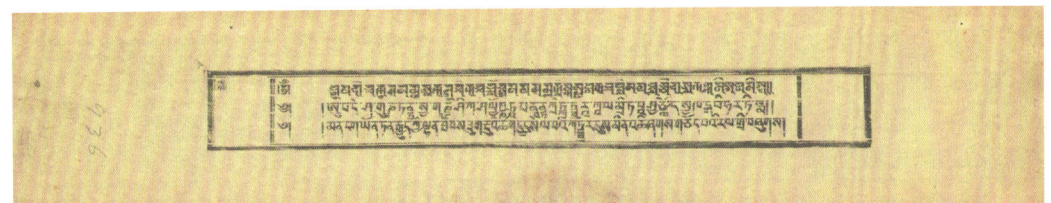

图2 《四部医典》之第三部《要诀功德典》补编题名叶

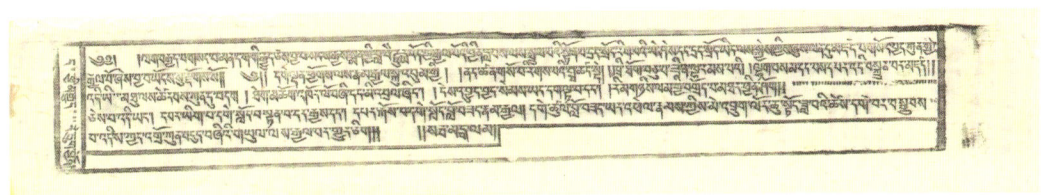

图3 《四部医典》尾叶

二、蒙古文医药古籍

蒙古族医学是在长期的医疗实践中逐渐形成并发展起来的，是中国传统医学的重要组成部分。其历史悠久、内容丰富，是蒙古族人民同疾病做斗争的经验总结和智慧结晶，也是一门具有鲜明民族特点、地域特点的医疗科学。它不仅有着丰富的医疗实践，而且有着独特的理论体系。古代蒙古人民早已知道正骨术、针灸、震脑术等疗法。从13世纪初成吉思汗建立蒙古帝国，一直到16世纪中期，蒙医药学进入了新的发展时期，在不断提高和总结原来的医学经验的基础上形成了具有本民族特色的骨伤外科、饮食疗法、药物方剂、寒热理论、传统震脑术等临床经验和医药学理论。这一时期的蒙古文史料留存至今的较少，但从现有的史料和传统蒙医疗法中可以了解当时的情况。元代饮膳太医忽思慧的《饮膳正要》一书中，就有相当多蒙古族的饮食疗法，常用的酥、奶等制品，都为本民族常用食疗方。

到了明清时期，随着藏族医学著作《四部医典》和中医著作传入蒙古地区，蒙古族医学得以不断发展。与此同时，对医药文献的编纂、翻译、刊刻等工作也得以实现。北元时期敏珠尔道尔吉译《四部医典》，于清乾隆年间在北京嵩祝寺刊刻而成，之后以刻本和手抄本的形式流传至今。《四部医典》译本四卷本外，还有单卷本，以刻本或手抄本的形式流传的比较多。到了近代，涌现出不少蒙古族医学著作，如《方海》《蒙药正典》《甘露之泉》《塔教得》《普济杂方》等数十部蒙医药著作。

蒙医药文献是蒙古文古籍中的重要组成部分，蒙医学伟大宝库中的具体体现，是蒙医学的宝贵遗产。《中国蒙古文古籍总目》收录了四百多种医学文献，其内容分为医学经典著作、诊断学、诊疗学、内科、妇女和儿童学科、其他疾病诊治、药学、医疗习俗等八个类别。

国家图书馆馆藏蒙古文医学文献有十余部，其中《四部医典》及其单行本文献占三分之一。《四部医典》系藏族最重要的医学名著，公元8世纪时藏医玉脱·云丹贡布所著。全书由"本续""释续""诀窍续"和"后续"四个部分组成，述人体生理病、病症形象分类、治疗法、辨证论治、制药等。它对蒙古族传统医学的发展起到了至关重要的作用。另一部清乾隆十一年（1746）北京刻本《甘露精华八支秘诀功德本续会纂》，由罗桑加措、格力格加措翻译，是汇集《四部医典》等印藏医学诸多医学作品精华的医学典籍。

清嘉庆十九年（1814）抄本《天花精论》讲述天花名称、病因及如何观察和确诊、如何配药祛除病因，书中含有27幅人体器官图以及满汉文药名。《普济杂方》和《秘方杂集》两部文献内容均为药方。前者为民间流传的简易有效、速治杂病之药方、秘方。后者为作者从汉藏医学典籍中搜集整理的治疗几十种疾病的上百种药方。蒙汉文合璧《保产机要》，全书分保产总要论、难产七因、受胎保护、小产当慎、临产斟酌、产后须知等有关孕妇保胎、生产、护理方面的知识。另有一部《割体全录》，为民国时期蒙文书社铅印本，属西方医学典籍，译自满文，其内容讲述人体形状、呼吸疾病、肝胆疾病、心脏和肠道疾病以及肾脏疾病，并附有多张人体骨骼解图。

国家图书馆馆藏蒙古文医学文献虽然为数不多，但包括了早期经典著作，也有近现代文献，有刻本亦有抄本、石印本和铅印本，有纯蒙古文文献，也有藏蒙汉满文、蒙汉文、蒙藏文合璧文献，形式多样，内容丰富，为蒙古族传统医学研究提供了宝贵资料。

表2　国家图书馆藏蒙古文医药古籍一览表

索书号	题名	版本
0028	甘露精华八支秘诀功德本续会纂	清乾隆十一年(1746)北京刻本
0050	医药四宗（四部医典）	清刻本
0071	普济杂方	清同治十一年(1872)坊刻本
0088	秘方杂集	清刻本
0123	割体全录	蒙文书社1929年北京铅印本
0170	西藏经典《水晶之念珠》中的紫草	1942年抄本
0171	关于蒙古的紫草	1942年抄本
0230	保产机要	1935年石印本
0660-1	四部医典释续	清抄本
0660-2	四部医典释续难字释善述金朵马	清抄本
0660-3	诊脉手册	清抄本
0660-4	本草图解	清抄本
0662	天花精论	清嘉庆十九年(1814)抄本
0847	四部医典释续	清刻本
0848	四部医典诀窍续	清刻本

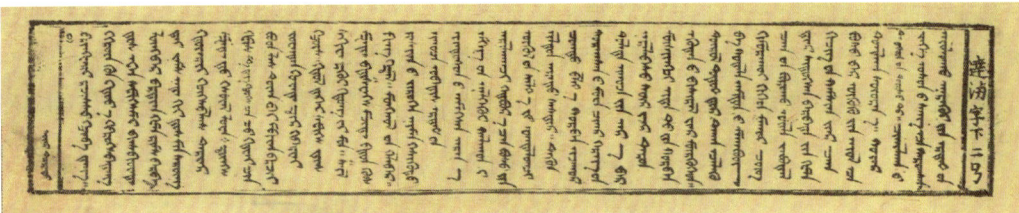

图4 《甘露精华八支秘诀功德本续会纂》第二叶

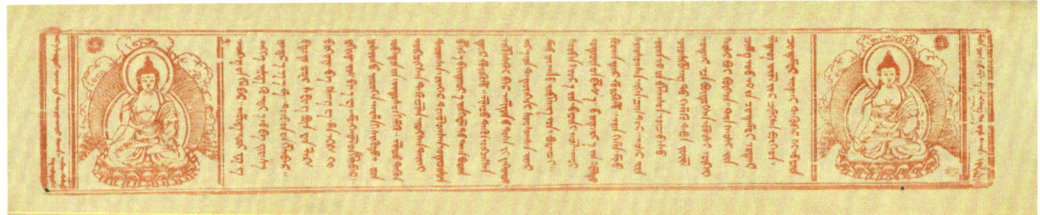

图5 《医药四宗（四部医典）》首叶

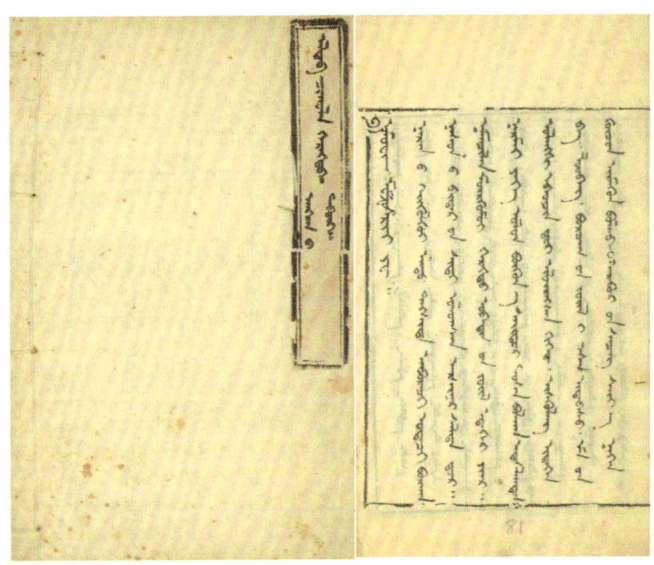

图6 《秘方杂集》

三、满文医药古籍

　　满族先民生活在白山黑水之间，采集当地的动植物、矿物为药，利用周边的食物，摸索出符合自身体质的治病保健方法。有清一代满族医学得到较大发展。清太宗时期，皇太极抑制萨满的巫医行为，满族医生逐渐走进了人们的视野，初期他们以医治痘疹、眼病、骨科等症见长，逐渐取代了萨满为人看病。顺治朝开始，满族医学更进一步发展，不断吸收蒙古族医学、汉族医学、西方医学等先进成果，兼收并蓄，为己所用。

康熙朝开始以满文整理翻译了部分汉文医籍，如：《雷公炮制书》《寿世保元》《王叔和脉诀》《难经脉诀》等，然而这些译著多以抄本、写本存世，很多都秘藏于宫廷，未见刻本，也并未在民间传播应用。不过，这些满文医籍流传至今，仍为后人研究满族医学提供了丰富的史料。

表3　国家图书馆藏满文医药古籍一览表

索书号	题名	版本
0177	难经脉诀	清抄本
0178	雷公炮制书	民国晒印本（据故宫博物院图书馆藏抄本晒印）
0176	王叔和脉诀	民国晒印本（据故宫博物院图书馆藏抄本晒印）
0205	律例馆校正洗冤录	清抄本

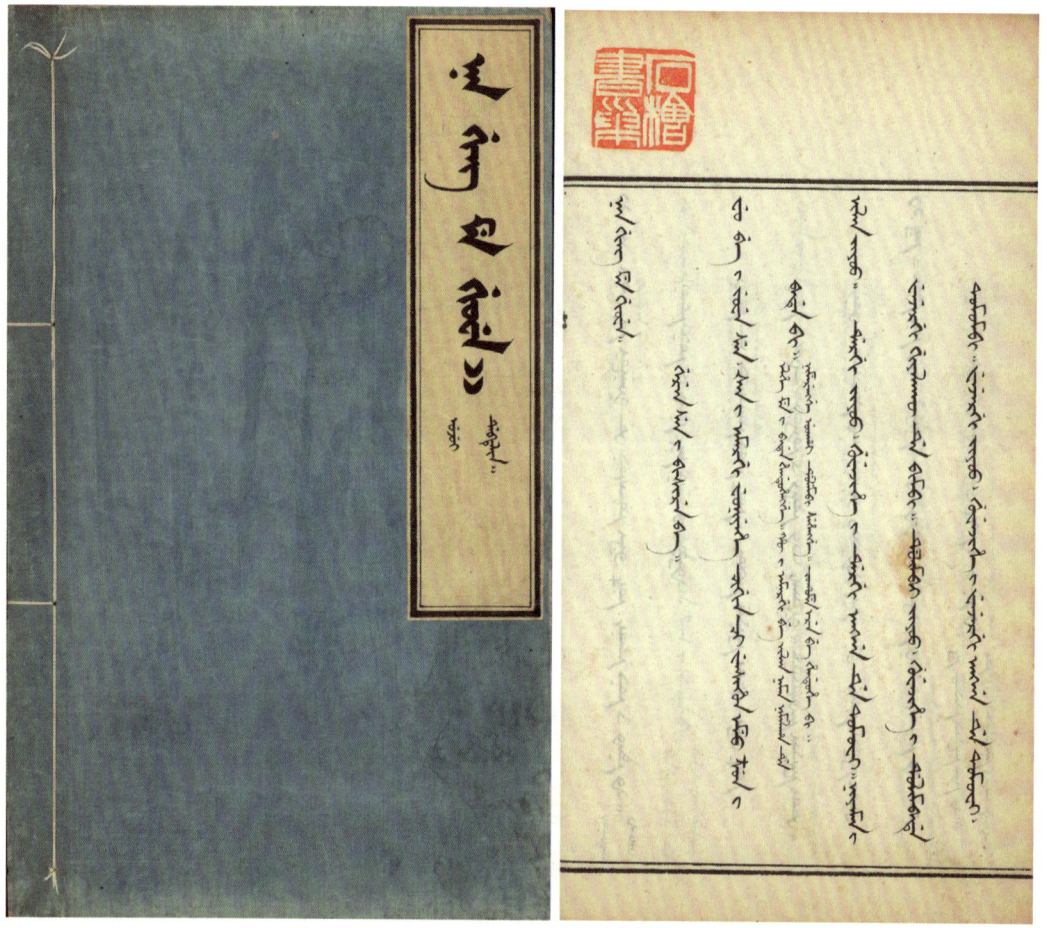

图7　《难经脉诀》

《针灸大成》学术价值及国家图书馆藏明刻本详考

□ 杨照坤　国家图书馆国家古籍保护中心办公室

中医学历史悠久、内容丰富，数千年来为中华民族的繁衍生息做出巨大贡献，对人类文明与发展具有重要影响。中医治疗方法分为内治与外治两大类，针灸作为最具特色的外治法，被广泛应用于中医临床并逐步推广全球，运用于保健、诊断、麻醉、治疗等各方面，是中医对人类的一大贡献。

一、中医针灸：人类非物质文化遗产

针灸疗法包括针法、灸法以及后世发展而成的腧穴特种疗法，均建立在中医基础理论，特别是经络腧穴理论之上。凡用各种针具刺入或压按腧穴和病变部位的医疗保健方法都称为针法；凡用燃烧的艾绒或其他可燃材料，烧灼或温烤腧穴和病变部位的医疗保健方法称为灸法，因两种方法经常配合使用，故合称为"针灸"。2006年6月，针灸被列入中国首批国家非物质文化遗产代表名录的9个传统医药项目之一，包括经络学说、腧穴理论、子午流注、毫针刺法、艾灸、刮痧、拔罐等；2010年11月16日，"中医针灸"在联合国教科文组织保护非物质文化遗产政府间委员会第五次会议被列入《人类非物质文化遗产代表作名录》。该名录评价："中医针灸是一种传统的中医治疗方式，被广泛运用于中国、东南亚、欧洲和美洲地区。"（图1）针灸入遗，不仅展示了中医传统文化的魅力，也体现了传统针灸在世界范围的应用和创新。为什么以"中医针灸"申遗，而不是"中国针灸"或"传统针灸"，这里还有一段小插曲。早在2008年9月，我国便向联合国教科文非物质文化遗产处提交"中医"申遗材料，但评审反馈认为"中医"是一个传承群体不明确的非物质文化遗产项目，定义描述不清楚，以至于保护措施的针对性不强，建议重新申报。再次提交修改材料后，评委又建议"收窄申报的内容和范围，只将中医最主要的部分和精华进行申报"。2009年，我国结合之前的申遗材料，单独以"针灸"申遗，定义为"中医针灸"，翻译

图1 《人类非物质文化遗产代表作名录》
对"中医针灸"的记录
（图片来自联合国教科文组织官方网站）

为Acupuncture and Moxibustion of Traditional Chinese Medicine。"中医针灸"申遗的成功,正是基于针灸在中医药中为人熟知、且国际认知度较高,通过"针灸"将"中医"进一步带向世界,体现了针灸作为中华传统医学对外发展名片的重要特质[①]。

二、杨继洲与《针灸大成》

针灸作为古老的医疗技术沿用至今并不断焕发新的活力,与其世代相继的学术传承密不可分。针灸学论著的出现不晚于战国时期,《黄帝内经》《难经》《黄帝明堂经》奠定了针灸学理论基础,此后历代医家在针灸学术方面有所发展,但始终以黄帝明堂为主线。现存最早的针灸经穴专著为晋代皇甫谧所撰《针灸甲乙经》,而后世流传最广的针灸学著作当属明代杨继洲撰、靳贤补辑的《针灸大成》。此处仍有一点需要明晰,明万历时期尚有南北两部《针灸大成》,北方刻本即为山西平阳府官刻杨继洲《针灸大成》十卷本;而南方则有种德堂刊吴文炳《针灸大成》四卷本。经黄龙祥先生考证,吴氏版本抄录杨氏居多,由此也确定杨氏《针灸大成》的原本性[②]。

杨继洲(1522—1620),名济时,三衢(今浙江衢州)人,明代针灸学家。世医出身,历任世宗侍医、太医院医官等职,行医四十余年,精医理擅针灸,临证经验丰富。万历年间,杨继洲治愈山西监察御史赵文炳痿痹之疾。赵文炳得见杨氏家传《卫生针灸玄机秘要》三卷,拟付梓刊行,又"委晋阳靳贤选集校正",在该书基础上,博采历代针灸文献,补辑汇编成《针灸大成》一书[③]。全书共十卷,初刊于万历二十九年(1601),总结了明以前针灸学成就,是明以后流传最广的一部针灸专著,在我国针灸发展上具有承先启后的意义。

三、《针灸大成》主要价值

1. 汇历代针灸医书内容,集诸家理论为一体,为针灸文献集大成之作。卷首"针道源流"共列医书26部,篇末并注曰"《针灸大成》总辑以上诸书,类成一部为十卷"。经查,该书直接参考书目有《素问》《难经本义》《神应经》《医经小学》《乾坤生意》《针灸大全》(又做《针灸捷要》)《针灸聚英》《针灸节要》《古今医统》《医学入门》《小儿按摩经》及家传《卫生针灸玄机秘要》,加上未注出处的《奇效良方》《针灸集成》和《铜人明堂图》,共计15种(文献14种、图1种)。此外,书中凡标明"杨氏""杨氏集""杨氏注解""玄机秘要""杨氏治症"者,大都出自杨氏《玄机秘要》,但其中内容也并非皆为杨氏原创,加上该书经靳贤补辑汇

---

① 朱兵、黄龙祥:《"中医针灸"申报人类非物质文化遗产代表作名录文本解析》,《中国针灸》2011年第3期,第193—197页。
② 黄龙祥:《〈针灸大成〉的版本、构成及其作者》,"杨继洲《针灸大成》学术思想研讨会"论文,北京,2005年。
③〔明〕杨继洲著,黄龙祥整理:《针灸大成》,人民卫生出版社,2006年。

编，即便杨氏本人的内容也有部分散存各篇章中，更多体现了编者的思路。该书或汇集前人医书针灸精华，或承杨氏家传针灸临床经验总结，分图析类，参合指归，汇同考异，为自《灵枢》《针灸甲乙经》之后少有的针灸专书。

2. 对穴位考证、经络循行、辨证取穴、临床治疗等皆有详细论述，为针灸临床指导之作。卷一论述针灸源流，摘录《内经》《难经》有关针灸文字，并加以注释。卷二、三为针灸歌赋，卷四为针法，卷五为十二经井穴、五俞穴、子午流注、灵龟八法，卷六、七为十四经脉及十四经穴、针刺深浅、主治病症等，卷八为诸证治法，卷九为治症总要及东垣针法等，卷十为合编的《陈氏小儿按摩经》。杨氏注重综合疗法，常针灸、药物与按摩并重，卷十详列小儿推拿的辨证施治和手法要点等，为过去针灸医书所未强调的。书中各种针灸歌赋总结全面、便于记诵，对针灸临床有很好的指导作用，时至今日仍为针灸医生所诵读。

3. 版画丰富、图文并茂，为针灸图谱代表之作。中医古籍专业性强，常配图加以说明，就内容而言，大致有养生导引图、医经注释图、针灸经络图、脏腑图、药物图及临证各科局部图。其中，针灸经络图以人体为基础，绘制经络周身循行、标明穴位准确位置，指导行针施灸者定位用穴。现存早期中医针灸图为敦煌卷子《灸经图》。自宋以后，针灸铜人及铜人图逐渐成为针灸学象征，针灸经络图也流传开来。明代后期是我国版画发展的黄金时代，医书的刊印在这一时期也得到很大发展。据查，《中国古籍善本书目》载录医书990种，明清图谱或插图类医书刻本有近百种，《针灸大成》是其中最具代表的插图医书。此书十卷中共有版画插图140余幅，包括：正背人形图、俯仰人尺寸图、俯仰人经络图、穴位图、九针图、九宫图、指掌图等，囊括此前各类针灸医籍的绘图内容。除传统针灸图谱外，还有指掌纹图、推拿手法图等，对临床运用有很好的指导作用。书中版画刻印精美、线条流畅，除医学价值外还具备较高的艺术价值。《郑堂读书记》记载："凡针药调摄之法，分图析类，辑为是书，总以《素问》《难经》为宗，且肖刻铜人像，详著其穴，并列绘图，令学者便览而易知焉，其书有益于世且奏功甚捷，真医道之指南也。"①

4. 东学西渐、远播海外，为中医针灸传扬之作。《针灸大成》出版后，伴随欧洲传教士往来以及对外商贸的发展等，被带到世界各地，译成法、德、英、日等多国文字，对针灸学在世界的传播发展做出重要贡献。英国著名科学史家李约瑟在其与鲁桂珍合著的《针灸历史与理论》一书中对《针灸大成》做出极高评价，他指出："最后我们提到至今仍具有最高实用价值及作品，那就是西元1601年杨继洲完成的《针灸大成》，这本书就像《本草纲目》一样，都是登峰造极之作；虽然杨是一个铃医而不是儒医，他却很小心的记下他个人的经验，文体方面也无懈可击，因此我们可以说杨继洲是集两派之大成的人。"②据李约瑟考证，欧洲医师对针灸的最早观察发生于1628年。1863年，法国人达布理出版《中国医学大全》，其中节译了《针灸大成》，被针灸爱好者广为传阅。

---

① 〔清〕周中孚：《郑堂读书记》，商务印书馆，1959年，第785页。
② 〔英〕鲁桂珍、〔英〕李约瑟著，周辉政、洪荣贵译：《针灸：历史与理论》，联经出版社，1995年，第146页。

20世纪初，另一位法国人乔治·苏利耶德莫朗根据《针灸大成》著成《中国针灸》一书，被视为欧洲针灸研究的经典著作，为欧洲现代针灸实践奠定了基础。

四、《针灸大成》明刻本浅析

《针灸大成》自明万历二十九年（1601）首次刊行，至清末300余年间，先后递修、重刊近30次。其中，明代刊刻仅一次，后经清顺治十四年（1657）李月桂重修、康熙三十七年（1698）王辅递修。这期间，又有康熙十九年（1680）李月桂据顺治重修本之翻刻本，此后清代各重刊本多以此本为底本。虽然该书仍有引文出处混淆，随意改编引文内容，标注腧穴错误，编排、分类失误等问题，但作为针灸总结性著作，"因其流行极广，对明以后针灸学影响极大"①。

（一）著录为"明刻本"藏本概况

目前，综合《中国中医古籍总目》《中国古籍善本书目》《中国古籍总目》和"全国古籍普查登记基本数据库"信息②，著录为明刻本或明刻清重修本的《针灸大成》共有30部。其中著录为明万历二十九年(1601)赵文炳刻本或明刻本的有27部，分藏于国家图书馆、中国科学院国家科学图书馆、北京大学图书馆、中国中医科学院图书馆、解放军医学图书馆、天津图书馆等；著录为明万历刻清顺治、康熙间重修本3部，分藏于中国医学科学院图书馆、北京大学图书馆、北京中医药大学图书馆。

此前黄龙祥先生已反复考证，《针灸大成》现存"明万历刻本""明刻本"多由"重修本""递修本"改装而成，其中顺治重修本仅修整个别版片，基本保留万历本原貌，康熙递修本因为版片存放地平阳府库遭受地震，原版毁坏严重，新刻版有十分之三四，且校对不严、错漏较多③。后世运用，当以明刻本或明刻清顺治重修本为最善，可惜真正明刻本或最好的明刻本重修本至今尚未确定。目前，学界认为李月桂据顺治重修本重刻之版本，完全按照顺治重修本重刻，刻校俱精，有重修序和版心"针灸大成"字样，版本厘定清晰，是最接近原始明刻本的版本。

（二）国家图书馆藏"明刻本"详考

"全国古籍普查登记基本数据库"登记国家图书馆藏明刻本《针灸大成》共三部，分别著录为明万历二十九年（1601）赵文炳刻本（索书号18980）、明刻本（索书号T01899）和明万历刻本（索书号T01900）。经比对，国图三部藏本有以下特点：

1. 三部藏本均为同版本④。就刷印时间而言，T01900为最早，18980次之，T01899最晚且书品最差。其中，18980为十卷全本，T01899存一卷（卷七），T01900存八卷

---

① 黄龙祥：《〈针灸大成〉的版本、构成及其作者》，"杨继洲《针灸大成》学术思想研讨会"论文，北京，2005年。
② 薛清录主编：《中国中医古籍总目》，上海辞书出版社，2007年，第160页。中国古籍善本书目编辑委员会：《中国古籍善本书目（子部）》，上海古籍出版社，1998年，第249页。中国古籍总目编纂委员会：《中国古籍总目·子部》，中华书局、上海古籍出版社，2010年，第923页。
③ 黄龙祥：《针灸典籍考》，北京科学技术出版社，2017年，第594页。
④ 目前，国家图书馆OPAC检索目录已将三部书统一为"明万历二十九年（1601）赵文炳刻本"。

（卷一至八）。

2. 18980藏本较完整且印纸有特点（图2）。该本有馆藏记录："四库医家存目著《针灸大全》十卷，十行二十二字，小字双行同，白口，四周双边，有图。书前有万历辛丑赵文炳刻《针灸大成序》……此书刷印较晚，其纸有红格及满文印章，卷六抄配。"经查原书，卷首有王国光《卫生针灸玄机秘要叙》、赵文炳《刻针灸大成序》，除卷六以白纸抄配，其余各卷均以红格纸刷印，纸张所见满文印章经查为官印。抄配卷端钤"医隐"印，它卷另有"上虞经利彬珍藏印"。此藏本红格刷印等版本信息未见相关书目著录，洵为特殊。

3. T01899藏本为"西谛藏书"。卷首钤"长乐郑振铎西谛藏书"、卷尾钤"长乐郑氏藏书之印"，该本书口全裂、书叶有水渍虫蚀且泛黄掉渣。

4. T01900卷端仰人、伏人周身总穴图最完整（图3）。此二图边框完整，顶部折叠入书叶可展开。另有军事科学院图书馆藏本图片完整，但该藏本图片裁切天头地脚，故原图未折叠；普林斯顿大学葛思德东方图书馆藏本图片也近完整，但上边框未保留。此外，笔者所检其他各"明刻本"伏仰人图为保持开本一致，大都将原图顶部、下部裁切，故图片上边框及图片名中"仰""伏"二字多未保留。另有清刻本亦图片折叠入书叶，此不赘述。

5. T01900有做伪痕迹。卷前总目录仅保留卷一至八，撤去卷九、卷十目录叶，内容只存八卷，且卷八内容不全，疑伪作八卷全本，且书中另有抄配叶。

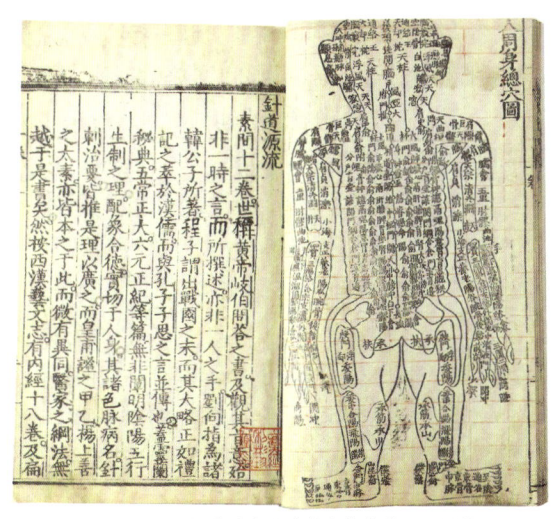
图2　赵文炳刻本《针灸大成》（索书号18980）

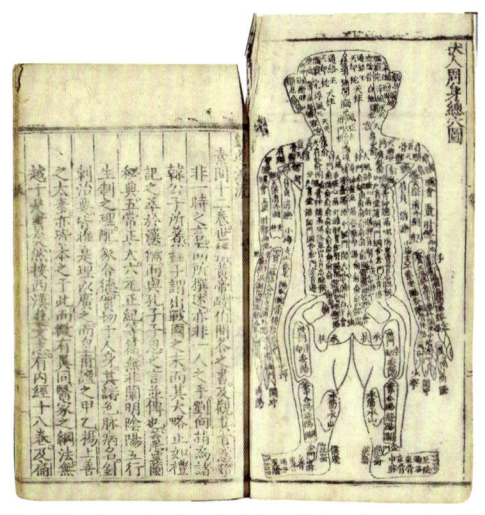
图3　明万历刻本《针灸大成》（索书号T01900）

（三）部分已知"明刻本"的比较和推论

国图三个藏本信息完整，尤其是十卷全本，已在国家图书馆"中华古籍资源库"公开发布，可供比对其他明刻本及重修、递修本。据此，笔者在学界已有研究基础上，以国家图书馆18980藏本为参照，进一步比对了军事科学院图书馆、中国科学院国家科学图书馆、中国中医科学院图书馆，以及台北"中央图书馆"、普林斯顿大学葛思德东方图书馆所藏著录为明万历二十九年(1601)赵文炳刻本的各藏本（非全本不在此次对比范围内）。通过几处特征的对比获得以下信息：

表1 部分明刻本《针灸大成》对比表

馆藏单位	目录叶"统"字错误情况	卷一"针道源流"的情况	卷三第四十叶的情况	推论
国图（索书号18980）	无误	非补版	非补版	明刻本（有抄配）
军事科学院图书馆	无误	非补版	非补版	明刻本
中国科学院国家科学图书馆	无误	非补版	补版	较早重修本（顺治重修）
中国中医科学院图书馆	误作"絓"	补版	补版	较晚递修本（顺治、康熙间）
台北"中央图书馆"	误作"絓"	补版	未见	较晚递修本（顺治、康熙间）
美国普林斯顿大学葛思德东方图书馆	误作"絓"	补版	补版	较晚递修本（顺治、康熙间）

据表1比对，得出以下推论：

1. 中国中医科学院、美国普林斯顿大学葛思德东方图书馆藏本，"统"误作"絓"，卷一"针道源流"、卷三第四十叶皆与国图本不同，因"絓"字为明显错误，据黄龙祥先生考据信息，推断为补版及错讹较多的顺治、康熙间递修本。

2. 台北"中央图书馆"藏本，已检"絓"字误和"针道源流"叶补版，虽未见卷三第四十叶，参照中国中医科学院藏本推断同为顺治、康熙间递修本。

3. 中国科学院国家科学图书馆藏本，"统"字无误、"针道源流"叶与国图本同，然卷三第四十叶与国图本不同，反而与中医科学院同，推断此本为修补较少的顺治重修本。同时也进一步佐证中医科学院藏本为在此本基础上的递修本。

4. 国图藏本与军事科学院藏本无"絓"字误，目验全书，除国图本卷六为抄配卷，两刻本基本相同。推断此两本更为接近明刻原本，据此也可大致推断国图另外两个残本也当为明刻，惜缺铁过多。又据国图本刷印于钤盖满文官印之红格纸，推断此本为明刻清印；经比对，军科院藏本断版较国图本更多、字迹漫漶情况更明显，推断为明刻清印且更晚印本，然而该藏本除个别卷目录叶有少量抄补叶外，全书无缺，较国图本更完整。

以上是笔者多方比对的初步推断，具体内容将进一步收集资料进行考证。2021年是明刻本《针灸大成》刊行420年，明万历二十九年(1601)赵文炳刻本是此后众多版本之祖本，找出其真正完好的藏本，对还原该书原貌、挖掘该书价值有着重要意义，值得我们进一步深入探寻。

⊙ 金石拓片中的医药文献

药方刻石

□ 孙羽浩　国家图书馆古籍馆

　　中医的理论与实践研究，在我国已经有很长的历史了。作为这些研究记录的载体，医药类古籍已经成为一个相对独立且内容丰富的文献类别。在历代众多的学术成果之中，以石刻这种形式进行传播的医药文献实属凤毛麟角，但是它对于中医药的传承与应用具有非常重要的意义。一方面，中医药文献在传抄过程中极易产生讹误，这些讹误导致的错误实践会直接影响到疾病的治疗效果，而石刻文献的拓印传播则有效地减少了这种讹误的产生。另一方面，中医药在古代虽然有较为广泛的实践空间，但对于广大的穷苦人家而言，仍属一种奢侈品，而石刻文献中的医法、古方"简、便、廉、验"的特性，对于穷苦百姓所患疾病的治疗则更为有效。

　　康兴军在《中国石刻医方精要》序言中指出，古代石刻医药文献可以分为七类：第一类是古代石刻医方；第二类是针灸石刻；第三类是养生保健类石刻；第四类是卫生保健类石刻；第五类是医药图赞及记事石刻；第六类是医家史志类石刻；第七类是医事类石刻。

　　药方刻石，旧藏于北京市昌平区沙河东村清泰宫，现收置于昌平中心公园的石刻园内。碑阳有咸丰十年（1860）四月草书大字"道济群生"，落署孙思邈之名，碑额为光绪六年（1880）所刻王屋山樵撰于咸丰十年之序跋，碑阴为药方百种，碑两侧刻联"世上原无必死病，药中多是大还丹"。

　　国家图书馆藏有此刻石拓片一组，碑阳通高177cm，宽72cm；碑阴高152cm，宽82cm；两侧均高152cm，宽35cm。碑阳刻"道济群生"，为假托孙思邈所写草书。孙思邈，唐代医药学家，京兆华原人，世称"药王"。孙氏卒于永淳元年（682），其生年不详，说法甚多。据研究者推测，若以他的最早生年计算，孙思邈在世一百四十余年。隋开皇元年（581）孙思邈隐居终南山中，亲尝百草，搜集验方，行医济世，治病救人。他一生撰写医药学论著数十种，其中以《千金要方》和《千金翼方》最为重要。

　　碑额为王屋山樵所撰序跋，兹录如下：

　　　　神道设教，或病无用。今示百方，专济世医所不逮。非敢自用，皆具至诚，各宜诚求，罔不获应。药世乏术，医疾难精，知者其谁？聊广此意，勿视为无用，斯即设教之心夫。时咸丰庚申王屋山樵序。降方原序，光绪六年并泐石。

　　王屋山樵，未详其人。王屋山是孙思邈终年隐居及埋葬之地，此"王屋山樵"可能是以此为号，以示崇敬。据序跋，这百种药方是王屋山樵见当时医者医术不精、用药不妥而提供的，"专济世医所不逮"。药方来历未详。碑额序跋撰于咸丰十年，跋尾称"降方原序"，"降方"可能是一种中医论著的题名（图1）。

图1　药方刻石碑额跋

碑阴有十行药方，行十方，合计百种，药方间划线格以区分。一部分药方只录药名及药量，如第二方"党参五钱，天冬二钱，杜仲二钱，白术二钱"；另一部分则增添了用法，如第六方"荆芥、防风、术通、半夏各钱半，煎好冲西瓜汁一碗服"。药方所用药材多是平凡之物，正应了碑侧对联所说的"世上原无必死病，药中多是大还丹"，以喻庸医不知如何利用普通的药材治病（图2）。

但与其它石刻医方不同的是，这一百个药方都未写明主治的病症，对于缺乏中医教育的普通人而言，并没有办法应用到生活实践中。这一点明显是背离刻立医方石刻目的的，以囿于碑刻书写空间不足为理由似乎并不充分，抑或是王屋山樵故意为之，犹未可知。

药方刻石较为完整地保留了一百种清代古方，虽未声明所对症状，仍为我国传统的中医、中药研究提供了非常重要的资料。据传，石刻园内的药方刻石原碑保存状况一般，表面受到油漆污染较为严重，这使得此药方刻石的拓片变得尤为珍贵。

图2 碑阴
药方百种

《风药论》及药方碑

□ 韩 旭 国家图书馆古籍馆

《风药论》及药方碑现存陕西省药王山，是明嘉靖二十一年（1542）元月刻石。碑高165cm，宽74cm，厚17cm。圆首龟座。明葛王氏、葛大宾、葛大臣等立石，王垂绅正书，杨教龄、赵应祥刻石。国家图书馆所藏拓片缺少碑额及阴（图1），纵118cm，横65cm。

碑额刻"龙王敬献海上方图"，是明代无名氏仿金代大定九年（1169）重刻宋元丰四年（1081）的《孙真人祠碑》中杜穆所绘画像，孙思邈画像多以此为本，此碑亦是目前最早的仿刻之一。碑身分为三栏，上刻"孙真人进上唐太宗风药论"，中刻"孙真人九转灵丹"方，下刻"神仙鸡鸣丸"方，故此碑又称"三方碑"。碑阴为"历代神医碑"，记载了从三皇到元代198位名医，是现存唯一医家名录石刻。

孙真人指孙思邈，隋唐时期杰出的医药学家，被后世尊奉为"药王"。药王山位于陕西省铜川市耀州区，原名五台山，因孙思邈晚年长期在此隐居，民间称此地为药王山。从唐代开始，人们便在这里为孙思邈立祠纪念，祠庙中留存有大量石刻，此碑便存于药王殿中。

《风药论》位于上栏，共26行，行25字，主要包括风症的原理、症状以及治疗的药方等内容。陕西省耀县中医医院将此方制成风药丸，临床验证，对治疗类风湿性关节炎、风湿性关节炎、肌肉风湿症等均有较好疗效。

《孙真人九转灵丹》位于中栏，共25行，行15字，有小字说明"刑部尚书戈宣等在太医院校正，十三道御史罗凤等誊录"，此方治疗瘴气、除积、十膈、五噎、咳嗽、五劳、七伤、翻胃、吐血、痨疗诸疾。据碑文记载康健之人服用亦有百病不侵的功效。

《神仙鸡鸣丸》位于下栏，共25行，行10至14字不等，此方治疗十八种咳嗽。此方后又附有矾皂丸一方，治一切风气冷痰水泻。此碑虽俗称"三方碑"，实则刻有药方四种。

《陕西金石志》全录此碑碑文，称"此石大书深刻，或其方历试有验，且为《千金方》《海上方》二书所不载，故详为登录"。碑所刻三方，托名孙思邈，但《千金药方》和《千金翼方》等传世文献均未收录，有人考证其为明人伪托之作。亦有人称此方乃明人所辑，或来源于孙思邈已经散佚的著作，亦未可知。

图1 国家图书馆藏《风药论》及药方碑拓片

《千金宝要》刻石

□ 刘 赟　国家图书馆古籍馆

《千金宝要》是一种医药文献。北宋宣和六年（1124）郭思取唐孙思邈《千金方》中的部分医方集为《千金宝要》，并刻于石上，置于华州（今陕西渭南市华州区）公署。郭思，字得之，河南温县人，著名画家郭熙之子，元丰年间（1078—1085）进士，官至徽猷阁侍制、秦凤路经略安抚使，工于绘画，有《林泉高致集》。

《千金宝要》共六卷（亦有八卷本），前五卷共刻疾病有妇人、小儿、中毒、饮食中毒、解百药毒、蛇蝎毒等、喉痹金疮、疮疽痈肿、霍乱吐泻、虎犬马伤、舌耳心目、中风大风、疟痢、头风吐逆、疫瘴渴淋、头面手足瘰疬、痔等17类，涉及疾病范围广泛，以各科急病为主。第六卷为医论一篇，系摘录《千金方》中有关病机、制药等内容编成。末附《千金须知》。

此书选用的药方组方简单，每方多用一二味常见药，无人参等贵重药品，大大方便了贫苦百姓。即如郭思所说，集此宝要，可使人知防之于未然之前，治之于已病之后。其中，卷五《疫瘴渴淋第十五》，涉及治疗疫瘴的药方："令瘟不相染人：汲水瓶上绳长七寸，盗着病人卧席下良。又方：以绳度所住户中壁，屈绳则断之。又方：桃木蠹屎末之，水服方寸匕。又方：术、豉等分，酒渍服之妙。又方：正旦，吞麻子、赤小豆各三七枚。又以二七枚投井中……"

《千金宝要》刻好后流传很广，明正统八年（1443），华州知州刘整重新刻之。明景泰六年（1455）又有杨胜贤因石刻不便，据刘整本改为木刻。明隆庆六年（1572），秦王朱守中喜其方药简便，疗效可靠，切于实用，于陕西耀州药王洞翻刻《千金宝要》并《孙真人海上方》，原石流传至今。《孙真人海上方》又名《海上方》《海上仙方》，全书一卷，托名孙思邈撰。书中列常见120余种病症的单验方，每病编成七言歌诀，便于习诵。

国家图书馆藏有明秦王朱守中所刻之拓本，前有明隆庆六年（1572）朱氏刻《千金宝要》序及目录（图1），谢沾正书，殳袆、邹凤皋刻，版刻古籍式刻，6张，均高179cm，宽94cm。

刻千金寶要序

千金寶要者宋徽猷閣直學士郭思按
唐孫真人先生所集千金方中纂要者
也宣和六年嘗刻石于華州公著我
明正統八年華州知州劉整重刻景泰六
年知州楊勝賢以後摹印
易刓朽板往平春予得之喜其方之簡
便藥之近易醫不煩而取效速信有切
于人之實用適珍如拱璧不容自秘已
命壽之梓矣竊惟寶要纂自真人千金
方中天下之遊耀州真人洞者歲無虛
日日無虛時顧獨不立石子真人洞前
非所以廣其傳也因刻于洞前云
隆慶六年歲在壬申春三月上吉
秦王守中識

郡人左聖耀跋
觀

千金寶要卷之一

婦人第一

妊娠難產燒車軒脂內酒中服亦治腹中
痛并欬嗽

妊娠忽苦心腹痛燒塩令赤熱三指撮酒
服之立產

又方吞槐子二七箇

又方菟絲子或車前子以酒或米汁服方
寸匕即生

又方水或酒服家中黑煤
子死腹中及小難横生倒生者半夏
赭瞿麥各二兩末之服方寸匕亦可代
白飲各二兩佳小難一服横生二
倒生三服子死四服
又方榆白皮細切煮三升服之
又方衣不出上搗心者急取蟻垤上三升
子

养气汤方摩崖石刻

□ 孙可依　国家图书馆古籍馆

养气汤方摩崖石刻，北宋吕渭所撰记，于北宋宣和四年（1122）上巳日（即农历三月三日）刻于广西桂林刘仙岩摩崖之上，右上角略有残缺。该摩崖文字为楷书，内容共计16行，除药方行字不等外，其余内容行11字。医方首题"按《广南摄生论》载养气汤方"，前几行记录药方内容，余下部分为药方来源以及服用效果。国家图书馆藏此拓片（图1），高47cm，宽63cm，曾为著名金石学家陆和九旧藏，有陆氏题签。

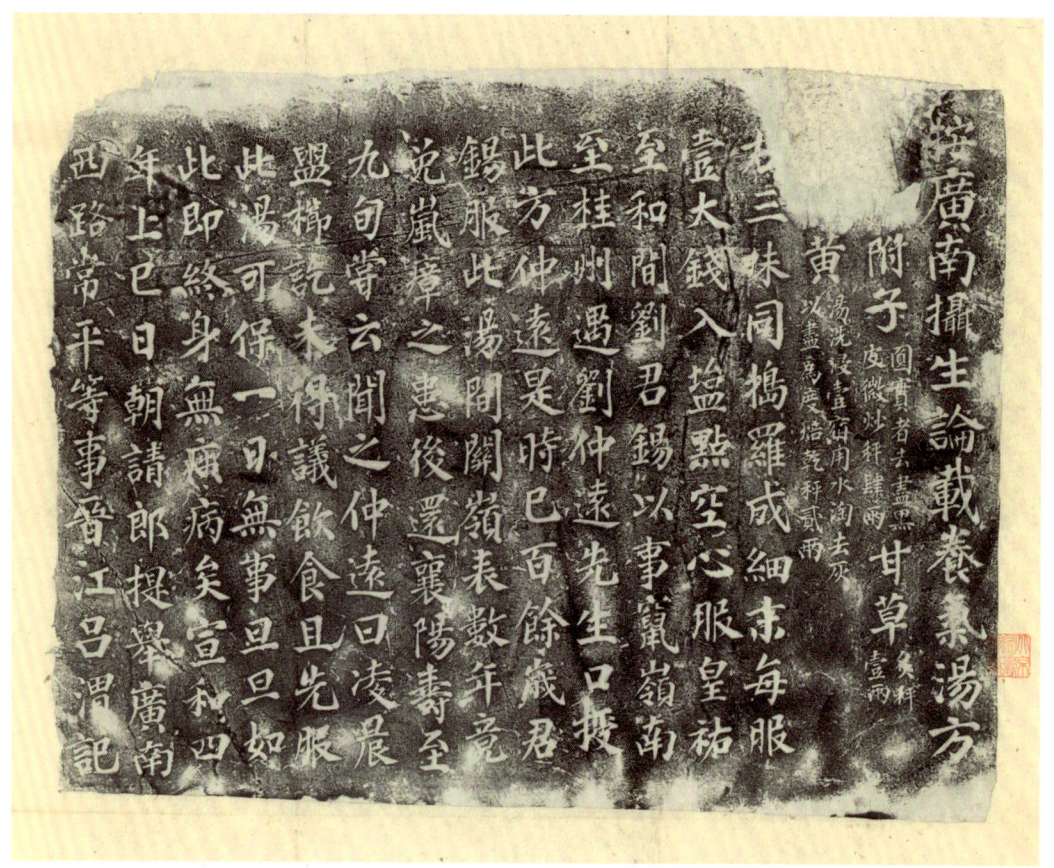

图1　养气汤方刻石拓片

该摩崖石刻内容如下：

按《广南摄生论》载"养气汤方"：

□附子（圆实者，去尽黑皮，微炒，秤肆两），甘草（炙，秤壹两），□黄（汤洗，浸壹宿，用水淘去灰，以尽为度，焙干，秤贰两）。

右三味同捣，罗成细末。每服壹大钱，入盐点，空心服。皇祐、至和间，刘君锡以事窜岭南，至桂州遇刘仲远先生，口授此方。仲远是时已百余岁。君锡服此汤，间关岭表数年，竟免岚瘴之患。后还襄阳，寿至九旬。尝云："闻之仲远曰，凌晨盥栉讫，未得议饮食，且先服此汤，可保一日无事；旦旦如此，即终身无疾病矣。"宣和四年上巳日，朝请郎提举广南西路常平等事晋江吕渭记。

据刻石内容可知，"养气汤方"出自研究养生的书籍《广南摄生论》。该药方曾在宋代南方地区流传，文中刘君锡从刘仲远先生处得此方，虽在岭南多年，而免岚瘴之患，日日服用有很好的防病保健效果。

《广南摄生论》今已佚，该书最早见载于宋郑樵《通志·艺文略》，名为《广南摄生方》三卷，最晚收录于明代杨士奇《文渊阁书目》，并注明"一部，一册阙"以及叶盛《菉竹堂书目》，后失传。而"养气汤方"可能是该书流传至今的唯一方剂。

在"养气汤方"的三味药中，有两味药因石刻磨泐缺字而不察，亦不见载于传世文献，故此两味药至今尚不明确。有学者将南宋张锐编撰《鸡峰普济方》与南宋王璆辑《是斋百一选方》中的相关内容与"养气汤方"相对比，内容如出一辙，又有学者在南宋徐度编《却扫编》及南宋晚期周密辑《志雅堂杂钞》中找到了与"养气汤方"类似的方剂，由此可以比对出缺字的两位药，大致是香附子和姜黄。

撰记人吕渭，时任广西提举常平等事，在他所撰记的"养气汤方"中提及的两个人，一位是服用药方的刘君锡，另一位是年过百岁的刘仲远。刘君锡在历史上无过多记载。刘仲远随着历史的发展逐渐成为桂林当地传奇，被历朝称颂敬仰，奉为"刘仙"。刘仙岩之上的"养气汤方"刻石也被历代人寻访。

针砭铜人图刻石

□ 宋　凯　国家图书馆古籍馆

"针砭铜人图刻石"又称"明堂图",原石刻于清光绪三十三年(1907)十一月一日,由山东候补道乐镜宇鉴定,理藩部主事祥桂秋浦校正,北京琉璃厂陈云亭镌刻。是刻分五石,前四石分别为"正人明堂图""侧人明堂图""脏腑明堂图""伏人明堂图",第五石为题记。原石现藏中国针灸博物馆。国家图书馆藏此石整套拓片,每张拓片均高191 cm,宽32 cm,浓墨上纸,传拓精良。有关此石刊刻缘由,详载第五石题记,云:

  医关民命,由来尚矣。黄岐问难,于针砭一科为独详,良以病起仓卒,药力纡缓,或地处偏僻,购药惟艰。而精是术者,起沉疴于俄顷,其功效实有捷于药饵者。慨自青囊秘法浸失其传,后之学者有志而无所宗。今之坊肆旧板如《针灸大成》等书非不罗列周详,然缺漏谬误,殊难据以为信。余家藏有铜人图像,相传为明代以前之物,于人身全体穴道脉络注载綦详。因虑是道之泯灭,爰付手民重行勒石,复搜采群书,佐以考证,虽不敢谓完善,而较之旧板诸书殊鲜差谬。倘后之学者手置此图,以为针法之津梁,循序而求,庶可免兴望洋之叹欤。图成,因缀数语以纪其实。

据题记知,是刻实为纠正《针灸大成》等坊肆流传医学文献谬误,据乐镜宇家藏针灸铜人图像所载人体穴道、脉络,并参采群书,摹勒上石,以成后人研习针法之善本。该刻石实际主持者乐镜宇(1872—1954),名达聪,字铎,号镜宇,祖籍浙江,后迁北京,医学世家。其先祖于康熙年间在北京开设同仁堂,经数百年的发展,成为我国中医药史上的著名品牌。乐镜宇为同仁堂乐氏第十二代孙,潜心学医,后于山东济南创办宏济堂,与北京同仁堂、天津达仁堂号称"江北三大名堂"。

针灸学是中国传统医学的重要组成部分,先秦时期成书的《黄帝内经·灵枢》就有针灸的记载,到了汉晋时期开始用图形表示针灸穴位。唐代产生的《明堂引灸图经》,是针灸学史上的重要著作,宋代以前均据此指定的人体经穴治病疗养,惜《明堂引灸图经》于唐末战乱中失传。北宋王惟一为中医史上的重要人物,其"竭心奉诏,精意参神,定偃侧于人形,正分寸于腧募,增古今之救验,刊日相之破漏",著成《铜人腧穴针灸图经》三卷,对后世针灸的研习影响深远。《铜人腧穴针灸图经》在刻板付梓的同时还摹勒上石以广流传。除此之外,王惟一还设计并主持铸造了两件用于针灸的铜人,该铜人与真人大小相似,胸腹腔中空,铜人表面铸有经络走向及穴位位置,穴位钻孔。惜此两件针灸铜人自铸成后历经沧桑,不知所终。明英宗正统年间曾复制针灸铜人,放置于太医院中(现保存在中国国家博物馆)。而《铜人腧穴针灸图经》石刻则在明正统十年(1445)修筑北京城墙时,被用作筑城石料,埋在明城墙下,建国后被重现发现并加以保护。此光绪针砭铜人图刻石所据底本为元代滑寿所撰《明堂图》，国家图书馆藏此《明堂图》抄本（图1），该书"正人图"部分题"许昌伯仁滑寿著，万历丁丑新安鹤皋吴崑校正"，文献难得。

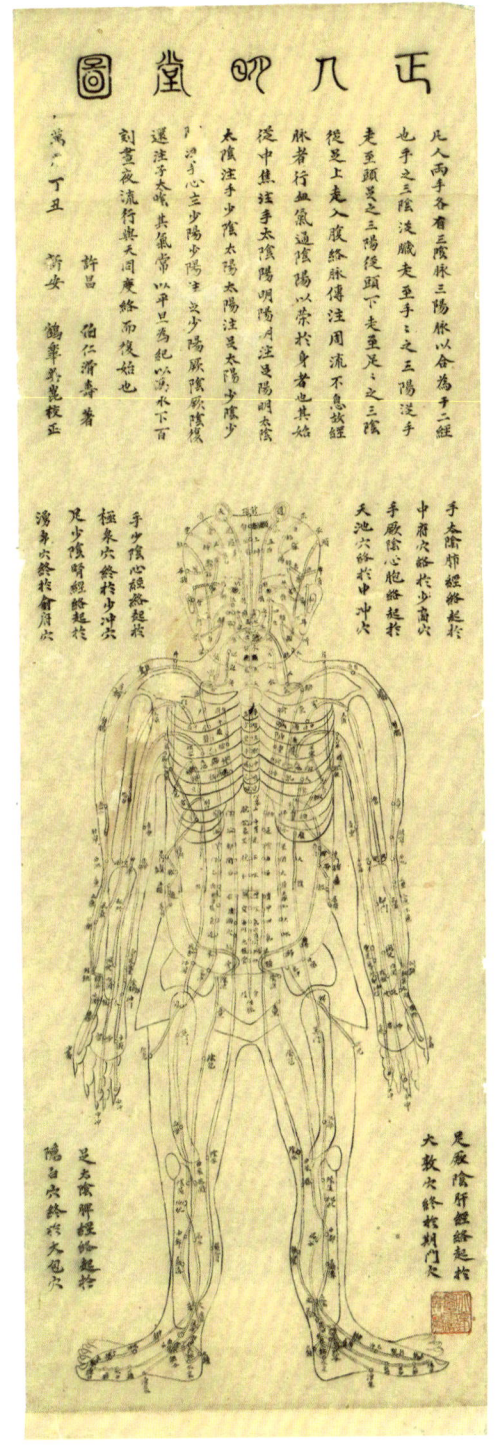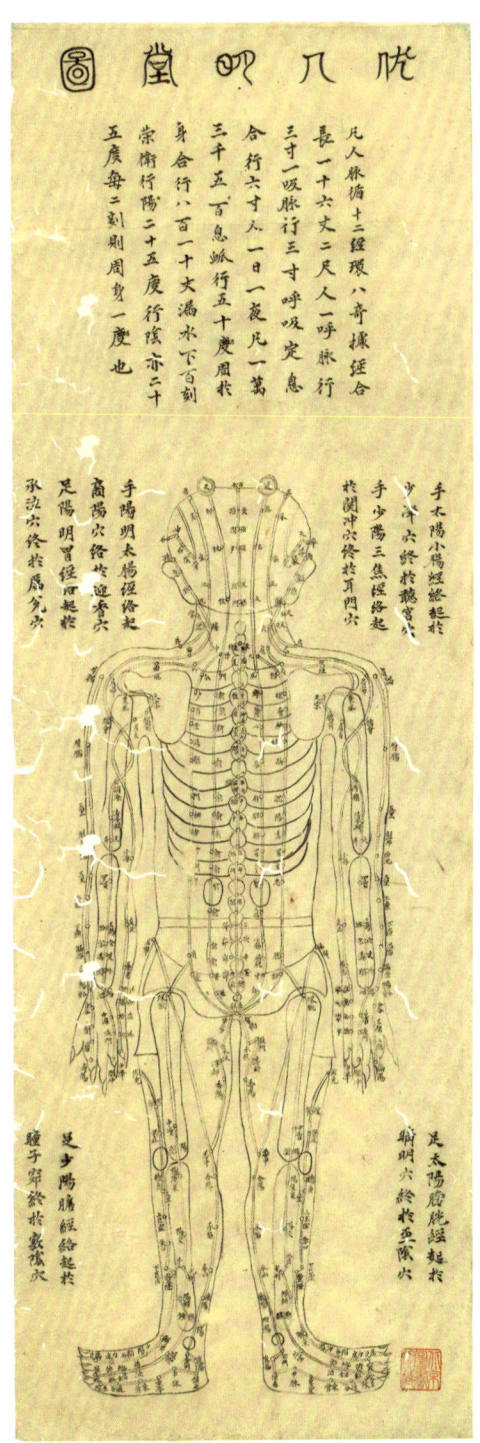

图1 《明堂图》

针砭铜人图刻石镌刻者陈云亭,执掌北京琉璃厂"陈云亭镌碑处",为京城有名的刻碑高手。从其父陈仁山到其子陈志忠、陈志信、陈志敬,三代人从事手工刻碑八十余年,使陈云亭镌碑处与龙云斋、翰茂斋、文楷斋成为民国时期琉璃厂刻碑的四大名铺。陶然亭公园的赛金花墓碑、袁崇焕祠的重修墓碑、景山公园的明思宗殉国三百年纪念碑、关岳庙的历代军事家传赞碑、中山公园来今雨轩的行健会碑及人民英雄纪念碑的奠基碑等都出自陈家之手,饮誉当时。此针砭铜人图刻石乃陈云亭青年时期在琉璃厂龙云斋刻字铺学艺时期的作品,所刻针灸穴位、经络走向及文字说明皆细致入微,不爽毫发,可体现陈氏精湛匠艺(图2)。

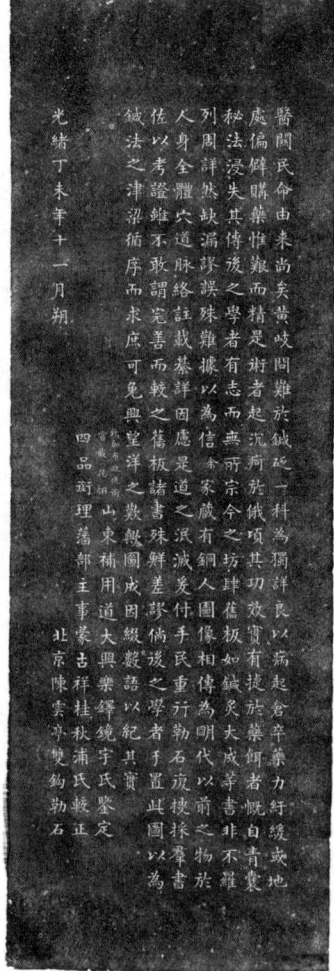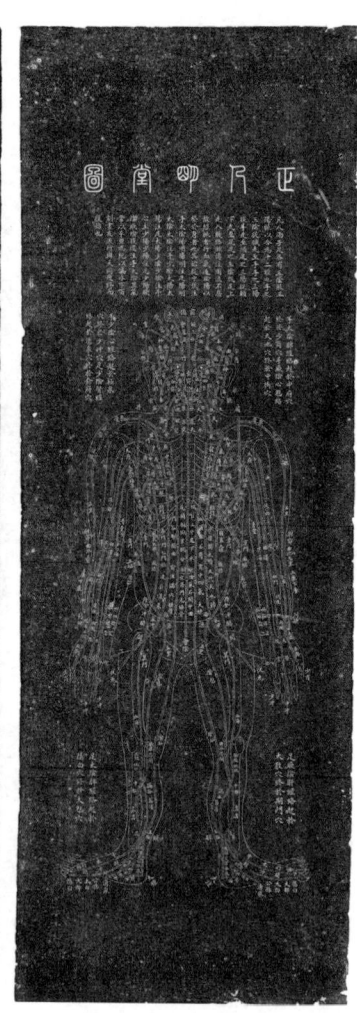

图2 针砭铜人图刻石

⊙ 中医文献的海外传播

法国学界对中医古籍的研究

□ 贾瑞杰　国家图书馆古籍馆

中国文化源远流长，熠熠生辉，吸引着世界各国的学者的关注。中医作为中国文化的一部分，更是得到了全世界学者的关注，来华的药剂师、传教士和医生不仅将西医传到中国，亦将中医传播到西方。

较早把中医古籍介绍到欧洲的人，先是与中国做生意的商人，此后是传教士，最后才到专业医学界人士，这个历程大约有700年。波兰耶稣会来华传教士卜弥格（Michał-Pierre Boym，1612—1659），在中国和西方的交流史上有着重要的地位，他第一次将中国的中医、中药介绍到了西方，在17世纪中国文化西传欧洲的过程中，有着重要的贡献。卜弥格将《黄帝内经》《脉经》，对中医中草药的介绍以及他的中医研究传向西方。他于1656年在维也纳出版的《中国植物志》（*Flora Sinensis*），用当时欧洲医学通用的拉丁语出版，引起各国重视。《中国植物志》是欧洲出版的第一部中国植物学专著，其中收录29种生长在东南亚和中国的动植物，卜弥格仔细标注了葡萄牙文或拉丁文和中文名称，生长区域、形质特征、药物制作方法、治疗的疾病和销售情况。书中收录的动物有凤凰、野鸡和像鹿又像虎的麝[①]。1663年法国作者、科学家、地图绘制者和东方学者梅尔基塞代客·泰弗诺（Melchisédec Thévenot，1620—1692），在他编辑的法文版《旅行导论》（*Relations de Divers voyages curieux*)一书中收入法文版的《中国植物志》[②]。目前国家图书馆有《中国植物志》《旅行导论》的缩微文献。

中草药的运用是中医治疗疾病的主要手段及理论精髓之一。明末清初来华耶稣会传教士们对之非常感兴趣，在许多译著中介绍了中草药，包括产地、药性和功效等。清朝初期入华的法国耶稣会士巴多明（Domonique Parrenin，1663—1741）在那个时代的中西文化科技交流活动中成果卓著。他研读过李时珍的《本草纲目》，并通过书信方式向欧洲传播了大量的中国医学知识，在西方产生了较大的影响，促进了西方世界对中国科学技术的认识与了解。巴多明在1723年致法兰西科学院诸位先生的第二封信中介绍了关于中药冬虫夏草、三七、大黄、当归的性能、制药及服用，并写道这些都是他跟随皇帝出巡所见到的植物。其中冬虫夏草是法国科学家最感兴趣的，冬虫夏

---

① Michael-Pierre Boym, *Specimen medicinae Sinicae*, Francofurti: sumptibus Joannis Petri Zubrodt, 1682.
② Melchisédec Thévenot, *Relations de Divers voyages curieux*, Paris: chez Thomas Moette, 1696.

草的神奇药效让来华的传教士大为惊叹。巴多明对冬虫夏草的形态有着十分细致的刻画，巴多明在传往法兰西科学院的信函中也说明了冬虫夏草生长于西藏，而在川藏交界处虽然也可找到，但数量极少。后来在杜赫德（Jean-Baptiste Du Halde，1674—1743）的《中华帝国全志》（*Description de L'empire de la Chine et de la Tartarie Chinoise*）中也收录了上述中药，显然是根据巴多明的通信编写的。

另一位法国传教士殷弘绪（François-Xavier Dentrecolles，1664—1741）在华传教期间，也对中医药颇有研究。在1726年5月写给杜赫德神父的信中，他介绍了自己在一本中文名为《益寿术》的书中读到的中国药物，其中包括芝麻、葛根、芍药、金银花、辰砂和雄黄，简要介绍其医疗功效。例如，他介绍葛根时提到它能够退高烧、治剧烈的头痛和严重的关节炎，还可以发汗、祛毒，还普遍用来治儿童发热引起的所有病。他还将中国的柿子、荔枝、槐树、柳树的药用作用介绍到欧洲，甚至把柿子的种子也一同邮寄给远在法国的杜赫德神父。殷弘绪还将中国人种痘方面的知识传到了欧洲，他于1715年5月10日在饶州写给布鲁瓦西亚神父（Père de Broissia）的信中提及了中国的种痘术。他在1726年写给杜赫德神父的信中也介绍了中国人的种痘方法并且肯定中国的种痘技术比欧洲先进。殷弘绪介绍中国的主要信件被杜赫德所采用，编入了《中华帝国全志》。

1711年4月，法国耶稣会传教士杜德美（Pierre Jartoux，1669—1720）致印度和中国传教区总巡阅使的信中对人参的产地、形状、生长状况、采集都进行了描述。

法国学界对中医的研究中《本草纲目》占有重要位置，根据英国科学史家李约瑟（Joseph Needham，1900—1995）的考证，1720年法国医生雅克·弗朗索瓦·范德蒙德（Jacques Franqçois Vandermonde）赴澳门行医，1732年得到《本草纲目》。于是他对照书中所载药物，采集了80种矿物标本，占《本草纲目》中矿药物总数的60%。又在中国人的帮助下，根据《本草纲目》所述，对每种药做了说明，给出其中文名字，逐个作了标签，并编写名为《本草纲目中水火土金石诸部药物》（*Eau, feu, Terres. etc. Métaux, minéraux et Sels, du Pen Ts'ao Kang MU*）的材料，属于《本草纲目》原文的不完全翻译。但遗憾的是，范德蒙德带回的矿物标本及《本草纲目》早期摘译稿，没有得到关注。直到1839年，法国汉学家毕瓯（Edouard Constant Biot）才关注到范德蒙德采集的矿物标本，他请他的友人化学家亚历山大·布龙尼亚（Alexander Brongniart）对标本作了化验，并将化验结果发表在巴黎的《亚洲杂志》（*Journal Asiatique*）上，1896年弗尔芒·德·梅利(Fernand de Mély，1851—1939)和库雷尔(H. Courel)才把范德蒙德1732年在中国人帮助下完成的《本草纲目》金石部法文翻译稿发表出来，稿件积压了164年才最后问世。国家图书馆藏有1896年法国巴黎出版的弗尔芒·德梅利《中华金石》（*Les Lapidaires chinois*）①。

《本草纲目》第一个法文节译本出现在1735年巴黎法文版《中华帝国全志》的第三卷中，此书共四卷四册，对开本，全名为《中华帝国及其鞑靼地区地理、历史、编

---

① Fernand de Mély, *Les lapidaires chinois*, Paris: Ernest Leroux, 1896.

年、政治、自然之描述》（*Description géographique historique chronologique politique et physique de l'empire de la Chine et de la Tartarie chinoise*）①。《全志》是那个时代中国国情汇总，涉及中国的地理、历史、政治、经济、科技、宗教、教育、语言、文学、民俗、物产等，几乎无所不包。这部有关中国的百科全书是由巴黎耶稣会传教士杜赫德根据当时27名在华传教士（包括卫匡国、南怀仁等）寄来的稿件编辑整理而成，此书在欧洲流传甚广，是当时西方了解中国的重要文献依据。该书于1735年在巴黎首刊，共2500页，卷三第437页起，介绍了《本草纲目》一书的作者、成书过程、书的主要内容以及书的价值，并进一步说明了《本草纲目》的分类法，对其16部、60类本草都——进行了介绍。此书还摘译了《本草纲目》的部分内容，将《本草纲目》卷首部分摘译成法文，标题是"Extrait du Pen Ts'ao Kang MU, C'est-à-dire de l'Herbier chinois ou histoire naturelle de la Chine, pour l'usage de la médecine"，中文意思是《节录本草纲目：即中国本草学或中国医用博物学》。其中对茶、茶籽、海马、石蟹、麝香5种药物的翻译来自法国传教士白晋（Joachim Bouvet，1656—1730）的手稿，有关象、骆驼、虫白蜡、乌桕木的翻译源于法国传教士刘应（Claude de Visdelou，1656—1737）的手稿而对五倍子的翻译或出自法国传教士殷弘绪的手稿。《中华帝国全志》较为全面、系统地介绍了《本草纲目》的主要内容、编纂目的和编写体例，使欧洲读者通过阅读《全志》能够对《本草纲目》有一个整体的了解。

《中华帝国全志》这部巨著介绍了三部中医药典籍，是最早系统介绍中医药的西方经典。第三卷不仅长篇节译了李时珍的《本草纲目》，还收入了王叔和的《脉经》以及根据石成金的养生著作《长生秘诀》译介的《长生，获取健康而长久的生命的技巧》（*Tchang seng, ou l'art de se procurer une vie saine et longue*）。《中华帝国全志》还介绍了阿胶、五倍子的用途，记述了人参、茶、海马、麝香、冬虫夏草以及云贵川的山芪、大黄、当归、白蜡、乌桕树等16种药材。通过此书，法国学界以及整个欧洲都开始了解中国中医药学，《中华帝国全志》在巴黎出版之后很快于1736年和1746年分别在海牙和纽伦堡又推出了两个法文本，对18世纪的欧洲学者了解中国文化起了重要作用。国家图书馆藏有杜赫德《中华帝国全志》1735年首版以及1736年再版。

中医的脉诊也深深吸引着来华传教士们，精通汉学的利玛窦（Matteo Ricci，1552—1610)详细介绍过中医的治疗方式，影响了欧洲人对中医的兴趣。欧洲学者从传教士的报告中得出结论：中国医生具有"高度的脉搏测量技术，非精通其术者无法想象"。法国启蒙思想家狄德罗（Denis Diderot，1713—1784）在其《百科全书》（*L'Encyclopédie*）中有"脉搏"一节，谈到所有旅行者的记载都显示，这个国度（指中国）的医生具有神奇的脉搏测量技术②。波兰传教士卜弥格重点研究了《黄帝内经》和魏晋医学家王叔和的《脉经》。法国人哈尔文(R. P. Harvieu) 在南明永历年间将王叔和《脉经》译成法文，于1671年在巴黎出版，名为《中医的秘密》(*Les Secrets de*

---

① Jean-Baptiste Du Halde, *Description géographque historique chronologique politique physique de l'Empire de la Chine et da la Tartarie Chinois*, Paris: P.G. Le Mercier, 1735.
② Denies Diderot, *L'Encyclopédie*, Paris: Chez Briasson, 1751.

la médecine des Chinois consistant en la parfaite connaissance du pouls)①。1686年门采尔（Christian Mentzel，1622—1701）将这部脉学手稿发表在纽伦堡科学年鉴，取名为《中医钥匙》（*Clavis medica*）。

　　针灸西传是中医西传的重要内容之一，针灸在西方世界的传播，开始于法国，而法国的针灸又起源于昆明。法国外交官乔治·苏利耶·德·莫朗（George Soulié de Morant，1878—1955)于1906至1909年在法国驻云南府(即现昆明市)领事馆任副领事期间，曾关注、学习、使用过针灸，回国后从1927年起向法国医生传授针灸临床技术，由此，西方针灸开始从法国逐渐向整个西方世界传播。苏利耶在1937年出版了《针灸法》（*L'Acuponcture chinoise*)，书中前言部分介绍了他学习针灸的经历，苏利耶抵达北京不久，就遭遇一次霍乱，死者无数②。他见有位医生能很快用针止住患者的吐泻、抽筋，于是他借助当局的介绍及自己流利的汉语随其学习基本针法、重要穴位及脉诊，后来他又到上海以及云南结识了许多针灸师继续深造，他留下的著作，直到今天还影响着西方针灸界。

　　巴多明、殷弘绪和1687年后来华的传教士们，通过一封封信件，向西方介绍了博大精深的中医文化，彰显了中华文化的独特价值，推动了欧洲学者们对中医文化的认知和了解的进程。法国汉学家雷慕沙（Abel Rémusat，1788—1832）就因为读了卜弥格的《中国植物志》而对中医产生了浓厚兴趣，开始潜心研究。1813年，他完成了关于中国医学《论中国人的舌苔诊病》(*Dissertaio de Glosso-semeiotice, sive de signis morborum quae è lingua sumuntur, praesertim apud Sinenses*)的博士论文，这篇论文的灵感便来自卜弥格的"舌苔"译文。

　　中医学作为世界医学的一部分，在数千年发展历程中不断向周边及其他国家传播，中医与世界其他文明逐渐融为一体。法国作为欧洲最主要的国家之一，是西方文化的代表，法国作为中医在西方传播的重要起点，理应成为西方中医学传播研究的开端。

---

① R.P. Harvieu, *Les Secrets de la médecine des Chinois consistant en la parfaite connaissance du pouls*, Grenoble : P. Charuys, 1671.

② George Soulié de Morant, *L'Acuponcture chinoise*, Paris: Mercvre de France, 1937.

近代中医药典籍翻译研究简述
——以《黄帝内经》法文译本为中心

□ 赵大莹 国家图书馆古籍馆

《黄帝内经》是中医药理论体系框架中的经典文献，它系统地论述了生理、病理及疾病治疗的原则和方法，是我国现存最早的、完整的医学典籍。2010年，《黄帝内经》和《本草纲目》一起入选"世界记忆名录"，同年，针灸和艾灸也申报了联合国"非物质文化遗产名录"。在中外医家与学者的共同努力下，中医典籍在世界各国的传播和推广范围不断扩大。本文拟简要介绍《黄帝内经》为代表的中医药典籍法文译本的研究情况，以供探研13世纪以来欧洲对中医药典籍的传播和接受情况。

一

历史上中医典籍的对外传播和交流，可以追溯到8世纪前后阿拉伯诸国传入欧洲的中医药，自此，翻译中医药植物和理论著作成为中医典籍传播和交流重要手段[1]。到了15、16世纪地理大发现时代，来华传教士之中不乏有各国药剂师、植物学家、医生等，他们对中医药植物、中医临床诊疗（包括脉诊、针灸等）有着细致的观察和记录，因此在对欧通信或个人著作札记中留下了不少相关内容，包括部分中医典籍内容。17世纪晚期，法王路易十四派遣"国王的数学家"来到中国，法国传教士在华人数日益增多。到18世纪耶稣会虽然解散，但由来华的法国遣使会士接管在华教务，因此来华传教士仍然以法国最多。源源不断传回欧洲的法国耶稣会士和遣使会士们的记录、信件和部分研究札记，使中医药典籍在欧洲逐渐传播，这也是17—18世纪中医药典籍的传播与翻译以法文为主的原因所在。

对法国中医药文献整理与研究成果的讨论，从王吉民搜集的《难经》《脉诀》《脉经》《医林改错》等文献的法德英文译本开始，已受到学界重视[2]。现有研究大多观点一致，即17—18世纪的法译中医典籍，多是编译或节译的作品。张浩指出法国人哈尔文（R. P. Harvieu）首先把脉学翻译为法文（*Les secrets de la médecine des Chinois, consistant en la parfaite connaissance du pouls*, 1671）；此后陆续出版《黄帝内经》《难经》《易经》《针灸甲乙经》《伤寒论》《针灸大成》《濒湖脉诀》等中医典籍，并

---

[1] 李兆国：《中医对外翻译三百年析》，《上海科技翻译》1997年第4期，第39—40页。
[2] 王吉民：《西医中医典籍考》介绍了个人收藏的四五种西文译本，《中华医学杂志》14（2），1928年，第103—105页。后又将中医药典籍分别节译或编译的各种译本进行了重新考证，题为《西译中医典籍重考》，《中华医学杂志》22（12），1936年，第1229—1234页。

指出西方从事中医（针灸诊疗）最早最多的是法国①。

李经纬对中医学外传欧美的历史进行了总结，其中谈到法国方面，在哈尔文之后，有1682年荷兰医生安德烈亚斯·克莱尔（Andreas Cleyer）出版的《中国医法举例》（Specimen medicinae sinicae），以及柏应理（Phillip Couplet）整理出版的卜弥格关于中医的拉丁文手稿②。马克·梅扎尔（Marc Mézard）在回顾法国的中医药发展历史过程中，把代表性的作品进行了整理，包括路易·柏辽兹（Louis Berlioz）《论慢性病、放血术及针刺术》（Thesis on chronic complaints, bleeding and acupuncture, see L.V.J. Berlioz, Mémoires sur les maladies chroniques, les évacuations sanguines et l'acupuncutrez, Paris: Chez Crouliebois, Libraire, 1816），法国驻华领事达布里·德蒂埃萨（Dabry de Thiersant）1863年首次翻译的中医针灸译著《中华医学》（La Médecine chez les Chinois）；法国中医研究和临床实践的代表人物乔治·苏利耶·德莫朗（George Soulié de Morant），1939年开始出版代表作《针灸法》（L'Acupuncture chinoise, 1939-1941. Reprinted in 1957）等③。20世纪以来，《黄帝内经》为代表的翻译成果，有了极大进步，例如Chamfrault与Ung Kang-Sam合作翻译了《内经素问》的部分内容和中医诊疗的方法（Traité de médecine chinoise, acupuncture, moxas, massages, saignées d'après les textes chinois anciens et modernes, Angoulême: Coquemard, Vol. I in 1954. Vol. II in 1957），以及在法国的越南人阮文议（Nguyen Van Nghi）所翻译的部分针灸和《黄帝内经》内容（Hoang-Ti Nei-King So-Quenn etc. Uelzen, 1977）。

韩琦在讨论中国植物、医学在欧洲的传播过程中，提到以邓玉函（Jean Terrenz）、卜弥格的成果为代表，植物学交流在18世纪达到高潮。法国耶稣会士汤执中（Pierre Noël Le Cheron d'Incarville）、韩国英（Pierre-Martial Cibot）等将采集的大量中国植物种子寄回欧洲，特别是在法国进行了引种。裴化行（Henri Bernard）对寄回法国的物品包括植物做了总结。韩琦还介绍了法国汉学家蓝利（Isabelle Landry-Deron）的研究，即18世纪法国耶稣会士刘应（Claude de Visdelou）翻译、白晋（Joachim Bouvet）誊录的一部有关中医脉学和本草的译著（巴黎国立图书馆藏书编号ms. Fr. 19538），其内容应该是《奇经八脉总说》、宋代崔嘉彦《脉诀》和《本草纲目》的节译，但相关的脉学部分内容并未被杜赫德（Jean-Baptiste Du Halde）收入《中华帝国全志》。法医学著作也引起了法国耶稣会士的关注，韩国英将《洗冤集说》首先译为欧洲文字。19世纪在澳门行医的法国医生范德蒙德（Jacques-François Vandermonde）翻译了《本草纲目》的水、火、土、金石部药物，并收集了书中80种药

---

① 张浩：《法国中医概况》，《浙江中医药大学学报》1986年第6期，第55—57页。吴康健、文渊与张浩观点一致，见氏著：《中医药在法国》，《中医教育》1995年第3期，第50—51页。另可参阅刘玉英、靳全友：《中医药在法国发展概述》，《环球中医药》2009年第3期，第237—238页。
② 李经纬主编：《中外医学交流史》，湖南教育出版社，1998年，第311—313页。李经纬将卜弥格作品定为《医钥和中国脉理》。曹增友译为《中医脉理医钥》（Clavis medica ad chinarum doctrinam depulsbus），见氏著：《传教士与中国科学》，宗教文化出版社，1999年，第371页。
③ Marc Mezard, Brief History of Chinese Medicine in France, Chinese Medicine and Culture (2018 Winter), Vol.1, Issue 3, pp.103-105.

物样品送给了法国植物学家安托万·德朱西厄（Antoine de Jussieu）①。

丹尼斯·科林（Denis Colin）指出，早在13世纪法国已有中医脉诊和针灸，16—18世纪主要是介绍中医药理和相关信息，例如18世纪《本草纲目》拉丁文本在欧洲传播，钱德明（Jean-Joseph-Marie Amoit）向路易十五介绍了一些中医知识，使中医在法国和欧洲传播更加广泛，代表作包括亨利·富凯（Henri Fouquet）《脉搏论述》（*Essai sur le pouls, par rapport aux affect. des princip.* Organes, Montpell, 1767）、皮埃尔·佩尔唐（Pierre Pelletan）《论针刺术》（"Notice sur l'acupuncture, contenant son historique, ses effets et sa théorie", *Revue médicale française et étrangère*, (1825) 1 : pp.74-103）、雷慕沙（Jean Pierre Abel Rémusat）《中国舌诊》（*Dissertaio de Glosso-semeiotice, sive de signis morborum quae è lingua sumuntur, praesertim apud Sinenses*, 1813）等②。20世纪初，外交官乔治·苏利耶·德莫朗将针灸的技术实践传入法国，并在法国取得了极大的发展。

高晞介绍了法国中医文献翻译的一些情况，如哈尔文、克莱尔的译作，以及杜赫德《中华帝国全志》卷三所收录的传教士赫苍璧（Julien-Placide Herrieu）所译高阳生《脉诀》。但王为群等认为这个译本的底本应该是宋代的《图注脉诀辨真》。张焱等也谈到了中医典籍在海外传播的情况，对编译或节译的中医典籍法文译本做了梳理，包括《本草纲目》《脉经》《洗冤集录》等③。

戴翥、贺霆等负责的"中医西传学"学科建设和中医在法国传播的图文档案库建设项目中，特别以法国为例研究中医药在西方传播的历史、特点，梳理了乔治·苏利耶·德莫朗时代中医从中国云南昆明传播到法国的基本脉络④。

1991年安德烈·迪龙（André Duron）翻译、查理·拉维尔–梅里（Charles Laville-Méry）等人改译的《素问》法文译本出版。1997年北京海豚出版社出版了西班牙文、法文和德文版《〈黄帝内经〉养生图典》。2004年，法、意、汉文对照的《黄帝内经素问》在米兰出版。2005年，海豚出版社再版法文译本。朱勉生等回顾了中医药在法国的发展历史，指出法国针灸学会主席安德烈斯（Gilles Andrès）完成了《针灸甲乙经》和《黄帝内经灵枢经》的翻译出版工作，而可堪中医经典著作翻译的示范性作品是利氏学社翻译出版的《内经素问（部分）》⑤。

---

① 韩琦：《中国科学技术西传及其影响》，河北人民出版社，1998年，第92—133页。
② "History of the Development of the TCM and the Current Conditions of Formation and Pratice of TCM in France", *WHO Congress on Medicine, Satellite Symposium on Acupuncture and Human Health* (《世界卫生组织传统医学大会卫星研讨会——针灸与人类健康论文摘要汇编》), November, 2008, pp. 177–178.
③ 高晞：《十五世纪以来中医在西方的传播与研究》，《中医药文化》2015年第6期，第15—24页。王为群：《明清之际中医海外传播概述》，《中国中医基础医学杂志》2014年第7期，第914—915页。张焱、李应存：《中医典籍文献历史文化探源及其海外的传播与译介》，《中医药文化》2019年第2期，第10—20页。
④ 戴翥、贺霆：《中医在法国传播脉络初步研究总结》，《中国中医药信息杂志》2012年第10期，第4—5页。关于项目的情况，可以参阅赖张凤：《中医在法国传播的图文资料研究及档案库建设》，《中华医学图书馆情报杂志》2015年第9期，第69—70页。
⑤ 朱勉生、阿达理、鞠丽雅：《中医药在法国的发展史、现状、前景》，《世界中医药》2018年第4期，第1013—1024页。

二

近代欧美翻译中医药典籍的成果，以英文、德文居多。1925年道森（Percy M. Dawson）发表《〈素问〉：中医学的基础》①。1949年魏特（Ilza Weith）翻译《素问》第一至三十四章，除了《素问》的部分内容，此书还撰写了对《内经》成书年代、作者、哲学基础、阴阳五行、解剖与生理学疾病与诊断、针灸等方面内容的介绍，并翻译了唐王冰序、宋高保衡与林亿序，以及《四库全书总目提要》的内容②。1950年广州孙逸仙医学院院长黄雯翻译了《素问》前两篇③。1972年席文（Nathan Sivin）对《黄帝内经》的形成和理论体系也有研究，但并未出版专门的译本④。1978年加拿大华裔吕聪明（Henry C. Lu）组织翻译了《内经》和《难经》⑤。1988年大卫·基根（David Keegan）的博士论文分析了《黄帝内经》的编辑结构⑥。1993年伊丽莎白（Elisabeth Rochat de la Vallée）翻译出版了《素问》前11章⑦。1995年倪毛信翻译了《黄帝内经》⑧。国内学者对于英译本的《黄帝内经》研究，已经有兰凤利、李兆国、杨莉等展开关于题名、专名词等翻译的讨论文章⑨。殷丽以大中华文库《黄帝内经》英译本为例，指出其在英美国家接受度不高⑩。

兰凤利在整理《黄帝内经·素问》的过程中指出，《黄帝内经》陆续出现了15个英译本，但在各种英文译本中，最重要的是慕尼黑大学医史研究所文树德（Paul U. Unschuld）主持的英文全译本，是欧美学界研究的基本工具书。何航、王银泉等从翻

---

① Percy M. Dawson, "Su-wen, the Basis of Chinese Medicine", *Annals of Medical History*, New York City: P. B. Hoeber 1925, pp. 59-64.
② Ilza Veith, *The Yellow Emperor's Classic of Internal Medicine*, Baltimore: Williams & Wikins, 1949. Revised version printed by Berkeley, Los Angeles and London, University of California Press, 1966. Reprint in 1972, 2002.
③ Wong Man, "Nei Ching: the Chinese Canon of Medicine", *Chinese Medical Journal*, vol.68, no.1-2, 1950, pp. 1-33.
④ Nathan Sivin, "Science and Medicine in Imperial China-The State of the Field", *The Journal of Asian Studies*, Vol. 47, No. 1, 1988, pp. 41–90. Nathan Sivin, "Huang ti nei ching 黄帝内经." In *Early Chinese Texts: A Bibliographical Guide*, ed. by Michael Loewe. Berkeley and Los Angeles: University of California Press, 1993, pp.196-215. 席文关于中医的研究还有：*Chinese Alchemy*, Harvard University Press, 1968; *Medicine, Philosophy and Religion in Ancient China*, 1996; *Health Care in Eleventh-Century China*, Springer, 2015.
⑤ Henry C. Lu, *A Complete Translation of The Yellow Emperor's Classic of Internal Medicine and the Difficult Classic*, Vancouver, B.C. : Academy of Oriental Heritage, 1978.
⑥ David Keegan, Huang-ti nei-ching: *The Structure of the Compilation, the Significance of the Structure*. PhD thesis, UC Berkeley, 1988.
⑦ Elisabeth Rochat de la Vallée, *Su Wen: les 11 premiers traités*, Moulins-lès-Metz: Maisonneuve Editeur, 1993.
⑧ Ni Maoshing, *The Yellow Emperor's Classic of Medicine*. Shambhala, 1995.
⑨ 兰凤利：《中医英译的历史回顾》，《中华医史杂志》2008年第1期，第28—32页。兰凤利：《〈黄帝内经素问〉的译介及在西方的传播》，《中华医史杂志》2004年第3期，第180—183页。李兆国：《〈黄帝内经〉英译得失谈》，《中国科技翻译》2009年第4期，第3—7页。杨莉：《〈黄帝内经〉英译本出版情况》，《中国出版史研究》2016年第1期，第134—144页。
⑩ 殷丽：《中医药典籍国内英译本海外接受状况调查及启示——以大中华文库〈黄帝内经〉英译本为例》，《外国语》2017年第5期，第33—43页。另有梁杏、兰凤利：《中医脉学在西方的译介与传播》，《中华医史杂志》2013年第5期，第271—277页。

译策略角度总结了各语种《黄帝内经》译本所体现的国家叙事和译介传播策略①。

夏尔柏（Nonald Harper）根据马继兴《马王堆古医书考释》一书，将马王堆出土的《脉法》《五十二病方》《足臂十一脉灸经》《阴阳十一脉灸经》等文献共13种进行译注②。文树德译注出版了《银海精微》和《医学源流论》等中医典籍③。

《本草纲目》自波兰传教士卜弥格在《中国植物志》（*Flora Sinensis,* Viennae: Typis M. Rictij, 1656）中用拉丁文节译出版后，陆续出现了法文、英文译本。在华工作40多年的药师伊博恩（Bernard E. Read）在1923年出版了《本草纲目》的药物索引，在中国应用较多④。

韩琦介绍了英国医生弗洛耶爵士（J. Floyer）在传播传统中医学方面的贡献，包括脉学方面的《医生之脉钟》（*The Physician's Pulse-Watch, an essay to explain the old art of feeling the pulse and to improve it by the help of a pulse-watch,* 1707-1710.），以及B. Szczesniak关于解剖学、诊断方法等方面对中医的评价⑤。克里斯托弗·卡温（Christopher Cavin）著《1750—2018年中医在英国的历史》，对中医在英国传播的历史进行了医学史角度的总结⑥。

德国学者研究或译介成果颇为丰富，例如梁伯强（Backiang Liang）对于《黄帝内经》的节译和评述，但最有名是曾在柏林大学教医学史的许宝德（Franz Hübotter）节译《内经》《难经》《脉诀》《濒湖脉学》诸书而成的《中华医学》⑦。

内龙道（Gullter R. Neeb）《中欧传统医学比较研究——理论体系、临床病症比较及欧洲传统医学复兴的思考》，将中国和欧洲的传统医学进行了横向的历史比较，分析其相互关系，特别是对中德患者临床流行病学调查和中医证候、证型进行了比较研究，并总结了德国中医文献的出版概况，指出截至1998年，全德国有100余本中医方面的书籍。中医古籍的德文翻译除了许宝德《针灸甲乙经》和内龙道《医林改错》是直接从中文译出外，其余《黄帝内经》《难经》《伤寒论》《金匮要略》《医学入门》等均为由英文或法文间接译为德文，他认为，一直到16世纪中国和欧洲的医学体系仍然十分接近且相互影响，指出译本之间互译产生的转译问题，如由于不谙原文以及不同欧洲语言之间的

---

① 何航、王银泉：《国家叙事和译介传播：〈黄帝内经〉译本研究》，《中医药文化》2019年第5期，第56—63页。
② Nonald Harper, *Early Chinese Medical Literature: The Mawangdui medical manuscripts, translation and study.* Routledge, Kegan Paul International, 1998.
③ Jürgen Kovacs and Paul Unschuld, trs. *Essential Subtleties on a Silver Screen, The Yin-hai jing-wei: A Chinese classic on ophthalmology.* Berkeley and Los Angeles: University of California Press, 1998.Paul Unschuld, *Forgotten Traditions of Chinese Ancient Medicine: A Chinese view from the eighteenth century (The I-hsueh Yan Liu Lun)*, Paradigm, 1990.
④ Bernard E. Read, *Chinese Medicinal Plants from the Pên Ts'ao Kang Mu 1596: A botanical, chemical, and pharmacological reference list (publication of the Peking Natural History Bulletin),* 3rd edition. Peiping: French Bookstore, 1936 (1st ed. in 1923; reprinted in 1976-77).
⑤ B. Szczesniak, "John Floyer and Chinese Medicine", *OSIRIS*, vol.11 (1954), p. 137. 转引自韩琦：《中国科学技术的西传及其影响》，第109页注1。
⑥ 2018年4月27日第三届中医药文化工作坊论文，发表于《中医药文化》英文版，*Chinese Medicine and Culture* (2018 Winter), Vol.1, Issue3, pp.108-111.
⑦ Franz Hübotter, *Die Chinesische Medizinzu Beginn des XX. Jahrhunderts und ihr historischer Entwicklungsgang,* Leipzig: Verlag der "Asia Major", 1929.

转译，德文译本的底本来自阮文议的法译本，然而此法译本又来自越南文。多次转译的结果，使译本的内容变得模糊不清。这种问题必然影响中医典籍的传播和研究①。

中医在意大利发展得比较晚。1848—1851年意大利医生里伯利开始用针灸止痛②，但并未广泛应用。正如达尔马南达（Subhuti Dharmananda）指出的那样，意大利是在20世纪初中医在法国经由莫朗和他的学生阿尔贝·尚弗罗（Albert Chamfrault）的推动发展起来以后，逐渐传播到意大利的，并且主要是在针灸和草药处方等方面。

17世纪俄国也开始了对中医药的研究，并且搜集了大量珍贵的中医药典籍，据肖玉秋的研究，这些典籍至今保留在俄罗斯科学院、俄罗斯国立图书馆和圣彼得堡大学等机构。18世纪中国的人痘接种术是由俄国传至土耳其再传到英国，随后欧洲各国开始试行接种。19世纪俄国第8届来华东正教团的卡缅斯基（П.И. Каменский）翻译并传播了中医脉诊知识；第11届教团医生秦缓（П.Е. Кириллов）带回127种中草药和成药、数部中医药理学著作和一些中医处方；第12届教团医生明常（А.А. Татаринов）将伯歧《本草》译为俄文；第13届教团医生赛善（С.И. Базилевский）翻译了《本草纲目》和一些中药方、《四库全书》的医书目录以及部分中医传记。第14届教团医生科尔尼耶夫斯基（П.А. Корниевский）翻译了《胎宫心法》《明医指掌》《寿世保元》等内容，题为《中国产科学大全》《中国人的病理学》等③。

2008年起，全欧洲中医药专家联合会完成了6000多个词条的中医基本名词术语国际标准翻译，这有助于开展中医典籍的准确翻译④。除了2008年葡萄牙语《灵枢》评注译本、2010年西班牙语图解译本《黄帝内经》、2014年意大利语全译本《素问》《灵枢》、2015年《黄帝内经》葡萄牙语解说本先后出版外，亦有2010年《〈内经知要〉译诂》出版⑤。

近现代的翻译或注释《黄帝内经·素问》等中医药的论著，还可参见魏根深（Endymion Wilkinson）《中国历史研究手册》。《手册》中指出，一些特殊术语在中文资料方面还是需要参考郭霭春《黄帝内经词典》，而译本方面，在田和曼与文树德《黄帝内经素问词典》问世之前的译本，例如魏特、倪毛信和朱明（Zhu Ming）的英译本和Ung Kang-Sam的法译本，都有一些译文不太可靠⑥。魏根深对中医药文献的分类体系设计，以及对相关内容之下文献的评述体现了西方学界在研究中医药文献过程中对文献底本和译本情况的态度，但尚未受到国内医学史和中医药文献翻译领域研究者的重视。

---

① ［德］内龙道：《中欧传统医学比较研究——理论体系、临床病症比较及欧洲传统医学复兴的思考》，应森林主编：《精研古今融汇中西中医药国际研究生优秀论文精选》，中国医药科出版社，2015年，第18—21页。
② 李经纬主编：《中外医学交流史》，第315页。
③ 肖玉秋：《17—19世纪俄国人对中医的研究》，《史学月刊》2014年第3期，第60—63页。
④ Muhammad Wolfgang G. A., Schmidt, Huangdi Neijing. v. 3 : *Chinese-English Word Glossary, Verlin:* Viademica·Verl., 2008. Collectif, Zhenji L. *Nomenclature sino-française des expressions et termes fondamentaux de la Médecine Chinoise: Édition bilingue français-chinois.* Paris: Beijing: Desclée De Brouwer, 2011.
⑤ Y.C. Kong, *Huangdi neijing: a synopsis with commentaries* (《〈内经知要〉译诂》), Hong Kong: Chinese University Press, 2010.
⑥ ［英］魏根深：《中国历史研究手册》，北京大学出版社，2015年，第844—849页。

值得一提的是，中医药典籍的搜集和研究资料建设方面，除了英国剑桥大学李约瑟研究所的专业图书馆，美国加利福尼亚的东方治疗艺术研究所在许鸿源（Hong-yen Hsu）和他的助手的努力下，也形成了超过数千部文献资料的中医研究所（The Institute for Traditional Medicine，ITM)的医学专业图书馆。这些书籍分成了十五类，包括：一、本草类，主要是传统上每种药物的使用信息；二、历史文献，包括传统文本的翻译，历史考古资料的分析，传统中医的发展及其文化背景的讨论；三、临床报告（草药），主要是个人或者一个团队合作者的经验之上提出的治疗多种不同疾病的建议；四、针灸资料，有数十本，但并不多，因为ITM的重点在草药而不是针灸上；五、食疗书籍，包括食疗相关的历史文献；六、一般文献，包括牙周医学概述，中医领域的特殊专业（生理学和诊断学），以及基于传统处方理论框架对草药应用的一般分析；七、草药的现代研究，包括化学成分分析，药理实验和临床试验。图书馆书籍重点是医学专科，包括癌症、眼科、儿科、妇科和皮肤科；八、工具书，包括汉字起源、意义和用法的翻译指南，词典等相关文献，可以用于解释中医和哲学术语的含义；九、藏医文献，结合了阿育吠陀和中医实践；十、阿育吠陀药学，中医在某种程度上受到印度传统医药的影响；阿育吠陀医学在理论发展，记录的经验和专业培训方面都有连续的历史；十一、西医文献，主要是描述疾病特征和相关治疗方法，或者是研究不关注中草药的营养和草药活性成分；十二、中医杂志；十三、其他期刊。中法两国国家图书馆于2019年开始合作创建"共同的遗产"数字化项目，其中公布了法文中医药文献9种①。

三

总体来看，中医药文献在欧美地区的传播是更重视经典文本的翻译和解释，临床方面大多只是针灸诊疗。国内学者对各种译本的研究从概述各阶段翻译的代表性成果，逐渐深入到专业术语、翻译策略等翻译理论和医学史、文化交流史等历史文化研究。

笔者匆匆所见和简单梳理后，认为若要更进一步推进研究史的总结和分析，首先离不开全面搜集整理各语种译本的基础工作。搜集的对象不仅包括初版本和修订本，还应该关注这些译本的书评。这部分工作，除国内学者王吉民等在20世纪60年代所做的目录和索引，英国学者魏根深从历史研究角度选列的数种文献和研究著作外，全面的译本目录和索引，在今天尚需学者继续努力补充、完善。

其次，要继续研究中医药典籍在欧洲的翻译和传播情况，离不开讨论欧洲科学家和汉学家对中医学和中国医学史的研究基础，例如：通过分析重要学术机构和研究者所收集和收藏的中医药典籍的藏量与专题特色，乃至刻本、抄本等各种不同版本构成的品种体系，来认识欧洲知识界所接受的中医药知识的主要内容和研究特点。底本和各阶段各语种的译本及其相互关系对从书籍史角度认识中医药文献在阅读和使用中的历史面貌有一定意义，应引起研究者的重视。

① https://heritage.bnf.fr/france-chine/zh-hans/medecine-chinois（2021-3-10检索）。

最后，正如高晞指出的那样，中医药典籍的对外传播研究，未来还需要继续系统梳理自16世纪开始的外文文献中的中医内容，包括中医译作、博物学著作、科学论文、商业贸易记录和中国历史介绍等文献，在这些"史料"基础上，通过分析不同时段中医学在西学体系的位置和特征，来讨论欧洲知识界对中医认知的演变，不同时间段欧洲知识界研究中医学角度的变化，以及由此产生的不同认知，分析科学家群体与汉学家群体的不同态度的演变过程，才可达成在科学范式下解读中医的共识①。从而深化中医药文献在西学体系中的接受情况与中西医知识的交流与会通研究。

---

① 高晞：《新术还是旧技：十九世纪前欧洲知识界的中医认知》，《光明日报》2019年1月16日，第11版。

国家图书馆藏《伤寒杂病论》等中医典籍法文译本简介

□ 张彦希　国家图书馆古籍馆

《伤寒杂病论》（以下简称《伤寒论》）作为我国第一部理法方药一脉贯通的临床经典，被前人誉为"众法之宗，众方之祖"，全书共112个处方，组方严谨，用药精当，临床应用广泛，是传承中医学的必读典籍，也是中医药文化对外传播的重要载体。《伤寒论》最早自20世纪80年代开始有了英、法等语种译本，迄今已有40余年，该书法文译本忠实原文，对传播中医药知识，推广中医药文化至法国，乃至整个欧洲做出了重要贡献。

欧一平等人的研究表明，中医学最初传到法国大约是16世纪大航海时代，主要通过旅游者、外交官、特别是宗教人士，介绍传播到法国。18世纪，通过中国的耶稣教会及日本的荷兰商馆医，法国医学界对中医学有了更多地了解。经过对东西方医学体系的比较，法国医生们对中医脉诊法产生了浓厚的兴趣[1]。

17世纪，法国人哈尔文（R. P. Harvieu）关于中医脉学的文献译成法文，并于1671年在法国出版，书名为《中医的秘密》（*Les Secrets de la médecine des Chinois consistant en la parfaite connaissance du pouls : envoyé de la Chine par un françois, homme de grand mérite*）。相继而来是1680年、1758年和1813年，由其他译者在法国分别出版了关于中医脉学的法文译本，主要介绍了中医脉诊法，其译文内容，大部分是根据波兰耶稣会来华传教士卜弥格（Michał-Pierre Boym）所写的关于中医的拉丁文稿译成。到了18、19世纪，越来越多的有关中医的书籍在法国相继出版，而且除了脉学之外，其内容所涉及的中医学范围也更加广泛。

张浩认为，法国在中医研习方面在西方首屈一指[2]。法国在中医典籍翻译及研究方面，把很多精力都放在理论、文献研究和宣传上。关于中医理论、古代文献翻译及研究方面，在法国中医刊物（包括针灸）中占的比例较大，数第二位。他们译注了许多中医古代文献，如《内经》《难经》《伤寒论》等。在有关论述中医理论的文章中，也常常引用古代文献。他们论述中医理论的文章形式多种多样，如拉古尔特（B. Lacourte）写的《心与神》一文，既论述中医心的理论与神的关系，又通过此点来认识分析西医精神系统的疾患。还有用图画的形式介绍"五脏六腑"与"气"相关的理论，也有对《内经》中"中风""风""厥证"等问题的探讨，而且法文《中医杂志》每年还刊登当年阴历气的主运。与此同时，关于"灵龟八法""子午流注"之类的文章也有很多。

---

[1] 欧一平、刘贞谊：《中医针法在法国的历史及现状》，《山东中医杂志》1992年第1期，第63页。
[2] 张浩：《法国中医概况》，《浙江中医学院学报》1986年第6期，第55—57页。

法国在中医的临床应用研究方面也颇有造诣，是西方针灸的重要发源地，同时也是针灸大国，关于中药、推拿、气功等中医技术，在法国更是日渐流行。法国对中医西传做出了重要贡献，可以说是西方中医学传播研究的开端。贺霆的研究表明，虽然中医知识早在17世纪就通过赴华耶稣会传教士寄回的书信传播到了欧洲，但其真正规模化的临床应用（针灸），则始于20世纪30年代的法国，以当时任法国外交官的乔治·苏利耶·德莫朗（George Soulié de Morant，1878—1955）先生自云南府（昆明）所习针灸知识为缘起，并将针灸技术在法国进行了广泛传播，此后又带动了中医其他领域知识在西方落脚生根[1]。截至1997年，在法国已经有七家医学院有了针灸教育。2007年，法国还特别颁布了相关法规，规定针灸是法国正常医学系统的一种工作方法，这一举措使得针灸医疗在法国实现合法化，至此，法国成为除中国之外的另一个针灸大国。

国家图书馆馆藏《伤寒杂病论》法文译本，由Ming Wong翻译并批注，1983年在法国巴黎出版。该译本题名为《伤寒论：中国传统医学》（*Shang-han Lun : Médecine Traditionelle Chinoise*），长达251页，配有精美插图和详细讲解，是最早的《伤寒杂病论》法文译本之一，品相优良，极富收藏价值与研究价值，代表了中医典籍在法国乃至整个欧洲世界的影响力，也印证了中国医药文化在西方世界的广泛传播。

---

[1] 贺霆：《中医在法国传播脉络初步研究总结》，《中国中医药信息杂志》2013年第10期，第4—5页。

谈谈《脉经》的西传

□ 彭福英　国家图书馆古籍馆

一、王叔和与《脉经》简介

《脉经》作者王叔和（201—280），魏晋之际著名医学家、医书编纂家，名熙，高平（今山东省邹城，一说山东省济宁）人①。在中医发展史上，王叔和主要有两大重要贡献：一是整理《伤寒论》和《金匮要略》，一是编撰《脉经》。《脉经》共10卷98篇，选录《内经》《难经》《伤寒论》《金匮要略》及扁鹊、华佗等著名医家有关脉学之论说，首次系统归纳了24种脉象，并对其性状做出具体描述，初步肯定了有关三部脉的定位诊断，确立了独取寸口的诊脉方法，是中国医学史上现存最早的一部脉学专书，为后世脉学发展奠定了基础，并对临床实践具有指导意义②。该书还保存了古代大量中医文献资料，包括已散佚之医书，如《脉法赞》《四时经》等③。

二、卜弥格与《脉经》的西传

《脉经》在中国医学发展史上，有着十分重要的位置，唐代太医署将之列为必修课。该书著成后，六世纪就传播到了日本、朝鲜等周边国家。十一世纪阿拉伯著名医学家阿维森纳（Avicenna，980—1037）的《医典》（*The Canon of Medicine*）所记载的脉象，许多与王叔和的《脉经》相同，反映了其脉学体系与中国脉学的相近性④。《脉经》西传到欧洲的过程中，不得不提一位重要人物，即波兰籍耶稣会传教士卜弥格（Michał-Pierre Boym）。卜弥格，1612年出生于利沃夫（Lwów），1631年在克拉科夫（Kraków）入初修院，1643年从里斯本出发前往东方，经东京湾⑤、安定和暹罗，到达澳门和南明末帝永历宫廷所在的肇庆，受到永历帝和司礼太监庞天寿的友好接待。不久，卜弥格寻得机会前往西安，见到了著名的《大秦景教流行中国碑》。后作为南明王朝特使，1651年从澳门出发，经果阿、波斯和士麦那返回欧洲。1656年他再次前往

---

① 李家庚、李江峰、王明华等：《王叔和生平事迹考辨》，《河南中医》2014年第8期，第1444—1447页。
② 参看李毅、刘旭、文秀华：《初探〈脉经〉对中医学术的重要贡献》，《山西中医》2004年第5期，第1—3页。徐静：《浅谈〈脉经〉对中医诊断学的重要贡献》，《河北中医》2006年第5期，第385—386页。
③ 陈婷：《〈脉经〉所引存世医籍考》，《时珍国医国药》2012年第10期，第2586—2587页。
④ 朱明、王伟东：《中医西传的历史脉络——阿维森纳〈医典〉之研究》，《北京中医药大学学报》2004年第1期，第18—20页。Edward Kajdański, "Michael Boym's Medicus Sinicus", *T'oung Pao* (1987), Second Series, Vol. 73, Livr.4/5, p.169.
⑤ 北部湾的旧称，本文提到的东京湾均是指现在的北部湾。

东方,耶稣会比利时籍传教士柏应理(Philippe Couplet,1623—1693)也在同行之列。到达果阿之际,由于该城被围,卜弥格改道前往暹罗,等待前往毗邻云南的老挝。然而久待无果,他只好返回暹罗吞武里(Thon Buri),并在此重遇柏应理一行①。1658年,卜弥格抵达东京湾。由于旅途疲惫,次年逝世于广西的边境上②。卜弥格是十七世纪一位卓越的学者,对中国历史、地理、语言、哲学、医学等各个方面都进行了深入而系统的研究,撰写了一系列相关著作,影响深远。

在医学方面,卜弥格出生于医学世家,父亲为宫廷御医。他从小耳濡目染,深受熏陶。来华之后,卜弥格对中国医学非常感兴趣,其《关于中国皇室成员的皈依和基督教信仰状况的简要报告》(*Briefve relation de la notable conversion des personnes royales et de l'estat de la religion chrestienne en la Chine*, 1654)一书提及将要出版的7种书籍,有一种是关于中国医学的著作,题名为《中国的医学,也就是一种通过脉诊来预见疾病以后病情的发展及其后果的特殊技艺。这种技艺的产生具有悠久的历史,在基督诞生许多世纪以前就有了。它产生于中国,是值得赞扬的,和欧洲的不一样》(*Medicus Sinicus, seu singularis ars explorandi pulsuum et praedicendi et futura symptomata et affectionibus aegrotantium a multis ante Christum saeculis tradita et apud Sinas conseruata; quae quidem ars omnis est admirabilis et ab Europaea diversa*)③。阿塔纳修斯·基歇尔(Athanasius Kircher, 1602—1680)在《中国图说》(*China monumentis illustrata*)一书中也提及除了《中国植物志》(*Flora Sinensis*)之外,卜弥格还在写作一本有关脉诊的著作。

卜弥格关于中医的著作,在其从罗马返华途中,已经基本完成。但由于种种原因,卜弥格无法返回中国,转而在抵达暹罗之前,将自己的中医著作手稿交给同会的柏应理。柏应理并没有将手稿带到澳门,而是将其转交给荷兰商人扬·范里贝克(Jan Van Riebeeck, 1619—1677),范里贝克随后将手稿寄到印度尼西亚的巴塔维亚(Batavia)。在那里,荷兰东印度公司的总督约安·马策伊克(Joan Maetsuyker, 1606—1678)获得了这部手稿④。1665—1671年间,柏应理又给荷兰东印度公司首席药剂师安德烈亚斯·克莱尔(Andreas Cleyer, 1634—1697)单独寄去了一些卜弥格的医学著作手稿⑤。此后这些手稿销声匿迹数载,直到十七世纪七十年代,手稿内容出现在一些出版的书籍中。

1671年,法文著作《中医的秘密,其中包含着一种完美的诊脉学,是由一个立

---

① Paul Pelliot, "Michael Boym", *T'oung Pao*(1934), Second Series, Vol. 31, No. 1/2, p. 140.
② [法] 荣振华、[法] 方立中、[法] 热拉尔·穆赛等著,耿昇译:《16—20世纪入华天主教传教士列传》,广西师范大学出版社,2010年,第81页。
③ Edward Kajdański, "Michael Boym's Medicus Sinicus", p.162; Boleslaw Szczesniak, "The Writings of Michael Boym", *Monumenta Serica* (1949-1955), Vol. 14, p. 485.
④ 张西平:《中西文化的交流使者,波兰汉学的奠基人:卜弥格》,[波兰] 卜弥格著,[波兰] 爱德华·卡伊丹斯基波兰文翻译,张振辉、张西平中文翻译:《卜弥格文集:中西文化交流与中医西传》,华东师范大学出版社,2013年,第44页。
⑤ 张振辉:《卜弥格与明清之际中学的西传》,《中国史研究》2011年第3期,第183—202页。

了大功的法国人从中国带来》（*Les Secrets de la médecine des Chinois, consistant en la parfaite connoissance du pouls, envoyez de la Chine par un françois, homme de grand merite*），简称《中医的秘密》在法国格勒诺布尔（Grenoble）出版。全书分为三卷：第一卷概述了脉搏运动的一般规则；第二卷介绍了30种不同的脉象，并讨论了妇女和儿童的脉象；第三卷主要探讨通过脉象来诊断病情以及预后，并谈及东方其他国家，如日本和印度的医学和医药。这部著作，据美国学者博莱斯劳·什钦希尼亚克（Boleslaw Szczesniak）考证，真实作者是卜弥格①。波兰汉学家爱德华·卡伊丹斯基（Edward Kajdański）也认为，此书是卜弥格医学著作的一部分②。而这个立了大功的法国人，很可能是一个叫作蒙斯·贝里托（Mons Berito）的法国人。1669年，此人前往东京湾，随身携带了从柏应理得到的卜弥格的部分医学手稿③。至于此书的译者，

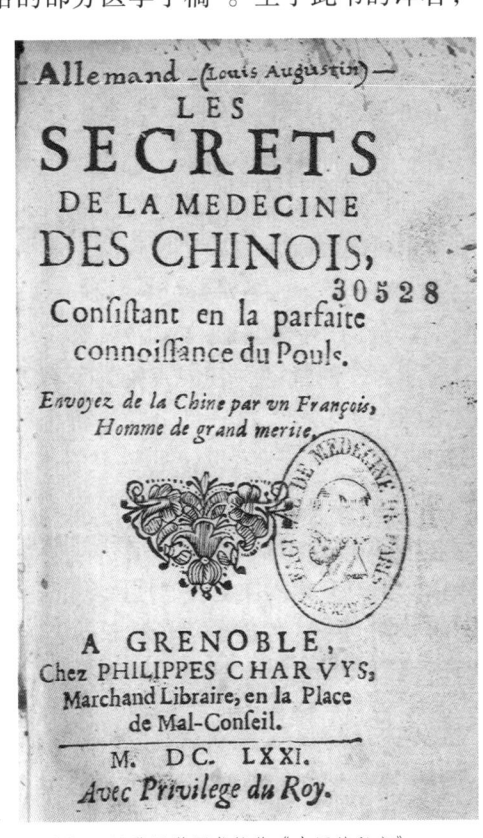

高晞教授认为是哈尔文（R. P. Harvieu）④。笔者查阅了法国国家图书馆的数据，著录作者为路易-奥古斯丁·阿勒芒（Louis-Augustin Alemand，1653—1728）⑤。巴黎医学图书馆（Bibliothèque Interuniversitaire de Santé, Paris）藏本的题名页上（图1）⑥，也有"Allemand-（Louis Augustin）"字样，两者著录稍有差别，法国国家图书馆著录姓为"Alemand"，题名页显示为"Allemand"。从法国国家图书馆官网数字图书馆Gallica查阅阿勒芒其他著作，应当为"Alemand"，然而此处题名页为何作"Allemand"，笔者尚未找到答案。路易-奥古斯丁·阿勒芒1653年出生于法国格勒诺布尔，1728年去世，是一位医生、律师，同时也是一名历史学家，主要著作有：《关于法语的新发现或内部争论》（*Nouvelles observations ou guerre civile des François sur la langue*，1688）、《爱尔兰修道院历史》（*Histoire monastique d'Irlande*，1690）等。

图1　巴黎医学图书馆藏《中医的秘密》

---

① Boleslaw Szczesniak, "The Writings of Michael Boym", p.518.
② 张西平：《中西文化的交流使者，波兰汉学的奠基人：卜弥格》，第44页。
③ Edward Kajdański, "Michael Boym's Medicus Sinicus: New Facts, Reflections, Conclusions", *T'oung Pao* (2017), Vol. 103, Fasc. 4-5, p.465.
④ 高晞：《十五世纪以来中医在西方的传播与研究》，《中西药文化》2015年第6期，第15—24页。
⑤ https://data.bnf.fr/11999762/louis-augustin_alemand/，https://catalogue.bnf.fr/ark:/12148/cb300090774（2021-3-10检索）。
⑥ https://archive.org/details/BIUSante_30528（2021-3-11检索）。

《中医的秘密》一书，其出版者前言和致读者文中，都没有提及此书的作者，希冀以后能有进一步的资料来确定译者。此书在法国出版之后，1676年意大利文译本《中医的秘密》(*Secreti svelati della medicina de' Chinesi cioè della cognitione de'polsi*)在米兰面世。

同年，克莱尔将手中所持的手稿寄送到荷兰准备出版，未果。后与德国汉学家克里斯蒂安·门采尔（Christian Mentzel，1622—1701）取得联系①。在门采尔的帮助下，1682年，这部手稿以《中医指南》(*Specimen medicinae Sinicae, sive, opuscula medica ad mentem Sinensim*)之名在德国法兰克福（Frankfurt）出版，安德烈亚斯·克莱尔作为编者出现在题名页上（图2）。从题名页看，此书共分为六个部分。但波兰学者爱德华·卡伊丹斯基在考察大英图书馆所藏的副本之后，发现此书实际上分为四个部分，各个部分页码独立②。四个部分的第一部分（1—54页）是中国医学著作的翻译，其中主要为王叔和的《脉经》节译。这一部分翻译所用的汉文底本，则是十六世纪的一本著作合集，内收王叔和的《脉经》一书③。

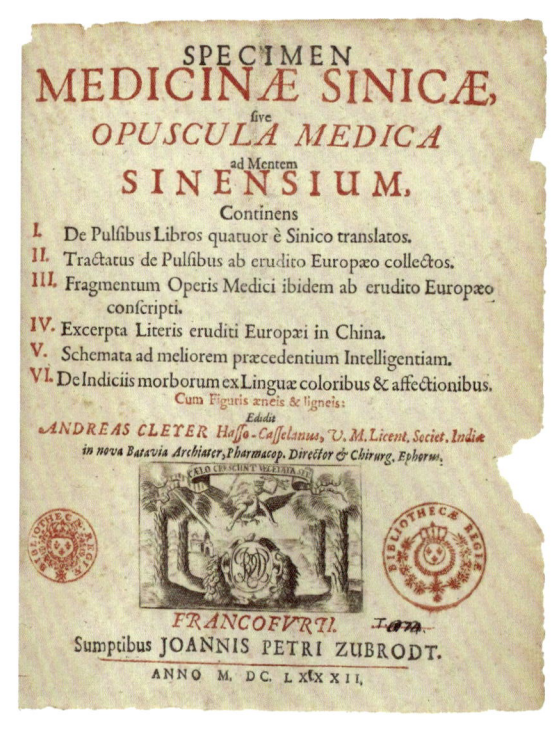

图2　法国国家图书馆藏《中医指南》

1686年，门采尔在纽伦堡科学年鉴上发表了拉丁文著作《耶稣会在华传教士卜弥格：认识中国脉诊理论的一把医学的钥匙》(*Clavis medica*)，简称《医学的钥匙》。这部著作的一些片段散落各地长达二十载。荷兰东印度公司的一位首席医生，著名的安德烈亚斯·克莱尔把它们收集起来，使之重见阳光，为此医学界对克莱尔应该表示感谢；直到后来比利时耶稣会传教士柏应理带着这部著作的完整手稿来到罗马，才清除了其中的错误。可知，卜弥格有关中医的著作，一部分出现在安德烈亚斯·克莱尔编辑的《中医指南》，而直到1686年才在《医学的钥匙》以卜弥格之名最终得到出版。《医学的钥匙》共分为22章，主要基于《黄帝内经》，但关于脉学方面的知识，也参考了王叔和的《脉经》。此书将脉象分为四类：即七表、八里、九象和死脉。死脉分为16种，都是医生无能为力的脉象④。无论是1682年的《中医指南》，还是1686年

---

① E. Kraft, "Frühe chinesische Studien in Berlin", Medizinhistorisches Journal 2(1976), p.121，转引自Edward Kajdański, "The Tratitional Medicine as Reflected in the Works of Michael Boym", Monumenta Serica (2011), Vol. 59, p. 399.

② Edward Kajdański, "Michael Boym's Medicus Sinicus", p.167.

③ Edward Kajdański, "Michael Boym's Medicus Sinicus", p.169.

④ Edward Kajdański, "The Tratitional Medicine as Reflected in the Works of Michael Boym", p.388.

的《医学的钥匙》，根据爱德华·卡伊丹斯基的考证，其真实作者都是卜弥格①。

卜弥格是向西方介绍《脉经》的先驱，他的多篇著作都谈到了王叔和及其著作《脉经》。如《对作者王叔和脉诊医病的说明》（*Auctoris Vám Xó Hó pulsibus explanatis medendi regula*）一文，第一部分讨论了浮脉、芤脉、濇脉、实脉、弦脉、紧脉、洪脉等七种外脉的治疗方法；第二部分讨论微脉、沉脉、缓脉、散脉、迟脉、伏脉、软脉、长脉等八种内脉的治疗方法。王叔和的《脉经》中将脉象分为24种，卜弥格这里提到了15种，并列出每一种脉象治疗所需药方。如谈到长脉，"地骨皮散汤处方：取地骨皮、茯苓各一两半，柴胡、黄芩、生地黄、知母各一两，石膏二两，混在一起后加姜，放在水中熬煮。如果病人汗出得很多，要再添加知母，因为病在外部的皮、头发、血、动脉、肌肉、神经和肌肤上，药性慢慢地起作用，汗就少了"②。

卜弥格的《论脉》（*Tractatus de pulsibus*）还谈及了中医望诊切脉的方法："中国人并不是按顺序看脉，而是——就像我已经说过的那样——在同个时候诊三次脉：首先用手指轻轻地按一下，诊面上的脉。在诊断中间的脉时，把手指稍微按重一点。下面的区域是基础或根，要使劲地按，按到神经和骨头上。用这个办法可以对脉搏进行全面的诊断，最后确定病是在表面上即人体的外部还是发生在内部的根上。因此，当人们知道根上的脉有偏差后，就可以确定它是不是危及到了生命。……照古书上和后来一些研究了王叔和（Va Xo Ho，他生在一千多年以前）论气血循环规律的著作的医生们的说法，小肠和心以及大肠和肺都是密切相关的，这很明显地表现在它们的变化之中。"③尽管此篇主要是基于《黄帝内经》，但在这篇文章中，卜弥格明确提到了王叔和，并肯定了王叔和在中国医学史上的地位。

事实上，卜弥格对王叔和在中国医学上的地位十分清楚，在《〈处方大全〉前的另一篇前言》（*Alia praefatione ante receptarum librum ponenda*）一文中，他明确地说："下面要介绍的这本书是一本关于治病的原则或方法的非常有用的指南，这些原则或方法是中国第一批功勋卓著的医生所发现和制定的。根据流传下来的记载，它们都经过了王叔和的整理和编纂。现在，所有中国的医生都极力想要继承他的这个传统，对他关于脉搏的论述没有任何怀疑，也完全相信他的这些治病的方法。根据这里所说的通过脉诊来治病，有他们长时期被认可的经验。这里介绍的药物也完全可以使病人恢复健康。"④

爱德华·卡伊丹斯基数年来追寻卜弥格手稿的下落，后发现波兰雅盖隆图书馆

---

① Edward Kajdański, "Michael Boym's Medicus Sinicus", p.169, 189.
② ［波兰］卜弥格：《对作者王叔和脉诊医病的说明》，［波兰］卜弥格著，［波兰］爱德华·卡伊丹斯基波兰文翻译，张振辉、张西平中文翻译：《卜弥格文集：中西文化交流与中医西传》，第389页。
③ 这篇文章的拉丁文全名是 "Tractatus de pulsibus quo declaratur Doctrina Sinarum philosophica ex prinipiis ac placitis philosophiae ipsorum medicae, quae continetur codice vestustissimo Nuy Kim dicto, quae constat: capitibus, 162"，即《一篇论脉的文章，它讲述了根据中国的医生自己的原则和观点创立的一种中国哲学的理论，这些原则见之于一部有一百六十二章被称之为〈内经〉的最早的法典中》。参看［波兰］卜弥格：《论脉》，［波兰］卜弥格著、［波兰］爱德华·卡伊丹斯基波兰文翻译，张振辉、张西平中文翻译：《卜弥格文集：中西文化交流与中医西传》，第359—360页。
④ ［波兰］卜弥格：《〈处方大全〉前的另一篇前言》，［波兰］卜弥格著，［波兰］爱德华·卡伊丹斯基波兰文翻译，张振辉、张西平中文翻译：《卜弥格文集：中西文化交流与中医西传》，第374页。

（Jagiellonian Library）所藏索取号为"MS. Sin.16"的手稿，就是卜弥格所翻译的王叔和《脉经》手稿，题名为"Maijue fufang: Xi Jin Wang Shuhe zhuan（脉诀附方：西晋王叔和传）"，总共有66叶，上有汉字、以葡萄牙人方式书写的拉丁文转写以及每个汉字的翻译①。这也是卜弥格当年翻译王叔和《脉经》的有力证明。

三、十七世纪后《脉经》的西传

《医学的钥匙》面世之后，在英国、法国、意大利、德国和荷兰多次再版，或被引用，或被参考。如英国的约翰·弗洛耶（John Floyer，1649—1734）受此影响，潜心研究脉学，于1707年出版了《医生的诊脉表》（*The Physician's Pulse-Watch*）。约翰·弗洛耶，1649年出生于英国的斯塔福德郡（Staffordshire），15岁入牛津大学，1680年取得医学博士学位②。弗洛耶著述颇丰，在《医生的诊脉表》之前，著有《医学的试金石》（*The Touch-Stone of Medicine*）、《论哮喘》（*A Treatise of the Asthma*）等作品，受到了业界的肯定和好评，并成为水疗和呼吸方面的权威。《医生的诊脉表》对希腊脉学和中国脉学进行了比较研究，第三部分"推荐中国的脉诊艺术，仿效他们观察脉搏的医疗实践"直接选自安德烈亚斯·克莱尔的《中医指南》，而在第一卷的第二和第三部分，也吸收了不少来自《中医指南》的内容③。十七世纪之前欧洲脉学发展过程中，英国乏善可陈，但《医生的诊脉表》作为一部代表性的作品，标志着脉搏计数派的形成④。《医生的诊脉表》是中国脉学的最早英文译介，有助于中医脉学知识在英语世界的传播⑤。1715年，《医生的诊脉表》被译成意大利文在威尼斯出版，题名为"*L'Oriuolo da polso de medici, ovvero un saggio per ispiegare l'arte antica di tastare il polso, e per migliorarla coll'ajuto d'un oriuolo da polso*"。1723年，德国约翰·康拉德·巴希乌森（Johann Conrad Barchusen，1666—1723）在他的《论医学的起源和发展》（*De medicinæ origine et progressu dissertationes*）中也引用了《中医指南》和《中医的秘密》相关内容⑥。

此后很长时间，《脉经》的翻译在西方停滞不前。直到二十世纪，中医著作才再次回到西方人的视野。1988年，1671年版《中医的秘密》在格勒诺布尔重版，题名为"*Les Secrets de la médecine des Chinois consistant en la parfaite connaissance du pouls : envoyé de la Chine par un français, homme de grand mérite, année 1671*"，由热纳维耶芙·迪布瓦（Geneviève Dubois，1950—）在格勒诺布尔市立图书馆所藏手稿基础上

---

① Edward Kajdański, "Michael Boym's Medicus Sinicus: New Facts, Reflections, Conclusions", pp.455-457.
② Gary L. Townsend, "Sir John Floyer (1649-1734) and His Study of Pulse and Respiration", Journal of the History of Medicine and Allied Sciences (July 1967), Vol. 22, No. 3, p. 287.
③ Boleslaw Szczesniak, "The Writings of Michael Boym", p.520.
④ Gary L. Townsend, "Sir John Floyer (1649-1734) and His Study of Pulse and Respiration", p. 297.
⑤ 梁杏、兰凤利：《中医脉学在西方的译介与传播——以英文译介为中心》，《中华医史杂志》2013年第5期，第271—277页。
⑥ Boleslaw Szczesniak, "The Writings of Michael Boym", p.521.

阐述说明出版。1993年巴黎也出现再版，题名与1988年版相同。这两个再版，内容上没有变化，但一定程度上反映了西方对中医的重新关注。1993年，越南裔法国著名医学家、作家和翻译家阮文议（Nguyen Van Nghi，1909—1999）等翻译了全本《脉经》（*Mai Jing. Classique des Pouls de Wang Shu He*），由马赛的阮文议研究所出版。阮文议，1909年出生于越南的河内，曾在越南、中国和法国学习。从法国的蒙彼利埃大学（Montpellier University）毕业后，1940年开始医学实践。1954年后开始致力于中医的译介和传播，翻译了《黄帝内经》《脉经》《难经》等多部中医经典著作。阮文议研究所出版的这一系列中医经典著作译本，为中医在法国和法语世界的传播做出了重要贡献。

1997年，杨守忠所翻译的《脉经》（*The Pulse Classic: a Translation of Mai Jing*）在美国科罗拉多州博尔德（Boulder, Colorado）由蓝色罂粟花出版社（Blue Poppy Press）出版，该出版社为美国三大中医文献出版社之一。该译本以沈炎南主编、人民卫生出版社1991年版《脉经校注》为底本，并参考其他版本修正了中文版本的一些错误。在内容的安排上，此书参考了《难经》《素问》《千金方》等著作，将《脉经》中相同内容集中在一起，调整了原书结构，但仍保留10卷97篇。此英文全译本的出现，进一步扩大了《脉经》在西方世界的传播范围。该书出版后倍受欢迎，2002年重新印刷。

总之，十七世纪的卜弥格率先向西方介绍了《脉经》等中医著作，推动了中医的西传，开启了西人的中医研究，对16—18世纪的中西文化交流做出了重要贡献。在他之后，中医开始进入欧洲人的视野。这一时期，中医脉学著作《脉经》在西方的译介以节译为主。十七世纪之后，卜弥格的《脉经》节译不断被转译、引用和参考。到了二十世纪，无论是法文译本还是英文译本，都精心挑选底本，充分利用当代脉学研究成果，开始详实、全面介绍《脉经》和其他脉学著作，为中医以及中国传统文化的西传开启了新篇章。

⊙ 特色馆藏

保护与传承的思考

□ 陈红彦　国家图书馆古籍馆

习近平总书记在十九大报告中指出："文化是一个国家、一个民族的灵魂。文化兴国运兴，文化强民族强。"2019年9月初，110周年华诞的国家图书馆，收到了习近平总书记给国家图书馆8位老专家的回信，回信中习近平总书记说："110年来，国家图书馆在传承中华文明、提高国民素质、推动经济社会发展等方面发挥了积极作用。一代代国图人为此付出了智慧和力量。"还指出，"图书馆是国家文化发展水平的重要标志，是滋养民族心灵、培育文化自信的重要场所。希望国图坚持正确政治方向，弘扬优秀传统文化，创新服务方式，推动全民阅读，更好满足人民精神文化需求，为建设社会主义文化强国再立新功。"随即国家图书馆为落实回信精神，制定了《国家图书馆发展战略研究工作方案》。

根据要求，古籍馆同仁梳理并分析了馆藏善本古籍、普通古籍、金石拓片、古旧舆图、方志家谱、新善本、手稿等相关文献的整理出版情况，总结传统典籍出版和利用中取得的成果、影响因素、存在问题，并结合现阶段国内外政治、经济、文化发展的政策和背景，提出未来五至十年发展目标。

回顾中国古代文献整理出版事业的发展，我们不难发现，文化事业大的发展与国家政策和社会发展密切相关。从1958年国务院成立首届古籍整理出版规划小组，1981年9月17日，中共中央发布《关于整理我国古籍的指示》，1992年出台《中国古籍整理出版十年规划和"八五"计划》，要求加强对古籍整理的理论研究，扩大古籍整理出版的范围，1996年8月，颁布实施《中国古籍整理出版"九五"重点规划》，2006年，国务院公布《地方志工作条例》，到2007年国务院办公厅发布《关于进一步加强古籍保护工作的意见》（国办发〔2007〕6号），不断推进古籍文献的保护整理、研究利用、出版传承。特别是2013年，习近平总书记在谈到文化发展时指出，要"让书写在古籍里的文字活起来"，努力传承中华传统文化、弘扬中华文明。2017年初，中共中央办公厅、国务院办公厅印发了《关于实施中华优秀传统文化传承发展工程的意见》。再到习近平总书记给我馆8位老专家回信，更是将保护古籍、传承文明，落实为文化工作者的责任和图书馆人的历史使命。

古籍整理出版和保护研究，在新时代如何发展才能符合时代的要求，才能更好地满足人民精神文化需求，成为"中华传统典籍整理出版与研究利用"这个调研项目的主题，也激发着古籍馆同仁对未来发展的思考，同时也梳理出古籍馆藏中尚未系统刊布研究的几个专题，希望在未来的几年中重点推出。

总体说来，传统典籍文献整理出版主要服务于以下几个目的：抢救文献，特别是珍本、孤本；为学术研究提供材料；为培养古籍整理人才服务。

古籍整理出版和利用方式主要体现在以下三个方面：点校整理、影印出版、古籍文献数字化。其中，影印是古籍再生性保护的一种重要方式，也是我馆目前典籍整理出版最主要的手段。数字化则是近年普遍开展，最受欢迎的服务方式和推广手段。"中国基本古籍库""中华古籍资源库"，国家图书馆的专题资源库如"甲骨世界""西夏碎金""数字方志""中华寻根网"，海外存藏的古籍，如美国哈佛燕京图书馆中华古籍、韩国奎章阁古籍库、日本所藏中文古籍数据库、新加坡国立大学珍本古籍影像网等都是较有特色的资源库。

数字资源覆盖古籍体量大，便于远程使用，由于技术、空间、加工时间等条件的限制，很多文献尚未纳入数字资源覆盖范围，现阶段数据库的建设还大多仅仅限于影像库，不方便检索利用，对古籍内容的深度标引，数字人文的理念导入还需要花费更多的精力和经费。

但无论如何，数据更安全、文献更完整、加工更系统、利用更便捷是保管者和使用者关心的最核心的问题。也就是说专题文献、深度标引的数字资源是使用者更加期待的。

古籍馆近年成长起一批青年才俊，他们在业务工作中不断利用自己的专业素养进行研究，用心发现、挖掘，并借这次战略研究的机会，全面调查、深入思考，对馆藏中的一些专题文献进行调查梳理，希望对国家发展需要、社会关注、学界期待系统公布的文献进行重点调研。这个研究同样关乎古籍馆工作未来的发展，组成的团队除我本人外，还包括李坚、白鸿叶、徐慧、颜彦、张毅、肖刚、赵大莹、刘赟等，以年轻人为主。因为未来是属于年轻人的，未来的国家图书馆是怎样的，大家就会怎样，所以调查、思考，用智慧描绘未来，既是国家图书馆的蓝图，也是年轻人的人生。接到任务后，大家进行讨论，从国家图书馆馆史上的经验、国内先进图书馆的经验、国外国家图书馆的经验入手，进行梳理，开展研究，产生出我们馆的发展应该是怎么样的思考。调研通过对馆藏善本古籍、普通古籍、手稿、新善本、金石拓片、古旧舆图、方志家谱等相关文献类型已整理出版情况的调查研究，统计传统典籍现在出版和利用中取得的成果、影响因素、存在问题，并结合我馆馆藏典籍整理出版和利用的现状及现阶段国内外政治、经济、文化发展的政策和背景，总结经验和发现问题，以期更好地规划和拟定未来发展的路线和思路，提出可行性建议，与国图十四五规划及时代发展紧密结合，从而更加有效地整合与开发馆内文献资源，为决策提供依据，为国内外学界提供文献材料支撑，为公众阅读提供服务。

调研开始，疫情却突如其来，通过网络调研成为主要途径，团队成员克服不利因素的影响，梳理出基本材料，开展研究，厘清下一步工作的思路。藉此《文津流觞》的一个栏目，与大家分享，也期待更多的文献使用者将您的需求和建议回馈给我们，以便给社会公众提供更好的服务。

国家图书馆藏名家批校本

□ 袁 媛　国家图书馆古籍馆

一、名家批校本及其研究情况

批校本，指在某一版本（含刻本、抄本）之上，因后人书写批校而形成的一种版本形态。一部批校本总是由两部分构成：已经存在的某一版本（一般称之为"底本"）和批写于该底本之上的文字（"批校"）。它是我国古代版本中较为特殊的一类。一般而言，其价值不在于底本，而在于附加于底本之上的批校。批校是古代读书人阅读典籍、整理文献的重要方式，凝结着他们读书治学的心得与成果。明清以降，批校本尤多。

清代以后，批校本逐渐为学者推重。乾嘉学者更是普遍重视前人校本，关注其中所载古本信息，纷纷予以临录批校。进入现代以后，这种风气得以延续。收藏界追逐名家批校本，学者则从批校本中辑录重要学者的成果。近年来，批校本研究也一直是文献研究的重要课题。回顾近年来的批校本研究，应该说学者们做了许多扎实而富有意义的工作。一方面使得批校本越来越受到学界重视，另一方面也使得一些批校本的内容与价值得以揭示。而更为重要的是，开辟了批校本研究的多种路径。然而也必须看到，与批校本的传世量、重要性相比，现有的研究还远远不够。许多研究对批校本内涵的揭示，仍停留在较浅的层面。通贯性的、致力于揭示批校本普遍性问题的研究仍不多见。

在古籍定级标准中，批校题跋本被视为一大类。近年来，在古籍题跋整理研究领域，学界取得了丰硕的成绩，既提供了大量第一手的材料，也激发了许多新的学术生长点。然而在整理的过程中，也有一些问题浮现出来：对于某些包含批校的题跋本而言，脱离了对批校的考察和整理，对题跋内容的理解往往是大打折扣的。换言之，在这些批校题跋本中，批校与题跋是不可分割的整体。题跋的整理只是完成了第一步，还有很多工作需要展开，对相关批校的考察便是其中至关重要的一项。

必须承认，批校本的整理与研究一直存在相当的困难。批校本数量巨大，分藏于各收藏单位，扫描与数字化的数量有限，阅览又存在许多客观困难。而与其他版本相比，批校语多为小字，且常常使用多种墨色，因此无论是辨识文字，还是通过墨色来区分层次，都需要高清图像，这又对影印、扫描工作提出了更高的要求，短时间内恐怕难以满足。

就此情形而言，有条件对批校本做系统深入研究的，还是首推文献收藏单位。国家图书馆是批校本收藏大馆，整理馆藏批校本，尤其是名家批校本，对于深入了解馆藏、为读者提供更准确全面的编目信息、推动批校本研究、促进馆藏文献利用与开发都具有重要意义。

二、国家图书馆藏名家批校本概况

《中国古籍善本书目》著录的明清校本有6000种左右。若加上各馆普通古籍中的批校本，以及近年来海内外古籍普查所得，传世古籍中批校本之量或倍于前数。

国家图书馆所藏批校本（古籍）规模可观，具体数字尚有待全面鉴别和统计。仅就《北京图书馆古籍善本书目》著录来看，经部批校本就达291种。作为参照，《中国古籍善本书目》著录经部批校本为892种，国家图书馆占到了三分之一。由此可见国家图书馆批校本收藏规模与地位之一斑。

国家图书馆所藏批校本的另一特色在于名家批校本众多，于清代著名学者如傅山、何焯、惠栋、卢文弨、纪昀、戴震、钱大昕、翁方纲、段玉裁、陈鳣、顾广圻、许瀚、陈介祺、李慈铭，著名藏书家如毛晋、顾之逵、黄丕烈、吴骞、劳权等名家的批校本都有收藏。

其中不少名家的批校本数量品种较多。比如康熙年间著名学者何焯的批校本（含他人过录本），国家图书馆就藏有《广韵》《史记》《汉书》《后汉书》《三国志》《晋书》《魏书》《北齐书》《五代史》《中吴纪闻》《水经注》《史通》《刘向新序》《法书要录》《东观余论》《世说新语》《唐语林》《元氏长庆集》《云台编》《白莲集》《嘉祐集》《中兴间气集》等数十种；又如"清代校书第一人"顾广圻的批校本（含他人过录本），国家图书馆藏有《诗外传》《仪礼》《仪礼要义》《大戴礼记》《经典释文》《国语》《战国策》《华阳国志》《元朝秘史》《元和郡县图志》《郡斋读书志》《金石录》《隶续》《荀子》《新序》《扬子法言》《管子》《焦氏易林》《履斋示儿编》《蔡中郎文集》《欧阳行周文集》《文选》等数十种。与此同时，我们也可以看到许多学者参与到同一种典籍的批校工作中来，产生多个批校本的情况。比如国家图书馆就藏有十余个《经典释文》的批校本。这些情况都揭示出国家图书馆批校本收藏的丰富性。这也使得针对某一重要批校者，或者围绕某一种书的多种批校本的多角度的专题研究成为可能。

三、需要开展的工作与方法

（一）完善文献信息著录。基于目前仅仅是简略著录的客观情况，下一步在《北京图书馆古籍善本书目》《中国古籍善本书目》及国家图书馆机读目录普查馆藏明清批校本收藏的基础上，对其中的名家批校本的文献信息进行更为详细的登记，包括藏书印、题跋、批校笔迹鉴定（几种笔迹、可否鉴定书写人）、笔迹用色、数量多寡等内容，成为重要的基础工作。值得重点关注的批校名家包括钱谦益、毛晋父子、冯舒、冯班、陆贻典、叶万、何焯、何煌、傅山、惠栋、卢文弨、鲍廷博、段玉裁、黄丕烈、顾广圻、陈鳣、臧庸、陈奂、劳权、李慈铭、郑文焯、章钰、王国维、傅增湘等。

（二）撰写提要。利用所登记的文献信息，为馆藏名家批校本撰写提要，以揭示批校本的形态、内容、价值之大概。可形成名家批校本提要（书录）系列。

（三）专题研究。专题研究可以由多种思路展开：以某位名家的批校本为研究对象，与其藏书、学术、交游研究相结合，对其批校本的内涵和价值加以讨论；围绕某部典籍或某类典籍的批校本，考察其中反映的书籍传播、学术演进等信息；对某些内容丰富、层次复杂的批校本做个案研究，厘清源流，揭示其价值；对某时期或某个群体的批校本加以考察，考察其中是否存在一些共性和通例，并可由此切入，对当时版本学、校勘学、文学评论中的一些问题做出新的探索。

四、未来开发和利用前景

（一）影印。择取具有重要价值的批校本予以影印，向学界提供文献资料。重要价值的考量标准可包括：批校内容较多、具有较强的系统性、可视作一部著作稿本的批校本，尤其是其内容未曾付梓的或虽经刻印、但内容与刻本存在差异者；批校内容明确反映了已经亡佚的早期版本面貌的批校本；批校成于多位名家、可反映学术交流与演进的批校本，尤其是批校层次较为清晰者。

（二）点校整理。批校本的点校整理不同于一般古籍，它具有一定的辑佚性质。需将书写在天头、地脚、字里行间的批校搜集起来，并按照一定的体例加以编排。适合点校整理的批校本，应具有重要学术价值和较强系统性。亦可考虑搜集某种典籍的批校，形成汇评汇校。或者搜集某位名家的重要批校，形成具有校勘、读书札记性质的著作。

（三）数字资源建设。由于批校者使用的书写工具和墨迹颜色等因素，使用黑白的缩微胶片以及一般的拍摄、扫描进行影印，一些黄色、绿色等浅颜色的批校文字很容易数据不清晰甚至完全损失，影响使用效果，对研究成果的全面深入也造成制约，因此高清影像采集和精细加工成为数字资源采集的要求。

国家图书馆藏历代礼制文献

□ 赵大莹 国家图书馆古籍馆

《论语》云："不学礼，无以立。"礼，是中国传统文化的核心内容。本文从学术界应用关照出发，对馆藏历代礼制文献进行分类概述，按专题统计相关文献的馆藏量，并结合已有研究成果完善目录信息，为后续相关工作提供可资利用的目录与文献。

一、礼制文献整理的必要性

中华素以礼仪之邦著称于世。礼，上下有别，尊卑有序，体现了中国传统文化的价值。"制度，典礼者，道德之器也"。"礼乐制度""礼法体制"构成中国古代社会管理和规范的重要内容。《周礼》曰："大宰之职，掌建邦之六典，以佐王治邦国……三曰礼典，以和邦国，以统百官，以谐万民。"儒家经典"三礼"中的《仪礼》，便是礼典之祖。历代礼制文献的制定，大多参照《仪礼》，对后世影响至深。

儒家之礼，涵盖国家治理与个人生活诸方面，如冠礼在明成人之责；婚礼在成男女之别，立夫妇之义；丧礼在慎终追远，明死生之义；祭礼使民诚信忠敬，其中祭天为报本返始，祭祖为追养继孝，祭百神为崇德报功；朝觐之礼在明君臣之义；聘问之礼使诸侯相互尊敬；乡饮酒礼明长幼之序；射礼以活动观察德行。

从礼到礼典、礼制、礼书的发展过程，昭示出国家统治的合法性、正当性、神圣性，以及社会管理方面的强制性和引导性内容。西汉"罢黜百家，独尊儒术"，"五经"正式形成；东汉末年产生"三礼"概念。隋初修订礼仪，以"安上治人""弘风训俗"。唐朝的"五经"体系扩展为九种文本，"三礼"构成"礼经"的概念。宋代出现本经概念，指唐代形成的九经，同时《大学》《中庸》逐渐从《礼记》中独立。元明清三代，《礼记》成为礼经，《周礼》《仪礼》则被排除在科举考试"五经"之外。

在国家治理层面，唐朝将礼法结合，先后推出《贞观礼》《显庆礼》和《开元礼》，以及《贞元郊祀录》，对朝仪规制、君臣礼仪方面做了集中讨论，特别是对皇帝、皇室、三品以上、四品五品、六品以下各阶层的礼仪都有所规范。

唐末五代的敕令文献中，开始有以丧葬礼仪为重点内容的礼仪下移，尤其是利用书仪文范，将上层礼制向下推移，在民间社会中起到了重要的典范和推广作用。至宋代则开始形成士庶通礼，包括《政和五礼新仪》所规定的"礼下庶人"的冠、婚、丧仪内容，司马光《书仪》、朱熹《家礼》，反映出宋代的"祖宗之法"体系下的国家治理策略，对后世产生重要影响。这些内容，是明清时期的乡约家风文献的源头，对今天礼仪文明建设有重要的启发意义。不仅如此，不同文明间的理解与尊重，都需要互相学习、合理对话、平等交往，礼学与礼制资源的研究和转化，可为此提供普世价值，必要性不言而喻。

二、"三礼"、国家礼典与民间礼书：既有研究取向

目前学界既有研究成果，大多集中在礼学礼经、国家礼典与礼制、民间礼书研究等方面。

"三礼"作为礼学经典，受到历朝统治者和学者的追捧与重视。自汉初叔孙通定"朝仪"与武帝时立礼经与学官，历朝整理研究礼经均与王朝治礼施政立教紧密相连。从学界研究成果来看，在"三礼"文献的考释、版本鉴别方面，既有学术成果已经有相当积累，"三礼"本经所记之名物制度、思想学说，"三礼"学文献之版本、辑佚、成书问题以及历代学者之"三礼"学，均有涉及，出版了不少专著，发表了一些高水准的学术论文。例如整体研究礼学的有高明《礼学新探》（香港中文大学联合书院，1963年）、邹昌林《中国古礼研究》（文津出版社，1992年）、周何《礼学概论》（三民书局，1998年）、彭林《三礼研究入门》（复旦大学出版社，2012年）；综论性研究有王锷《三礼研究论著提要》（甘肃教育出版社，2001年）、潘斌《二十世纪中国三礼学史》（南京大学出版社，2016年）等。此外还有邱衍文《中国上古礼制考辨》（文津出版社，1992年），李江辉《晚清江浙礼学研究》（陕西人民出版社，2011年），吴万居《宋代三礼学研究》（台湾地区编译馆，1999年），潘斌《宋代〈礼记〉学研究》（吉林人民出版社，2011年），李书吉《北朝礼制法系研究》（人民出版社，2002年），林存阳《清初三礼学》（社会科学文献出版社，2002年），潘斌《宋代"三礼"诠释研究》（人民出版社，2018年）等不同时代三礼学研究著作。论文如喻克明《〈三礼目录〉的文献价值》（《四川教育学院学报》2001年第5期，第52—53页），等等。

汉代礼学经学化，魏晋隋唐历代都有修旧礼、构新礼之事，国家礼典纂修成为重要的帝国礼教内容。宋代礼学昌明，更是使礼从上层礼学走向下层，再至辽金元三代，修礼之风仍然坚持，明清两朝，礼书修纂规模更为宏大，对政治运作、国民文化心理塑造都起到了重要作用。

作为国家礼典的《大唐开元礼》《太常因革礼》《政和五礼新仪》《礼阁新编》《太常新礼》《阁门仪制》《大金集礼》《太常集礼》《续编集礼》《洪武礼法》《明集礼》《礼制集要》《嘉庆祀典》《郊祀通典》《大清通礼》《皇朝礼典》，以及对士庶阶层推移礼制的《司马氏书仪》《朱子家礼》《孝慈录》《圣谕广训》等，渊承古礼，注重现实。

对于传统礼制的研究，上海师范大学汤勤福教授主持的"中国礼制变迁及其现代价值研究"国家社科基金重大项目，取得了重要的研究突破。一方面，新的分期视野对整体认识各阶段文献有所启发；另一方面，对各阶段文献数量分布统计也有所帮助。例如：元明清时期，集权礼制逐渐衰落，明代"三礼"研究作品大多为研究者所鄙弃；清代校订"礼经"再度兴起，特别是清代乾嘉考据影响下，注释"三礼"文献的著作数量颇巨，蔚为大观。

有关礼典与礼制的研究，陈戍国《中国礼制史》（湖南教育出版社，2002年），任爽《唐代礼制研究》（东北师范大学出版社，1999年）等，是较早的按朝代讨论礼制的专著。吴丽娱关于书仪、礼制与礼俗的上行下效等问题研究有《唐礼摭遗：中古书仪研究》（商务印书馆2002年）、《敦煌书仪与礼法》（甘肃教育出版社，2013年）和《礼俗之间：敦煌书仪散论》（浙江大学出版社，2015年）；将礼仪与礼制建设、礼书编纂、社会史结合的研究有《终极之典：中古丧葬制度研究》（中华书局，2012年），《礼与中国古代社会》（中国社会科学出版社，2016年）等。从国家礼制下行展开的研究，有井上徹《中国的宗族与国家礼制：从宗法主义角度所作的分析》（上海书店，2008年中译本）等。

三、文献与目录：馆藏整理调研项目的建议

（一）为学界提供一个便用而准确的专题分类目录，以贯通的文献整体展现礼制文献相关知识谱系的形成过程。编制一个完整的馆藏礼学与礼制文献书目。依据史志目录线索，主要收集专书，再视历史影响和流传情况择取部分篇章。例如，编制《馆藏历代礼学与礼制文献目录》时，按照"三礼"及三礼研究文献、中古以降国家礼制文献、家礼文献三大板块，分类制作相关目录，以反映不同类型文献的重要版本和贯通的知识体系。《三礼》即《周礼》《仪礼》《礼记》，主要包括天子侯国建制、礼乐兵刑、赋役财用、冠婚乡射、朝聘丧祭、服饰器物、宫室车马、工艺匠作等，自汉代以降，不断研究，迭经清乾嘉考据而步入繁荣。《三礼》文献的考释、著录、版本鉴别、研究评论、汇集刊印等。国家礼制文献，以《大唐开元礼》《大唐郊祀录》《中兴礼书》《太常因革礼》《政和五礼新仪》《大金集礼》《明集礼》《大清通礼》为主，不另辑正史礼乐志。家礼文献，以《颜氏家训》《司马氏书仪》《温公家范》《朱子家礼》《孝慈录》《袁氏世范》《郑氏规范》等为主，注重明清家礼文献的搜集和整理。

（二）为学界继续整理校勘中国传统礼制文献提供重要的参考。在编撰《馆藏珍贵礼学与礼制文献解题》时，甄选重要版本和代表性礼制文献，以提要方式进行解说，并配卷端或收藏印记、题跋叶书影，以利比较研究。提要式的解说内容，可以为相关古籍的整理校勘选择底本提供有力支持，避免近便获取文献方式导致的整理校勘误区。同时仔细梳理、挖掘传统礼制文献中所蕴含的治国理政、道德建设内容，解题撰写可以与当今社会发展需要相契合，使之发挥更大的作用。

（三）为学界提供一份有价值的礼制文献汇编。根据调研结果，考虑出版《国与家：馆藏唐宋礼制文献汇编》，汇集馆藏唐宋时期礼制文献，影印出版。唐宋时期是中国古代礼法结合最为发达的时期，官修礼典与私家仪注皆有，承上启下，具有重要的研究意义。也可以根据学界需要，有重点地整理出版礼图文献。相关文献的研究成果可以另行出版。

上述成果做好数据和文本的规范化处理，可以为未来设计"中华传统礼制数据库"打下基础。

国家图书馆藏中国古代教育文献资源

□ 颜 彦 国家图书馆古籍馆

中国古代教育有着悠久的历史，"教育"一词最早见于《孟子·尽心上》，"得天下英才而教育之"①。教育不仅是人才培养的重要手段，也是传播文化、彰显国力的重要手段和途径。中国古代教育类文献承载和包含了中国古代教育思想、教育机构、教育方法、教育管理等各个方面的内容，对教育类文献的系统调查不仅仅是对优秀传统文化资源的传承和发扬，同时，对今天"科教兴国"的战略亦具有重要的文献支撑和启示作用。近年来，伴随社会各界对教育问题的关注，教育行业和市场需求也越来越多元化，教育的发展急需行业和道德规范的指导，教育类文献资料的发掘和利用可以让我们重新审视和发现传统教育资源的优势，通过汲取优秀传统文化的力量为现代教育提供反思和借鉴。

一、馆藏中国古代教育文献调查目标

（一）国家图书馆馆藏中国古代教育文献资源十分丰富，涵盖了教育思想、教育机构、教育方法、教育管理等诸多方面的内容。通过调查将实现对馆藏教育文献资源的整体清缮，厘清馆藏中国古代教育文献的总体概况，发现和修订编目数据讹误，补充缺失编目信息，可在很大程度上呈现中国古代教育文献的整体概况。

（二）现阶段出版的大型教育类文献丛刊囊括书籍尚不全面，教育史论类著作涉及和援引的教育文献往往难见原典全貌。本次调查将为即将出版的教育史料丛刊提供基础数据和书目信息，它将有效地弥补既有出版文献之缺，为国内外学界提供第一手文献材料，为各类教育机构提供参考资料，为公众阅读和学习提供服务。

（三）学界对教育学的研究一直保持着高度关注，既包括传统的教育理念、教育思想等议题，也包括家庭教育、社区教育等新兴议题。不仅如此，初等教育、高等教育、职业教育、师范教育、特种教育等各层次教育也越来越多样化。本次调查发掘的有关学制、教材等方面的文献资料皆可为学界及教育工作者提供直接的参考材料和方法借鉴。

（四）明清以来，伴随中西思想和文化的交流，教育也在"西学东渐"和"中体西用"的影响下发生着变化，学校、学堂、洋务、格致等一系列新兴理念和事物，影响和塑造着中国教育轨迹的发展和成长。本次调查将筛选出相关文献，从典籍传承中发现和还原特定时期中国教育的变革。

---

① 《孟子》卷十三，民国商务印书馆四部丛刊影宋本。

二、馆藏中国古代教育文献统计

我们调查了国家图书馆藏1911年以前出版的广义教育类文献，包括历代中国学者或机构编著、翻译、纂辑、出版的各类教育文献，外国学者编著、出版的关于中国古代教育以及各国教育的文献作品。广义教育文献概念可以从两个角度反映我国古代教育发展历程：第一，古代中国传统教育文化和思想的概貌。第二，明清以来，在中西文化交流碰撞的过程中，中国与世界在教育上的双向体认。

根据馆藏既有编目数据，目前国家图书馆教育类文献总体数量近800部，包括刻本、抄本、活字本、影印本、油印本、铅印本等诸多版本类型。内容上囊括教育理论、教育方法、教育测验、教育心理、教育管理、教育章程、教育制度等各个方面。

教育理论作品中如清代黄英撰《筹蜀篇》二卷，凡二十六篇，涉及水利、民智、边防、议院、矿物、农学、女学、民教、保教、盐务、论策、风水、医药、救旱、西文等诸多方面，堪称中国近代之百科全书，展示了二十世纪初四川维新思想传播和发展的概貌和特点。

再如清代张之洞撰写《发落语》（后改名《輶轩语》）、《劝学篇》等有关教育学的书籍，前者指导学子攻读应考之用，分上篇"语行"、中篇"语学"、下篇"语文"三部分，提出"读书宜有别择，尤宜求善本""读书贵博贵精尤贵通"[①]等具体意见。后者阐述了教育首先要传授中国传统的经史之学，然后再学习西学以补中学的不足。

在教育方法方面，元代程端礼编纂《程氏家塾读书分年日程》展示了中国古代家塾教育的体制和方式。程端礼，字敬叔，号长斋，学者称畏斋先生，初为建平、建德两县教谕，历稼轩、江东两书院山长，后又任铅山州学教谕，以台州教授致仕，其学以朱熹明体适用之学为宗旨。《读书分年日程》是根据宋代朱熹"朱子读书法"思想编制，国子监将其颁示郡邑校官，为学者式。黄百家赞扬其《读书分年日程》"本末不遗，工夫有序"[②]。

清代唐彪是江浙地区有名的教育学者，时称金华名宿，撰有《身易二篇》《人生必读书》《读书作文谱》《父师善诱法》等。《读书作文谱》总结了撰写八股文的经验，指点弟子如何作八股文，全书十二卷八十七篇，阐述文章概论和二十二种读书方法，在古文"句读"基础上，首创了"圈点"，以及标注年号、国号、地名、官名等的专名号、着重号等标点符号，在中国语言文字史上做出了划时代意义的贡献。《父师善诱法》上卷主要介绍"尊师择师之法"和"父兄教子弟之法"等各种教法常规，下卷主要介绍童子入学后应采取的各种教法，如认字法、书法、温书法、讹别改正法、读注法、背书法、学字法、讲书法、读古文法、读课文法、改文法等。

---

① 〔清〕张之洞：《发落语》之《语学第二》，清光绪间刻本。
② 〔清〕黄宗羲：《宋元学案》卷八十七，清道光刻本。

在教育管理方面，书院是中国古代教育史上一个相当重要的组织机构，对传承中华优秀传统、传播优秀教育理念和方法具有不可替代的作用。馆藏学堂、书院类书籍共160余种，如有关于云峰书院、明道书院、犁台书院、天门书院等古代书院规约、学程等方面的作品，也有关于江苏存古学堂、湖北方言学堂等清末以来新办学堂办学宗旨、管理办法的作品。

在教育学制方面，既有《钦定学政全书》这样对古代学制的全面反映，也有关于不同层次品种教育的作品，如初等教育有《节韵幼仪》，中等教育有《中学各科教授细目》，高等教育有《京师大学堂拟章》，师范教育有《江南高等师范学堂现行章程》，特种教育有《海军机关学校内则》等。

体现中西教育交流方面的典籍有100多种。吸纳借鉴西方的如清代吴汝纶撰《东游丛录》，1902年，吴汝纶被任命为京师大学堂总教习，同年赴日考察，将考察日记、收集的学校图表和与教育家谈话笔记整理成书，该书对中国最早的《壬寅学制》和《癸卯学制》的制订都产生了直接或间接的影响。又如吕佩芬撰《东瀛参观学校记》、白作霖《各国学校制度》等亦是中国学者对国外教育的学习和总结。清末在中国有很多传教士活动，这些传教士在宣教的同时，也开展了创办学校、编写教材等很多推动社会教育的活动，如美国李佳白《创设学校议》、英国傅兰雅辑《格致书院西学课程》、李提摩太撰《七国新学备要》等，都是在中国推广和介绍西方教育理念和科学知识的作品。

三、馆藏中国古代教育文献未来出版和利用前景

（一）《馆藏中国古代教育文献丛刊目录》的编纂。以专题目录的形式呈现馆藏中国古代教育类文献整体状况，厘清馆藏中国古代教育文献的总体概况，摸清馆藏教育类资源文献在数量、版本、类别上的具体情况。

（二）《馆藏中国古代教育文献丛刊》的出版。制定编纂体例，在对馆藏教育文献资源整体把握的基础上，结合现已出版的教育文献状况和现阶段教育文化发展的政策背景，与出版社商定拟采用的编纂体例，从而有效地整合馆藏教育文献典籍，科学合理地开发和利用古籍资源。

（三）总结"中国古代教育类文献"调查和出版的经验，为"馆藏民国时期教育类文献"的调查和出版工作做好准备。

国家图书馆藏中国古代书画文献

□ 颜 彦　国家图书馆古籍馆

一、馆藏中国古代书画文献调查目的

国家图书馆藏书画类文献多达3000余部，对书画文献的调查将实现以下几方面目标：

（一）厘清馆藏现存状况。国家图书馆收藏中国古代书画文献数量大、品种多，近年来入藏数目逐渐增加，现代数字化资源不断丰富，而目前尚无对书画文献有针对性的调研。本次调查将摸清馆藏书画类文献在数量、版本、类别上的具体情况，从而为今后的读者服务和古籍保护工作奠定基础。

（二）中国古代书画文献虽然丰富多样，但是作为一个专门的研究领域，由于很多书画文献尚未开发，导致目前学术研究上尚存在很多空白，比如缺少对稀见书画文献的整理、富有前沿学术价值的深度钻研尚显薄弱、欠缺系统全面的整合研究等。本次调查对馆藏书画文献资源的全面清缮，将直接为学界提供第一手文献信息和资料，促进书画文献资源的整合和研究在深度和广度上的推进。

（三）在书画文献书目信息调研的基础上，建立书画文献数据库。目前，艺术领域和商业领域能够见到的中国古代书画类数据库数量稀少，且主要偏向书法领域，如"中华书法数据库""中华石刻数据库"，专门收录中国古代绘画的数据库更是难得一见。数据库建设目标分为两个层次：首先是目录资源建设，一是书画文献目录资源建设，要尽可能全面地收录馆藏古代书画书籍，形成文献目录资源库；二是将馆藏古代书画文献全部实现图像化和全文化，在此基础上，建立书画文献题名库与作品题名库。书画文献题名库以文献题名为纲，展示文献的全部图文内容；作品题名库以作品题名为纲，展示同题名的所有书画作品。两条线索并行。其次是实现检索功能。面对海量古代书画文献资源，必须建立起有效的检索系统，才能迅速找到目的所需。因此，数据库预计实现图文检索、文献文本与作品匹配的两大功能。

（四）适应新时代文化建设的需求。习近平总书记在十九大报告中指出："文化是一个国家、一个民族的灵魂。文化兴国运兴，文化强民族强。"书画艺术是中华民族最具代表性的文化元素，也是中华优秀传统文化的重要载体之一，馆藏书画文献充分展示中国书画艺术悠久的历史和辉煌的成就，体现中华优秀传统文化的包容广度和代续传承的本质。面向现代化、面向世界、面向未来，调查结果将有效推动这批文献的合理开发和利用，发现和探索书画文献在新时代文化建设中的优势和作用。

二、馆藏书画文献数量统计

本次统计的对象为国家图书馆藏产生于1911年以前，以及1912年至1949年之间，以线装、经折装等具有中国传统装帧形式装帧的书画文献，并统计书画文献的总量及各个类别书画文献的数量。

根据既有编目数据，目前馆藏书画类文献总体数量3000余种，其中书类文献1300余种，画类文献1400余种，书画类文献380余种。按内容分类统计，作品类最多，有2270余种，方法类220余种，题识类160余种，评论类100余种，目录类70余种，考证类20余种，其他260余种。

这3000余种书画典籍在版本、内容上的覆盖面是十分广阔的。从出版时间上看，包括自明至民国时代的多种版本。从类型上看，拓本如清乾隆间《玉虹楼法帖》，刻本如明代常熟毛氏汲古阁《法书要录》、明崇祯元年《书史会要》，抄本如蔡锷《蔡松坡先生手札》，摄影本如民国间《金刚般若波罗蜜经》，以及其他影印本、油印本、铅印本等。

从内容上看，书画作品以外，书画文献还包含诸多类别，目录如清代卞永誉辑《式古堂书画考目录》，题识如清代潘庆龄辑《汲绠图题跋》，技法如清代蒋宝龄《墨林今话》，理论如明代陈继儒《妮古录》，收藏如清代孙承泽《庚子销夏记》，评论如唐代张怀瓘《唐五家书论》，考证考释如王澍《淳化秘阁法帖考正》等。

从作品文体类型上看，包括碑帖（如唐代虞世南《陕本虞永兴孔子庙堂碑》），字帖（如唐代颜真卿《多宝塔分类习字帖》），书札（如清代袁昶《袁忠节公手札》），诗文（如李朝栋《五体书〈豳风·七月〉诗》），佛经（如宋代黄庭坚《黄山谷写金刚经》），画谱（如明代高松《菊谱》），画册（如清代邓秋枚集《八大山人山水画册》），图录（如郑振铎辑《中国版画史图录》）、图咏（如戴振声辑《春帆入蜀图题咏》、陈邦彦编《御定历代题画诗类》）等。

由此可见，馆藏书画文献基本覆盖了中国古代的名家名作，书法家如晋代王羲之、陆机、索靖等，唐代颜真卿、柳公权、孙过庭、释怀素、韦续，宋代苏轼、陈与义、黄庭坚、蔡襄、米芾、欧阳修、朱熹等，元代赵孟頫、鲜于枢等，明代王守仁、黄道周、宋濂、高攀龙、董其昌等，清代李兆洛、袁枚、张问陶、刘墉、包世臣、钱沣等；清末民初陈乃乾、康有为、陈宝琛等。画家如晋代顾恺之，南朝谢赫、张僧繇等，唐代阎立本、张彦远、刁光胤、孙位、王维、朱景玄等，宋代郭若虚、米芾、李公麟、刘道醇、范宽、燕文贵、马公显、李唐、张择端等，元代倪瓒、赵孟頫、王冕、黄公望、王蒙、柯九思、李衎等，明代沈周、仇英、文徵明、唐寅、蓝瑛、陈洪绶、萧云从等，清代朱耷、郑燮、吴大澂、任颐、费丹旭、改琦等；清末民初顾麟士、马骀等。

从书画作品分支来看，也基本覆盖了各个类别。书法包括各种书体名家之作，隶书（如金农《金冬心隶书》）、楷书（如清代林则徐《林文忠公写经小楷》）、行书（如宋代黄庭坚《黄山谷行书习字范本》）、草书（如清代邓石如《邓文原章草真迹》）、综合（如晋代王羲之《校正真草隶篆四体三字经》）等。画作涵盖了山水、花鸟、植物、人物、民俗等不同母题，如明代俞思冲《西湖十景》、明代萧云从《太平山水图》、清代童源《花鸟册》、清代汪士慎《汪巢林梅花册》、元代王振鹏《元王孤云女孝经图卷》、宋代牟益《宋牟益捣衣图》等。

三、馆藏书画文献未来开发和利用前景

结合国家图书馆十四五发展规划，在对馆藏书画文献调研的前提下，建议从以下三个方面实现对该类资源的开发和利用：

（一）文献出版。书画类文献数量多、品种全、体量大，可以分阶段逐步实现该类文献出版面世，如编纂《馆藏中国古代书画文献目录》，以专题目录的形式反映馆藏书画文献状况；编辑《馆藏中国古代书画文献图录》，挑选珍贵书画类文献典籍，配以文字和图片，以图录的方式予以揭示；出版《馆藏中国古代书画文献汇编》，拟分三辑，出版书画类、书类、画类等专题文献。

（二）数字资源建设。现代图书馆的发展和建设离不开数字资源，书画文献数据库将以更加直观、便捷的方式服务社会，数据库的建成将实现书画文献的图像化和全文化，达到图文远程检索和利用。具体而言，数据库建设拟分四个步骤：1. 建立馆藏中国古代书画文献目录数据库，包括书画类、书类、画类三个子库。2. 建立馆藏中国古代书画文献题名库，包括书画类、书类、画类三个子库。3. 建立馆藏中国古代书画作品题名库，包括书类、画类两个子库。4. 建设目录、文献、文本、作品的关联检索系统。

（三）文创产品开发。馆藏书画文献很多都是名家、名作，具有很高的文化价值和欣赏价值，合理利用和开发书画文献将为文创产品特别是文创精品提供灵感和素材。

国家图书馆藏古代三山五岳文献资源

□ 吴　寒　国家图书馆古籍馆

三山五岳是传统人文地理的重要坐标，在中华民族的历史发展中扮演了重要角色。国家图书馆藏有大量珍贵的三山五岳文献，内容丰富、种类多样，其中更有大量珍本、孤本，这批珍贵的文献馆藏，反映了中国古代历史悠久、源远流长、特色鲜明的山岳文化传统，是我国历史文化的绚丽瑰宝。

因此，针对这批文献进行专题整理出版与研究，以出版、展览、数字化等方式集中展示馆藏三山五岳文献的整体面貌，既能为社会各界提供珍贵的文献资料，也能为国内同行业的专题文献整理工作提供借鉴。

一、馆藏古代三山五岳文献调查目标

在中国传统文化语境中，山川名胜不仅是供人游览的风光胜地，更被赋予了丰富的文化意蕴，囊括进强大的人文地理传统。三山五岳等标志性山岳，集人文底蕴与自然风光于一体，成为凝结华夏民族的重要象征，亦是传统儒、释、道文化的荟萃之所。中国古代长期的历史发展中，催生出了大量的三山五岳相关文献资料，形成了历史悠久、源远流长的三山五岳文献传统。对这一专题文献进行系统整理和研究，应是传统中华典籍整理工作的题中之义，对于当代弘扬中华优秀传统文化、坚定文化自信有着重要意义。

国家图书馆所藏三山五岳文献规模较大，且尚未经系统整理，相关工作还有较大空间。而国家图书馆目前已经培养了专业人员团队，积累了较丰富的文献整理研究经验，并且具备了良好的技术条件，这都为本工作的开展提供了有力的支持。

二、馆藏三山五岳文献数量统计

三山为黄山、庐山、雁荡山，五岳为东岳泰山、西岳华山、南岳衡山、中岳嵩山、北岳恒山。这些名山历史悠久，底蕴深厚，在长期的历史发展中，积累了内容丰富、形式多样的文献资源。国家图书馆收纳了丰富的三山五岳类馆藏，堪为国内外同行业之翘楚。本次调研以馆藏1912年以前出版的三山五岳类文献为对象，在此基础上兼及一些民国时期的三山五岳文献，对馆藏的三山五岳类古籍文献进行了全面摸底。

从书籍形式上，馆藏三山五岳类文献主要包括书籍和舆图两大类。其中，古籍类包括各类方志、山志等专书，和散见于各类史书、诗文集的篇章。而舆图则主要有《黄山平面图》《黄山形势图》《江西庐山全图》《庐山名胜一览图》《雁荡山全图》等，五岳文献主要有《泰山图》《太华全图》《太华山全图》《南岳全图》《古南岳图》《大金承安重修中岳庙图》《五岳真形图》等。

从文献内容上，馆藏三山五岳文献涉及面非常广，涵盖了政治典章、人文历史、地理测绘、文艺创作等多个方面。例如，大量山志之中记载了关于相关山岳的自然风光、人文名胜、宗教信仰、环境变迁、名人诗文等资料，保存了丰富的文化信息。而许多舆图则兼艺术审美价值与地理导览功能于一体，成为传统人文地理的集中反映。这些文献涉及了传统三山五岳的方方面面，是我们今天研究三山五岳文化的源头活水。

三、馆藏三山五岳文献未来开发和利用前景

针对馆藏三山五岳文献，国家图书馆进行了系统整理、研究、数字化，并结合展览、讲座、研讨会等形式，与相关学术机构和出版单位合作，向社会各界介绍这批珍贵馆藏，为进一步的研究、开发工作提供文献参考。

（一）全面整理。以国家图书馆所藏三山五岳文献为主要对象，结合以往的成果，对这一专题馆藏进行全面的搜罗和整理，在此基础上出版相关资料集、图录、图册，分阶段编撰出版《馆藏古代三山五岳文献目录》《馆藏古代三山五岳文献图录》《馆藏古代三山五岳文献汇编》等，满足不同层次研究者的使用需求。在全面展示馆藏的基础上，对相关文献的发展源流、作者情况、版本流传、主要内容、绘制方式进行全方位介绍，以集中呈现传统三山五岳文献的发展脉络。

（二）深入研究。与此同时，以对国家图书馆所藏三山五岳文献的整理为基础，对中国古代这一专题文献的发展脉络进行深入、详细的研究，由此对中国三山五岳文化传统进行更为全面的勾勒。在此基础上形成系列论文或专著。

（三）数字化。对国家图书馆所藏三山五岳文献进行全面数字化，形成相应的数字资源库及数字阅览系统，为学界进一步研究提供检索阅览平台，以更加科学和便捷的方式，让社会各界接触和利用馆藏三山五岳文献。

（四）社会服务。就馆藏三山五岳文献开展专题展览，并在此基础上开展一系列讲座、研讨会等学术活动，向全社会系统介绍和展示珍贵馆藏。

国家图书馆藏古代黄河文献资源

□ 吴　寒　国家图书馆古籍馆

2019年9月18日，习近平总书记在黄河流域生态保护和高质量发展座谈会上强调，黄河文化是中华文明的重要组成部分，是中华民族的根和魂。要推进黄河文化遗产的系统保护，深入挖掘黄河文化蕴含的时代价值，讲好"黄河故事"，延续历史文脉，坚定文化自信，为实现中华民族伟大复兴的中国梦凝聚精神力量。

国家图书馆藏有大量黄河古籍文献，其珍贵性、丰富性、系统性皆为全国少有。这些文献反映了中国古代历史悠久、源远流长、特色鲜明的黄河文化传统，有着重要的史料价值和文献价值，值得我们进行全面、系统、深入的研究。

一、馆藏古代黄河文献调查目标

（一）全面搜集、整理和保护历代黄河文献。从《尚书·禹贡》之"禹河故道"，到历代官修、私修史书中对于治黄工程的总结，到文艺作品中对黄河的歌咏，中国历代产生了丰富的黄河文献。这些文献内容丰富、形式多样，既有专书、档案、奏议等独立文献，也有许多散见于正史、方志的篇章，更有大量舆图等图文并茂的特色文献。对这些文献进行全面搜集、科学整理，是我们应该首先开展的基础性工作。

（二）深入挖掘黄河文献蕴含的时代价值。对于历代珍贵的黄河文献，我们不应仅仅停留于发现和保护，更应该积极传承和接续，探索传统文化遗产的创造性转化、创新性发展，让黄河文献反映的宝贵文化遗产在当代"活起来"。黄河文献中凝结了中华文明的力量和智慧，也蕴涵着中国古代治理黄河的丰富经验，其中许多经验对于当代黄河治理仍有借鉴意义。因此，我们也应在对相关文献的整理研究中，总结相关理论成果和实践经验，提炼其中的生态人文理念，形成相关研究成果，为当代黄河文化建设提供参考。

（三）讲好"黄河故事"，传承中华文脉。黄河是中华民族的"母亲河"，它哺育了世代中华儿女，孕育了千载华夏文明，也塑造了中华民族自强不息的精神与品格。因此，在全面整理历代黄河文献，挖掘其时代价值的基础上，我们还应着意挖掘历代黄河文献中的文化故事，以专题展览、公开讲座、纪录片等多种多样的方式，向全社会介绍和展示黄河文献，让更多人了解其价值与意义。从而发扬黄河文化在凝聚民族精神中的重要作用，为坚定文化自信贡献力量。

二、馆藏黄河文献统计

国家图书馆藏黄河文献的丰富性、系统性、珍贵性均非常突出。

（一）丰富性。国家图书馆藏有丰富的黄河文献，在数量和种类上都较为可观。其中黄河类古籍二百余种（包括善本和普通古籍在内），而黄河舆图则多达四百余种。除此之外，还有大量散见于史籍、方志、类书、丛书等的黄河相关篇目，可以说是一个内容丰富、种类繁多的文献宝库，值得我们进行深入的文献挖掘和专题整理。如馆藏拓本《河防一览图》，为明治河专家潘季驯编绘，据明万历十九年（1591）立石拓印，为中国现藏最大的一幅古代治黄工程图。馆藏"河防一览"图系的相关文献还有《河防一览》《河防一览榷》《河防一览纂要》，等等。这些文献对于我们研究明代黄河治理有着珍贵的史料价值。在馆藏10603号甲骨上，就出现了"朕行东至河"的珍贵记录，这也是目前所见最早记载黄河的一条史料，反映了黄河文明之源远流长。

（二）系统性。不管是从纵向的时间脉络，还是横向的专题收藏来看，国家图书馆藏黄河文献都具有较强的系统性，为同行业之翘楚。这些文献大多源自黄河治理实践，是从政治、经济的实际需要出发，在长期历史实践活动中形成的总结性文献，充分展示了黄河流域的文明发展、治河工程、水患防治、生态建设等的历史变迁。仅以舆图为例，馆藏《黄河发源图》《黄河河道全图》《历代黄河移徙图》《黄河穿运图》《黄河堤工图》，已囊括了黄河发源、黄河水道、黄河历史变迁、黄河漕运、黄河河防工程等各个方面，表现出较强的系统性。

（三）珍贵性。国家图书馆馆藏黄河文献中，有许多珍品、孤品，极具学术与文献价值，是研究我国古代黄河文明的宝贵一手材料。例如清光绪年间的彩绘本《大河南北两岸舆地图》，该图色彩鲜艳，绘制精美，内容详细，所绘范围西起陕西潼关东至河南陕州，系清代河南地方军事机关派员勘查呈报之黄河两岸应添设炮位及防务图，是研究清代河南黄河防务的珍贵文献资料。

三、馆藏黄河文献未来开发和利用前景

（一）积极推进馆藏黄河文献的专题整理和全面摸底，并与国内外相关机构合作，积极开展调查征集工作，系统、全面地保护好黄河文化遗产。

（二）深入开展黄河历史文化研究，搭建相关文化交流平台，推进黄河文献丛书、图录的编撰出版，分阶段编撰出版《馆藏古代黄河文献目录》《馆藏古代黄河文献图录》《馆藏古代黄河文献汇编》等，并同步开展数据库建设等工作，深入梳理和挖掘黄河文化发生发展的脉络与精髓，为社会各界进一步了解和利用馆藏黄河文献提供帮助。

（三）结合国家典籍博物馆的相关工作，立足国家图书馆的社会教育职能，向社会公众全方位、多层次、立体化介绍古代黄河文献，展示黄河流域的物质文明、精神文明和生态文明成果。

国家图书馆藏游记类文献

□ 张 毅 国家图书馆古籍馆

一、关于游记类文献

游记，泛指旅行记录，是一种重要的文献类型。其撰著形式灵活多样，如诗、赋、散文、日记、笔记等，涉及内容广泛，凡旅行中的所见、所闻、所感都可能予以记录，较为常见的如山川、植被、气候、名胜、风俗、物产、交通、掌故、人物等，且多带有文学色彩，可读性较强。

游记所载多是作者实地观察、体验、思考的结果，虽然可能存在一些偏颇，但提供了一种相对真实的视角。游记中关于特定地域的自然、地理、人文情况的记录蕴藏了很多珍贵的史料，文献价值已获得学界的普遍认可。此外，游记还具备社会实用价值，如旅游开发、利用，地方文化的宣传、推广，公众人文素养的提升等。

二、游记文献整理现状及馆藏情况

游记整理、出版的时间较早。明代《古今游名山记》、晚清《小方壶斋舆地丛抄》都可作为古代对游记进行整理的代表。20世纪70年代，著名地理学家陈正祥鉴于游记的文献价值，出版《中国游记选注》。21世纪后，游记的整理出版备受瞩目。2003年，线装书局影印出版《古籍珍本游记丛刊》16大册，从国家图书馆馆藏游记中遴选稀见抄本游记174种，涉及全国各地以及少量的外国名胜古迹。2015年，东方出版社影印出版《清代蒙古游记选辑》，收录34种清人蒙古地区游记。2016年，凤凰出版社出版《近代域外游记丛刊》，成都时代出版社出版《巴蜀珍稀旅游文献汇刊》。2018年，江西人民出版社出版《江西旅游文献》。2019年，国家图书馆出版社出版《民国时期旅游文献汇编》，收录民国时期旅游文献130余种，其中包括旅游指南、名胜古迹介绍和游记、旅行记。

目前，游记整理虽然取得了一定成果，但也存在一些不尽如人意之处，如集中于少数作家、作品，知名游记重复整理，大量作品仍少有人问津；游记的开发、利用模式较为粗放，专题资料整理略显欠缺；未见有专门的游记目录、数据库，等等。

国家图书馆藏历代游记著作的数量较大，品类多样，有山水游记，也有从征记、旅行记等，有国内游记，也有域外纪行，有国人撰著，也有外国人所作，时间跨度大，涉及地域广，而且不乏珍稀善本。但目前尚未系统的整理与研究，存藏数量不明确，文献价值有待进一步揭示。

三、游记文献整理研究的必要性和可行性

党的十八大以来，习近平总书记就文化和旅游融合发展发表了一系列重要论述，深刻揭示了文化和旅游的内在联系，阐明了推动文化旅游融合发展的重大意义。2018年，文化部与国家旅游局整体合并为文化和旅游部，为文旅融合提供了绝佳的制度基础。文旅融合是满足人们高品质生活追求的必然要求，对于文化、旅游两大产业的可持续发展，以及现阶段我国社会主要矛盾的解决都具有重要意义。

我国历代游记卷帙浩繁，其中大量的游记为单篇散章，收录在文人文集中，不过也有很多结集成书，如颇负盛名的《徐霞客游记》。有学者统计，仅民国时期创作出版的游记及编选游记集就有562种。整理、发掘历代游记资源，是对"以文促旅、以旅彰文"的积极响应，不仅可以充分发挥文献应有的价值和功用，而且能够为社会公众提供更为多元且优质的服务。

拟开展的"国家图书馆藏游记整理与研究"，拟系统整理馆藏古代及民国时期游记类文献，调查现存历代游记资源，参照已有相关书目，如《北京图书馆普通古籍总目·地志门》《北京图书馆古籍善本书目》《中国古籍总目》《民国时期总书目》等，并借鉴现有研究成果，如陈室如《近代域外游记研究（1840—1945）》、贾鸿雁《中国游记文献研究》等，编制较为全面的现存《中国历代游记目录》，遴选、撰著《馆藏珍贵游记提要》，按照地域、类别、时代进行纂辑，整理刊布《国家图书馆藏游记丛刊》以及有关读物。为相关学科的研究与社会公众服务，助力学术、文旅事业发展。

国家图书馆藏裱本类金石拓片文献

□ 刘 赟 国家图书馆古籍馆

一、金石拓片

拓片或曰拓本，亦称打本、脱本、蜕本等，指用纸、墨和传拓工具从铸刻器物上捶印下来的文字和图画的墨本。拓片因刻石早晚、传拓时间早晚及拓工技术优劣而具有不同的价值。金石拓片是中国特有的保存金石资料的纸质文献。从传拓术的产生[①]到现在，虽历经千年，仍有大量的拓本得以保存，是中华文明的宝贵财富。这些拓本大都藏于海内外各大博物馆、图书馆，如国家图书馆、上海图书馆、北京大学图书馆、西安碑林博物馆等。如今，各公藏单位均已整理馆藏拓片资源，成果显著，目录类如《历代墓志铭拓片目录附索引》（"中央研究院"历史语言研究所，1999年），《天一阁碑帖目录汇编》（上海辞书出版社，2012年），《北京大学图书馆藏历代墓志拓片目录》（上海古籍出版社，2013年）等。汇编类如《隋唐五代墓志汇编》（天津古籍出版社，2009年），《日本京都大学藏中国历代碑刻文字拓本》（新疆美术摄影出版社，2016年），《北京市朝阳区图书馆馆藏石刻拓片汇编》（中国书店，2018年）等。图录类如《柏克莱加州大学东亚图书馆藏碑帖》（上海古籍出版社，2009年），《1996—2012北京大学图书馆新藏金石拓本菁华》（北京大学出版社，2013年），《上海图书馆善本碑帖综录》（上海书画出版社，2017年）等。提要类如《西北民族大学图书馆于右任旧藏金石拓片总目提要》（甘肃文化出版社，2013年），《北京石刻艺术博物馆石刻拓片编目提要》（学苑出版社，2014年）等。

二、国家图书馆藏裱本类金石拓片概况

国家图书馆现有各类拓本27万余件，据其内容有甲骨、墓志、房山石经、画像、铜陶砖瓦，据其装潢形式有裱轴、裱本，据其作用有法帖，据其地点有北京及其他各地，还有根据收藏人设置的专藏，根据收藏价值设置的善拓等等。[②]

[①] 关于传拓术的发明，目前学界尚无定论。最早记载拓本的是《隋书·经籍志》，著录《秦皇东巡会稽刻石》一卷；东汉碑刻《熹平石经》三十四卷；三国魏《正始石经》十七卷。后注曰："后汉镌刻七经，著于石碑，皆蔡邕书。魏正始中，又立三字石经，相承以为七经正字。后魏之末，齐神武执政，自洛阳徙于邺都，行至河阳，值岸崩，遂没入水。其得至邺者，不盈太半。至隋开皇六年，又自邺京入长安，置于秘书内省，议欲补缉，立于国学。寻属隋乱，事遂寝废，营造之司，因用为柱础。贞观初，秘书监魏徵始收聚之，十不存一。其相承传拓之本，犹在秘府。"由此可以证明，最早在汉魏之间，最晚在南北朝时传拓技术就已经发明了，可惜并无这个时期拓本流传。
[②] 卢芳玉：《国家图书馆藏金石拓片特辑》，《中国书法》2015年第18期，第3、32—63、154页。

国家图书馆在进行基础业务工作的同时，还有计划地对馆藏文献进行整理和研究。就石刻拓本方面而言，目录类如《北京图书馆藏中国历代石刻拓本汇编》（中州古籍出版社，1989年）、《北京图书馆藏墓志拓片目录》（中华书局，1990年），《北京图书馆藏北京石刻拓片目录》（北京图书馆出版社，1994年）等；题跋类如王敏《北京图书馆藏善拓题跋辑录》（文物出版社，1990年），冀亚平《梁启超题跋墨迹书法集》（荣宝斋出版社，1995年），《国家图书馆章钰藏拓题跋集录》（国家图书馆出版社，2008年）等；图录类如《中国国家图书馆典藏碑帖善拓集粹》（西泠印社，2015年）。我馆金石拓片的整理出版工作成果显著，获得了业界的肯定和认可。但近年入藏的金石拓片数量宏富，很多藏品有待系统地整理和出版。

裱本指的是装裱成册的金石拓片，是国家图书馆藏分类中的一种。我馆藏有裱本类金石拓片共有3000多个编号，数量庞大，内容丰富，品类齐全，具有很高的历史文物价值、学术资料价值和艺术欣赏价值。其中囊括各种形制的石刻拓本，如碑刻、墓志、摩崖、刻石、题字等。如目前所见最早的石刻文献《石鼓文》，以及《曹全碑》《瘗鹤铭》《三藏圣教序》等传世名碑拓本，《开成石经》等儒家经典刻石，《张猛龙碑》《慧成造像记》等魏碑名品，不但展示了中国独特的金石文化和书法艺术，也是我们了解和研究古代社会的一种重要文献资料。

国家图书馆藏裱本类金石拓片还有一个重要的特点是题跋本众多，其中不乏著名金石学家和书法家的题跋，如梁同书跋《陈与郊墓碑》、翁方纲跋《翻刻法华寺碑》、张廷济跋《灵德王庙碑》、何绍基跋双钩本《西岳华山碑》、褚德彝跋《上清宫词》、张伯英跋《唐怡亭铭石刻》、王国维跋《松江石刻急就篇》及柯昌泗跋《房彦谦碑》等。

目前金石组虽已经进行了目录初编，但仍存在许多问题，亟需系统地、全面地进行整理编目。这不仅有利于厘清馆藏副本情况、增加新品种，以丰富馆藏数据资源。还可以为读者提供更准确、更全面的藏品信息，促进馆藏文献利用与开发，具有非常重要的意义。

三、馆藏裱本类金石拓片的整理与开发利用

鉴于馆藏中裱本类金石拓片的编目状况，我们认为，要深入挖掘藏品的学术价值，使藏品得到充分有效的利用，需要在整理和开发两个环节都要下足功夫、同时并举。

（一）全面整理文献信息。第一步是要摸清家底，主要是对藏品有一个总体的、较为全面的认识。首先，对藏品的题名、册数、责任者及版本等基本信息进行著录并撰写提要，形成信息较为完善的藏品总目。其次，以出版专题目录或图录的形式，如编纂《国家图书馆藏裱本类金石拓片文献目录》或出版《国家图书馆藏裱本类金石拓片文献图录》，将上述成果予以公布。最后，从中择取具有代表性的个体进行

专题研究或整理出版，如融合《张迁碑》《史晨碑》《礼器碑》《乙瑛碑》《石门颂》等拓本进行汉碑专题研究，或针对馆藏某一石刻的不同时期拓本集中比对，进行版本校勘等。

（二）逐步完善子目数据。配合前述综合研究与出版项目，逐步完善子目编目和数据上传工作，形成"以项目带编目"的模式。在裱本类中存在很多藏品，是由多种拓片汇集而成的，如铜器铭文、砖瓦、墨砚、钱币、造像等拓本常合收于一册之中，裱本中的墓志拓本或法帖也会出现这种情况。这就需要我们对其子目进行更为细致的编目工作。根据藏品子目还可以形成配套的索引目录，结合馆藏其他类型藏品，建立以具体文献为纲的检索系统，为进一步的科研工作打下坚实的基础。

（三）深度挖掘藏品价值。多层次、多角度探索藏品学术、艺术价值。对于有名家题跋的拓本，可以对题跋内容进行辑录、校释。其中，具有重要价值的批校本还可以单独影印出版，向学界提供文献资料。此外，文字书法较为经典或精美的拓本，亦可影印出版，以便学者研究和书家临池。

（四）配套提升服务质量。在"智慧图书馆"大背景下提升读者阅览体验。可以考虑建立"国家图书馆藏裱本类金石拓片数据库"，开放给读者查询和检索。该数据库要包括电子影像数据（配合项目进行过数字化）和较为成熟全面的检索系统和更便捷的操作流程。

国家图书馆藏闻一多古典文学手稿文献

□ 程天舒　国家图书馆古籍馆

一、闻一多及馆藏闻一多手稿

闻一多（1899—1946）是现代著名诗人、学者、民主战士。20世纪50年代，闻一多夫人高真将闻氏全部遗稿170种捐赠国家，入藏北京图书馆手稿特藏专库，经整理编目后目前共著录178种，其中绝大部分为古典文学研究著作稿本，涉及《诗经》《楚辞》《庄子》，唐诗、神话、文字学等主题，且大部分为未刊稿。

二、闻一多古典文学手稿的整理出版概况

闻一多遗稿在入藏我馆之前与之后曾有过三次集中整理，并出版过两种《闻一多全集》，但目前仍有大量稿件未整理出版。

1946年7月闻一多被暗杀，清华大学于当年11月即组织"整理闻一多遗著委员会"，由朱自清领衔，发动清华大学中国文学系同人，搜集、整理、抄写闻一多未刊遗稿。1948年8月上海开明书店出版《闻一多全集》四卷本，但因环境与条件所限，仍有大量遗稿未能整理出版。1978年3月，高真向中央领导写信要求重编《闻一多全集》，中宣部决定由国家出版局安排，邀请闻一多的学生季镇淮、何善周、范宁等组成《闻一多全集》整理编辑工作组，自1979年开始整理、刊印闻一多手稿。但这一整理工作到1981年6月即告停顿。1984年，武汉大学承担起编辑《闻一多全集》的任务。1993年12月，新版12卷本《闻一多全集》（以下简称"新版全集"）由湖北人民出版社出版，收录开明版全集、佚文和国家图书馆收藏的未刊手稿。新版全集篇幅较开明版全集增加两倍以上，增加的篇幅中很大一部分是国家图书馆所藏未刊手稿。

新版全集虽拟将"可以成文的未刊手稿全部编入"[①]，但经粗略统计，国家图书馆所藏手稿有100余种未收入新版全集，其中不乏篇幅较大者，如《诗经新义》4册（273页）、《神仙杂考》3册（109页）、《周易纂诂》6册（146页）、《庄子校释》5册（164页）等。新版全集的神话、《诗经》、《楚辞》、乐府、唐诗、《庄子》、文学史、《周易》、璞堂杂业、语言文字各编，都有未经整理出版的手稿。

此外，由于当时条件所限，新版全集的整理编辑并未使用手稿原件，而是使用拍摄手稿的胶卷冲印的复印件，可以想见，新版全集所整理的手稿排印版本，与手稿原

---

① 武汉大学闻一多研究室：《前言》，孙党伯、袁謇正主编：《闻一多全集》第1卷，湖北人民出版社，1993年，第7页。

件版本必然存在着差异。

三、闻一多古典文学手稿整理出版的必要性与可行性

闻一多以新诗创作与评论成名，但很快回归学院，致力于传统文化与古典文学研究。闻一多承袭朴学重名物训诂考据的传统，又广泛采用现代西方学术方法，其文学研究吸纳文艺学、语言学、考古学、民俗学、社会学、人类学、心理学等理论方法，在《诗经》《楚辞》《庄子》，唐诗、神话等研究领域都取得开拓性、突破性的成果，并形成其独特而完整的中国文学史和文化史的研究体系，至今仍有很高的学术价值。

馆藏闻一多古典文学手稿中，有100余种此前从未出版过。这批手稿保存状态较好，书写工整，且具有较高的艺术价值，适合影印出版。朱自清称闻一多手稿："总是百分之九十九的工楷，差不多一笔不苟，无论整篇整段，或一句两句。不说别的，看了先就悦目。"[1]

早在20世纪年代，即有学者提议影印闻一多手稿选集[2]，惜乎至今未能实现。而目前学界对闻一多手稿的了解与研究也相当欠缺。如能影印出版馆藏闻一多古典文学手稿，首先可以披露大量未刊稿，其次可与已出版版本作校勘参照。不仅能建构起更完整的闻一多学术研究体系，更可为古典文学相关研究以及现代学术史研究提供丰富的研究范例与素材，使得馆藏珍贵文献的价值得以充分发掘。尽管馆藏闻一多手稿多为未定、未完、未刊稿，涉及《诗经》《楚辞》《庄子》，唐诗、神话、文字学等多个主题，整理出版具有一定难度，但仍是一项必要而可行的工作。

---

[1] 朱自清：《开明版〈闻一多全集〉编后记》，孙党伯、袁謇正主编：《闻一多全集》第12卷，湖北人民出版社，第456页。
[2] 刘烜：《闻一多的手稿（下）》，《读书》1979年第7期，第140页。

保护修复

简述图书馆针对新型冠状病毒的消毒方法

□ 田周玲　国家图书馆古籍馆古籍保护科技文化和旅游部重点实验室

为做好图书馆新型冠状病毒的防控工作，特别是消毒工作，笔者结合国家卫生健康委员会的《公共场所新冠肺炎防控方案》《疫源地消毒总则》以及周旺等编写的《新型冠状病毒肺炎预防手册》、解放军总医院第五医学中心疾病预防控制中心的《新型冠状病毒肺炎定点收治医疗机构医院感染预防与控制措施》及其他公开的资料，对实用的消毒工作进行了整理，并提出图书馆内消毒的方法，供参考。

一、消毒方法选择

冠状病毒对理化因子敏感，对热有中度抵抗力，56℃环境下30分钟，紫外线照射30分钟，常用消毒剂，如75%乙醇、碘伏、乙醚、中效季铵盐、含氯类、氯仿和过氧化物类等化学消毒剂在规定时间作用均可将其有效杀灭。氯己定不能有效灭活新冠病毒。下面对各种方法进行简单介绍。

1. 酒精和蒸煮。酒精和蒸煮可使细菌的蛋白质变性凝固。酒精属中效消毒剂，其杀菌作用较快，能迅速杀死各种细菌繁殖体和结核杆菌，消毒效果可靠。缺点是不能杀死芽孢，对病毒和真菌孢子效果较差。消毒皮肤或者小面积物体表面可使用75%医用酒精。压力蒸汽消毒法具有灭菌速度快、温度高及穿透力强的特点，理论上能杀死一切微生物。餐具等可蒸煮的物品可用蒸煮的方法消毒。

2. 紫外线。紫外线通过释放能量，让微生物细胞内的核酸、原浆蛋白和酶发生化学反应，从而使微生物突变或者死亡，属广谱杀菌类，能杀死结核杆菌、病毒和芽孢。杀菌作用最强的波段是240—280 nm，常用的紫外线杀菌灯波长为253.7 nm。紫外线照射消毒是医院物理消毒的主要形式，也是传统的空气消毒技术。但紫外线释放能量低，穿透力弱，仅表面消毒效果较好。

3. 碘伏。碘伏是一种高效、广谱、无毒、稳定性好的消毒剂。对有害细菌及繁殖体等具有较强的杀灭作用,主要用于皮肤、黏膜、创口和体腔等的局部消毒。

4. 乙醚。乙醚可杀灭冠状病毒。但其挥发性极强,属三级易燃化学品,十分易燃。乙醚蒸气在有光的条件下,会被缓慢氧化生成过氧化物,过氧化物有爆炸危险。乙醚过氧化物爆炸是实验室常见的事故之一,在杀人致残能力上仅次于氢气。因此不建议在图书馆内使用。

5. 新洁尔灭。新洁尔灭是一种表面活性很强的季铵盐类化学杀菌消毒剂,可用0.1%—0.5%溶液喷洒、浸泡、擦抹。餐具等可用0.5%溶液浸泡30—60分钟。"非典"时,医护人员和与"非典"病人或疑似病人有接触的人员的手与皮肤消毒,通常用0.1%的溶液浸泡1—3分钟。

6. 含氯消毒剂。常用含氯消毒剂有漂白粉和次氯酸钠溶液两种。漂白粉的主要成分为次氯酸钙。"非典"时,医院用有效氯含量为1000—2000 mg/L的溶液浸泡、清洗、擦拭、喷洒地面、门窗、墙面,用含有效氯为250—500 mg/L的溶液浸泡衣物、被褥、餐饮具等30分钟。成品次氯酸钠溶液有效氯的含量≥10.0%,主要用于自来水、蔬菜、果品、餐具、医疗器具的消毒。消毒方法与漂白粉相似。

7. 二氧化氯。二氧化氯主要用于对饮用水的消毒、空气的杀菌和厨房用具、食品机械设备的消毒等。预防"非典"时,用含有效氯为200 mg/L的二氧化氯溶液浸泡经常使用或触摸的物品、食饮用具等。

8. 过氧化物。常用的过氧化物类消毒剂是过氧乙酸,其水溶液是一种广谱速效的化学灭菌消毒剂,对细菌、病毒、霉菌和芽孢均有效。分解产物是醋酸、水和氧气,物品消毒后一般不需洗涤,低浓度的溶液(≤0.2%)还可用于人体皮肤、织物的消毒。曾被用作"非典"预防的首选化学消毒剂。

9. 其他方法。常用的熏蒸剂甲醛、环氧乙烷、硫酰氟等。其中,环氧乙烷是气体灭菌剂,穿透力强,有较强的杀菌能力,对细菌芽孢、病毒、真菌也有很好的杀灭作用,可用于皮毛、皮革、丝毛织品、纸张、医疗用精密器械等的熏蒸消毒。

二、各类物体消毒选择

针对不同的物品,消毒方法也略有不同。

1. 环境及空气消毒。首先需清理各场所内积存的杂物垃圾,做到卫生无死角。其次,可打开门窗,加强通风。再次,可使用循环风空气消毒机,或无人时使用紫外线照射1小时以上,或采用过氧化氢(3%过氧化氢,$10\,mL/m^3$)等,使用气溶胶喷雾器喷雾消毒,消毒后开窗通风。中央空调在使用时可关闭回风系统,有条件的可对集中空调系统进行预防性清洗消毒。可使用稀释后的84消毒液(有效含氯量600 mg/L)喷洒组合式空调箱内部壁板,初、中效过滤器,风机盘管的送风散流器和回风百叶口等,10分钟后擦净或者自然静置挥发。

2. 公用物品清洁消毒。应当保持环境整洁卫生，每天定期消毒，并做好清洁消毒记录。建议每天开馆前和闭馆后各消毒一次，可根据人流量适当增加消毒次数。对高频接触的物体表面（如扶手、借阅台、电梯按钮、阅览室桌椅等），可用含有效氯250—500 mg/L的含氯消毒剂进行擦拭。也可使用1%—3%漂白水，用抹布擦拭物体表面消毒。

3. 垃圾桶消毒。可定期对垃圾桶等垃圾盛放容器进行清洁消毒处理。可用有效氯500 mg/L的含氯消毒剂进行擦拭，也可采用消毒湿巾进行擦拭。

4. 卫生洁具消毒。卫生洁具可用有效氯500 mg/L的含氯消毒剂进行擦拭消毒，作用30分钟后，清水冲洗干净。

5. 餐具消毒。餐具可用蒸笼法消毒，从沸腾开始20分钟可达到消毒目的。也可使用煮沸的方法，将餐具全部浸泡在水中，100℃煮沸消毒。还可用含有效氯为250—500 mg/L 的溶液浸泡30分钟。或者使用0.5％高锰酸钾消毒餐具，浸泡后用水再冲洗一遍即可。

6. 手消毒。接触传播作为新冠病毒的主要传播途径，手的卫生是切断传播途径的重要环节。无明显污染物时，应使用速干手消毒剂。有肉眼可见污染物时，应使用洗手液在流动水下洗手，然后使用速干手消毒剂。为方便读者洗手，应确保馆内洗手措施运行正常，在阅览室等多处配备速干手消毒剂，感应式手消毒措施效果更佳。

7. 文献的消毒。美国学者的研究揭示了新型冠状病毒在气溶胶和物体表面的存活时间。结果发现，在长达3小时的实验过程中，气溶胶中都能检测到存活的新冠病毒，但传染性有所下降。研究人员检测到病毒在纸板表面存活时间为24小时。因此，必要时可对流通的非永久保存的文献进行臭氧消毒灭菌处理。在密封空间内用臭氧发生器或者紫外线进行消毒处理30分钟以上，可达到文献消毒的目的。对于需长期保存的文献，可采用文献周边喷洒消毒剂的办法，常温隔离5天以上可正常使用。未出库文献不用做消毒处理。病毒在冷库内可长期存在，有疫情感染危险的文献不得放入冷库。

三、消毒中的注意事项

1. 使用前查看说明书，严格按照说明书的注意事项使用，如84消毒液切勿用于丝绸、毛、尼龙、皮革、油漆表面，不得与酸性产品（如洁厕灵等）混用。

2. 做好消毒液使用人员的保护工作，防止皮肤接触，用后立刻洗手、洗脸、漱口。

3. 消毒液的浓度不宜过大，以避免其他副作用。

4. 发现疫情的图书馆需聘请专业人员进行消毒灭菌。

基于汶川地震的消毒灭菌除霉方法浅析

□ 田周玲　国家图书馆古籍馆古籍保护科技文化和旅游部重点实验室

2008年5月12日四川汶川发生里氏8.0级大地震，矩震级达8.3 Mw，地震烈度达到11度。图书馆和档案馆等文献收藏单位在此次灾害中也受到重创。四川省阿坝师范高等专科学校在地震中受损严重，其图书馆也遭受了巨大损失，馆舍全部受损，文献资料损失10万册(件)，其中50余册古籍受潮严重，200多组木质书架全部报废，钢材书架也有50多组不能使用。四川省档案局统计资料显示，阿坝、绵阳、德阳、成都、广元、雅安等6个重灾区的国家综合档案馆馆藏档案共4257379卷，有612848卷档案处于严重受损的危房之中，43915平方米档案馆舍受到不同程度损坏。尤其是记录羌族文化历史和多民族和睦共居的、具有不可替代性和唯一性的8万余卷北川档案，全部被埋。

地震后的降雨使受灾档案被水浸没，产生霉菌，对档案造成直接或间接的破坏。文献抢救的首要任务是进行消毒，抑制各种细菌和霉菌的滋生。消毒主要是通过物理的或化学的方法杀灭或清除传播媒介上的病原微生物，使其达到无害化的程度。从预防医学的专业角度来看，消毒是为了切断传染病的传播途径，预防和控制传染病的流行。同时，消毒也可防止文献受微生物侵蚀，是文献保护的一项重要措施。

一、汶川地震中的消毒措施

在汶川地震中广泛使用的消毒剂有含氯消毒剂和过氧化物及二氧化氯。含氯消毒剂有固态的漂白粉精片、漂白粉、泡腾片、二氯异氰尿酸钠和三氯异氰尿酸；液态的有次氯酸钠和84消毒液，有效氯含量5%—55%不等。过氧化物消毒剂为过氧乙酸二元包装。二氧化氯为二元包装和片剂。根据消毒对象的不同，消毒剂的使用略有不同。

1. 一般用具及果蔬。公用餐具消毒首选蒸煮15分钟。无蒸煮条件的可用有效氯含量250 mg/L的溶液作用15分钟。也可用0.2%过氧乙酸或2%漂白粉上清液，或0.5%新洁尔灭或者洗必泰，浸泡或擦拭，作用30分钟。然后用洁净水冲洗。瓜果、蔬菜应避免吃生食，无法烹煮时，可用0.1%高锰酸钾浸泡30分钟，或含氯消毒剂100 mg/L作用30分钟。

2. 手的一般卫生消毒。可使用快速免洗消毒剂涂擦双手，必要时可用有效氯250 mg/L，作用3分钟，或0.2%洗必泰、0.5%新洁尔灭作用30分钟。

3. 地面和墙面。地面、墙壁受污时可用有效氯1000—2000 mg/L的溶液喷洒，作用2小时。土质地面1000 mg/L，土质墙200 mg/L，水泥地面300 mg/L。

4. 呕吐物及污水处理。呕吐物中加入1/5量的漂白剂，搅匀，作用2小时。污水加氯量为50—200 mg/L，作用30分钟后，余氯应保持5 mg/L。

5. 病房消毒。病房每日紫外线消毒1—2次，每次不少于30分钟。选择人员流动相对较少的夜间进行消毒。在消毒期间，对留观的伤员可用床单遮住暴露部位，防止紫外线灯的直接照射。在病区入口处地面铺洒漂白粉或用含氯2000 mg/L的消毒液擦地或拖地。听诊器和血压计等每次使用后用100 mg/L三氯消毒液喷洒消毒。床单使用后用100 mg/L三氯消毒液喷洒消毒。医疗队周围环境使用0.2%过氧乙酸喷洒消毒。

6. 遇难者遗体及医疗垃圾。遇难者遗体容易产生硫醇、尸胺之类的有害物质。医疗队员接触遗体时必须戴手套、活性炭防毒口罩等防护用品。如遗体已腐烂，可用石灰水、草木灰等吸附遗体的挥发性物质，用次氯酸钙、氢氧化钙和漂白粉混合喷洒，进行除臭和消毒。使用专用黄色医疗废弃物垃圾袋盛装医用及污染垃圾，放置在固定位置，由当地卫生局集中收回处置。患有传染性疾病的伤员的医疗废弃物，需2000 mg/L三氯消毒液浸泡30分钟后，方可视作普通医疗废弃物处置。

二、档案等文献的消毒灭菌

地震后，在受灾最严重的北川县，救灾部队进行了三次挖掘，共抢救出档案资料6.5万余卷(册)，其中1.2万余卷(册)因长时间遭受雨淋、水淹，部分档案滋生霉菌甚至腐烂。

在这种情况下，首先将受损严重的1.2万余卷档案放入冷冻库中冷冻保存，避免霉变现象发生。然后，进行真空干燥处理，对冷冻的档案使用真空干燥机，完成快速干燥，使粘连纸张快速分离。真空干燥法可降低档案干燥时的温度，确保档案字迹在干燥过程中不渗化、不扩散，有助于黏结的档案纸分离，防止水浸档案纸张表面板结。随后，对生霉档案进行处理，其中霉变现象较严重的档案，采用医用脱脂棉球蘸取75%的酒精轻轻擦拭。最后，对档案进行消毒。采用8∶2的环氧乙烷加二氧化碳混合气体，对全部受灾档案进行消毒灭菌。经检测，灭菌效果显著，灭菌率达到97%以上。

对于纸质文献的灭菌，中央档案馆曾采用"真空充氮、硫酰氟、环氧乙烷"三位一体的多功能消毒器。消毒状态下真空罐内氧含量低于0.2%，处理时间96小时（试运行）。硫酰氟消毒时的真空度为–80 kpa，处理温度为25—30℃，加药量为800 g（20 m³），处理时间为24小时，经6次真空清洗加碱喷淋排出尾气。环氧乙烷灭菌的真空度为–80 kpa，处理温度为25—30℃，加药量为8 kg（20 m³，CO_2混合气中的净含量），处理时间为24小时，尾气经6次真空清洗加酸喷淋排出。

三、经验与建议

要根据实际情况，如疫情特点、场所特征及具体对象等选择效能较高、性能稳定的消毒剂或有效可行的消毒方法。

避免消毒剂滥用和消毒过度。消毒化学药品普遍具有较强的氧化性、腐蚀性和一定的毒性。避免消毒过度和消毒范围、用量和频率不合适。避免一个地方长期多次消毒。避免浓度过高，造成人力、物力浪费以及环境污染。如大量使用含氯消毒制剂会使当地空气酸化，诱发多种呼吸道疾病。

加强消毒化学药品的安全管理，专人专库保管。保持阴凉（温度 < 30℃）、干燥、通风，严防暴晒和雨淋。药品储存不当可能引发燃烧、爆炸和人员中毒等次生灾害。

应按产品说明及注意事项使用消毒剂。如含氯消毒液的有效氯会挥发，因此配置后的消毒液应加盖，在紧急救援条件下可以使用两个脸盆相扣的方法，以保证浓度，确保消毒效果。而戊二醛在环境中比较稳定，对环境的影响大，不适合用于环境和物体表面的消毒。有些地方使用35%的过氧化氢和15%的过氧乙酸，这些消毒剂均有易燃易爆的问题，过氧化氢可灼伤手和皮肤。

浅议图书馆水害后清理和消毒工作

□ 闫智培　国家图书馆古籍馆古籍保护科技文化和旅游部重点实验室

水管或暖通管道破裂、房屋漏雨、洪水都可能使图书馆遭遇水害。通常水害的最佳处理时间为受灾后的48小时，因为当室内物品和文献保持湿润超过48小时，就会开始发霉。霉菌会引起文献变色和加速老化，也会导致室内空气变得不健康，人们吸入霉菌会导致过敏等不良反应。此外，雨水和洪水中可能含有细菌、霉菌等微生物和有害化学物质，这些物质会随着水浸泡附着在图书馆水淹物品的表面，当水害过后进行清理时，这些物质可能会进入室内空气，威胁人类健康、缩短文献寿命。因此，水害后图书馆规范进行清理和消毒工作，有利于减少细菌、霉菌等微生物和有害化学物质对人类和文献的危害。

本文根据美国环保署对洪灾后室内物品消毒灭菌工作的规定和国内外常用的水浸文献处理办法，提出图书馆水害后室内物品清理消毒基本程序、室内物品清理和消毒建议和水浸文献处理方法。

一、室内物品清理和消毒基本程序

水害后首先要根据水害的来源对水污染程度进行分级，然后根据物品的易感染程度、感染情况和价值，对水浸室内物品进行分类清理和消毒。

1. 确定水污染级别。在开始清理工作之前，首先必须确定水害的水源。一般水害的水源很少是干净的。需要确定是什么污染了水，污染是由管道腐蚀、洪水、泥浆造成，还是污水造成，然后根据水源的性质和污染级别制定清理和消毒方案。根据美国国家标准学会制定的《专业水污染和净化用标准和参考指南》（ANSI/IICRC S500-2006，下文简称为S500标准），将水依污染程度分为三类：第一类水来自卫生水源，不存在接触、摄入或吸入的重大风险。例如，自来水管破裂引起的水害。第二类水有明显的污染，如果被人类接触或饮用，可能会对健康造成危害。包括洗碗机或洗衣机溢出的水，没有排泄物的厕所反流水和水族馆的水。第三类水受到严重污染，可能含有病原体或毒素。任何接触或饮用第三类水的人都有影响健康的风险。第三类水包括来自海洋、河流或湖泊的污水和洪水。

2. 做好个人防护工作。由于吸入霉菌等污染物可能引起过敏反应，刺激呼吸道，在进入或检查一个可能发霉的室内环境前，一定要做好个人防护，避免暴露于霉菌和其他污染物。至少要戴上N-95口罩、护目镜和防护手套。

3. 清除积水。雨水、洪水常与污水、污物或其他物质混合而将微生物和有害化学物质等污染物带入图书馆。微生物，如细菌，可以在静水中繁殖和生长。所以，应该尽快清除所有的积水。推荐用湿吸尘器吸走地板、地毯和硬物品表面的水。

4. 根据物品性质、受污染程度和价值清理物品。首先，基于吸湿性、干燥性及水分损伤敏感性进行物品分类。S500标准根据吸湿性、干燥性以及对水分损伤的敏感性将材料分为三类：

（1）多孔材料：快速吸收液态水，蒸发干燥时间长。
（2）半多孔材料：缓慢吸收液态水，缓慢干燥。
（3）非多孔材料：完全不吸水或吸水率可以忽略不计。

表1为多孔、半多孔和非多孔材料的几个例子。

表1 多孔、半多孔和非多孔材料举例

	多孔	半多孔	非多孔
家居用品	纤维织物、纺织品、家具衬垫、寝具、中密度纤维板	未抛光木制品、砂岩、胶合板、发泡聚苯乙烯	玻璃、大理石、花岗岩、金属和表面抛光木材
室内装修材料	石膏板、天花板、地毯、地毯垫料	未抛光的木材、镶板、木楼梯	所有面都抛光的木制品、陶瓷或塑料瓦、金属、玻璃
建筑材料	定向刨花板、水泥	未抛光木材、纤维水泥侧线	钢铁、铜、玻璃、瓷砖

通常，非多孔材料可用温水和洗涤剂清洗，然后晾干。半多孔材料可以用温水和洗涤剂清洗，然后晾干，再根据污染或物理损坏的程度，对该物品进行处理或采用S500标准下更详细的方法修复。多孔材料中，可完整清洗的织物和纺织品可以用温水和洗涤剂清洗；由多孔材料（如中密度纤维板）制成的家具可以清洗，除非它在物理上分解或暴露于第二类或第三类水；家具坐垫、石膏板、天花板砖、地毯和地毯衬垫、定向刨花板和石膏护套等一般建议更换。

此外需要注意，尽管许多由非多孔材料制成的大而暴露的物品表面易于清洁和干燥，但有些组件很难干燥，可能需要拆开进行清洁和干燥。例如，内置的橱柜和书架需要拆开，以暴露其背后和下面隐藏的表面。其他物品，如冰箱、炉具、电器固定装置、设备和马达，应该经过专业检查，并进行清洁、修理或更换。

其次，基于材料价值对不同物品进行分类。图书馆中的物品需根据其价值进行分类，一般物品可根据受损程度和修复成本综合考量，清洗、处理或更换；贵重物品，如古籍、字画，不管它们的状况如何，都要优先进行抢救。

最后，对不同物品进行分类处理。对于室内物品，一般建议移除和替换会吸收大量水分的多孔和半多孔材料，比如石膏板、地毯和天花板。清洗和干燥不吸水的非多孔材料，如金属书柜、玻璃和硬塑料。如果材料在清洗过程中会发生物理损坏，属于第三类，则忽略材料分类，推荐进行移除和更换。彻底清洁和干燥最好在48小时内完成。

图书馆中收藏着大量文献，往往还有许多古籍善本，为无价之宝。书籍容易吸水和生霉，对水分损伤敏感，需要尽快对其进行抢救。

二、室内物品清洁和消毒

1. 清洁。室内物品清洁时首先必须把能看到的所有霉菌全部清除。但是需要注意，清洁时污染物品表面的颗粒物在受到吸尘器、抹布、刷子或拖把的干扰时，可能会重新悬浮；挥发性化合物可能通过洗涤剂和消毒剂释放到空气中。物品表面沉积的颗粒物和灰尘（可能包括细菌或真菌）再悬浮是室内环境污染物暴露的一个重要来源。因此，在除湿、打扫和除污时需要特别注意避免颗粒物再悬浮。如果使用清洁产品，不要混用不同清洁产品。应阅读并遵循产品标签上的说明并在通风良好的地方使用所有清洁产品。

要使沉积在物品表面的颗粒物从表面分离重新分散在空气中，必须有一种外力，类似于人类活动（如行走），或高空气流速（如通风管道中的流速）先作用于黏附在物品表面的颗粒物。因此，三个特别重要的与水害清理活动最相关的生物气溶胶来源包括：地板表面污染物再悬浮；通风管道污染物再悬浮；发霉建筑材料释放等。

影响颗粒物从物品表面再悬浮速率的因素包括：空气速度（如高空速比低空速更能诱导再悬浮）；地表表面粗糙度等特征（如粗糙表面比光滑表面更容易引起再悬浮）；人类活动所产生的搅动程度（如快速走动比缓慢走动更易引起再悬浮）；环境条件（如温度、相对湿度）。由于颗粒物再悬浮是生物气溶胶暴露的重要来源，所以有必要在地板表面、暖通管道和其他建筑材料被水污染后进行深度清洁。此外，清洁时还应注意一些意图减少微生物污染的清洁活动，可能无意中（尽管是暂时的）增加生物气溶胶暴露水平。例如，高压力喷雾和洗涤器已被证明可以有效地清洁物品表面，但是高速度也可能使大量沉积在污染物品表面的颗粒物重新悬浮起来。

为降低清洁过程中的颗粒物再悬浮率，提出以下清洁建议：

（1）使用温和湿润的清洁方法(例如，用水和洗涤剂湿擦)收集地板和书柜等光滑表面的霉菌孢子，将其作为最初的清洁方法。避免使用干法(如刮削、砂磨、真空吸尘)作为初期清洁方法。因为只需要很少的干扰被霉菌覆盖的表面就会释放大量的霉菌孢子。

（2）在搬动家具或其他物品之前，或在拆除石膏板、镶板或胶合板之前，先用温和湿润的方法清洁发霉的表面。因为使用锤子、撬棒、钻头、砂纸和压力洗涤器会再悬浮大量的孢子和菌丝。

（3）使用水和洗涤剂进行清洁，而不是水和漂白剂。因为一些物体（包括许多青霉菌和曲霉菌）排斥水，使用表面活性剂（即洗涤剂）能更有效地收集疏水性颗粒物。

（4）在清洗阶段，避免使用高压清洁器。

2. 消毒灭菌。消毒灭菌的目标是清除所有的微生物。首选方法是物理去除微生物污染的材料，同时对完整的结构和材料进行有效的清洗。如果谨慎和有控制地清除污染物足以解决问题，则不应考虑消毒灭菌。但是，在某些情况下消毒灭菌可能在恢复工作中发挥重要作用，例如污水回流到建筑物中的微生物污染。

（1）必要性评估。如果水害来源为第一类水，通常及时干燥水浸物品避免发霉即可。如果水源是第二类或第三类水，或者第一类水滞留时间过长变成第二类或第三类，同时有些受污染的物品无法物理移除、更换或者彻底清洗，或者清洁后干燥较慢时，需要对物品进行消毒灭菌处理。

（2）生物灭菌剂。表2列举了常见的生物灭菌剂的类型。使用气相杀菌剂时要小心，气相中的臭氧和二氧化氯都有技术要求和限制，以及人类暴露时会引起健康问题，这实际上排除了它们在常规情况下用于清理被污水破坏的房屋和其他室内环境中的污染物的可能。季铵盐化合物灭菌效果有限，酚类物质有毒，碘伏、戊二醛和过氧化氢价格高，均不适宜于图书馆大量使用。酒精无毒无害，但是易挥发易燃，可用于小件物品的擦拭消毒，不宜于大量使用。次氯酸盐（84消毒液主要成分）价格便宜、杀菌效果明显，是我国医疗部门常用的室内消毒剂。但是，次氯酸盐为含氯消毒剂，氯为挥发性气体。次氯酸盐型消毒液即使用水稀释也是一种腐蚀性的有害化学物质。暴露后会刺激眼睛、皮肤、鼻子和肺。它也会被有机物灭活，同时对金属有很强的腐蚀性。

表2　来自《环境卫生期刊》的生物灭菌剂（例如消毒剂）的类型[①]

消毒剂	使用浓度	作用	优势	劣势
醇（乙醇、异丙醇）	60%—90%	B,V,F	无污染 无刺激性	可被有机物灭活 高度易燃
季铵盐化合物	0.4%—1.6%	B*,V*,F	便宜	可被有机物灭活、效果有限
酚类物质	0.4%—5%	B,V,F,(T)	便宜，有残留效果	有毒、有刺激性、腐蚀性
碘伏	75 ppm	B, V, F, S**, T**	稳定，有残余效果	可被有机物失活、贵
戊二醛	2%	B, V, F, S**, T	不受有机物影响，无腐蚀形	有刺激性气味、贵
次氯酸盐	≥ 5,000 ppm 游离氯	B, V, F, S**, T	便宜	漂白剂、有毒、有腐蚀性、可被有机物灭活[1,2]
过氧化氢	3%	B, V, F, S**, T	相对稳定	有腐蚀性、贵[3]

缩写词：

B代表杀菌；V代表杀病毒；F代表杀霉菌；T代表杀结核菌；S代表杀孢子；* 代表效果有限；** 代表需要处理很长时间；( ) 代表不是所有配方；[1] 代表引起很多织物内部褪色；[2] 代表溶解蛋白（羊毛、丝绸）；[3] 代表热或紫外线引起降解。

关于是否使用漂白水（主要成分为次氯酸盐和氯化钠）进行灭菌，美国多个规范要求不尽一致。美国环保署（EPA）关于洪水处理的规范没有特别提到漂白剂，但

[①] ［美］Terry B, Gene C, Brent S：《关于安全清洁、去污和重新使用被洪水破坏房屋指导文件向环保署的报告》，https://www.epa.gov/sites/production/files/2018-10/documents/flood-related_cleaning_contractor_report-final-508_8.31.18.pdf（2021-5-17检索）

是警告不要使用杀菌剂。美国联邦应急管理局（FEMA）的卡特里娜飓风（Hurricane Katrina）恢复建议提到不要使用漂白剂。而美国疾控中心（CDC）建议用洗涤剂和水或每加仑水加1杯漂白剂的溶液清洗霉菌。健康住房中心（NCHH）指南建议在彻底清洁非多孔硬物品表面后使用稀释的家用漂白水处理。S500标准广泛讨论了生物杀菌剂的选择和使用，并采用了美国政府工业卫生学家会议（ACGIH）的政策，避免常规使用生物杀菌剂。

综上所述，次氯酸盐是一种便宜高效的消毒剂，可用于严重水污染物品表面的消毒。但是室内氯气浓度过高，会产生氯中毒，因此不可常规使用，且使用时要注意开窗通风。同时需要注意，不要将次氯酸盐型消毒剂与其他洗涤剂、消毒剂，尤其是氨水混合使用。因为次氯酸盐与许多其他化合物反应会产生有毒化合物。

三、水浸文献处理

图书馆的主要文献类型为书籍、缩微胶片、照片、光盘等，其中书籍、缩微胶片和照片均易生霉。从基质材料来看，纸为多孔性材料，吸水性强，易发生水分吸收相关的损伤。与室内物品处理相同，抢救水淹文献的最佳时间也是受灾后的48小时。超过此时间，文献会长出霉菌，甚至长出菌丝。

国内外对水浸文献紧急处置方法主要有空气干燥法、吸水纸加空气干燥法、真空冷冻干燥法、环氧乙烷消毒法。下文对这几种水浸文献紧急处置方法进行简要介绍。

1. 空气干燥法。对轻微受潮的文献，将库房温度保持在22℃以下，并通过空调、去湿机、风扇和自然通风，控制库房的空气湿度，就可以抑制霉菌生长。

2. 吸水纸加空气干燥法。对于古籍等珍贵文献或水浸严重的小批量一般文献，可将文献中的明水沥去，再采用吸水纸反复撤潮至文献半干，然后在控制好温湿度的环境中自然空气干燥[①]。在空气干燥的过程中，每天需翻动文献两次以上，还可以在文献中夹入吸水纸，并及时更换。这是一种无需特殊设备的传统水浸文献处理方法。对于水害后及时处理珍贵文献可操作性很强。

3. 真空冷冻干燥法。对于数量大或水浸严重，难以通过空气干燥法在48小时内干燥的文献（包括图书、电影胶片、缩微胶片）或者已发霉的文献，在美国和加拿大都有采用真空冷冻干燥处理的案例。例如：1986年4月，美国加州洛杉矶公共图书馆因火灾造成图书水淹，60万册图书采用真空冷冻干燥处理；1991年5月，加拿大一航空公司的85000卷飞机维修档案采用真空冷冻干燥处理；1995年9月，因火灾水淹，美国孔特拉科斯塔县法院计算机中心20万卷档案采用真空冷冻干燥处理；1996年11月，巴克斯特心血管中心因火灾水淹，220万张不同规格的水浸缩微胶片采用真空冷冻干燥处理；1998年2月，因厄尔尼诺现象遭遇洪水，斯坦福大学图书馆的72000册水浸书籍和圣罗莎纪念医院的400立方英尺、12.5万张水浸X光检查胶片档案采用真空冷冻干燥处理；

---

① 陶琴、荆秀昆：《应对水淹纸质档案的抢救与保护对策》，《档案学研究》2006年第1期，第50—53页。

2003年5月，美国军队在巴格达伊拉克情报总部地下室发现已水浸霉变的27箱伊拉克籍犹太人档案，也是先经过真空冷冻干燥处理再进行修复[1]。

真空冷冻干燥处理的低温条件抑制了霉菌生长，为处理水浸文献赢得了可控制的处理时间。真空冷冻干燥处理是一种较优的大批量水浸文献处理方式[2]。但是，需要注意，真空冷冻干燥需要特定的真空冷冻脱水设备，如果没有该设备，并不主张将水浸文献放入冷库冷冻。这种情况下，最好将无法在48小时内干燥的水浸文献放入冷柜冷藏，减慢霉菌的生长速度。

4. 环氧乙烷消毒法。环氧乙烷是一种广谱灭菌剂，在常温下可杀灭各种微生物，包括细菌、病毒、真菌、芽孢、结核杆菌等。环氧乙烷杀菌是通过使细胞的蛋白质变形，从而失去生物活性。自20世纪60年代环氧乙烷开始被应用于档案、图书、文物的保护。法国图书馆采用环氧乙烷消毒法对档案文献进行处理，灭菌效果明显。20纪80年代，我国广泛应用环氧乙烷对一次性医疗用品进行灭菌。逐渐地，也有档案、文物保护单位采用此方法对纸质档案、文物进行保护性灭菌。

环氧乙烷穿透力强，熏蒸灭菌效果好。但是，环氧乙烷是易燃、易爆的有毒气体。因此，环氧乙烷处理必须严格按照技术安全规范作业。通常，环氧乙烷熏蒸采用环氧乙烷与其他气体的混合物（如40%环氧乙烷、60%二氧化碳）作为处理药剂提高处理的安全性，降低药剂残留。进行环氧乙烷熏蒸处理必须使用安全的密封设备，同时操作者必须做好防护、且必须严格按照规定程序操作[3]。此外，熏蒸结束后要保持较长时间通风让药剂充分挥发，直至检测达到安全指标后，文献方可入库。

虽然环氧乙烷熏蒸灭菌效果好，但是由于环氧乙烷有毒、易燃、易爆，熏蒸操作要求严格，很多国家在应用环氧乙烷对文献进行灭菌时都持审慎态度。对于化学方法处理易受损文献，应本着能不用尽量不用的原则，尽可能保护文献原件。

四、小　结

物理去除受污染的材料，同时对完整的结构和材料进行有效的清洗，是图书馆水害后处理首选的方法。清洗时需避免出现颗粒物再悬浮形成生物气溶胶造成室内空气污染。次氯酸盐是一种便宜高效的消毒剂，可用于严重水污染物品表面的消毒。空气干燥法、真空冷冻干燥法和环氧乙烷消毒法适用于大批量水浸文献紧急处置。但是，空气干燥法仅适用于轻微受潮文献；真空冷冻干燥法和环氧乙烷消毒法需要特定设备，必须提前准备，否则面对突发状况不一定能及时用上。吸水纸加空气干燥法是可操作性很强的及时处理水浸古籍等珍贵文献和小批量水浸文献的方法。

---

[1] 马小彬：《水浸档案资料紧急处理原则及方法》，《四川档案》2008年第4期，第43—45页。
[2] 方志华：《真空冷冻干燥技术应用展望——探讨抢救水浸纸质档案的最佳途径》，《四川档案》2010年第4期，第33—35页。
[3] 孙允明：《环氧乙烷灭菌在档案保护中的应用及安全防护》，《山东档案》2012年第6期，第3—38页。

公共图书馆中图书的消毒灭菌方法简述

□ 龙 堃 国家图书馆古籍馆古籍保护科技文化和旅游部重点实验室

公共图书馆是面向社会的广大读者而开设的公益性文化机构,外借和阅览是公共图书馆的基本职能。因此,公共图书馆中的图书可以看成一种可移动的流通媒介,人们在获取知识的同时,这些文化资源也得到了充分的共享和利用。然而,这些图书在流通的过程中,也容易受到细菌、霉菌和病毒等有害微生物的污染,从而对图书馆文献保存环境和图书的阅览人员产生潜在的危害。

有人曾对流通三年以上的图书进行测定,图书上隐藏着流感、链球菌、大肠杆菌、乙肝病毒、结核杆菌等病菌,总数在400种以上。这些病毒容易造成广泛传播和交叉感染,从而危害社会公共安全[1]。2003年"非典"(SARS)暴发和2020年新型冠状病毒肺炎(COVID-19)疫情爆发期间,众多图书馆相继关闭借阅服务,其主要原因有两点:一是为了避免大量读者的聚集,二是公共图书馆的大规模消毒措施和能力无法满足需求。

有些微生物会对人体健康产生危害。例如,郭丽华、冯小英等人对图书上细菌的分布进行了研究,结果表明,利用率较高的图书以及外国赠送的图书细菌最多。入库不久的新书也带有少量的细菌,常见的有金黄色葡萄球菌、表皮葡萄球菌、枯草杆菌、假白喉菌、变形杆菌、绿脓杆菌、白色念珠菌、大肠杆菌、卡他球菌、四联球菌等,主要来自空气和人的体表、鼻咽部[2]。

有些微生物会对图书载体产生不利影响,特别是对古籍等珍贵图书,会产生不可逆的危害。例如,霉菌是危害档案和古籍善本的主要生物因素之一,具有分布广、繁殖快、适应性强的特点,在适宜的温湿度条件下,附着在档案和古籍善本上的霉菌孢子就会滋生繁殖,覆盖字迹,降低纸张强度,缩短档案和古籍善本寿命,且修补较为困难[3]。

由此可见,为图书馆图书进行消毒灭菌是必要的,提高公共图书馆消毒灭菌的能力和开发处理受污染图书的方法也是公共卫生防控的有机组成部分。目前,已经有一些图书馆的微生物防治方法在实际应用中发挥了一定的效能,各种方法都具有其自身的长处,也有一定的局限性。如何正确根据实际情况开展和使用这些消毒灭菌的方法,如何将局部处理扩展为大规模图书的批量处理,依然是值得研究的课题。本文主要从图书藏品载体本身出发,简要介绍图书消毒灭菌方法的原理和实用性,探讨各种消毒方法的优缺点,为公共图书馆环境的优化提供一些参考。

---

[1] 聂晶:《图书馆图书消毒工作初探》,《内蒙古科技与经济》2013年第1期,第108—109页。
[2] 郭丽华、冯小英:《对图书上细菌分布的探讨》,《图书馆论坛》2006年第1期,第216—217页。
[3] 王永臣:《档案和古籍善本保管中的霉变问题》,《兰台世界》2011年第2期,第26—27页。

1. 紫外线消毒灭菌法。紫外线消毒灭菌是利用适当波长的紫外线破坏微生物机体细胞中的DNA（脱氧核糖核酸）或RNA（核糖核酸）的分子结构，造成细胞死亡，达到杀菌消毒的效果。紫外线的优点是具有广谱杀菌效果，可以杀灭各种微生物，包括细菌、病毒、真菌、支原体、芽孢等。有研究表明，30W的紫外灯照射60分钟可消除空气中90%的自然菌[1]，说明其杀灭效率较高。目前，有图书馆采用此方法对图书进行杀毒，例如，济南市图书馆每周将读者还回来的图书收集在一起，放在紫外线消毒箱里进行消毒[2]。再如，国家图书馆、上海市图书馆、黑龙江省图书馆、辽宁省图书馆、甘肃省图书馆、河南省图书馆、昆明市图书馆、武汉市图书馆、厦门市图书馆、中山市图书馆、宁波市图书馆等也提供小型的自动紫外杀菌机，供读者现场对少量图书消毒使用。

然而，紫外线杀毒的局限性也较为明显：（1）消毒穿透能力弱，仅能杀灭直接照射到的微生物，对于图书内部的微生物无法起到良好的消杀作用，虽然有些小型紫外线杀菌机能够一定程度上翻开书页，但依然会有遮挡。尤其是大规模消毒灭菌时，对图书内部几乎无法实现有效消杀；（2）消毒时必须达到杀灭目标微生物所需的照射剂量，否则消毒无法达到既定效果；（3）紫外线对纸张具有加速老化的作用[3]，只能用于一般流通借阅的期刊文献，不可用于古籍等珍贵文献的处理；（4）紫外线对人体会产生损伤，在图书消毒时要注意人员的防护。这些缺点也制约着紫外线的一些具体应用。

2. 微波消毒灭菌法。微波是一种电磁波，具有可吸收性、致热性和可透射性，杀灭微生物的波长在2000—3000Å，以2500—2650Å的作用最强，其原理是在微波场的作用下，微生物细胞中的水分子剧烈震荡产生分子热，破坏其空间结构从而失去生物活性，造成微生物的最终死亡[4]。微波也是一种广谱灭菌法，可以在很短的时间里使物体加热到很高的温度，从而实现高温高穿透性的杀灭害虫、霉菌、酵母等微生物的目的。有研究表明，经过微波处理后，细菌杀灭率接近90%，能够实现对图书消毒灭菌的目的[5]。

但是，该方法也具有一定的缺点：（1）微波对金属具有强烈的致热作用，对于金属装订的图书切不可微波处理，否则会造成图书自燃；（2）微波加热会使纸张老化进程加速，对古籍等珍贵藏品的寿命存在不可预知的威胁，应慎用；（3）微波批量处理图书需要较大的加热仓和处理场地，对于图书流通量大的图书馆，该方法局限性较大；（4）微波属于辐射波，对人体具有一定的健康危害，因此对设备的密闭性和安全性要求较高，在使用时也应注意做好人员的防护措施。

3. 环氧乙烷消毒法。环氧乙烷是一种广谱灭菌剂，可杀灭细菌、霉菌及真菌等，

---

[1] 宋建杰、杨振媛：《再谈公共图书馆的环境卫生与消毒措施》，《医学信息》2009年第7期，第1190—1191页。
[2] 揭丽敏、徐丹：《图书除尘消毒工作探讨——以宜春学院图书馆为例》，《农业网络信息》2017年第4期，第67—69页。
[3] 龙堃、田周玲、易晓辉等：《紫外光对纸张性能的影响》，《纸和造纸》2019年第2期，第21—24页。
[4] 李宏卿：《试论图书馆消毒方案》，《中小学图书情报世界》2005年第7期，第64—68页。
[5] 刘根香：《纸制图书消毒的实践探索》，《农业图书情报学刊》2007年第2期，第64—66页。

因此可用于一些不能耐受高温消毒的物品。其原理是环氧乙烷与蛋白质上的基团进行烷基化作用,阻碍蛋白质的正常化学反应和微生物的新陈代谢,进而杀死微生物。应用环氧乙烷处理图书,其优点是穿透性强,可以对图书的表面和内部进行同时消毒,且可以进行图书的批量处理。南京博物院藏的四万册殿本书经环氧乙烷处理后,其纸质和丝织品文物的物理性能基本没有变化①,说明对于图书耐久性而言,该方法是比较安全的。

环氧乙烷的使用也有一定的局限性,主要表现在:(1)环氧乙烷属于易燃易爆物质,操作现场应采取防火防爆措施,不得有明火作业和火花产生;(2)环氧乙烷对人体具有毒性,处理图书时,必须在密闭的专用灭菌器或灭菌室内进行;(3)环氧乙烷和水反应会生成具有一定毒性的乙二醇,因此需要注意高湿度下处理图书后的安全性评估等。

4. 臭氧熏蒸法。臭氧灭菌或抑菌作用,通常是物理、化学及生物学等方面的综合结果,属于广谱型消毒方法。对于病毒,臭氧可直接破坏核糖核酸或脱氧核酸,从而对其杀灭。对于细菌、霉菌类微生物,臭氧首先损伤其细胞膜,导致新陈代谢障碍并抑制其生长,进而继续渗透破坏膜内脂蛋白和脂多糖,改变细胞通透性,导致细胞溶解、死亡。臭氧消毒杀菌后,剩余的臭氧会自行分解为氧气,不产生有害残留,这一点是任何化学消毒灭菌剂所无法比拟的。与紫外线照射杀菌相比,臭氧杀菌时扩散性好,浓度均匀,消毒没有死角,且消毒速度快②。目前,固定式的臭氧消毒设备和可移动式臭氧消毒柜都已有应用③,可以较为便捷的对图书进行消毒,尤其是臭氧消毒房的使用,一次可消毒2000册图书。工作人员将收回的图书放在45 cm宽的网架上,启动电子消毒灭菌器消毒30分钟即可完成。有研究表明,2%浓度的臭氧下,经过60分钟后,档案表面霉菌杀灭率能达到94%,且经过30天处理的纸张物理性能未发现明显变化④,说明短期内臭氧消毒对图书的消极影响有限,可以应用于普通图书的消毒。

但是,对于古籍善本等珍贵图书的消毒,在使用臭氧时还是应该慎重,因为臭氧本身具有强烈的氧化性能,理论上会加速纸张中纤维素的氧化降解,也会对易被氧化的字迹产生一定的损伤,这是使用臭氧消毒法潜在的风险。

5. 乙醇消毒灭菌法。乙醇又称酒精,是醇类消毒剂,可凝固蛋白质,导致微生物死亡,属于中效消毒剂,可杀灭细菌繁殖体,破坏多数亲脂性病毒。一般灭菌使用的是75%左右浓度的乙醇,这是因为,浓度过高,会在细菌表面形成一层保护膜,阻止其进入细菌体内,难以将细菌彻底杀死;浓度过低,虽可进入细菌,但不能将其体内的蛋白质凝固,同样也不能将细菌彻底杀死。日本国立国会图书馆在处理霉变图书时用到的就是70%—80%浓度的乙醇。另一方面,对于发生霉变的图书,也可使用无水乙醇进行擦拭,例如擦拭长霉的古籍时,无水乙醇会对霉菌的菌丝体及其附着的纸张同

---

① 李晓华、凌波、李平:《南京博物院藏四万册殿本书的消毒保护》,《东南文化》2005年第4期,第88—91页。
② 景正、景卫东:《臭氧保护档案图书文献的可比性探讨》,《光盘技术》2006年第3期,第15—16页。
③ 赵冬梅:《馆藏图书的隐性污染及其防治》,《办公室业务》2017年第19期,第15—156页。
④ 张美芳:《臭氧对档案灭菌效果及对纸张物理性能影响的研究》,《档案学研究》2002年第2期,第61—62页。

时起到脱水作用，从而使霉菌细胞因缺水而死亡[①]。同时，乙醇易挥发，不残留，对于图书而言是一种相对安全和温和的处理方式。

但是，使用乙醇时也应注意：（1）仅适用于局部和轻度霉变的图书处理，大批量处理图书在操作上较难实现；（2）乙醇属于易燃物质，使用中需要注意防火防爆；（3）乙醇属于易挥发性物质，存放乙醇需要密封存储，且不可放置于火源和热源附近；（4）使用乙醇消毒灭菌时，应注意人员安全，短时间吸入高浓度乙醇会导致酒精中毒，应注意通风。

6. 其他消毒灭菌法。与环氧乙烷类似，甲醛和磷化氢也可以用作化学熏蒸剂，对图书实现密闭空间的熏蒸消毒，但是这些熏蒸剂对人体都有一定的伤害，尤其是甲醛。2017年世界卫生组织国际癌症研究机构公布的致癌物清单中，已经将甲醛放在一类致癌物列表中，其使用将受到较多的限制。

低温冷冻可以作为图书保护杀虫消毒方法之一，虽然该方法能够杀灭有害昆虫，但是无法完全杀灭细菌和霉菌，在升温后有些霉菌孢子会重新活化，从而危害图书。可以用低温冷冻结合化学试剂（如环氧乙烷）的方法对图书进行综合处理，可以达到杀虫和除霉除菌的效果。

综上可见，对图书的消毒灭菌方法众多，每种方法都有各自的优势和特点。但是，也要看到各种方法的局限性和缺点，如有些方法对人体具有危害，使用时要格外注意做好人员的防护，还有些方法有安全隐患，易燃易爆等，对于这些消毒方法，需要制定严格的管理和操作手册，使用时要注意做好安全风险评估。作为公共图书馆而言，应当努力将医用、工业和其他科技领域中新型、安全、高效的微生物防治方法进行改良和应用，结合图书等藏品载体的特点，开发更多的消毒灭菌方法，从而实现对馆藏文献进行更好的消毒灭菌和安全防护的目标。

---

① 丁丽萍：《浅谈古籍的防霉与除霉——以武汉大学图书馆为例》，《晋图学刊》2014年第1期，第56—58页。

文献有害微生物研究进展

□ 任珊珊　国家图书馆古籍馆古籍保护科技文化和旅游部重点实验室

微生物是存在于自然界中的一群体型细小、结构简单、肉眼看不见，必须借助特殊仪器放大后才能观察到的微小生物，主要包括细菌、支原体、真菌和病毒等。微生物主要来源于自然界的土壤、水体、动植物和人类，它们多以气溶胶形式存在于空气中或沉降附着在物品表面。微生物对人类健康有极大的影响，一般认为粒径分布在 10—30 μm 范围内的空气微生物气溶胶可进入鼻腔和上呼吸道；粒径为 6—10 μm 的会进入次支气管中，粒径为 1—5 μm 的会进入肺部[1]。除了影响人体健康外，部分种类微生物对文献的危害更大。它们沉降在书籍表面，在适宜的环境下（温度、湿度、光线、pH 值）就会萌发，降解纸张、淀粉糨糊、胶料以及油墨等作为养料，对纸质文物造成不可逆的损毁[2]。有害微生物还会在呼吸代谢和利用营养物质的过程中产生酸性物质，造成酸性环境，加速文献纸张酸性降解。同时，有害微生物生长过程中还会产生色素，遮盖字迹，影响文献使用性。

一、文献有害微生物种类及其特性

（一）种类

文献有害微生物主要包括细菌、真菌等。近年来，针对有害微生物的研究已经成为图书馆、档案馆和文博行业的基础研究内容之一。故宫博物院采用平皿沉降法在各个库房采样，其中书画组库房等8个库房主要有枝孢酶、黄曲霉等霉菌。三峡博物馆文物库房中空气真菌主要为曲霉属（70%）和青霉属（13%）。中国农业大学图书馆空气中霉菌主要为青霉属和曲霉属[3]。

病毒缺乏独立的代谢机制，自身不能复制，只能在活细胞内利用宿主细胞的代谢系统，故而对纸质文献不具有破坏作用。且因为纸张孔隙率低，部分特种纸张具备静电吸附功能，甚至有研究人员制成可去除病毒粒子的纸质过滤器[4]。但随着SARS、MERS、埃博拉和新冠病毒等病毒的爆发，病毒的流行严重威胁人类生命健康，影响社会经济生活秩序，研究人员加强了对病毒传播尤其是在宿主体外存活时间的研究，发

---

[1] 褚可成、陈锷、许淑青：《空气中微生物污染现状分析及探讨》，《环境研究与监测》2018年第1期，第18—20页。
[2] 李蔓：《对纸质文物霉菌危害的防治》，《中国文物科学研究》2011年第4期，第34—37页。
[3] 王春蕾、田金英、马淑琴等：《故宫博物院库房的霉菌调查与研究》，《故宫博物院院刊》1997年第1期，第86—91页。唐欢、江洁、范之奇等：《博物馆文物库房空气微生物污染情况调查》，《职业与健康》2015年第15期，第2088—2092页。魏佳茜、韩施雯、丁宇宁等：《某高校图书馆空气微生物污染的调查分析》，《图书情报工作》2014年第S1期，第115—118页。
[4] 田超：《研究人员开发出可去除病毒粒子的纳米级纸质过滤器》，《造纸信息》2014年第7期，第56—56页。

现不同的病毒在不同物体表面存活时间有所不同。SARS病毒在滤纸片表面至少可以存活4—6小时①。新冠病毒在塑料和不锈钢表面存活时间可达72小时②。因此,病毒也应列入潜在的文献有害微生物中加以防范。

(二)细菌、真菌生长繁殖所需营养及环境条件

细菌和真菌的生长繁殖具有共性。生长指的是原生质与细胞组分的增加。繁殖指的是菌体细胞数量的增加,并伴随着DNA的遗传。它们的群体繁殖都遵循生长曲线的规律,即将少量的单细胞细菌接种纯种到一定容积的液体培养基后,在适宜的条件下培养,定时取样测定细胞数量,以细胞增长数目的对数做纵坐标,以培养时间做横坐标,绘制出的曲线为其生长曲线。在此种条件下培养细菌或真菌,可以排除营养、环境对细菌群体生长的影响,得到其自然生长规律。整个生长过程分为4个阶段:迟缓期(细菌和真菌新接种时对环境的适应过程,生长缓慢)、对数期(数量以稳定的几何级数极快增长,可持续几小时至几天不等)、稳定期(随着营养物质的消耗和毒性物质的积累,繁殖速度减慢,死亡速度增加,数量达到峰值)、衰亡期(繁殖越来越慢,死亡菌数明显增多,种群逐渐衰亡)。

细菌和真菌细胞直接同生活环境接触并不停地从外界环境吸收适当的营养物质,在细胞内合成新的细胞物质和贮藏物质,并储存能量。它们需要从外界获得的营养物质主要包括碳源、氮源、无机盐、生长因子和水五大类。细菌和真菌的生长繁殖离不开适宜的环境条件,影响生长的主要环境因素有:营养物质、湿度、温度、酸碱度和氧等。细菌和真菌依赖水分得以存活,环境湿度越大,越有利于其生长繁殖。温度是最关键的环境影响因素,细菌和真菌只有在适宜的温度下才能生存,温度过高或过低将直接休眠甚至死亡。酸碱度可以影响膜表面电荷的性质及膜的通透性,进而影响细菌和真菌对物质的吸收能力。文献有害细菌和真菌一般为好氧菌,随着氧含量的增高,繁殖的数量越多,当氧气含量过高的时候,又会抑制生长③。

(三)病毒的组成与复制

病毒缺乏活细胞所具备的细胞器,如核蛋白体、线粒体等,也缺乏代谢必需的酶系统和能量,其复制是由宿主细胞供应原料、能量和复制场所,因此不能脱离宿主细胞单独在无生命的物质中复制增殖,只能在其敏感的宿主中复制。病毒主要是由核酸和蛋白质组成,核酸即DNA或RNA。病毒核酸携带着病毒全部的遗传信息,其为蛋白质外壳所包围。病毒的复制过程可以总结为病毒与宿主细胞结合,侵入细胞,脱壳释放出病毒基因组,改造利用细胞的生长繁殖功能、进行病毒核酸的复制和转录,合成病毒所需蛋白,最后装配成子代病毒。病毒在宿主体内细胞的复制导致了细胞病变作用,在机体水平有的引起严重的临床病变,有的却不显示临床症状④。以本次新冠病毒

---

① 李敬云、鲍作义、刘思扬等:《SARS病毒在外界环境物品中生存和抵抗能力的研究》,《中国消毒学杂志》2003年第2期,第33—35页。
② 熊传武:《新冠病毒在环境中的存活时间详解》,《食品安全导刊》2020年第13期,第22—25页。
③ 沈萍、陈向东主编:《微生物学》,高等教育出版社,2006年,第120—180页。
④ 谢天恩、胡志红主编:《普通病毒学》,科学出版社,2002年,第48—83页。

为例，不同的感染者临床症状不同，有无病症感染者、轻症、重症甚至死亡之分。

二、文献有害微生物防治

（一）防治目标

文献有害微生物的防治应遵循"以防为主，防治结合"的总体方针。做好预防工作，才能真正意义上减缓文献劣化的进程，才能减少害情治理所带来的二次损伤。同时也应认识到，微生物是广泛分布于空气中、物品表面的，少量存在的微生物对文献和工作人员都无影响，只有其大规模爆发时才称之为有害微生物。有害微生物防治的目标不能也不应定位为给文献营造一个超净绝尘的环境，具体目标应遵循《图书馆古籍书库基本要求》（GB/T 30227—2013）中规定，将空气微生物菌落数限定为 $\leqslant 2500 \, cfu/m^3$。

（二）预防措施

1. 优化环境条件。创造不利于微生物生长所需的环境条件，主要方式包括控制温湿度和制造绝氧环境等，其中效果显著且易于推广的即利用具有HEPA高效过滤系统的恒温恒湿机组控制环境温湿度。根据《图书馆古籍书库基本要求》（GB/T 30227—2013）中规定：善本书库环境温湿度要求达到温度16—22℃，相对湿度50%—60%；普通古籍书库在善本书库规定基础上结合北方地区、南方地区及西北、青藏地区环境差异有所不同[1]。

不同病毒适宜存活的环境条件差异很大，且不会污染文献，但对文献接触人员等易感。中央空调及空调机组系统的使用有利于病毒传播，空调系统中过滤器、新风口和接水盘等处是病毒的主要聚集部位[2]。基于此，病毒疫情暴发期间应对文献保存和应用环境进行分级管理。重点库房、普通库房、办公区域和流通区域的空调系统独立控制。重点库房保持空调机组正常运行，并限制人员出入；其它区域根据文献单位所在地要求制定空调系统运行计划。定期对空调系统易感部位进行消毒，相关工作人员应做好防护措施方能开展工作。

2. 微生物生长情况监测。空气微生物的数量和文献表面的微生物分布情况既能反映空气质量，也能反映文献保存情况。定期开展空气微生物和文献表面微生物监测十分必要。目前空气微生物的监测主要是两种：自然沉降法和撞击法。文献表面微生物则利用灭菌棉拭子擦拭的方式取样。采样后进行培养和分析，计数菌落总数，必要时鉴定微生物种类。病毒检测需要在具备生物安全等级的专业实验室完成，且不同病毒所需采样及鉴定方法不同，文献存藏单位不具备病毒监测相关能力。

3. 建立文献保存及流通过程中的卫生制度。建立文献保存及流通过程中的卫生制度也是文献有害微生物预防工作中的重要一环，既能避免外来微生物入侵文献，又能

---

[1] 卢振：《通风空调系统空气微生物传播与消毒控制方法》，哈尔滨工业大学，2007年。
[2] 陈菲、陶琴、荆秀昆：《监测技术在档案有害生物防治中的应用》，《中国档案》2010年第12期，第62—63页。

避免接触人员的交叉感染。卫生制度应涉及空间环境的定期清洁、人员接触文献时应佩戴口罩和手套，并在接触文献前后洗手等细节内容。

（三）治理措施

被有害微生物感染的文献一经发现应立刻治理，避免造成危害的扩大化，主要治理步骤为隔离、消杀处理、观察和重新入藏。具体隔离和消杀处理方法依感染规模而定。

文献有害微生物的消杀处理主要有以下三类方法：

（1）吸尘器吸附。利用吸尘器吸附文献表面微生物（仍需要后续集尘灭菌处理），是现有文献消杀处理方法中对文献影响最小、最快起作用的一种，缺点在于不能进行大规模处理。

（2）物理方法。对文献进行物理消杀，主要有γ射线或紫外光辐照、臭氧或环氧乙烷气体熏蒸以及干热湿热灭菌等方法。物理消杀方法广泛适用于各类有害微生物，具有广谱高效杀菌特点。但这些方法操作复杂，已知对文献保存寿命影响较大。

（3）化学方法。利用醇类、季铵盐、含氯化合物和过氧化氢等化学消毒剂进行消毒。这类方法对不同微生物的杀灭有较强的特异性，但操作简便。

三、结　论

文献有害微生物以细菌和真菌为主，它们的大规模爆发会给文献带来不可逆的损毁。随着SARS、MERS、埃博拉和新冠病毒等病毒的爆发，为避免病毒侵染文献，使文献成为接触人员交叉感染的支点，应将病毒纳入有害微生物的范畴一并管理。对于文献有害微生物的防治工作应始终遵循"防治结合，以防为主"的原则，重点从加强环境条件控制、微生物监控和建立合理的卫生制度等角度着手，避免文献资源受到损失。在有害微生物大规模爆发感染文献的情况下，应根据感染规模和微生物种类选择不同的方法及时进行治理。

纸质文献霉菌侵害防治方案
——以美国东北文献保护中心为例

□ 张　铭　国家图书馆古籍馆古籍保护科技文化和旅游部重点实验室

霉菌属于真菌，在其生命周期中需要不断从周围环境中获取水分、碳源、无机盐和维生素等营养物质。霉菌通过传播大量的孢子来繁殖，这些孢子在合适的条件下会在空气中传播，并到新的地方发芽。当孢子萌发时，它们会长出毛发状的菌丝，然后产生成熟和破裂的孢子囊，释放出更多的孢子，从而开始新的生命周期。

我国大部分国土处于温带、亚热带区域，夏季温暖湿润，温湿度条件利于霉菌生长，加之图书馆书库大多属于密闭环境，因此霉菌防治一直是图书馆文献保护工作中的重点、要点。有研究统计，书库中常见的霉菌有200多种。纸张中的纤维素、照片中的明胶、文献修复使用的糨糊以及种类繁多的颜料、染料，都是霉菌良好的营养源。霉菌的生长和繁殖会造成上述成分的消耗，而且霉菌菌落本身大多带有颜色，会造成纸质文献上出现大大小小、颜色各异的菌斑，影响阅读和使用。除此之外，霉菌在新陈代谢过程中还会分泌大量的纤维素酶和有机酸，加速纸张酸化和降解，造成纸张机械强度下降[1]。

美国东北文献保护中心（the Northeast Document Conservation Center，简称NEDCC）成立于1973年，位于马萨诸塞州安多佛市，是美国第一个专门从事纸质和胶片类藏品保护的独立实验室。NEDCC可以为书籍、地图、手稿等多种纸质文献提供专业的保护处理措施，其工作目标是促进图书馆、档案馆等机构提高藏品保护能力，为没有内部保护设施或寻求专门知识的机构提供帮助，并在保存和保护领域发挥领导作用。其主要工作内容包括以下几点：

1. 为纸张和书籍保存及其数字化工作提供专业科学的实验室服务。
2. 向收藏机构提供专业知识，以帮助其开展藏品保存、保护相关的调查、研讨会、教育计划、咨询、出版等业务。
3. 提供藏品灾害处理和紧急援助服务，协助制定灾害规划和减灾措施。
4. 提供实习和继续教育的机会，在保护人才的培养中发挥作用。
5. 倡导公众提高对保护问题的认识，督促收藏机构更加重视保护工作。
6. 开发示范项目和保护策略，使其能在该国其他地区推广应用。[2]

---

[1] 忻伟隆、吴丹妮：《公共图书馆文献保护有害生物防治及预案探析》，《中华卫生杀虫药械》2019年第4期，第379—383页。孙广彦：《论档案图书防霉条件及防治》，《黑龙江科技信息》2008年第22期，第169页。
[2] 秦垒、周耀林：《区域性档案保护中心建设研究——基于对美国东北部文献保护中心的经验借鉴》，《北京档案》2016年第7期，第16—19页。美国东北文献保护中心简介，https://www.nedcc.org/book-conservation/about（2020-2-6检索）。

针对纸质文献霉菌侵害问题，作为区域性的文献保护机构，NEDCC有着较系统的预防处理方案，他们将霉菌侵害防治方案分为两个方面：一方面是常规的日常预防原则与措施；另一方面是紧急情况下的抢救原则与措施。本文翻译和整理了其官方网站上公布的霉菌侵害问题的防治方案，希望能为国内图书馆开展相关工作提供参考。

一、预防原则与措施

霉菌生殖发育的终点会产生大量的孢子。这些孢子在释放和传播后一般处于休眠状态，在这种状态下，它们几乎不会造成损害。当遇到合适的温湿度、营养来源以及相对稳定的空气环境后，孢子将会被激活，开始进行萌发。因此，预防霉菌侵害的基本原则就是控制上述环境因素，避免孢子的激活与萌发。

在众多环境因素中，NEDCC特别指出了控制水分的重要性。这是因为霉菌生长最重要的因素就是水分。空气中的湿气是水分的重要来源。因此，相对湿度越高的环境，霉菌就越容易生长。比如相对湿度为80%的条件下，霉菌需要2周时间生长，而在90%的条件下仅需要4天。除此之外，霉菌或者孢子所附着的物体如果含有水分过多的话，也会促进霉菌生长。以图书馆库房为例，这些附着物体可以是纸质文献、函套、书架、墙表、地面等。除了水分之外，环境的温度以及空气流通情况也会影响霉菌生长。温度较高会促进霉菌孢子的萌发并加快其生长速度，如果处于库房或者地下室这类密闭环境，空气流通较差还会导致湿度上升以及更多的孢子沉积在藏品表面。

基于以上环境控制思路，NEDCC提出，通过以下措施，能够有效避免藏品出现霉菌侵害的问题：

1. 保持库房湿度和温度适中且平稳（相对湿度低于60%，温度低于21℃），使孢子保持休眠状态，并进行环境监测，确保温湿度波动处于安全范围内。
2. 保证库房具有良好空气流通环境，并对书箱、函套、囊匣等微空间环境进行监测。
3. 切勿将藏品存放于潮湿空间或易发生漏水的区域。
4. 保持藏品存放和使用区域洁净。因为灰尘和污渍是孢子的重要来源，将藏品放置于柜子、箱子、盒子等保护装置内，可以使藏品远离灰尘。
5. 新藏品入库前应经过隔离并进行霉菌检查。
6. 及时更换暖通设备（包括供暖、通风和空调等）的过滤器，如果多次发生过霉菌问题应更换为更高效的空气过滤器。

二、抢救原则与措施

预防措施实施到位可以在很大程度上避免霉菌侵害问题。但是事无绝对，如果预防措施没有成功，或者发生了水患等灾害，就必须主动采取抢救措施，以降低损失。对此NEDCC提出抢救措施应遵循以下几点原则：

1. 降低湿度。如上所述，水分对霉菌生长十分重要，因此第一时间就要控制环境湿度。

2. 切勿加热。在相对湿度较高且短时间内无法控制，或者水灾尚未干涸的情况下，额外的热量会造成霉菌更快生长。

3. 当藏品处于潮湿状态时，应及时干燥或冷冻。在48小时内完成对藏品的清洁或干燥处理，如果超过48小时，霉菌就会爆发性迅速生长。如果无法实现干燥处理，那么最好的方法是对其进行低温冷冻。

4. 充分考虑健康风险。在工作中要保证从业人员的健康与安全。接触霉菌可能导致身体出现过敏反应，因此所有接触霉菌的人都必须得到适当的保护。手套、护目镜和口罩是最基本的防护装备。

5. 避免采取简单粗暴的除霉方法。如直接在藏品上喷涂洗洁精或者漂白剂，它们或者无效，或者会对藏品造成额外的、不可预见的损害。单纯使用任何一种化学物质都无法阻止再次生霉，而且可能对藏品和人类产生不良影响。

按照上述抢救原则，NEDCC又提出了以下更具体的操作措施：

1. 对已经受到霉菌侵害的藏品或者区域进行隔离。单独的藏品应该移到一个干净的地方（其相对湿度应低于55%），与其他藏品进行空间隔离。为避免在移动过程中散播孢子，这些藏品应密封在塑料袋中进行转移。一旦进入隔离区，应马上将藏品从塑料袋中取出，以防止袋子内形成利于霉菌生长的小环境。如果霉菌侵害问题发生在某个集中区域，可能无法转移数量众多的藏品，此时应该将这些受影响的区域进行隔离，包括此区域的空气循环系统，这样可以避免污染进一步扩大到整个建筑物。

2. 查找霉菌生长的原因，从而避免更大规模的爆发。首先寻找明显的水源痕迹，例如漏水。如果没有明显的湿气来源，可使用监测仪器测量受影响区域的相对湿度。找到霉菌生长的原因后应尽快处理或者予以排除。如果这个问题无法马上解决，那么就应建立持续观察机制，对该区域的环境情况和生霉情况进行持续的跟踪检查。

3. 采取措施改变库房环境，使其不再有利于霉菌生长。清除所有积水。根据库房空间尺寸布置除湿器，除湿器的除湿功率既要有效降低所在区域的相对湿度，又不能过分影响整个建筑的相对湿度。与此同时，要注意除湿器水箱容积，定期排水，以免外溢。采用有效的通风措施，使室内相对湿度低于55%，且温度低于21℃。使用准确监测仪器，监测并记录每天的相对湿度和温度。

4. 对所有接触霉菌物品的人员实施安全防护措施。所有霉菌都对人存在潜在危险，因此，所有接触霉菌物品的人员都应该配戴一次性手套、防护服、护目镜和防护面罩。

5. 对霉菌进行失活处理。失活处理的目的是使霉菌进入休眠状态。处于休眠状态的霉菌外观是干燥的、粉末状的，而不是柔软的和黏糊的。处于休眠状态的霉菌更容易去除。如果受霉菌影响的藏品数量较少，可以将其密封包裹好后放入冰箱或者冷库中进行冷冻。

6. 清理受霉菌影响的藏品。清理受霉菌影响的藏品时不要直接清理活性的霉菌，以及易碎脆化材质的藏品，如粉彩、木炭画或剥落的油漆。清理失活霉菌时尽量在室外而不是在封闭空间内操作。如果必须在室内操作，应该使用带过滤器的通风橱，以便收集霉菌并对尾气进行过滤。而且这个房间（包括暖通系统）应该与建筑物的其他区域分开。

NEDCC认为最简单的去除非活性霉菌的方法是使用低速变速真空吸尘器和高效过滤器来收集霉菌孢子。普通的真空吸尘器吸力太强很容易对易碎藏品造成损伤，还会将孢子排到空气中。对于纸张和纺织品类藏品可以先在它们上面覆盖一层玻璃纤维窗纱，然后再吸除霉菌。进行吸除操作时，真空吸嘴应该在藏品表面垂直上下移动，而不是左右移动。书籍应使用毛刷附件，并在毛刷上完全覆盖厚棉布，以防止纸张碎屑脱落。使用过的厚棉布、真空袋或过滤器等材料，应将其密封在塑料垃圾袋中，并进行相应处理。若没有毛刷附件，也可以使用软刷清理霉菌，轻轻地将霉菌从藏品表面刷脱并吸入真空喷嘴，切勿用力过大将霉菌嵌入纸张纤维深处。

7. 对爆发过霉菌的区域进行彻底清洁。如果该区域很潮湿，首先应该对其进行干燥处理。然后可以使用漂白剂等物质擦拭架子，并在藏品回归之前保持干燥。如果室内有霉味，需要排查霉味来源并进行处理。还要对暖通空调系统（如换热线圈、管道系统等）进行必要的清洁和消毒。

8. 将藏品送回原区域。只有在该区域彻底清洁、干燥并确定和处理霉菌爆发的原因后，才能将藏品送回。

9. 监控库房环境。对库房的温度和相对湿度进行监控，确保环境气候条件适中，从而避免霉菌再次出现。对库房和藏品进行定期检查，以确保没有新的霉菌生长。书籍的装订线和书脊内部是霉菌易发位置，需要重点检查。

三、总　结

由此可知，开展霉菌防治工作一定要树立科学的观念，首先要认识到霉菌的孢子是无处不在的，不可能消灭所有孢子这一基本事实；也要认识到霉菌侵害问题是可防可控的，不是无迹可寻、无法解决的困难；还要认识到控制孢子生长或休眠的关键是控制库房的环境条件。另外，采用现代化的仪器设备也能让霉菌防治工作事半功倍，比如：使用在线温湿度监控系统可以更好地监控库房温湿度情况，及时发现异常温湿度波动；使用脆化纸质文献除尘除霉装置可以吸除附着在脆化纸张上的灰尘、虫卵、霉菌及其孢子等有害物质。

NEDCC对于霉菌侵害防治工作，有十分科学和系统的工作方案，总结起来就是在日常工作中采用积极的预防措施，这样可以有效地避免霉菌爆发；万一出现了霉菌爆发的情况，应及时采取科学的抢救措施，将损害降低到最小。他山之石，可以攻玉，通过借鉴和参考NEDCC霉菌侵害防治方案可以为我国图书馆开展防控霉菌、保护藏品工作提供助力。

浅谈图书馆有害生物综合防治 IPM 管理方案

□ 易晓辉 国家图书馆古籍馆古籍保护科技文化和旅游部重点实验室

对于图书馆而言，针对各类有害生物引发的侵害是日常保藏工作的一项组成部分，这些侵害不仅仅是发生在人的身上，同样也会发生在图书文献上。从载体特征来看，图书文献以纸张为主，主要成分天然植物纤维，易受鼠噬虫咬及霉菌感染。在密集存放环境中，一旦发生虫霉病害，常常会迅速蔓延，造成难以挽回的损失。

为了防止害虫、霉菌等有害生物对于文献的侵害，并对已经造成的侵害及时有效处理，一些图书馆、档案馆和博物馆积极探索科学、系统、规范化的综合防治方案，IPM管理方案便是因此被引入到文献保护领域当中。

一、IPM管理方案的概念

IPM管理方案的全名为Integrated Pest Management，最初用于农田害虫的防治管理，基本概念是一种有害生物的管理系统，按照种群动态及与之相联系的环境关系，应用所有适当的技术和方法，尽可能相互协调，使种群数量保持在经济危害水平以下[1]。随着应用领域的拓展，IPM的含义也逐渐丰富。

对图书馆、档案馆等纸质文献保藏单位而言，IPM则泛指霉菌、虫鼠等有害生物的综合防治，其核心理念是在尽可能少用化学药品的前提下，合理采用综合防治方法来控制图书虫霉病害，突出主动防治而非事后的被动处理。所谓的综合防治方法主要根据危害发生的各项因素，通过诸如环境清洁、温湿度控制、出入口管理、日常检查、敏感点监测及其他各种方式营造一种遏制虫霉生长的环境，将虫霉病害发生的机率控制在最低水平，防止其对藏品造成损害。

二、IPM管理方案缘起

IPM管理方案最早由联合国粮农组织于1966年提出，旨在通过系统规范的防控管理，控制农田的害虫数量。1976年密歇根州立大学首先提出对农作物病虫害进行综合防治的IPM方案，此后这一概念被引入公共卫生领域，并不断完善，在食品卫生领域获得广泛应用。

鉴于其良好的运行效果，1988年联合国教科文组织将其引入到文献保护领域，发布了《图书馆及档案馆有害生物综合防治研究》。国际图联保存保护中心也于1998年

---

[1] 忻伟隆、吴丹妮：《公共图书馆文献保护有害生物防治及预案探析》，《中华卫生杀虫药械》2019年第4期，第379—383页。

出版了《国际图联图书资料保存与处理原则》，推荐将IPM管理体系作为图书虫霉综合防治的方案。

近年来，国外一些图书档案收藏机构逐步将IPM管理方案的基本方法跟文献保护的具体要求相结合，提出可行的保藏环境有害生物综合防治方案。国内有关学者也在积极探索和呼吁引入这一综合防治方案[①]。

三、IPM管理方案的基本框架

尽管被应用在各个不同的领域，但IPM管理方案实施的对象都属于有害的生物。譬如农业中的害虫，食品领域的鼠害虫害，卫生领域的细菌病毒，文献保护领域的霉菌害虫。从防治的体系与策略来看，整体思路基本一致，大致包括以下几方面的内容：

1.掌握有害生物发生的基本要素，制定相应的预防措施。根据被保护对象容易发生的侵害性生物的类型，以及其生存、繁衍、扩散所需要的环境条件，在制定方案时，尽可能规避有利于有害生物生存的条件。以文献保护单位为例，让环境温湿度维持在不适于害虫、霉菌生存的区间，就能够很好地控制虫霉的爆发。在一定区域内保持清洁，及时清理杂物，避免食物进入，可以有效避免鼠害虫害的发生。

2.根据有害生物侵入的可能通道，制定有效的隔离措施。控制环境因素，确保内部不会有适宜有害生物生存的条件，这仅仅是第一步，对外部入侵进行有效隔离，才能确保内部的安全。对于文献保藏环境而言，给窗户、进风口等通道加装防虫滤网；在入口和室外环境之间保留必要的缓冲；对进入库房的文献进行必要的杀虫处理；在库房门口设置防虫地垫、使用鞋套等等，都是隔离有害生物侵入的有效手段。

3.日常检查、监测与鉴定。对内部和外部环境进行定时检查和必要的监测，实时掌握初起侵害的发生状态，并能够对初起的侵害类型进行科学鉴别，确定引发侵害的生物种类。在图书馆、档案馆等纸质文献收藏单位，日常的巡查检查、诱捕装置的监测，及时发现初起虫霉病害的踪迹，有助于在未形成爆发之前对风险进行科学评估，并快速进行必要的处理。对检查发现的霉斑、害虫躯体、排泄物进行鉴定，也有助于制定科学有效的防控和处置措施。

4.制定积极有效的响应方案和处置计划。在确定有害生物侵害的类型、发生阶段、发生规模等基本情况之后，便可以据此制定必要的处置方案，采取相应的物理或化学防治措施，避免危害进一步蔓延扩大。纸质文献的生物侵害以虫霉为主，发生虫害时一般应进行必要的杀虫处理，小规模可以采用冷冻杀虫，大面积则可能需要进行化学熏蒸等杀虫措施。而文献生霉则需要采取必要的手段清除文献上的霉斑，包括可能存在的孢子，实践中一般采用无水乙醇消毒、化学熏蒸等办法。

5.对处置结果的有效性进行评价。在一些无法完全杜绝的侵害类型中，处置方法是否有效意味着未来侵害是否会出现反复。这在农业生产中比较典型。对于纸质文献的

---

① 林明、张靖：《中国大陆图书馆文献保护灾难预案调查》，《中国图书馆学报》2010年第4期，第61—71页。

虫霉病害而言，现有的处理措施并非能够一次解决全部的问题，例如文献生霉之后，想要完全除净几乎是不可能的。所采取的处置方法能否达到预期效果，未来重复发生的可能性有多大，需要进行科学有效的评价，以决定是否需要进行进一步的处理，或者是在后续的工作中能够有针对性地进行重点检查和监测。

四、国外图书馆IPM管理方案实例

鉴于IPM管理方案系统、规范化的运作模式在各类有害生物的综合防治上良好的成效，国外一些纸质文献保护机构也积极探索将IPM管理理念应用于图书档案病虫害的综合防治。如今已有多家图书馆选择使用IPM方案来开展文献保护工作，如日本国会图书馆、美国伊利诺伊大学厄巴纳香槟分校图书馆等。

（一）日本国会图书馆

日本国会图书馆的IPM管理方案始于2007年，当时在东京总馆的主建筑中发生了一次严重的霉菌感染，在霉害治理完成之后提出了该馆的IPM管理方案。该方案由来自文献保护、采访、典阅、后勤保障等部门组成的联络会议负责组织实施，并由文献保护部门主导[①]。

跟标准的IPM管理方案类似，日本国会图书馆的方案主要包括：

（1）预防。通过环境清洁减少有害生物的有利因素。

（2）阻断有害生物入侵的途径。包括库房的密封，使用工作鞋，文献入库前杀虫等必要的措施。

（3）检查和监测。通过建立发现报告制度，使用诱捕装置，日常巡查，温湿度监测等手段，及时发现危害隐患。

（4）响应、处理和恢复。采取相应措施，对发生的侵害进行及时有效的处理。

在这几方面的内容之外，日本国会图书馆的IPM管理方案还非常强调协同合作的重要性，包括内部各部门之间及时的信息交流与共享，确保快速响应；与业内同行积极合作，分享最新的防治技术和理念，不断完善和提高。

自日本国会图书馆启动IPM项目以来，积极推行预防性的保护措施，整个图书馆没有再发生过大规模的霉菌感染，馆内害虫数量也控制在一个相当低的水平之内。

（二）美国伊利诺伊大学厄巴纳香槟分校图书馆

美国伊利诺伊大学厄巴纳香槟分校图书馆也是在2007年的一次严重的曲霉感染之后，开始引入IPM管理方案，首先在其下属的4个分馆试行。该项目由文献保护部门和馆藏管理部门共同负责，并由保护部门主导[②]。其IPM方案主要分为以下几方面的内容：

---

① [日]村本聪子：《日本国会图书馆保存环境控制方案——主要讨论有害生物综合防治(IPM)方面的成果》，《自然因素与文献保护国际研讨会论文集》，国家图书馆出版社，2011年，第72—79页。
② 于沛：《文献保存环境控制IPM方案——以日本国立国会图书馆、美国伊利诺伊大学图书馆为例》，《四川图书馆学报》2014年第6期，第88—92页。

（1）监测。通过诱捕装置监测害虫踪迹，监测库房温湿度降低霉菌风险。

（2）识别与跟踪。对监测到的虫霉害情快速有效识别，形成记录并上报。

（3）处理。按照事先制定的预案，清洁和整治保存环境，及时处理被感染文献。

在试行取得良好效果之后，自2010年开始，伊利诺伊大学厄巴纳香槟分校图书馆开始向各个分馆推广IPM管理方案，统一提供设备和相关培训，实行规范化的有害生物综合防治方案。

从日本国会图书馆和美国伊利诺伊大学厄巴纳香槟分校图书馆的IPM管理方案的具体内容来看，二者基本都是将IPM综合防治的理念跟图书馆的虫霉害情特点相结合，采取切实有效的预防性保护措施，主要通过预防、隔离、日常检查等综合防治措施，将生物侵害发生的可能性控制在最小状态。对已发生的侵害及时干预，采取有效措施进行必要的处理，确保快速准确消除危害。

五、疫情视角下的图书馆有害生物综合防治

文献保藏单位的有害生物防治，传统中基本是针对藏品的保护，主要探讨文献的防虫、防霉。这次新冠疫情的爆发，也为图书馆、档案馆等文献保藏单位提出了新的课题。除了对文献的防护，对于人的保护也应该成为公共文化服务单位的一项重要内容。这方面的保护既包括防止因图书流通、人员接触、空调系统和公共设施设备对读者可能造成的交叉感染，避免纸质文献和公共设施成为有害生物传播的媒介。同样也包括书籍当中的霉菌、螨虫等微生物可能对人体造成的迁延侵染。

从技术的角度来看，对于人的防护和对文献的防护基本思路是一致的，很多技术手段也大致相类。在现有的文献保护体系的基础之上进行必要的升级和完善，使其符合文献防护和人员防护的双重要求，既是对文献保护的整体补充，也是疫情条件下对于公共文化服务所提出的新的挑战。IPM管理方案一直以来都围绕图书有害生物制定防治方案，未来是否有必要将人员防护的需求纳入其中，需要相关行业结合新的形势综合审视。

日本国立国会图书馆的有害生物综合防治和图书除霉操作规范

□ 龙 堃 国家图书馆古籍馆古籍保护科技文化和旅游部重点实验室

日本和中国同属东亚国家，气候条件有相似之处，在藏品保存和保护方面，我国图书馆工作人员可以参考和借鉴日本一些图书馆的操作规程，并结合我国实际情况进行改良和应用，以此提高我国文献保护实力，进一步为我国文化遗产的保存和保护提供技术支持。

本文对日本国立国会图书馆（National Diet Library,NDL）官方网站上相关资料进行翻译和整理[①]，考察该馆有害生物综合防治方法（Integrated Pest Management,IPM），着重介绍对受霉菌损害的图书进行处理的操作规范。

与大多数亚洲国家一样，日本的气候温暖湿润，这就为霉菌和害虫的生长提供了良好的环境，而这些有害生物可能会对藏品产生严重的损害。长期以来，许多日本的图书馆都受到害虫和霉菌的困扰。基于此，日本国立国会图书馆制定了一套控制损害的措施，即IPM措施。

日本国立国会图书馆的IPM主要分为5个阶段：（1）预防。该阶段主要是减少图书馆中能够吸引害虫和霉菌的引诱剂。（2）阻断。该阶段是阻断害虫和霉菌侵蚀的途径。（3）侦测。该阶段的目的是为了尽早发现虫害和霉菌。（4）响应。该阶段主要是针对受到污染和损害的材料，选用合适的措施。（5）复位和处理。该阶段是将处理后的材料放回书架并安全储存。

对于（1）—（3）阶段此处不再赘述，国内文献已有报道，而对于第（4）和第（5）阶段，则需要着重说明一下。当发现藏品受到污染损害时，日本国立国会图书馆在处理时尽量不依赖化学熏蒸试剂，一般采用低氧方法（使用除氧剂或二氧化碳）杀灭害虫，使用乙醇杀灭细菌。同时，也考虑使用新型的方法，例如使用氮气或低温（-20℃以下）的方法进行除虫处理。

日本国立国会图书馆的图书除霉操作的主要方法就是用乙醇消毒剂清除附着在材料上的发霉物质，用吸尘器或刷子清除灰尘。具体操作流程如下：

1.除霉前的准备工作。（1）确保工作人员的人身安全。为了避免吸入和粘附霉菌和霉菌孢子，除霉时应佩戴口罩（市售防尘口罩）、手套（一次性轻薄塑胶手套）、实验室工作服、鞋套等。霉菌会引起人体过敏反应和其他健康危害，身体欠佳的人员不应从事此项工作。（2）将需要处理的材料（藏品）进行隔离，并放入独立的工作区域。受霉菌污染的材料必须取出并隔离起来，以防霉菌扩散污染其他藏品。除霉清洁

---

① http://warp.da.ndl.go.jp/info:ndljp/pid/8929227/www.ndl.go.jp/en/cdnlao/newsletter/068/681.html（2020-2-26检索）；https://www.ndl.go.jp/en/preservation/pdf/cleaning_molddamaged_materials.pdf（2020-2-26检索）。

工作必须远离其他藏品和人员，操作时应保持良好的空气流通。在室内进行除霉时，若使用挥发性较强的乙醇，则要特别注意空气流通。如果可能的话，尽量使用带有高效空气微粒过滤器（HEPA）过滤装置的吸尘器、真空吸尘器或空气净化器，HEPA中足够细密的滤网可以捕捉霉菌孢子。当进行户外处理时，建议在天气条件晴好的时候进行。

2.清除发霉物质。用浸有乙醇（浓度70%—80%）的纸巾擦拭图书受霉菌感染的部位，擦拭时应单方向进行，而不要来回擦拭，以避免污迹扩散。同时，应一直使用纸巾干净的一面擦拭，变脏的一面应向内折叠。需要注意的是，应先在图书的某个角落进行擦拭试验，考察乙醇是否会使需要除霉的表面或其中的墨水褪色。

3.清洁图书。（1）使用HEPA真空过滤吸尘器清洁图书。用粗布或吸尘器自带的特殊吸尘刷覆盖吸尘器的吸入口，然后将书籍表面的灰尘吸走。最好使用能够控制进风量的真空吸尘器。（2）使用毛刷清洁图书。如果没有真空吸尘器，则可以使用毛刷清理灰尘。用力抓住并压紧图书，以防止灰尘进入书页内部，清扫灰尘时，毛刷应顺着除尘操作台吸尘的方向进行顺风清扫。清扫时，需对除书脊之外的三个边都进行清扫。

4.清洁书架和周边环境。在通风良好的情况下，先用湿抹布擦除书架上的灰尘，再用乙醇湿纸巾进行擦拭。同时，还要把书架周围的地板清扫干净。

5.清洁完成后的收尾工作。小心地取下口罩和手套，将口罩和手套的外侧向内折叠，以避免霉菌散落。将用过的口罩和手套装入密封垃圾袋中。用中性洗涤剂清洗真空吸尘器的吸尘刷或除尘用的毛刷，并用水冲洗干净。毛刷部分再用消毒酒精浸泡30分钟，控水并晾干。

6.预防霉菌爆发和复发。预防霉菌的爆发和复发，至关重要的是控制环境。当相对湿度低于60%时，可抑制霉菌的生长和爆发，建议安装空气除湿机以避免形成潮湿的环境，或通过风扇通风提供良好的空气循环条件。对图书藏品应经常清理其表面和存储空间中的灰尘，因为灰尘是霉菌赖以生存的媒介。进入书库时，应换穿书库中专用的鞋子，以免灰尘被带入书库。定期检查图书的情况，尽早发现问题有助于避免霉菌的大规模爆发。

需要注意的是，日本国立国会图书馆在这套操作规范中明确说明，这是根据该馆的经验制定的一套简单通用的处理图书馆图书的操作手册，当需要处理善本古籍或严重损毁的图书时，该馆建议应向文献保护专家进行咨询。

可见，日本国立国会图书馆的除霉操作规范是相当细致的，既考虑了图书的除霉除尘，也考虑了人员的安全健康，还强调了方法的适用情况，是一套相对成熟和安全的除霉流程。

"天禄琳琅"《汉书》修复案例

□ 郭志新　国家图书馆古籍馆

清代乾隆时期是中国古代宫廷藏书发展的巅峰,"掇其菁华,重加整比"而成的"天禄琳琅"善本特藏是其最具价值的部分。"天禄琳琅"藏书刻印精良,书品上佳,足以代表我国版刻印刷的高超技巧,而且流传有序,装帧考究,显示出历代公私藏家的无比珍护。此外,其中多有世间孤本,文献价值极高,为国之重宝。

"天禄琳琅"藏书作为清代内府善本专储,自建立到20世纪50年代,经历了二百余年的坎坷磨难,历尽炙、盗、兵、蠹,损失泰半[1]。散存于大陆图书馆、博物馆等公藏单位的天禄藏书,目前知见379部,以国家图书馆数量最多,计270部,是海内外收藏"天禄琳琅"宋元本最多的一家。

虽然贵为皇家藏书,"天禄琳琅"存到现在,有些书也已经破损得十分严重,无法进行正常展阅,破损原因也错综复杂,且存在进一步恶化的隐患,亟待进行抢救性修复。为此,国家图书馆在2013年启动了中华古籍保护计划实施以来最大的一次针对珍贵古籍的专项修复项目——馆藏"天禄琳琅"修复项目。它是国家图书馆继成功修复《赵城金藏》《永乐大典》、西夏文献、敦煌遗书等珍贵文献之后,又一次文物级别高、数量大的专项修复工程。

一、《汉书》介绍

《汉书》开创了我国以纪传断代为史的编纂体例。作者班固,字孟坚,扶风安陵(今陕西咸阳市)人。班固受家庭环境的影响,9岁便能诗文。16岁入洛阳太学就读。23岁因父丧回家乡,随即着手整理班彪所作《后传》,有志完成父业。东汉明帝永平元年(58),班固开始编纂《汉书》,前后经过二十多年,直到东汉章帝建初中叶,基本完成。《汉书》上起汉高祖,下终汉平帝、王莽之诛,包括西汉一代二百余年的史事,凡百篇,共八十多万字[2]。其中有些篇因篇幅太长,被后人分成上、下卷,或上、中、下卷,实际上共有一百二十卷。以下为"天禄琳琅"专藏中《汉书》册五(卷十七)的修复过程。

---

[1] 刘蔷:《天禄琳琅研究》,北京大学出版社,2012年。
[2] 赵淡元:《中国历史要籍介绍及选读》,高等教育出版社,2011年,第118—119页。

二、《汉书》册五的基本情况

《汉书》册五（卷十七），藏品号18636，属"天禄琳琅"藏书，为元大德九年（1305）太平路儒学刻本。此书为四眼线装，宽18.5cm，高28cm。共有书叶34叶，均为外粗内细的双边版框，版心有一对相对的黑鱼尾，白口。在书的背面有书衣一个，包角已完全缺失，书中夹有护叶上的印章残片。

此书破损原因为磨损、褶皱、撕裂、缺损、霉蚀、糟朽、粘连、水渍等，其中霉蚀、粘连、缺损、糟朽为主要原因，破损级别为重度破损。修复的难点为分离书叶与衬纸、去霉、染配书衣、拼对补破等。在着手修复《汉书》之前，首先对其进行拍照（图1、图2），填写修复档案。

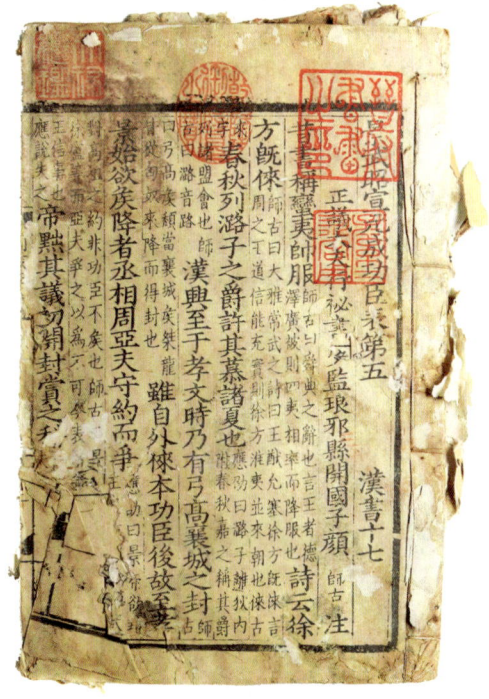 

图1　正面封面和前护叶缺失　　　　　　　图2　背面书衣

三、制定修复方案

针对文献现存的基本状况和破损原因，制定修复方案：对书进行拆解，分离书叶和衬纸的同时进行标页码、书叶除尘和除霉的清洁工作；染制修补书叶、护叶用纸和溜口纸，染配书衣，染制包角所用的绢；进行溜口、修补和拼对，把文献脱落、夹杂的残片一一拼对还原上去；进行最后的订纸捻、包角、上皮、订线，完善修复档案的工作。

四、修复过程

（一）拆解

原来的书线已经严重老化断裂，拆掉的书线放到自封袋中保留存档，以便后续在染制书线的步骤时有迹可寻：按照原来书线的质地、粗细进行选择，按照原来书线的颜色进行染制。由于文献霉蚀、糟朽，整册书的书叶纤维韧性差，在翻动过程中容易造成二次损坏。对于书叶脱落或夹杂的残片，也要保存记录好位置信息，以便准确拼对和还原上去。为了尽量减少在拆解过程中的翻动次数，标注页码和分离书叶与衬纸（图3）同步进行。

由于历史上保存不当，经历受潮和霉菌的侵蚀，衬纸和书叶已经粘连在一起，很难被完整地揭开。需要用竹起子插进衬纸与书叶间的空隙处，起子头部贴着书叶慢慢移动，注意保持起子的角度，不要损伤到书叶。当觉得移动受阻时，改变起子方向或另外挑选空隙，一点点进行分离。衬纸被霉蚀后失去韧性，纤维断裂，部分甚至板结呈粉末状，需要用竹起子轻轻刮掉，然后用软毛刷在通风橱内进行清扫，将霉菌和尘土也一并清理干净。注意要顺着污染区域由内而外扫除，不要污染到没有受到霉蚀的地方。假如霉污不易清扫掉，可以使用软橡皮或面团去除。面团用面粉加适量的水和成，以不掉面粉不粘手为宜，静置一会后，取一小块在有霉污和灰尘的地方轻揉，脏了再换新的面团。书叶上残留的衬纸用镊子夹掉，或者用指腹轻轻搓干净。

书叶上霉菌的年代久远，已经失去了活性。现在文献的存藏环境恒温恒湿，霉菌很难再生长和繁殖，霉蚀的面积基本不会再扩大。此种情况下，没有选用药水除霉，避免药水的残留对文献造成二次伤害。

图3　分离书叶与衬纸

在拆解过程中发现附在最后的书叶和书衣并不属于此册，记录下发现的位置，并用纸包好保存起来。

（二）染纸、染绢、染书线

染修复书叶用纸：找质地、帘纹、薄厚一致的竹纸染色做旧后作为补纸。把橡碗子、普洱、黄柏经过清洗、浸泡后煮开两三次，过滤后兑在一起，用纸条试色调整比例，配成需要的颜色。染液中还加了少量的墨汁以作旧色。把热的染液倒入不锈钢水槽中，竹纸裁成四周略小于水槽的尺寸。取一叠竹纸浸到水槽中，待其充分吸收染液后提起纸的两端，放到支成斜坡的裱板上控走多余的染液。用圆木棒从上往下擀走气泡和多余的水分。把这叠纸放到晾纸架上晾一会后再分成几小叠，干燥后进行分离。用来溜口和局部加固托裱的薄皮纸也按此法染制。

将另一部分染液过滤后稀释，染几张颜色略浅于书叶的护叶纸。

染配书衣：书衣为旧土黄色，是染色后表面经过洒金的纸。备好宣纸裁成合适的大小，用藤黄、赭石、明胶、墨和高岭土配成一定浓度的染液，过滤后在宣纸上刷染，因单张不容易染色均匀，所以采用叠刷的方式进行染色，染完后把整叠纸倒扣静置几分钟，使颜色更加均匀。之后逐张揭开，再利用纸筒、金箔和黄豆等在染色的纸上均匀洒金箔，利用纸上未干的胶固定，略等片刻，至纸张稍干再垫化纤纸，用棕刷排刷，使金箔牢牢地与染过色的纸结合在一起。待其干燥后再在洒金的背面托一层纸使厚度与其他书衣保持一致，上墙绷平备用。

用赭石、藤黄、花青和墨配成旧米黄色，过滤后刷染托过的绢，把色绢上墙绷平干燥后作为包角的材料。

取一部分染液调好深浅并过滤后，和事先绕好的线一起放进锅里煮一会儿，捞出线晾干，并绕在纸板上保存以备装订时使用。

（三）拼对、修补书叶

霉蚀、磨损、撕裂等因素导致书叶破烂不堪，一叶纸的内容可能七零八落分散在不同的书叶里，给拼对带来很大困难。想要把这些碎片最大限度地拼凑完整，不仅需要很强的观察力和动手能力，还需要很好的耐心。明代周嘉胄在《装潢志》中提到"补天之手，贯虱之睛，灵慧虚和，心细如发"，便是古籍修复师应具备的本领。

取一张化纤纸放在透光补书板上，把一张糟朽褶皱的书叶连同属于此叶的残片放置其上，先粗略地摆放好位置，然后根据书叶中缺口形状、界栏、钤章、文字笔划等特点，借助镊子、针锥再次调整定位。"天禄琳琅"藏书玺印钤盖统一，前后靠近书叶的护叶上，从上至下依次钤有"五福五代堂古稀天子宝""八征耄念之宝""太上皇帝之宝"三枚朱文大方印。把残破的印章依此拼对并进行修补（图4—图7）。

用毛笔蘸清水展平书叶和残片，有水渍脏污的地方适当多上一些水，用毛笔轻轻按压挤出脏污的水分并用毛巾吸走。再用干净潮湿的毛巾卷轻按书叶使其固定在化纤纸上。毛笔蘸稀糨糊涂在缺损和裂缝的边缘，用补纸和薄皮纸进行补破和溜口，絮化的地方用薄皮纸局部托裱加固。

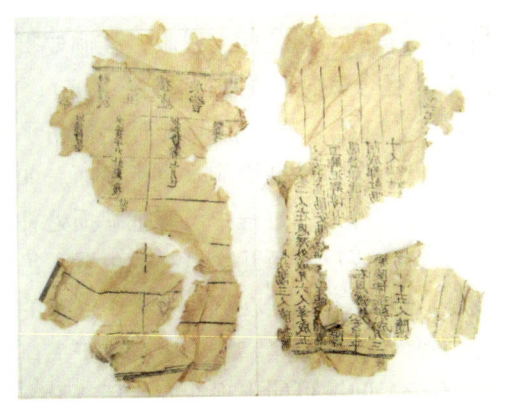
图4　把残片摆好位置

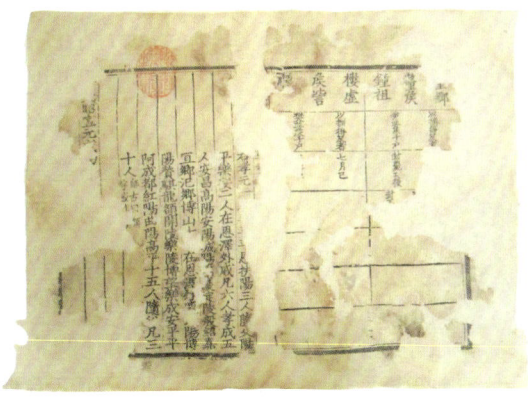
图5　展平并修补

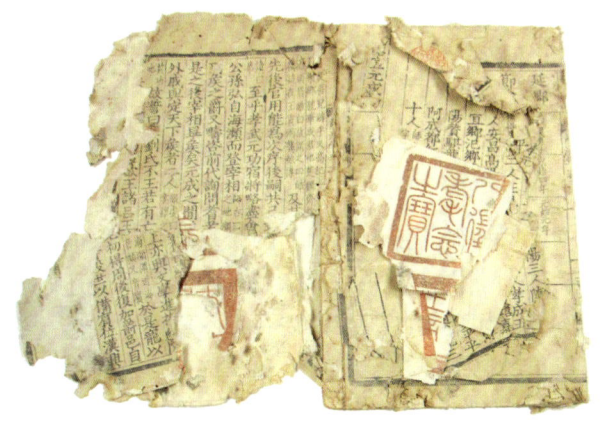
图6　残损的印章

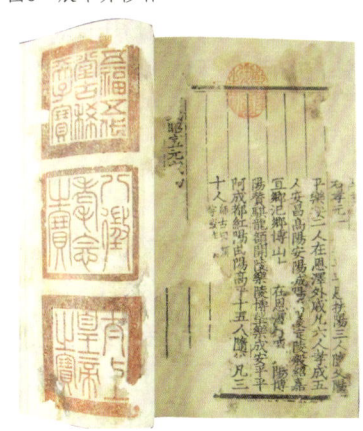
图7　拼对后的印章

（四）压平、折页、放衬纸

修补好的书叶晾干后上下垫吸水纸喷潮压平。待书叶、护叶压平后进行折页并再次压平。取出较为完整的一叶以此为标准剪齐书叶。虽然原书叶中有衬纸，但是考虑到大部分衬纸经过受潮霉蚀后失去韧性，已经糟朽不堪，没有再还原的必要，所以选用与原衬纸质地、薄厚一致的竹纸来代替衬纸。将书叶分成小叠并锤平，放入事先折页压平的衬纸，使书口处重叠在一起，裁齐多余衬纸，墩齐下脚、齐栏后上压力机压实。

（五）齐栏、包角、装订

取出压平的书叶，为了减少对书的伤害，按照原来的纸捻位置订纸捻。算出包角的大小，剪下合适尺寸的绢进行包角。把书皮纸下墙打蜡后用砑石砑光。将砑光后的

图8 装订后的效果

书皮放在最上面的护叶上，比照书的大小，沿书口和书背边缘分别回折进去一长条，并在书背处靠近纸捻位置点两三点糨糊固定。另一张书皮亦按此方法进行操作。剪去上下边多余的部分。靠近书口的位置跟护叶回折的部分粘在一起，靠近书背的一边扎四个线眼，孔洞要贯穿上下书皮，然后取长度合适的书线进行装订（图8）。

装订的标准是书平口正。即书置于桌面上各角平齐，不能一边高一边低；书口的截面应垂直于桌面。如出现书不平，则可能是在锤书的过程中没有把缺损处补纸重合的位置锤下去，需要反复锤几次修补的位置，最终达到想要的效果。另外，有时候在订线过程中，线的松紧控制不当，若书背处订得过紧，平放后会低于书口处。如果发现书口不正，问题可能出现在齐栏环节没有认真齐好，或装订时不小心碰到了齐好栏的书叶。所以装订时要在书上放置尺板和铅块，保证全部书叶在用书锥订眼时保持原位不移动。在下纸捻的时候也压上重物，保证书口在穿纸捻和打结固定纸捻的时候不发生倾斜。

五、结　语

无论在修复材料的选用还是染色方面，要遵循"整旧如旧"的修复原则，保证修复后的古籍保留之前的风貌（图9、图10）。另外，对于原书中夹杂的残片要尽可能还原。此册书末尾的书叶和书衣经过判断不属本册，切莫和此册装订在一起，要单独保存，待修复完成后，一并上交。为了达到书平口正的修复要求，在齐栏和装订环节也要谨慎操作。对于缺失书衣和包角的书籍，要参考其他卷册染制，达到整体的协调与统一。

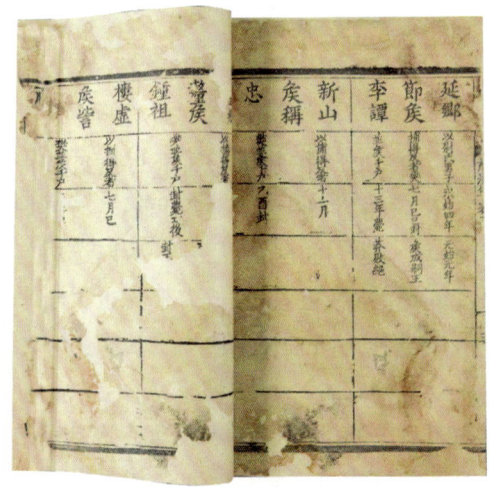

图9　修复后的书叶

图10　修复后的护叶和第一叶

天坛藏清道光刻本《太常寺则例》修复方案的制定与思考

□ 王　岚　首都图书馆

近年来，随着国家对文化发展的重视，在全国各地的文物普查工作中，清点出大量破损严重、亟待修复的古籍文献，其中不乏珍贵善本。天坛公园所藏的清道光内府刻本《太常寺则例》是留存在皇家坛庙天坛中的一套古籍。2019年，天坛公园委托首都图书馆古籍修复组对此套书进行修复。

据《续汉书·百官二》所载，太常"掌礼仪祭祀，每祭祀，先奏其礼仪"[①]。太常寺是清代掌管坛庙祭祀礼仪的机关，设于顺治元年（1644），原隶属礼部。顺治十六年（1659）由礼部分出，康熙二年（1663）又改归礼部所属；康熙十年（1671）又划出。雍正元年（1723），始特简大臣总理寺事。乾隆十四年（1749），定由礼部满尚书兼管寺事。光绪三十二年（1906）官制改革，将太常寺并入礼部。则例，即各衙署行政法规、条例和办事规则的汇编。

《太常寺则例》详细记录了清代北京各坛庙祭祀的礼仪规章，贡品礼器摆放方式，以及供奉的食材、香火用量等大小事宜，是研究我国古代皇家祭祀礼仪文化的重要典籍之一。按照《中华人民共和国国家标准GB/T 31076.1—2014汉文古籍特藏藏品定级》，该书被定为三级丙等，属清内府善本。

此套《太常寺则例》册数较多，由于常年存放在天坛的古建内，未经妥善保管，破损状况不容乐观。初步判断，需要拆开书，逐叶进行修补。工程浩大，需多人配合，共同完成此套书的修复工作。前期制定修复方案也要具体落实在文字中，逐条列出，为修复人员提供参考依据。

一、古籍保存现状分析

（一）书体外观描述

1.书体外观：《太常寺则例》（图1）为四眼线装，刻本，版框为墨色乌丝栏，半叶九行，行二十字，书口上有鱼尾，每叶均有衬纸。书皮为黄色绫子；每册书有两枚书签，一是书名书

图1　清道光刻本《太常寺则例》

---

① 刘文瑞：《中国古代政治制度（上）：皇帝制度与中央政府》（修订本），中国书籍出版社，2018年，第206页。

签,一是记录卷名索引的书签;另外,书皮右上角和书脊处贴有现代书标。订线为黄色丝线,已断裂,也有后人用白色棉线续接的痕迹。

2.破损状况:《太常寺则例》作为天坛所藏文物,长久以来一直封存在天坛古建中,古建四周草木丛生、鲜有人迹。四季的温湿变化对古籍造成了严重伤害。虽然书体看上去比较完整,并没有大面积撕毁、火烧等缺损,文字墨色也完整清晰。但实际上该书的纸张严重酸化,书口全部开裂;书体四周磨损、缺失较多(图2—图4)。纸张边缘已经粉化,用"一碰就掉渣"来形容也不为过。初步诊断,每一叶四边都要接纸并加固,修复所耗工时比较长。

图2　书口全部开裂　　　　　　　　　图3　书叶边缘酸化严重

图4　纸张边缘脆化状态

(二) 纸张检测分析

制定修复方案前,先对古籍纸张进行检测。国家图书馆古籍保护实验室的检测报告(表1)显示:《太常寺则例》书叶纤维成分为60%青檀皮、40%稻草,pH值4.5。衬纸纤维成份:50%青檀皮、50%稻草,pH值4.6。

当纸张的pH值低于7,就属于偏酸性了,此书pH值仅4.5左右,说明纸张酸化极其严重。

表1　书叶及衬纸成份、pH值检测结果

天坛藏书（清）道光刻本《太常寺则例》检测指标				
书叶规格：	33 cm × 23 cm		纸张厚度：	0.06—0.07 mm
书叶成份：	青檀皮60%；稻草40%		书叶pH值：	4.5
衬纸成份：	青檀皮50%；稻草50%		衬纸pH值：	4.6
检测单位：	国家图书馆古籍保护实验室			
附注：	内叶和衬纸老化严重			

二、修复方案内容

（一）订制修复方案

与以往个人负责一套书的修复不同，《太常寺则例》由于册数较多、破损严重等缘故，经商议，由修复组成员共同合作开展修复工作。

为确保修复方法的一致，采取先试修一册书，对修复中的各项工序分类细化，予以文字记录，总结出具体修复方案，作为后续工作的参考指导。

修复方案必须遵循一定的修复原则：

1.修旧如旧。修复时要保留书籍原貌，不可任意改变原书装帧形式。

2.根据《古籍修复质量规范与技术要求（GB/T 21712—2008）》，做到最小干预，避免过度修复。

3.可逆性原则。修复后的古籍，必要时可采取措施比较容易地把修复材料从古籍上取下来。①

除以上修复原则外，留存修复前后的对比照片，修复过程照片，并详细记录修复方法。

（二）书叶清洗脱酸

清洗脱酸是进行修复前的必要工作。首先确定栏线和文字墨色不会扩散、洇晕。拆开书册，书叶编号。水槽里垫高丽纸，书叶按顺序码放，再盖上一张高丽纸。用75℃左右的热水冲洗，浸泡，倒出洗书水。连续三次，清除书叶表面污渍，增加纸张柔韧性（图5）。

图5　清洗书叶

（三）选配补纸

1.根据原书叶纸张特点，选择扎花皮纸、薄桑皮纸、薄三桠皮纸相互搭配修补。

---

① 杜伟生：《古籍修复原则》，《国家图书馆学刊》2007年第4期，第82页。

扎花皮纸与薄桑皮纸同属皮料纸，与原书纸成份一致，用来修补缺损和溜书口；三桠皮纸质地薄软，用来加固纸张边缘。

2.染料配制：古籍书叶因纸张老化，书叶中间为淡黄色，四周边缘加深为赭红色。两种颜色差异较大。研究分析二者色差，选择两色之间的颜色明度作为染色标准，调配补纸颜色。

染料用橡碗子加红茶、普洱茶混合熬煮4—6小时，采取拉染和刷染两种方法为补纸上色（图6、图7）。

图6　染好的纸进行晾晒

图7　染纸与原书叶进行对比

（四）书叶修复步骤

1.溜书口：开裂的书口使用薄桑皮纸进行溜补连接。

2.补缺损：书口和四边缺损较多的部分，需要接补纸。用染色的扎花皮纸修补，镊子撕出搭口。因全书破损位置大致相同，为保证修完成后书册厚度一致，每一叶接补的搭口应宽窄错落，搭口较窄处用薄三桠皮纸加固（图8—图11）。

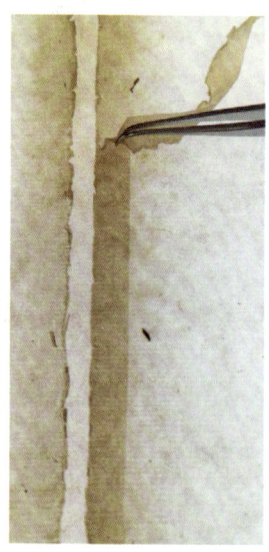
图8　镊子撕出补纸搭口

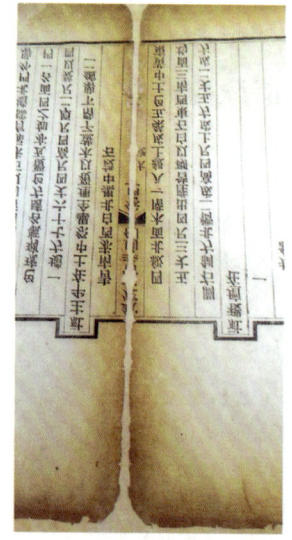
图9　书口修补后的效果

图10 接补,撕去搭口处多余纸张

图11 接补后裁齐的效果

3.加固边缘:对书叶边缘的脆化进行加固。薄三桠皮纸裁成宽窄不一的纸条,溜补修复的位置(图12)。由于每一叶都接了补纸,具体操作中,要权衡书册厚度来决定整体溜补或是断续溜补(图13、图14)。

图12 使用薄三桠皮纸加固修补书口

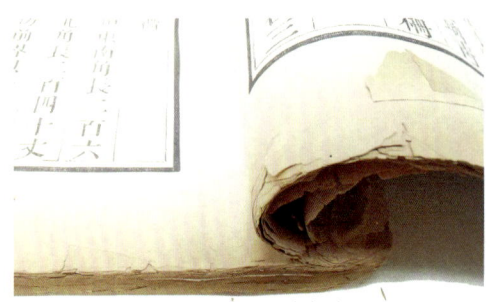

图13　修复前的纸张边缘　　　　图14　修复后的纸张边缘

4.喷水压平：修补好的书叶上下垫撤潮纸，放置压书板下喷水、压平（图15）。压平后对折（图16），锤平书叶，放书板下继续压平，压平后再将书叶固定到一起（图17）。

图15　喷水压平

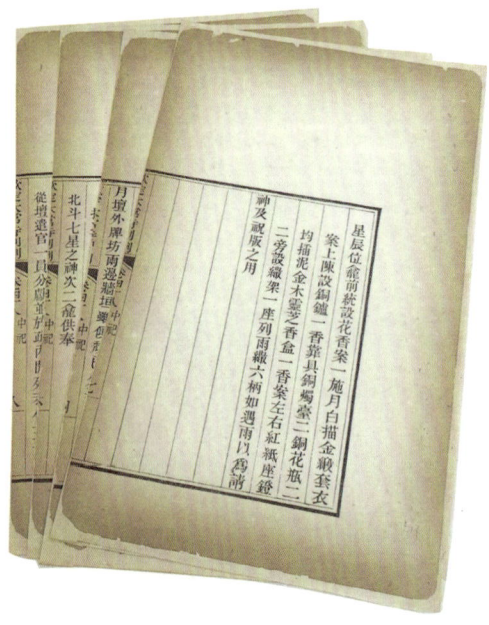

图16　修复后对折书叶效果

图17 修复后书芯装订效果

（五）书皮和书签的修复步骤

1.书皮修补：《太常寺则例》书皮为织有云纹的黄色绫子，四边磨损，有丝线脱出，褙纸老化严重。书签覆盖的地方保有原来的亮黄色（图18）。

由于没有找到合适花纹的绫子，暂定用染色薄桑皮纸两层叠加，使颜色和厚度接近书皮。先揭下书皮褙纸（图19），薄桑皮纸接补书皮，搭口略小；再补第二层，搭口宽出盖住第一层搭口。用薄皮纸托新褙纸，四边预留一定的纸量用作装订扣皮时的余量，修复后的书皮要求平整，无皱折、糨糊痕或指甲划痕（图20、图21）。

图18 揭下书签后的书皮　　　　　　　　图19 揭下书皮褙纸

图20　修复后的封面　　　　　图21　修复后的封底

2.书签修补：书名书签缺损较多，需揭褙纸、修补、重托、喷水压平；卷册书签较完整，只作清洁去污处理（图22）。

图22　修复后的书签正面与背面

三、修复中遇到的问题及处理办法

（一）衬纸的处理

《太常寺则例》每叶均有双层衬纸，经国家图书馆古籍保护实验室检测，酸化严重,在紫外线灯光下有明显霉斑,热水清洗后仍清晰可见。说明霉菌渗入纸张纤维中并产生霉变,霉菌难以清除,会影响古籍寿命。根据专家建议,并与天坛公园协商,采用颜色相近的纯皮纸换下原衬纸。撤下的衬纸按书名编号,交付收藏单位妥善保管。

(二)包角的处理

每册书上下均有包角残留的绫子边(图23),在修复后,要用同色系绫子重新做包角。

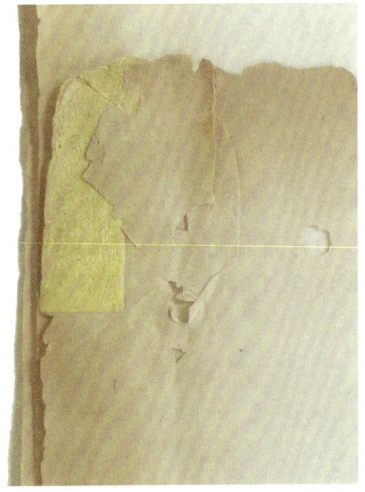

图23 残留的包角绫子

(三)不干胶书标的处理

每册《则例》贴有两张现代书标,一个在书皮右上角(图24),另一张贴在书脊处(图25)。用水将书标润湿,揭下,交还天坛保管。

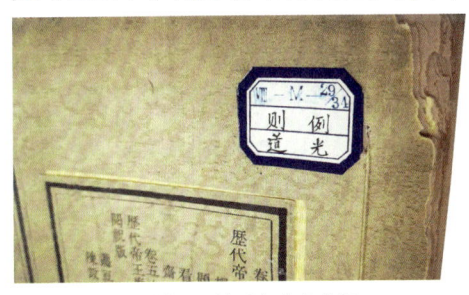

图24 封面上现代书标

图25 书脊处现代书标

四、修复方案制定中的几点思考

(一)装订步骤暂未列入方案中

因为全套《则例》册数较多,为保持外观的整体一致,暂定修完一批书芯之后,统一上书皮和包角。修完后的书芯先以纸捻固定。量好书体尺寸制作一个模板,每册均按模板尺寸裁齐。

后期装订方面，除必须保持原有装帧样式外，具体步骤方法因未操作，故而暂不详细写入方案中，有待工作中继续探讨完善。

（二）根据工作随时调整修复方法

1.分批染纸的色差问题。植物染料手工染制的补纸，在同批次不同纸张之间、不同批次所染纸张之间均有一定的色差。修复人员选择补纸时，要多观察每册书的老化程度，避免接补所用纸张颜色有过大差别。

2.接补位置的厚度问题。这套书的破损部位较为集中，接补纸的位置主要在天头、地脚。整套书册数又较多。因此每一叶补纸搭口需注意宽窄错落。参与修复《则例》的工作人员也要及时沟通，随时将修完的书册统一摞在一起，查看接补位置的高度，确保全书厚度的整体统一。

3.书皮和包角的一致问题。修复前，裸露在书脊外的包角全部脱落，仅剩书叶里残留的绫子边料。制作新包角时，应按照原包角染色，并和书皮及书皮补纸颜色相协调，不能差别过大。选择何种颜料染制，还需在修复过程中作商讨。

五、结 语

在以往的工作中，一套古籍的修复大多由个人负责，修复方案的制定通常是口头表述或做到自己心里有数即可。但像《太常寺则例》这样册数较多，需要多人配合修复的善本古籍，将修复的具体措施落实在文字上，更有助于工作的推进。

制定修复方案的过程，也是记录整理古籍破损情况和规划修复方法的过程，同时对操作中面临的问题进行全盘考虑，提前罗列相关问题和解决办法，为修复人员在工作中遇到问题及时提供参考依据，也为后期完善修复档案打下基础。

文献采访

法文本《论语导读》入藏国家图书馆始末

□ 赵大莹　国家图书馆古籍馆

2019年3月，一则国礼消息引起了中法两国文化界的广泛关注。这件别出心裁的国礼是法国总统马克龙在尼斯会见习近平主席前，赠送的1688年法国出版的首部《论语导读》法文版原著（*Confucius ou La Science des Princes*）。习主席表示："这个礼物很珍贵，我要把它带回去收藏在中国国家图书馆。"①消息一出，古籍馆工作群里就传开了，大家都很兴奋，期待早日见到它的真容。

同一天，我接到了北大图书馆特藏部张红扬老师的电话，咨询这个书的版本和国家图书馆是否有此书的复本收藏。当时能查到的提到此国礼版本情况的只有新闻的简要报道，报道说是出版文献，我们就都默认这部《论语导读》法文版是印本，因此在馆藏目录中检索的时候，我们查到国家图书馆有殷铎泽（Prospero Intorcetta, 1626—1696）等所译《中国哲学家孔子》（*Confucius Sinarum Philosophus*），1687年巴黎初版拉丁文印本，以及1688年阿姆斯特丹出版的法文印本。北京大学图书馆藏有西蒙·福歇（Simon Foucher, 1644—1696）《中国哲学家孔子的道德》（*La morale de Confucius, philosophe de la Chine*），1688年阿姆斯特丹法文印本。福歇的著作，国图只有1844年的再版印本。关于《论语导读》的作者佛朗索瓦·贝尼耶（François Bernier, 1620—1688），《巴黎人报》3月23日的报道说："这是首部孔子著作的法文译本。孔子是中国文化的重要代表之一，这一点在17世纪的医生、探险家佛朗索瓦·贝尼耶的笔下有所记录。"②这里提到了作者是探险家，而国图藏有贝尼耶的探险笔记《贝尼耶旅行记》（*Voyages de François, Amsterdam*, 1724）。显然上述藏品都不符合新闻中提

---

① https://world.huanqiu.com/article/9CaKrnKjkcX（2019-3-27检索）。
② Ava Djamshidi, "De Confucius à Hélène Rollès, les coulisses de la visite du président chinois en France", Le Parisien, Le 23 mars 2019 à 20h41, https://www.leparisien.fr/politique/de-confucius-a-helene-rolles-les-coulisses-de-la-visite-du-president-chinois-en-france-23-03-2019-8038332.php（2019-3-27检索）。

及的信息。那么这部国礼到底是一部什么样的书呢？只有看到实物才能加以判断。

2019年7月22日，《人民日报》登载了龚鸣撰写的文章，说明此件国礼乃是"手稿"，法国共存两本，"一本送给了习主席，另一本就存放在阿瑟纳尔图书馆"（按：Bibliothèque de l'Arsenal，或译阿森纳图书馆）[①]。文章还指出，这件国礼是"吉美博物馆馆长马嘉丽女士的提议"，且澄清了部分关于吉美博物馆藏有一部复本的误解。

一、《论语导读》的来源

2019年10月9日，我有幸随同古籍馆副馆长陈红彦前去外交部欧洲司取回《论语导读》。在移交文献的时候，我们得以亲见这件国礼的真实面貌。保存良好的黄褐色犊皮装帧，带着淡淡的染色斑纹，书脊有矩形无色凹凸压印线条，并有烫金题名和装饰，飘口烫金，书口刷红，环衬叶使用染纹纸（图1）。这种环衬叶的样式，与我之前在法国国家图书馆的Gallica数据库中看到的《圆明园四十景图》铜版画相比，图案非常相似（图2）。据修复组同事胡泊介绍，环衬叶的染纹纸效果，在17—18世纪的手工染纸时代，是判定来源的有效依据。因为即使同一个作坊，不是同一批做出来的染纹纸，图案也会不同。因而参照《圆明园四十景图》法藏本，可以推断《论语导读》的装帧年代。根据数据库公布的藏书票图像，可知法藏《圆明园四十景图》为法国第五位绍讷公爵（Duc de Chaulnes）、天文学家达利（Michel-Ferdinand d'Albert d'Ailly，1714—1769）的旧藏书。根据其活跃年代，推断此书应为18世纪的装帧。

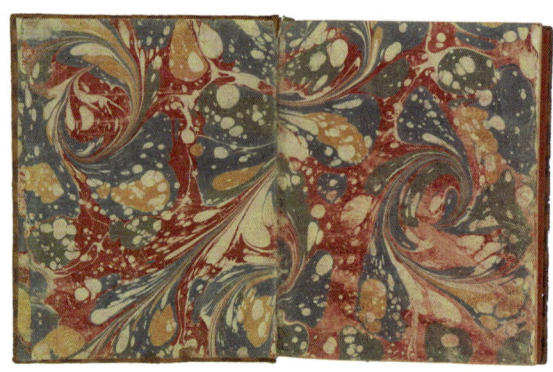

图1 《论语导读》国礼本环衬叶　　　　　图2 法藏《圆明园四十景图》的环衬叶与藏书票

在查询此书相关信息时，展览部雷强给我提供了一则古书拍卖信息。从封面外观看（图3），拍品外观跟移交而来的《论语导读》（以下简称国礼本）一致[②]。网站拍品照片只有封面和首页，其外观和首页信息与国礼本一致，可惜交易信息已关闭，无法确认更多细节。

---

① 龚鸣：《国礼〈论语导读〉背后的故事》，《人民日报》2019年7月22日，第7版。
② http://philocorpus42.fr/product/confucius-traduction-francois-bernier/（2019-10-12检索）。

在巴黎德鲁奥（DROUOT）拍卖行拍品中，我也发现了此书的更多信息。其拍品号为130①，从拍品照片和信息描述上看（图4），外观与内叶与国礼本完全一致。

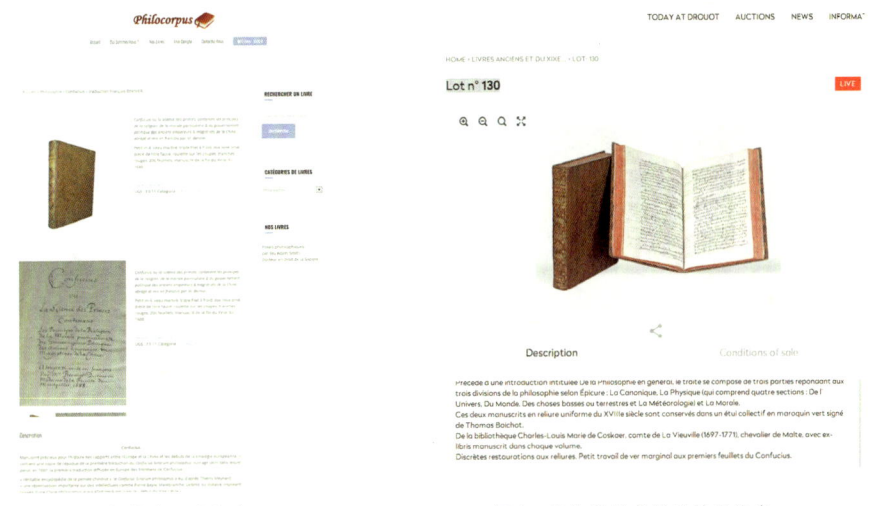

图3　古书拍卖网站信息　　　　图4　德鲁奥拍卖行的拍品信息

此网站对拍品的版本、底本与译本内容、题记以及书况的描述，非常详细，可以与国礼本两相对照：

（1）版本：拍品信息照录了题名页内容，即完整题名、作者与版本信息、叶数，指出此为17世纪末写本，共206叶。

（2）底本与译本内容：此作品以1687年版拉丁文《中国哲学家孔子》为底本译为法文，是反映孔子学说传入欧洲的历史的珍贵写本。

（3）题记：书前护叶有手写题识，表明旧藏者为夏尔-路易·马里耶（Charles-Louis Marie，1697—1771），他是马耳他骑士（chevalier de Malte）。

（4）书况：装帧上有部分修复痕迹，第一部分靠近书脊处略有虫蛀。

上述信息与国礼本完全相符（图5、图6），表明国礼本的确来自古旧书拍卖渠道，并非公藏机构藏品。结合前引龚鸣文章，可以知道法国保存的贝尼耶手稿，应该是在阿森纳图书馆。根据该馆的藏书目录，可知该馆有两部藏本②。因此，"仅有1本"的表述也不够准确。

2020年10月，央视国际记者赵翠云在拍摄国礼本的纪录片时，告诉笔者，据他们在法国的朋友提醒，吉美博物馆没有《论语导读》藏本，这份国礼是根据吉美博物馆馆长马嘉丽女士建议而选定。这个信息与龚鸣文章相符。因此，此部国礼本被选赠给习主席的过程应该是：2015年陶西格（Sylvie Taussig）、梅谦立（Thierry Meynard）完成阿森纳图书馆的两部《论语导读》抄本校勘并出版排印本，此书价值再度为学术界

---

① https://www.drouot.com/lots/9835461?actionParam=&controllerParam=&fromId=&controller=lot&action=publicShow&id=9835461&lang=en（2019-10-12检索）。

② Henry Martin, *Catalogue des manuscrits de la Bibliothèque de l'Arsenal*, Tome 2, Paris, 1886; Tome 3, 1887.

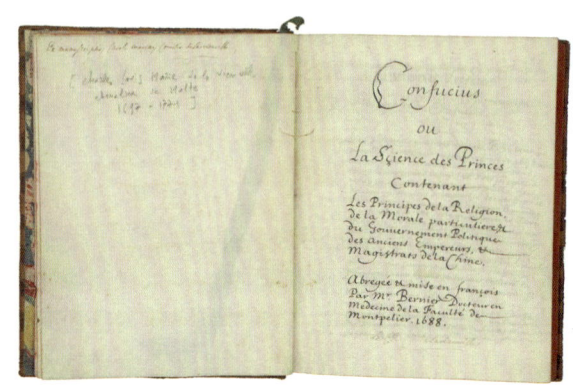

图5 《论语导读》书脊　　　　图6 《论语导读》题名页

所知。此后法国的古旧书店、拍卖行先后出现此书的另一个抄本,为吉美博物馆马嘉丽馆长所知,便推荐给马克龙总统,从而成为公众瞩目的国礼。这部国礼,不是出版的印本,吉美博物馆没有此书的藏本,这份国礼不是来自公藏机构。这是三个与来源相关的问题,至此可以基本清楚。

二、版本与内容

目前所知,《论语导读》共有三部抄本。法国国家图书馆下属的阿森纳图书馆藏有两部抄本,一部是168叶,迭经鲍尔米侯爵(M. de Paulmy)和居永·德萨迪耶(Guyon de Sardière)递藏[①]。另一部抄本共95叶,有部分抄写错误[②]。据题记信息,国礼本来自马耳他骑士夏尔-路易·马里耶(Charles-Louis Marie)的旧藏,共有206叶。三部抄本均完成于17世纪。

阿森纳图书馆所藏的两部贝尼耶《论语导读》的抄本,与国图接收的国礼本相比,在叶数、尺寸、内容上均有所不同(表1)。

表1　三部抄本信息对照

馆藏号	2331（法文抄本42号）	2689（法文抄本42号乙）	2S-2019/2（国图）
装帧	黄褐色小牛皮	黄褐色小牛皮,大理石染纹纸环衬	黄褐色小牛皮,大理石染文纸环衬
尺寸	225 mm×174 mm	215 mm×322 mm	208 mm×163 mm
叶数	共168叶,另有A—C叶	共95叶	206叶,另2叶护叶有题识
递藏	鲍尔米侯爵(M. de Paulmy)、居永·德萨迪耶(Guyon de Sardière)		马耳他骑士夏尔-路易·马里耶旧藏

---

① Henry Martin, *Catalogue des manuscrits de la Bibliothèque de l'Arsenal*, Tome 2, p.479.
② Henry Martin, *Catalogue des manuscrits de la Bibliothèque de l'Arsenal*, Tome 3, p.77.

比较来看，国礼本叶数最多，体例也最为规范。例如：开篇的《致读者》（Avis au Lecteur），国礼本一共有21页的内容，但从阿森纳图书馆的整理本所见，其藏本是把《致读者》的第1页内容放在这个标题之下，却将其余20页内容放在《大学》标题之下。

不过，三部抄本的基本结构是相同的，内容文字略有差异。

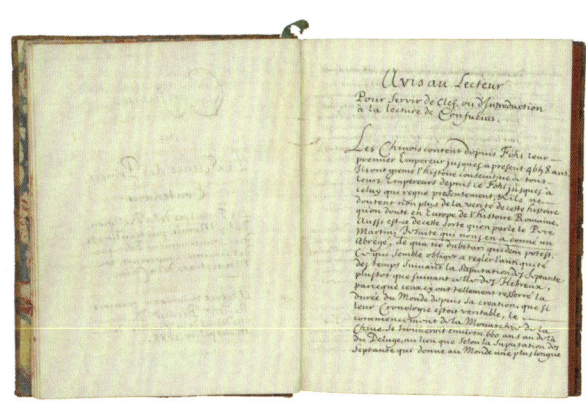

图7 《致读者》

第一部分是《致读者》（图7），是贝尼耶关于孔子学说所做的介绍，原文于1688年6月7日发表在杂志上[①]，概述了中国历史中的历代君王情况和孔子学说的主要内容。从国礼本抄写内容和版式来看，其保留了明显的时代特征。如专名词首字大写，用"&"来代替"et"，"伏羲"写作"Foxi"，等等。

第二部分是翻译，其实是《大学》《中庸》和《论语》的节译。贝尼耶的翻译以1687年的拉丁文译本《中国哲学家孔子》为基础，保留了孔子学说的内容，而删去了一些历史考据和其他注释，以及中国历史年表等。所以《论语导读》的内容，如其题名页的版本信息所示，是一部法文节译本。

新闻报道中，将标题直译为《论语导读——孔子的王家科学》。但据题名页的原文，似意译作《论语导读——孔子的治国之道》更贴近作者本意。据陶西格研究，贝尼耶的翻译基本忠实于拉丁文原文，但也有自己的翻译策略。例如，题名页上他删去了"中国哲学家"这个西方所公认的孔子称号，而把"孔子"直接放在开头，并使用了"科学"一词。"科学"正是此前殷铎泽的法文译本《中庸》所采用的题名。这个改动表现出贝尼耶把孔子直接作为其学说的象征，突出孔子的道德和政治主张，认为这些内容对世界各国的年轻王子都很有用。因此，他在标题里使用了"王子"一词的复数形式。标题的最后，写明这是关于"中国古代帝王和政府适用的行政原则"。这是因为，在贝尼耶看来，中国皇帝们的榜样能令王子们信服，因为历史证明了他们政治艺术的卓越性。此时的欧洲，经传教士的描写来认识中国，将中国视为一个持续强大的帝国，既拥有丰富的智慧与崇高的道德，又有行之有效的政治系统和信息传播制度，是一个明显优越而成熟的文明[②]。

贝尼耶出生在法国安茹（Anjou）的茹瓦（Joué），父亲是农民。五岁时因父亲去世而由叔叔和教父养大。作为一位出名的传记作者、医生，贝尼耶生前并没有到过中国。1656—1669年，他旅行至印度。这样的经历让他体验到文明的差异，并从中得到

---

① François Bernier, "Introduction à la lecture de Confucius, Extrait de diverses pièces envoyées our étrennes par M. Bernier à Madame de la Sablière," *Journal des Sçavans*, 7 juin 1688, pp. 25-40.

② Sylvie Taussig, "Introduction occidentale des classiques confucéens au xviie siècle", in *Confucius ou la Science des princes,* Paris: Félin, 2015, pp. 77-79.

借鉴，渴望把东方的哲学思想和政治智慧传播到欧洲。当他读到《中国哲学家孔子》之时，非常激动，为了研读和翻译，他废寝忘食地工作了三四个月[①]。他还给柏应理写信，后来又与柏应理见面，商讨关于孔子学说的理解和翻译[②]。1688年初，他完成了翻译工作，但是几个月后就去世了，因此《论语导读》并没能够正式出版。这个结果导致一方面学术界对《论语导读》的研究不如其他译本深入，另一方面，每部存世的《论语导读》抄本都可能是不同的复本，具有重要的文物价值、版本价值和研究价值。

贝尼耶的法译本使更多的法国人了解了孔子学说和儒家思想，扩大了《论语》的受众群体和阅读范围，与殷铎泽等人的拉丁文译本，福歇、库赞（Louis Cousin, 1627—1707）等人的法文译本一起，扩大了孔子学说在欧洲的传播范围与影响力，引起欧洲学者，如莱布尼茨、伏尔泰、狄德罗等人的关注，成为欧洲启蒙运动思想家们的思想源泉。

三、入藏的意义

截至2021年4月底，国图藏有早期《论语》有关译本31种，现当代译本230余种。这部《论语导读》写本，是国家图书馆多年来入藏的第一部完整的欧洲启蒙时代的外文著作写本，具有重要的开拓意义。国图外文善本中的17—19世纪的写本和稿本，数量大约有15种，内容多为汉外词典，其次有部分基督教事务文献，以及1部乐谱，语种以拉丁文为最，法文只有3部。可以说，这部写本的入藏，从内容和语种上都丰富了国图的外文善本收藏，具有很高的价值。

从国礼入藏的角度而言，《论语导读》同时以抄本的形式保存在中国和法国，也在中法两大文明之间架起了又一座文献的桥梁，具有新时代文化交流的独特意义。

附录：移交及准备入藏工作日志

2019年10月10日，国家图书馆古籍馆陈红彦、赵大莹，保卫处赵磊三人，至外交部欧洲司取回《论语导读》1种1册，含纸盒、纸袋各1件。外交部联系人为陈康颖。交接时，欧洲司处长冯学伟组织了小型会谈，提出了移交后的文献管理与使用需"一事一报"的具体要求，并就欧洲司与古籍馆等部门的合作交流事宜进行了探讨。文献当日到馆后，由赵大莹办理暂存手续。陈红彦负责将欧洲司签署的移交文件和相关工作要求向馆领导做汇报。

2019年10月11日，央视国际记者赵翠云等6人来馆拍摄纪录片。在向外交部报备、向国家图书馆办公室申请后，在中轩提用《论语导读》。古籍馆监护人为赵大莹、彭福英、朱默迪。馆办公室联系人为李楠、沈绚楠。

[①] Sylvie Taussig, "Introduction occidentale des classiques confucéens au xviie siècle", in *Confucius ou la Science des princes*, p.13.
[②] Sylvie Taussig, "Introduction occidentale des classiques confucéens au xviie siècle", in *Confucius ou la Science des princes*, p.76.

2019年10月12日，国家图书馆馆长饶权指示，要尽快调查此书版本、内容、价值相关情况，做好冷冻杀虫、编目入库工作。另嘱咐尽快完成入藏纪念展览方案，以及为外交部礼宾司推荐回赠礼品事宜。

2019年10月14日，古籍馆完成展览方案（第一稿），礼品推荐建议（第一稿），并联系相关制作公司、古旧书店，征询制作与购书价格。

2019年10月15日，古籍馆提交《论语导读》版本与来源调查结果。并按照文旅部指示，确定宣传方案。根据文献来源调查结果，重新拟定礼品选择标准。首选是法国文学的汉译本，最好是初印本；其次是研究法国文学的名家（傅雷）的翻译手稿高仿复制——以反映中国文学界和大众对法国文学的接受，完成礼品推荐建议（第二稿）。

2019年10月16日，古籍馆外文善本组着手整理编目信息，并完成文献冷冻预约。

2019年10月17日，古籍保护中心办公室主任林世田牵头召集展览部副主任顾恒、展览协调人雷强、古籍馆赵大莹，到第一展厅实地讨论展览设计方案，根据实际情况和领导批示修改展陈方案。

2019年10月18日，古籍馆赵大莹整理傅雷翻译《希腊的雕塑》手稿、《茶花女》首部中文译本的版本与价值情况，答复外交部欧洲司陈康颖。

2019年10月19日，接到展览部雷强通知，古籍馆赵大莹、彭福英开始参加《论语导读》和相关展品的筛选与文案撰写工作。

2019年10月25日，外交部礼宾司吴颖通知古籍馆方面，确定委托采购《茶花女遗事》。

2019年10月29日，古籍馆文献修复组开始加急对采购的《茶花女遗事》进行修整和制作函套。

2019年11月1日，上午，文献修复组加班完成书籍修复和函套制作，根据外交部的要求，当日20点37分，古籍馆陈红彦、胡泊将文献妥善交付至礼宾司。

2019年11月27日，古籍馆完成所有展览文案与展品筛选。

2019年11月20至28日，古籍馆完成《论语导读》的冷冻杀虫工作，并为其制作了无酸保存盒，暂存在恒温恒湿的善本库内。

2019年12月2日，根据馆领导修改意见，展览部与古籍馆同仁共同完成展览方案定稿。

2020年11月4日，《论语导读》入藏仪式及展览在国家图书馆第一展厅正式举办。仪式后，文献正式入藏善本库。

郑振铎、徐伯郊等抢救流散香港文物往来信札介绍

□ 袁　媛　国家图书馆古籍馆

2019年12月26日，"郑振铎等抢救流散香港文物往来信札捐赠划拨仪式暨入藏纪念展开幕式"在国家图书馆隆重举行。郑振铎与徐伯郊、徐伯郊与王毅往来信札等166叶珍贵文献入藏国家图书馆。2019年9月，国家文物局获悉这批信札即将在香港拍卖，便与中国嘉德国际拍卖有限公司联系。中国嘉德国际拍卖有限公司主动作为，在尊重商业规则前提下成功竞购，慨然捐赠给国家文物局，国家文物局将这批珍贵文献划拨给国家图书馆永久宝藏。

20世纪50年代，在党和国家的关怀和支持下，以郑振铎为代表的文博工作者致力于征集、收购文物，并以香港为窗口积极回购流散海外的珍贵文物。当时，新中国正从多年的战乱凋敝中缓慢恢复，物资紧张，百废待兴，为了争取这批文物，多次动用十分宝贵的外汇储备。郑振铎等人亦不辱使命，克服许多艰难，购回了一大批具有重要价值的国宝文物，成就了我国文物事业史上的一段传奇。

郑振铎、徐伯郊等抢救流散香港文物往来信札及其相关材料就是这一抢救文物工作留存的珍贵史料。其通信时间为1952年8月25日至1961年7月9日（电报至1961年7月17日），通信双方是北京的社会文化事业管理局代表郑振铎（通信集中在1952年至1953年）、王毅（通信集中在1955年至1961年），以及香港的"秘密收购小组"主要成员徐伯郊。这组信札虽不完整，存在一些空白，但大体而言双方往复关系明确，许多内容可以相互呼应，反映出抢救流散香港文物的诸多重要信息，是了解那段历史的珍贵史料。其中除郑振铎致徐伯郊的13通信札曾经整理出版外，其余均未被揭示过。

从信札的内容来看，收购的文物涵盖古代书画、古籍善本、器物等方面。古代书画是收购工作的重点。通信双方用了大量的笔墨交流古书收购事项。据粗略统计，信札中涉及的古代书画作品140余件，九成以上为明以前的作品。其中40余种由国家文物局购回，入藏故宫博物院。信札不仅反映出相关书画鉴定、收购、运输的细节，还记载了不少书画在当时的存藏流传情况。古籍善本方面，信札详细记录了陈清华郇斋藏书、徐伯郊所藏古籍善本的收购过程。这些古籍后来均入藏北京图书馆（今国家图书馆）。以往学界了解陈清华藏书的收购情况大多通过内地参与者的记录，而这组信札则反映出徐伯郊在港与陈清华直接接洽、为之整理古籍的丰富细节，可与过去的记录互补互证。徐伯郊的藏书及其出让情况，过去鲜为人知，通过这组信札，可对这位既继承家学、留心收藏，又谙熟文物市场、居中斡旋的复杂人物有更多的了解。器物方面，以陈仁涛的古钱币专藏为大宗。陈氏藏泉50000余枚，1953年整体购回，入藏中国历史博物馆（今中国国家博物馆）。信札详细记载了这一专藏曲折的收购过程，可见

收购工作的繁难。

这组信札为了解当年收购工作提供给了许多重要的线索,也留下了许多有待解决的疑问,比如这十年间的收购究竟购回多少文物,花费多少经费等。希望今后有更多材料出现,推动这些问题的解决。

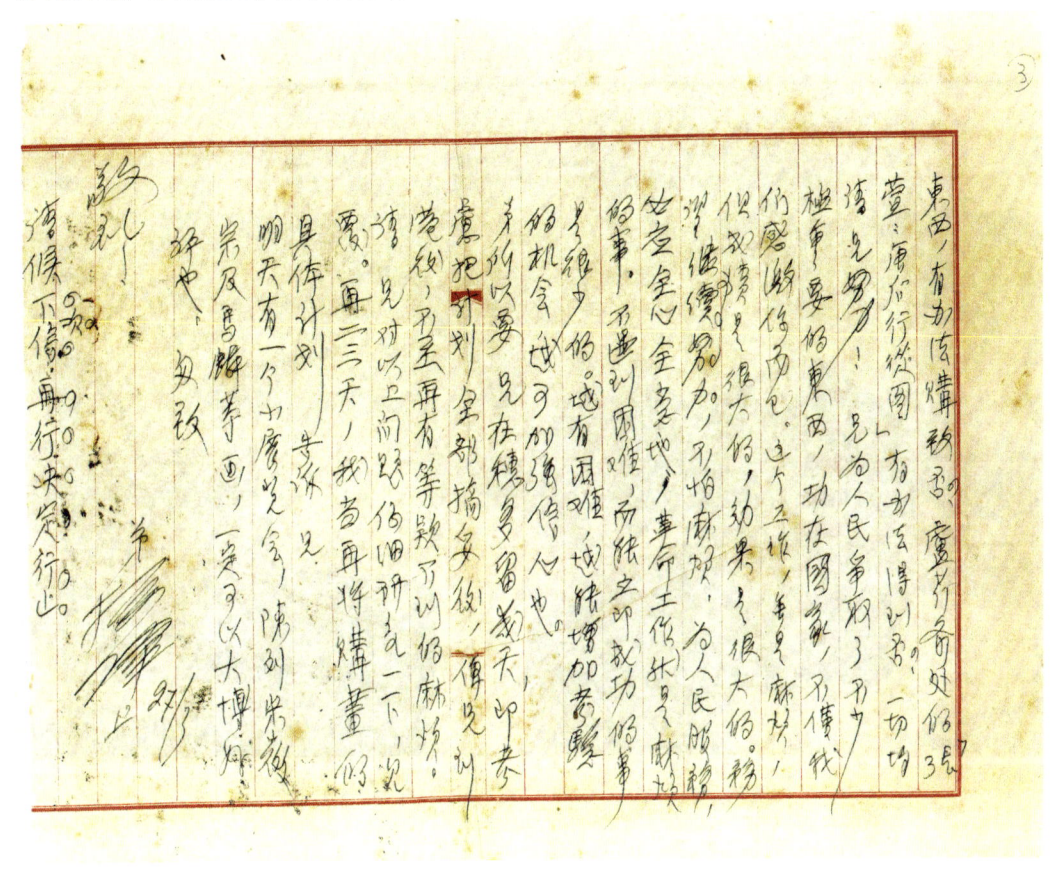

图1　1953年3月27日郑振铎致徐伯郊函

阎宗临先生手稿捐赠国家图书馆

□ 程天舒　国家图书馆古籍馆

图1　捐赠仪式现场（左起：阎守扶、阎守诚、张志清）

2020年8月20日下午，阎宗临先生手稿捐赠仪式在国家图书馆举行。阎宗临先生哲嗣阎守诚、阎守扶先生向国家图书馆捐赠阎宗临手稿7种12册，国家图书馆副馆长张志清接受捐赠（图1）并向捐赠者颁发捐赠证书。

阎宗临（1904—1978），山西省五台县人，历史学家。1925年赴法国勤工俭学，1929年入瑞士弗里堡大学文学哲学院，1936年获瑞士国家文学博士学位。抗日战争爆发后，携夫人毅然回国共赴国难，先后任教于山西大学、广西大学等校。抗战胜利后任教于中山大学，任历史系主任兼历史研究所所长。1950年返回故乡，任教于山西大学，历任山西师范学院副教务长、山西大学研究部主任、山西省历史学会副理事长、山西省政协委员等职。阎宗临先生在世界文化史、中西交通史、山西地方史等研究方面都有开创性的、卓越的成就。

本次捐赠的手稿主要是欧洲古代及中世纪史研究论著，这些论题是阎宗临先生一生研究和教学的主要课题，具有很高的学术和史料价值。

世界首版《红星照耀中国》斯诺签名本入藏国家图书馆

□ 程天舒　国家图书馆古籍馆

图1　刘力群先生珍藏5S签名本捐赠仪式（左起：刘力群、饶权）

2020年10月15日，刘力群先生向国家图书馆捐赠埃德加·斯诺、史沫特莱、斯特朗、海伦·斯诺、索尔兹伯里（简称5S）等国际友人签名本、书信手稿及相关资料共计30种44册（件）。国家图书馆馆长饶权接受捐赠（图1）并向捐赠者颁发了捐赠证书。中国国际报告文学研究会会长王晓滨等专家学者，刘力群家人，挚友顾品锷、高振东等出席了捐赠仪式。国家图书馆副馆长张志清主持捐赠仪式。

刘力群先生原是中国社会科学院新闻与传播研究所副研究员，中国国际友人研究会第四届常务理事，现任陕西、武汉、北京大学等斯诺研究中心顾问，中国国际报告文学研究会5S+研究院院长。多年来致力于收集、研究、宣传斯诺、史沫特莱、斯特朗、海伦·斯诺、索尔兹伯里等国际友人的著作、签名本等珍贵文献。本次捐赠文献包括：1947年埃德加·斯诺题赠给英国考文垂市市长哈德金森的世界首版《红星照耀中国》（图2），1942年斯诺题赠给中国工合国际委员会总干事浦爱达的《为亚洲而战》，1963年斯诺为安娜·路易斯·斯特朗77岁生日题赠的《大河彼岸：今日红色中国》，斯诺致德籍国际友人王安娜书信手稿（图3）等。

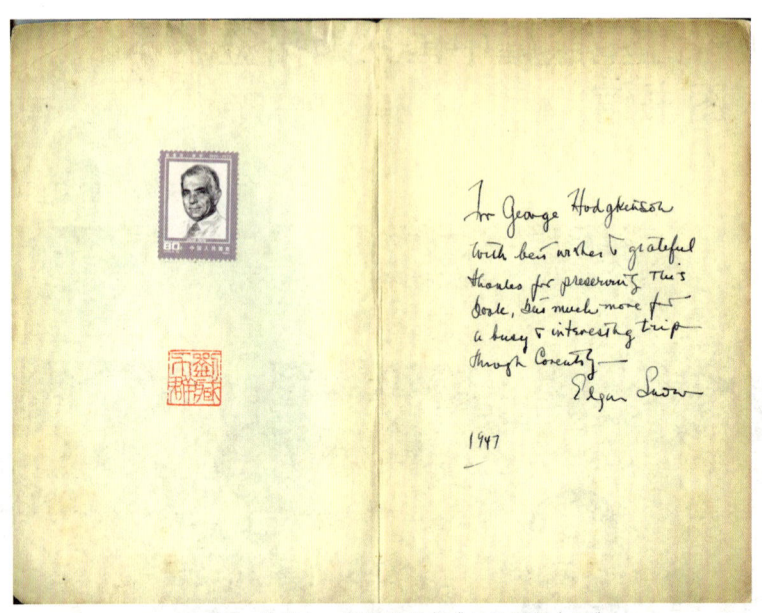

图2 埃德加·斯诺签名本《红星照耀中国》

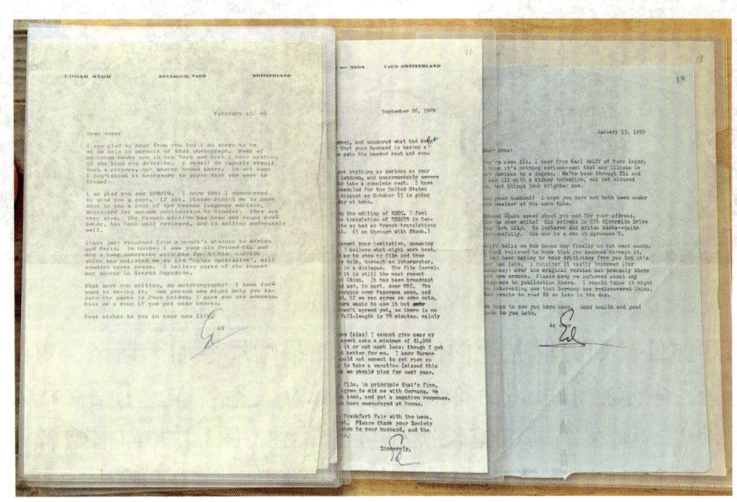

图3 埃德加·斯诺致王安娜的信

此外,刘力群还受93岁高龄的埃德加·斯诺资深研究学者舒暲先生委托,向国家图书馆捐赠了舒暲先生收藏的英国共产党人David Guest签名本《远东前线》1种1册。此书对于研究斯诺《远东前线》的国际影响有重要意义。

本次刘力群、舒暲先生捐赠的珍贵文献将入藏国家图书馆名家手稿文库。该文库除收藏近现代政治家、思想家、科学家、文化名人及历史人物的手稿外,也征集名家签名本。该文库还藏有斯特朗著作手稿、笔记、信件、资料、签名本、照片等珍贵文献。国家图书馆将继续致力于征集、保护、研究各界名家的各类手稿,进一步挖掘其内在价值,为推动相关研究,保护与传承中华优秀传统文化发挥积极作用。

容庚先生《颂斋藏印》原钤本印谱入藏国家图书馆

□ 宋　凯　国家图书馆古籍馆

2020年12月22日下午，容庚后人捐赠《颂斋藏印》原钤印谱仪式在中国美术馆举行，国家图书馆古籍馆萨仁高娃副馆长接受捐赠并向捐赠者颁发捐赠证书，中国美术馆副馆长安远远、广东省博物馆罗兵、国家图书馆古籍馆金石组部分组员参加了捐赠仪式，并参观了在中国美术馆举办的"有容乃大"容庚捐赠展。

图1　捐赠仪式合影

容庚（1894—1983），原名容肇庚，字希白，号颂斋，广东东莞人，著名古文字学家、收藏家、鉴赏家，精篆刻、善书画，为享誉海内外的大学者。容庚出身于清末书香世家，祖父容鹤龄为同治二年（1863）癸亥恩科进士，掌教东莞龙溪书院数十年。外祖父邓蓉镜乃同治十年（1871）辛未翰林，官江西督粮道、三署按察使，晚年任广雅书院院长。父亲容作恭为光绪二十三年（1897）丁酉科拔贡；四舅邓尔雅是著名书法篆刻家，治印有黔山派遗风；叔父容祖椿亦为知名画家。容庚自幼深受传统文化的熏陶，随容祖椿习绘事，后经邓尔雅的指点，引发了对金文研究的兴趣，二十八岁携稿本《金文编》游京师，得王国维、罗振玉称赞，入北京大学研究所国学门。《金文编》书成，罗振玉、王国维、马衡、沈兼士、邓尔雅等名家为之校订，颇受学术界推崇。容庚曾在燕京大学国文系任教授，兼任北平古物陈列研究所鉴定委员，后南下任教，任岭南大学、中山大学教授。他曾主编《燕京学报》《岭南学报》等刊物，并著有《金文编》《商周彝器通考》《丛帖目》等著作。容庚善收藏，以独到眼光收藏青铜器、古籍书画、金石拓本，搜罗宏富，量大质精，后多次将所藏捐献国家。他曾说："聚实不易，散则何难？与其身后任其散失，不如现在就完

图2 《颂斋藏印》1函4册

整地献给国家，让更多的人在前人的基础上做出更好的成绩来。"这体现了一个真正的文化守护者的拳拳之心。容庚先生辞世后，其子女陆续捐出容庚旧藏，此次《颂斋藏印》的捐赠即为秉承先生遗训之举。

《颂斋藏印》原钤本印谱1函4册，收印章170余枚，内有容庚旧藏陈鸿寿、黄牧甫、陈师曾等名人篆刻，又有邓尔雅、徐星州、寿石工、简经纶、方介堪、商承祚、罗福颐、韩登安、金禹民、叶潞渊、钱君匋、康殷、马国权、吴子健、张牧石等50余位亲友为容庚镌刻及容庚自刻字号印、斋号印等，颇具学术价值，由此亦可见容庚在篆刻学上的成就以及与时贤的交往。该印谱钤制精美，附拓边款，线装装订，制作考究，具有很高的艺术价值。是谱共钤制32部，尤为珍贵，本次入藏国家图书馆，很好地补充了馆藏。

图3 《颂斋藏印》封面及内叶

2020年国家图书馆善本及特藏文献采访工作述要

□ 李 坚 吴 密 程天舒 国家图书馆古籍馆

2020年，国家图书馆善本组通过私人或机构转让、无偿捐赠、国家文物局划拨等途径采访到善本2种17册（件），新善本53种56册（件），精装精印30种30册（件），名家手稿538种4189册（件）。新采文献类型多样，亮点纷呈。

一、善本

2020年购买善本2种17册（件），包括明隆庆刻本《宫台遗稿》不分卷（1册），和清咸丰刻本《中外新报》16期（16册）。

明隆庆刻本《宫台遗稿》系明嘉靖间名臣胡守中所撰，各主要书目没有记载，十分罕见。

清咸丰刻本《中外新报》，1854年由外国传教士在宁波创办，是中国首批中文外报之一，比香港最早的中文报纸《遐迩贯珍》（1853年创刊）晚不到一年，比上海最早的中文报纸《六合丛谈》（1857年创刊）早三年。该报木刻雕版印刷，半月刊，印数不多，但发行范围较广，省内以宁波、杭州为最多，省外在上海、香港、北京都有销售点，甚至还远销日本、美国、英国等地。

《中外新报》内容涉及新闻、宗教、科学、文学等，新闻来源多为摘译外报，内容涉及太平军、捻军以及第二次鸦片战争等，具有重要的文献价值。

图1 《中外新报》

该报存世量很少，据研究者称，国内未见有藏，国外也较罕见。本批《中外新报》共16期（16册），包括第1至9号、11至14号、第二卷第5号、第6号、第五卷第1号。每期4页（偶有5页）。出版时间分别为：第1至14号出版于咸丰四年（1854），第二卷第5号、6号出版于咸丰五年（1855），第五卷第1号出版于咸丰八年（1858）。

其中最难得的是包含有创刊号（第1号）。目前学界关于《中外新报》的创办时间有1854年、1858年、1859年等不同说法，究其原因，主要是没有见到创刊号，只能依据其他期号推测。此创刊号一出，可使目前的争议尘埃落定。另外，创刊号中列出凡例，说明该报的宗旨，对于此报的研究不无帮助。

二、新善本

从机构手中洽购新善本20种23册（件）。其中较有特色的是中国共产党第六次代表大会通过的决议案，抗日战争时期中共中央主办的党内刊物《共产党人》，以及解放战争时期晋察冀军区司令部和华北军区司令部出版的多种军事教范和操典等。

从私人藏家处购藏革命文献33种33册（件）。比较重要的有：黄藻编《黄帝之魂》，系清末民初有着重要影响的反清革命著作；中央军事政治学校编印的《拥护省港罢工》，系第一次国共合作时期的出版物；《第六次大会后的政治工作》，系上海无产阶级书店1929年10月秘密出版的中共六大后的中央文件集；托名晚清小说家刘鹗《老残游记》的《庆祝济南解放特刊》清样稿本；人民政治协商会议筹备会编印的《国徽图案参考资料》，是中华人民共和国国徽诞生过程中的重要文献资料。此外，新入藏的中华人民共和国成立前夕，由社会问题研究所编印的对国民党革命委员会、中国青年党、中国人民救国会、中国民主同盟、民主建国会等各党派的多种调查资料，具有较高的文献价值。

三、精装精印

精装精印采访30种30册（件），包括从北京文雅堂采购的《法国国家图书馆藏敦煌藏文文献》《俄罗斯科学院东方文献研究所藏黑水城文献》《英国国家图书馆藏敦煌西域藏文文献》等29种29册，以及古籍馆办公室移交的中央档案馆所藏《商鞅徙木立信论》高仿复制件1种1件。

四、名家手稿

（一）无偿捐赠

1.杨铸捐赠杨晦手稿等珍贵文献86种3314册（件）。杨晦（1899—1983），现代作家、文艺评论家。五四运动的积极参与者。曾与冯至、陈炜谟、陈翔鹤等人共同组织新文学团体沉钟社，创办新文学刊物《沉钟》，出版"沉钟丛书"。抗战爆发后，先后在西北大学、重庆中央大学任教。1949年任北京大学中文系教授。长期担任北京大学中文系主任兼文艺理论教研室主任、北京大学副教务长。

本次捐赠文献包括杨晦先生新文学运动时期的译稿《悲多汶》《当代英雄》卷五、《普林赛司·玛利》，翻译、创作于抗日战争烽烟中的《雅典人台满》《曹禺论》，1939年参加战地采访团搜集的粤北战役资料，1949年从香港辗转返回北京时所作日记，解放后在北京大学教授中国文艺思想史课程时撰写的讲义、收集的资料等。另有杨晦师友沈尹默、周作人、顾随、废名、臧克家等书信手稿，绝大部分写于20世纪20—30年代，从未刊载过。此批文献具有极珍贵的历史学术价值。

2.阎守扶捐赠阎宗临手稿7种12册（件）。捐赠的详细情况，参见程天舒《阎宗临先生手稿捐赠国家图书馆》一文。本次捐赠的手稿，主要是欧洲古代及中世纪史研究论著，这些论题是阎宗临先生在高校任教四十余年讲授的主要课题。这批手稿保存完整，具有很高的学术和史料价值，已由阎守扶、宋若云整理，由国家图书馆出版社影印出版。

3.刘力群捐赠埃德加·斯诺、史沫特莱等国际友人签名本及相关资料共计30种44册（叶），舒暲捐赠斯诺著作、David Guest签名本《远东前线》1种1册（件）。捐赠的详细情况，参见程天舒《世界首版〈红星照耀中国〉斯诺签名本入藏国家图书馆》一文。需要补充的是，舒暲先生向我馆捐赠的埃德加·斯诺著作、David Guest签名本《远东前线》，是英国剑桥大学学生、英国共产党员David Guest（1911—1938）的遗物，书籍扉页有Guest的签名。Guest于1938年加入国际纵队前往西班牙参加反法西斯战争，不幸于1938年7月在埃布罗河战役中牺牲，其战友在此书扉页记录了他的牺牲过程，以志纪念。

（二）购买

1.袁同礼书信手稿等馆史资料135种260册（件）。此批文献主要为：袁同礼致王重民书信，王重民在法、英拍摄敦煌写经账目材料，国外图书馆界、学术团体、学者、书店书商与王重民通信，王重民英文信稿、文稿等。

袁同礼致王重民书信手稿粘贴保存于四个硬皮笔记本中，应是由王重民或其夫人刘修业保存、整理的。书写时间集中于1936年2月至1948年2月，其内容主要涉及北平图书馆拍摄影印敦煌文献、太平天国史料、《永乐大典》等流散海外珍贵典籍，抗战全面爆发后北平图书馆馆务变化，北平图书馆存沪善本书运美，抗战时期在海外收集西文战时史料，收集西南地方民族文献等。此外，王重民从1934年至1947年2月，在巴黎、伦敦、华盛顿等地长期从事图书馆交换工作、访求珍贵古籍文献，与海外汉学家、图书馆界、留学海外的中国学人有颇多业务交往与学术交流，他们的通信中也不乏国家图书馆馆史乃至现代学术史的重要史料。这批文献数量较大，保存完整，关涉国家图书馆馆史、中国现代学术史、抗战史等，内容丰富详实，具有较高的文献和史料价值。

2.朱峙三藏札等手稿文献214种392册（叶）。朱峙三（1886—1967）原名鼎元，字峙三（一字峙山），湖北鄂城人，勤于治学，长于书画。武昌起义后，一度出任鄂军政府内务部书记官和黄安县书记官。抗战时期任湖北省政府代理主任秘书等职。中华人民共和国成立后，任湖北省政府参事等职。

此批文献大多数写于民国年间，也有写于中华人民共和国成立后的。主要包括朱峙三家书，朱峙三老师杨鸿发、黄桂芬、沈塘、程松年以及两湖总师范学堂同学许学源、张祝南、夏宗言、张之鹤等人来信。

（三）划拨

国家文物局划拨郑振铎、徐伯郊等抢救流散香港文物往来信札65种166叶。这批文献的通信时间为1952年8月25日至1961年7月9日（电报至1961年7月17日），通信双方是北京的社会文化事业管理局代表郑振铎（通信集中在1952至1953年）、王毅（通信集中在1955至1961年），与香港的"秘密收购小组"主要成员徐伯郊。其内容反映了中华人民共和国成立后在党和国家的关怀和支持下，以郑振铎为代表的文博工作者致力于征集、收购文物，并以香港为窗口积极回购流散海外国宝文物的史实。这组往返信札虽不完整，存在一些空白，但大体而言双方往复关系明确，许多内容可以相互呼应，反映出抢救流散香港文物的诸多重要信息，是了解那段历史的珍贵史料。其中除郑振铎致徐伯郊的13通信札曾经整理出版外，其余均未被揭示过。

此批文献由中国嘉德国际拍卖有限公司无偿捐赠给国家文物局，国家文物局划拨给国家图书馆收藏。

2020年国家图书馆普通古籍采访工作述要

□ 樊长远　国家图书馆古籍馆

2020年受新冠疫情影响，普通古籍采访工作集中在下半年，通过个人售书、捐赠以及参加拍卖会等途径，国家图书馆新入藏普通古籍文献共计48种92册。其中个人售书7种15册，捐赠所得6种15册，参加海王村、保利、嘉德、中贸圣佳等拍卖会竞得21种38册，另从中文采编部等其他部门转入14种24册。新采各书均为馆藏缺藏文献，其中颇有亮点，兹举数种予以简介（诗词别集部分请参阅贾雪迪《2020年国家图书馆新入藏诗词别集七种述略》）。

1.《声位》

清林本裕撰，清康熙间刻本。半叶13行24字，白口，四周单边。1册。

林本裕（约1652—1737），字益长，号废民、辱翁，奉天盖州（今辽宁盖州）人。曾任陕西洮州知州，因与吴三桂关系密切，康熙二十二年（1683）被削官回籍，终老于盛京（今沈阳）。所著《辽载前集》二十一卷，列入《四库全书总目》地理类存目。生平详见张杰《林本裕与〈辽载前集〉》一文[①]。

《声位》为音韵学著作，分为《右编》《左编》两部分，编首有《约旨》一篇，阐述全书大意。《约旨》云："昔人著书多以音韵为名，愚意初发为声，声成文为音，音员为韵，究其原当以声为主。爻侗云：'文生于声者也，有声而后形之以文。'是编包全天地万物之声，不论字之有无，有其声即有其位，故曰'声位'云。……《右编》内首则总提大纲，次乃叙述所以然之故，如五声则先举题论，次具图式，次解图理，次援引各说以畅辨之，其音韵、字母各如其例。复有杂说者，无非反复详明声音韵目之义。……《左编》内首明入门之诀，次列各调位图，后述调声及位声、切字指掌图，数者乃此书中切用之要法耳。"书中分声母为二十"见溪疑、端透泥、邦滂明、精青心、知审禅、非微、晓来日"，分韵为五呼"合口呼、开口呼、闭口卷舌混呼、启口齐齿呼、撮口呼"，以"开、承、转、纵、合"（即阴、阳、上、去、入）五调统十三韵二十五图，十三韵为"光、官、宫、昆、高、乖、钩、圭、锅、遮、沾、初、瓜"。

近人群一撰《云南清代声韵学著作及作者》《〈等音〉〈声位〉比较研究》[②]，对此书进行研究，谓此书与马自援《等音》同为云南省声韵学著作，是云南方音的重要史料。考林氏生平，"生于吴楚，长于云贵，官于陕西，回籍于关东，中原四方，几乎足迹殆遍"（李日跻《闻见录》），其父林天擎于顺治五年（1648）任江苏按察

[①] 张杰：《林本裕与〈辽载前集〉》，《辽宁大学学报（哲学社会科学版）》2009年第5期，第28页。
[②] 群一：《云南清代声韵学著作及作者》，《昆明师专学报（哲学社会科学版）》1989年第2期，第76—80页。《〈等音〉〈声位〉比较研究（一）》，《昆明师专学报（哲学社会科学版）》1991年第4期，第75—87页。《〈等音〉〈声位〉比较研究（二）》，《昆明师专学报（哲学社会科学版）》1992年第2期，第61—70页。

使司副使，十一年升湖广巡抚，十六年转任云南巡抚，次年革职，本裕成年后出知洮州，其在云南尚属童年，而且不过数载而已。又此本有康熙二十三年甲子（1684）吴尔瑾序，其时本裕业已削职居于盛京。然则此书能否称为云南声韵学著作颇可存疑。

此书《中国古籍总目》未著录，较为稀见。

2. 刘郁膏致少韩手札

稿本。1册。

刘郁膏（1818—1866），河南太康人。道光二十七年（1847）进士。咸丰时知上海县，有政声。李秀成进上海时，曾陈兵对抗。官至江苏布政使，卒于任。俞樾为撰神道碑，载《春在堂杂文》。

此批手札计十四通，内容均为治理吴淞江事，当系刘郁膏任江苏布政使时所写，有一定史料价值。

3. 《公余随录》不分卷

清杨廷理撰，民国十年（1921）长沙易为圃刻本。半叶8行20字，白口，左右双边，单鱼尾，无直格。1册。前有嘉庆十七年（1812）杨廷理《公余随录原序》，又民国十年张贞吉《公余随录重刊序》。

杨廷理（1747—1813），字清和，号双梧，广西柳州人。乾隆四十二年（1777）拔贡。先后任福建归化、宁化、侯官知县。历任台湾知府、台湾道，于任内设噶玛兰厅，勘察丈量土地，调

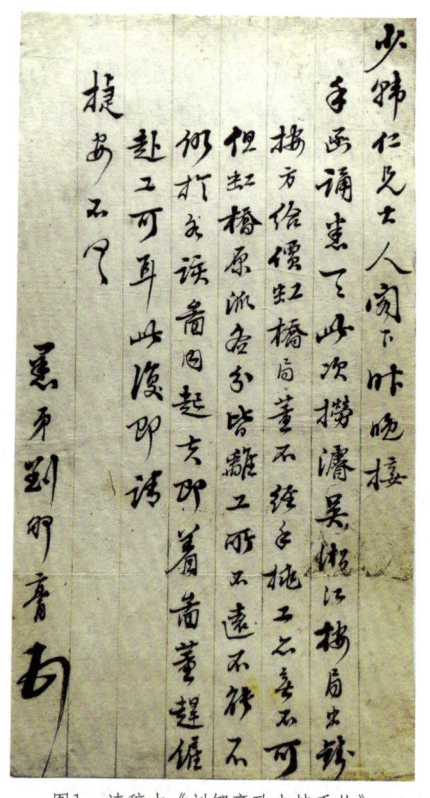

图1　清稿本《刘郁膏致少韩手札》

查民番疾苦，设计开办章程，缉捕来犯海盗。为官近四十年，颇著政声。嘉庆十八年（1813）病卒于台湾。著有《知还书屋诗钞》十卷、《东瀛纪事》一卷。

此书是杨廷理在公务之余，从典籍中辑录的关于修身处事及为政心得的古今名言警句，凡二百七十条，旨在"说透天理人情世故"，以求"觉世牖民"（《原序》）。《原序》称："古今来名言至论散诸编简者美不胜收，荟萃成书，殆罕数见。予自壮岁入仕途，中外阅历几四十年，艰苦备尝，所恃以保全躯命履险如夷出否入泰者，惟仗此一点直拙之心，故能随遇而安耳。然于忍耐二字终欠讲求，行将老矣，补过未遑，谨将数十年公余翻阅书卷中随笔纪录者裒集成编，付之剞劂，以公同好，或可为身心之一助。"据此则此书在嘉庆十七年曾经刊刻，但未见诸家著录。此本是民国间易为圃重刊本，首刻有书牌"民国辛酉季冬月长沙易为圃校刊善书流通处藏版"。易为圃生平不详。此重刊本亦未见著录。长沙善书流通处所刻书有《往生极乐录》一卷、《居官金鉴》二卷、《灵官经》一卷、《观音真经》一卷等，可考者寥寥数种而已，其出版详情尚待钩稽。

4. 定兴鹿氏家族碑铭

明孙承宗等撰，清乾隆间刻本。半叶8行18字，白口，左右双边，单鱼尾。1册。

此书为河北定兴县鹿氏家族碑铭册，收录碑铭、传记等文数篇：《明文林郎江西道监察御史赠光禄寺少卿豫轩鹿公（久徵）神道碑铭》，明孙承宗撰；《鹿太公（正）传》，清孙奇逢撰；《鹿太常（善继）传》，清卢象昇撰；《鹿忠节公（善继）传》，清方象瑛撰；《鹿解元（仁卿）传》，清范士楫撰；《皇清诰授中议大夫两淮都转运盐使司运使馥园鹿公（荃）墓志铭》，清朱珪撰。

河北定兴鹿氏是明清两朝显赫一方的名门望族。自明万历八年（1580）鹿久徵中进士起，至清末军机大臣鹿传霖，簪缨奕叶达数百年之久，其间名人辈出。此册所收的几位传主及作传人都是当时的达官名贤。此本无序跋，内容自为起讫，颇疑是某书的一部分，被拆为单册。亦无刊刻信息，审其字体、避讳字情况，当为乾隆间刻本。

5.《烂柯经》不分卷

明朱权编。明刻本。半叶13行20字，黑口，四周单边，双鱼尾。2册。

书前有明正德六年辛未（1511）高屿《重刊烂柯经序》、遐龄老人臞仙《烂柯经序》。卷端题"遐龄老人臞仙编"。遐龄老人臞仙即朱权（1378—1448），明太祖朱元璋第十七子，洪武二十四年（1391）封于大宁（今属内蒙古），号宁王，被朱棣挟持参与靖难之役，永乐元年（1403）改封南昌。寄心于道教、戏曲，号臞仙、涵虚子、丹丘先生等，纂辑《太和正音谱》《琼林雅韵》等各类著述七十余种。卒谥"献"，世称宁献王。

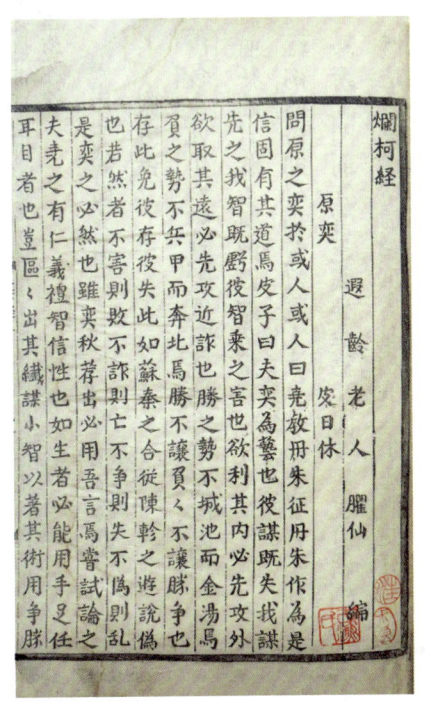

图2　明刻本《烂柯经》

南朝梁任昉《述异记》载："信安郡石室山，晋时王质伐木至，见童子数人棋而歌，质因听之。童子以一物与质，如枣核，质含之而不觉饥。俄顷，童子谓曰：'何不去？'质起视，斧柯尽烂。既归，无复时人。"因观棋时间长而斧柯尽烂，故后世以烂柯借指围棋。

此本上下两册，不分卷。上册汇辑围棋相关理论文章六篇，有皮日休《原奕》、柳宗元《序棋》、马融《围棋赋》、张拟《棋经十三篇》、刘仲甫《棋法四篇》、无名氏《围棋三十二法》；下册为棋谱，有棋盘路图二十七图、棋势八十一局。《中国古籍善本书目》《中国古籍总目》均未著录，所见仅日本内阁文库有明嘉靖刻本一帙，分为四卷，且与此版刻风格完全不同。此本字体朴拙，与寻常明代官私坊刻匠体字、软体字等均不同，而类似和刻本风格，且个别字写法如"经"字写作"経"等，颇使人怀疑这是日本刻本。其详待考。

6.《采柏园古印泽存》

清凌坛辑,清咸丰七年(1857)钤印本。2册。首载"西祥先生遗象",次咸丰七年丁巳凌坛序、凌镐序。卷端题"笠泽凌坛苇裳手集,子镐龙人侍斠",版心上钤"古印泽存"四字。

凌坛(1785—1857),笠泽(今江苏吴江)人,字苇裳,号枯蝯头陀,庭有古树,故斋号、园名"采柏"。此书为官私汉印谱录,印文分别为"别部司马""太医丞印""奉车都尉""关内侯印"等,每页一印,载钮式(鼻钮、瓦钮、错金龟钮等),凡收印蜕八十五方,选择颇为谨严。凌坛序云:"古官私印皆以殉葬,故先后出土者奚止千万,集为印谱者亦指不胜数。先君子年少嗜古,至耄不衰,选择过精,仅得二三十方,皆属罕见之品。予愧足迹不广,铢累寸积,亦只五六十钮。去年秋为肤箧攫去数印,心憾不已。今命季儿镐集印十部,汇成两册,分贻同好,焉敢言谱,惟明先君子手泽所存,吾子孙宝此,虽万金不易也。"凌镐序亦云"手拓十数部",可知此印谱存世不多。

7.《雪窗冷啸》

清霍燡撰,清刻本。半叶9行22字,白口,四周双边,无直格,行间、书眉镌批语。1册。

霍燡,生平不详,马邑(今属山西朔州)人。曾纂《康熙马邑县志》五卷、《康熙长子县志》六卷。此书卷端题"云中雷峰道人著,同学诸子校阅",前有《雪窗冷啸小引》,末署"云中霍燡震生氏自识",可知其字震生,号雷峰道人。

此书是霍氏所撰散曲,仅《寒毡苦》二阕、《广文乐》二阕,各十余调。末附母范公、程唐臣等诸家评语。《小引》称"余最爱读尤展成先生《西堂》诸集,其诸传奇每一讽诵,辄不禁拍案叫绝,胸中儡傀一时化作乌有。辛巳春,闷坐无聊,偶拟数阕,即仿先生《钧天乐》曲中之韵,字字模楷,终未审有当于谱调否"云云,知其系模拟清初戏曲家尤侗(字展成,号西堂)的风格所作。

此本未见《古本戏曲剧目提要》《中国古籍总目》等著录,传世颇稀见。盖地方文人遣兴之作,流传不易。本馆收得一帙,实堪称幸。

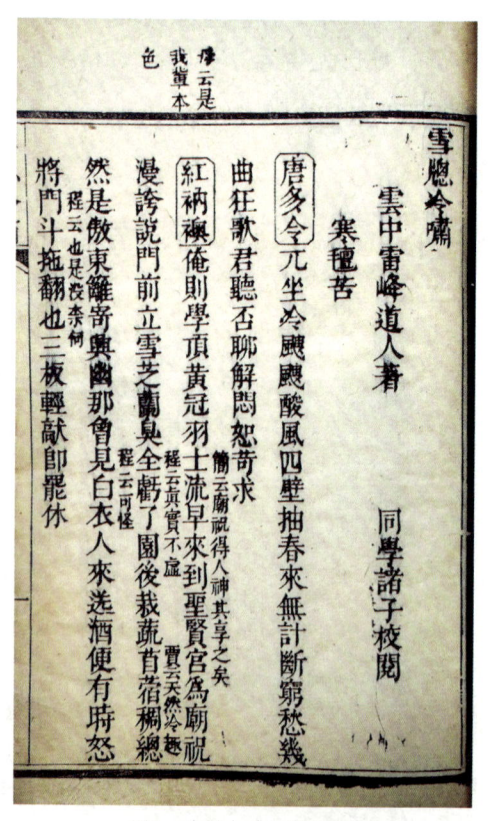

图3 清刻本《雪窗冷啸》

2020年国家图书馆新入藏诗词别集七种述略

□ 贾雪迪　国家图书馆古籍馆

2020年国家图书馆普通古籍组通过各类途径新入藏普通古籍文献共计48种92册。现择其中较有代表性的七种诗词别集类文献予以简述。

1.《沁园集近体选》

清徐祖望撰，清康熙间刻本。1册。正文半叶10行19字，上下黑口，左右双边，单黑鱼尾。钤印多处，有"徐祖望印"等。

徐祖望，字振孙，浙江山阴（今浙江绍兴）人。贡生。父肇显，曾官泰安知州。徐祖望随父之任，撰有《岱宗小史》，今佚。

是书系徐祖望之友任弘业自徐氏《梦花集》《奇云集》《醉红集》《锦香集》《领趣集》《折柳集》六集中选定，凡百二十首。目录注"外有《蝴蝶百韵》《醉香亭六言》，皆专刻不入"，然亦未见传本。前有康熙四十七年（1708）任弘业序及胡浚序，又有康熙四十五年（1706）何嘉珩所作《梦花》《奇云》二集序，康熙四十七年孙多庆《折柳集》序及徐祖望《领趣》《折柳》二集自序。末有鲍鉁、莫大受跋文二篇。

是书所收诗作皆为近体诗。内容多写景感时及题赠怀人之作，其怀友诗尤为真挚。全书写刻精美，流传甚稀，《两浙輶轩录》之外未见他家著录。

2.《叠韵遗草》不分卷

清李豫撰，清乾隆二十九年（1764）刻本。1册。正文半叶8行17字，白口，左右双边。前有储掌文序。

李豫（1674—?），字劭弥，号遂园，丹徒（今属江苏镇江）人。诸生。其诗宗白、陆，多性情语[①]，著有《悦亭诗稿》。据《悦亭诗稿》自序，李豫于乾隆二十年（1755）尚在世。

是书为李氏拈"铿"字叠韵而成诗百首，由其子校刻而成。全本手书上版，写刻精雅。"铿"字属平水韵十五删部，李豫以此窄韵作诗，悉叠前韵而无趁韵之斧凿感。故储掌文称其"长于用险"。

李豫所著《悦亭诗稿》流传较广，是书则较为罕见，未见各家书目著录。

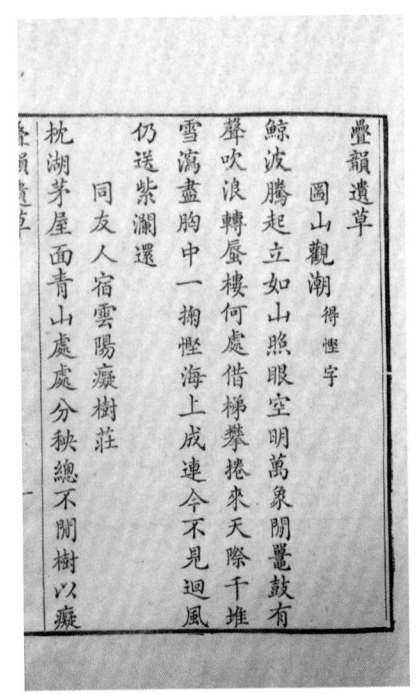

图1　清乾隆刻本《叠韵遗草》

---

① 《续丹徒县志》卷十三，民国十九年（1930）刻本。

3.《不易居诗钞》四卷

清杨瑛昶撰,清刻本。2册。正文半叶9行19字,小字双行同,白口,四周双边,单黑鱼尾。钤"景盦藏书之印""龟鹤斋寿止堂所藏经籍金石书画之印""小残卷斋"等印。前有乾隆六十年(1795)翁方纲序。我馆此次入藏版本于翁方纲所作序末处有摹刻钤印共计两方,与《清代诗文集汇编》所据影印底本相较,除"覃谿"印外,多摹刻"字正三号彝斋"印一方,且字口清晰,刻印精良,其刊刻时代或较早。

杨瑛昶(1753—1808),字印蘧,又字米人,别署净香居主人,安徽桐城人。以诗赋受知于朱筠。后屡应乡试不售,遂由考职吏目拣发直隶,历雄县丞、北运河同知、天津运同等,在任颇有政声。清道光十四年(1834)刻《续修桐城县志》有传。杨瑛昶工书,善篆刻,有诗名,其诗作颇为时人所推重。著有《衍波亭诗词全集》《中隐轩诗话》《东野鄙谈》《悔轩杂俎》《红豆词钞》《燕南赵北诗钞》《海南游草》《双珠记》等。

是书所收诗多羁旅宦游之思,翁方纲称其诗"瓣香渔洋(王士禛)"而能"自抒藻采,不主一格"①。

4.《宝晋砖室词集》

清周樽元撰,清粤东正文堂刻本。2册。正文半叶11行23字,小字双行同,上下黑口,左右双边,双对黑鱼尾。前有嘉庆十三年(1808)邵堂序。

周樽元,初名萼棠,字南伯,号华农。浙江嘉善人。廪生。曾幕游江苏、福建。壮岁即以诗名。工书善词,又长于骈体文②。与邵堂、陆我嵩等人有交往。

此书分为《湘梦词》《花间楼词》《清真词》三集,存周樽元词作共计136首,为《宝晋砖室词集》现存于世较为完整之版本。每集前有诸家题词若干。词笔清丽,尤以题图词为特色。

周樽元著有《佛麑山馆诗》及此书,二种皆较为稀见。

5.《子听初稿》不分卷

清方濬益撰,清朱丝栏稿本。2册。

方濬益(1836—1900)③,字子听,一字谦受,又字伯裕。清安徽定远炉桥人。监生。历署

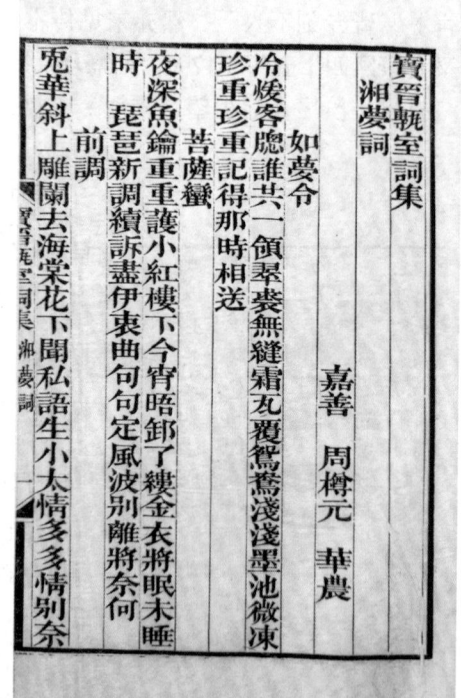

图2 清刻本《宝晋砖室词集》

---

① 〔清〕杨瑛昶:《不易居诗钞》,翁方纲序,清刻本。
② 生平据《光绪重修嘉善县志》卷二十四,清光绪十八年(1892)刊本。
③ 方濬益卒于光绪己亥年腊月十八日,以西历计算则为1900年,其生卒年相关争议及生平著述详参雒有仓:《清代安徽定远炉桥方氏金石书目略考》,《古籍研究》2018年第1期,第235—243页。

江苏南汇、奉贤知县。曾客扬州。光绪年间从黎庶昌出使日本，后入张之洞幕府。晚岁卒于京师①。工篆书，善画花卉。好金石，精训诂，多识古文奇字。藏有剌鼎等数十器。其《缀遗斋彝器款识考释》为清代金石学之重要著作。另著有《定远方氏吉金彝器款识》，又有《石鼓疏证》《方濬益彝器款识》《筠清馆金石录笺注》等未刊稿。

是书扉页题"子旂重观于宣武坊南"，并钤有"子听初稿"印。书内多涂乙点窜之处，有墨笔眉批及夹注若干。方濬益生于清道光十六年（1836），据此稿《饮酒》诗中"吾生十四五，即喜饮美酒。只今又五秋，豪性益自负。"等数句，可知此稿本之誊写批校当在方濬益19岁后，即咸丰四年（1854）后。所收诗作内容多为时令风物及日常生活。《春日有感》等诗对于太平天国等战事状况及文人心境亦有所记述。

方濬益之胞兄方濬颐（子箴）诗名甚著，有《二知轩诗钞》等集，流传较广，其堂兄方濬师（子严）亦有诗名，著有《退一步斋诗集》等。方濬颐、方濬师的诗歌唱和学界已有专门论文研究②。方濬益一生致力于金石考据，而诗名不显，其诗集未见于诸家著录，亦未见流传。是书中有方濬益与数位族兄的酬唱之作，又有与方濬颐、方濬师等人的同题之作，可视作对定远炉桥方氏家族及其文学创作情况研究的有力补充。

6.《阏伽坛词》二卷

刘肇隅撰，民国铅印朱印本。1册。正文半叶11行22字，上下红口，左右双边，单鱼尾。前有民国癸酉年（1933）潘飞声序。书末有林葆恒、刘英朴等人题词。

刘肇隅（1875—1938），又名萃隅，字廉生，号晓初、澹圆居士。湖南湘潭人。受学于叶德辉。曾署巴陵教谕，后留学日本，于早稻田大学学习法律。民国后任教于湖南省立一师、群治大学等。工诗古文辞，晚岁亦着力于词。为民国时期重要词社沤社之成员。著有《说文段注校》三卷、《守阙斋诗钞》一卷、《郋园四部书余录》一卷、《郋园刻板书提要》一卷、《观海堂文钞》一卷等。

刘肇隅生平著述甚丰，然《阏伽坛词》一书流传甚罕。是书以大量佛教用语入词，如《鹧鸪天·独坐陈彦通书斋观陈无己诗有触口占叠彊村老人韵》："更上竿头进一分，心经时捻念珠温。漫空世界无非我，悟澈禅机念佛恩。 超千劫，现三身，如来方便化天人。看诗悟到无生法，未识多生

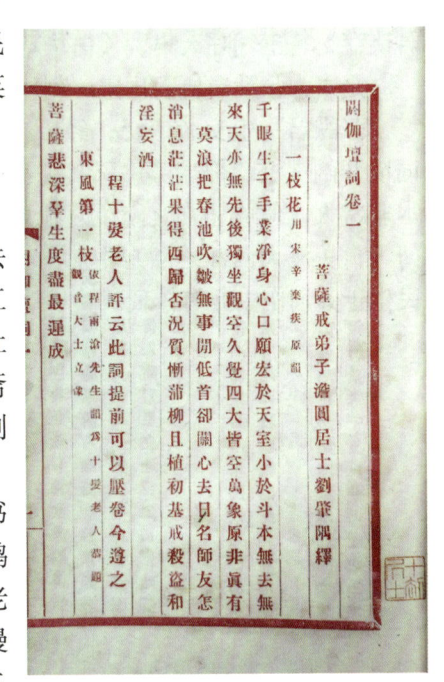

图3　民国铅印本《阏伽坛词》

---

① 方濬益生平据《民国续修江都县志》卷二十七，民国十五年（1926）刊本。方濬益：《缀遗斋彝器款识考释》，方燕年序，商务印书馆民国十三年（1924）石印本。《安徽通志稿》卷一五七，民国二十三年（1934）铅印本。
② 尚鹏：《方濬颐、方濬师兄弟的诗歌唱和》，《湖北职业技术学院学报》2017年第4期，第47—51页。

几宿因。"又如《十二时·再为十发老人题观音大士立像》等数首,写天灾人祸之下民生疾苦,语多悲悯。

林葆恒在书末题词中称此集"独树一帜","悲天悯人,切能妙参佛谛,开词家未有之先声"。词集中多词前小序及自注,于写作背景有详尽交代,亦可视为研究时局及沪上遗老交往情况的补充资料。

7.《红树白云山馆词草》不分卷

张默君撰,民国二十三年(1934)南江邵氏刻本。1册。正文半叶10行17字,小字双行同,上下黑口,左右双边,单黑鱼尾。

张默君(1884—1965),原名昭汉,字漱芳,湖南湘乡人。教育家、民主革命家、妇女运动先驱。南社诗人。工诗文,善书法。

张默君于1904年考入上海务本女校师范科,1906年加入同盟会,与秋瑾等人在江浙地区从事革命活动。毕业后任江苏粹敏女校教务长。后考入上海圣约翰女子书院。1911年创办《大汉报》,任社长兼主笔。1912年创办《神州女报》及神州女学。1918年赴美国哥伦比亚大学学习教育学,两年后周游欧洲列国,撰写《战后之欧美女子教育》一书。回国后任江苏第一女子师范学校校长,并于该校附设失学妇孺夜校。1927年任南京国民政府中央政治会议上海分会教育委员、杭州市教育局局长等。后历任国民政府立法院立法委员、南京考试院考选委员会专门委员等。1949年赴台。著有《默君诗存》《正气呼天集》《白华草堂诗》《玉尺楼诗》等。

是书为张默君所著词集,刻印精良。前有民国二十三年(1934)邵瑞彭序。

张默君一生交游广泛,经历丰富,词笔所涉,自欧美至国内,其为词题材广泛,词境开阔深沉。邵瑞彭序称其"小令近阳春、欧、晏,慢词近白石、西麓","默君本非常人,值此非常之境,复葆此非常之才学,求诸彤史,绝无伦比"。集中《谒金门·自美渡大西洋之欧舟中对雨》等词,能将传统意象与时代新变融合。国内外政局民生于其词作中亦有体现。

2020年国家图书馆家谱文献采访工作述要

□ 赵依澍　杜立功　国家图书馆古籍馆

一、国家图书馆馆藏家谱采访的历史回顾

家谱是一种以表谱形式记载同宗共祖血缘集团世系人物和事迹等方面内容的特殊文献，以其价值的独特性，成为国家图书馆的特色专藏之一，也是我馆（编者注：本文的"我馆"均指国家图书馆及其前身）地方文献采访工作的重要内容。自20世纪20年代起，受梁启超馆长的影响，我馆就十分重视家谱文献的收藏工作，1928年，北平图书馆即致函各界，征求家谱。中华人民共和国成立后，我馆以"人弃我取"的原则，广为搜集家谱，馆藏家谱数量不断增加。为进一步加大收集和整理地方志、家谱的力度，我馆于1990年4月1日专门成立了"地方志和家谱文献中心"，当时馆藏家谱数量已达3000余种，并开始新旧家谱的采访和接收新编家谱捐赠的工作。特别是2009年1月4日，国家图书馆正式成立方志馆，并对外发布"地方文献征集函"后，我馆家谱采访量稳步提升，再加上接收家谱捐赠数量的逐年递增，使得馆藏家谱数量猛增，截至2020年12月底，我馆馆藏线装家谱逾12000种，精平装家谱6000余种。

二、2020年国家图书馆补采馆藏家谱情况

2020年度国家图书馆补藏采购家谱共270种2080册，其中精平装家谱36种105册，线装家谱234种1975册。采访购书数量大、种类多，是我馆馆藏清代和民国线装家谱的最主要来源。下面分别从家谱的姓氏、谱籍地、版本年代、版本类型、独特性等几个方面对2020年家谱采访情况进行具体的数据分析。

1.家谱的姓氏分析

2020年国图所采家谱涉及79个姓氏，其中李姓最多，有21种，其他依次为刘姓18种，陈姓16种，王姓13种，张姓和黄姓都为11种。除了这些常见姓氏外，还有一些稀见姓氏，比如：靖、过、旷、蓝、麻等。

2.家谱的地域(谱籍地)特征

2020年国图所采家谱在地域分布上总体呈现出南多北少、沿海多内陆少的特点，特别是线装家谱，有明显的地域集中性。

表1 线装家谱地域(谱籍地)分布表

地区	谱籍地	种数	册数	册数所占百分比
沿海地区	江苏	4	27	1.37%
	浙江	4	9	0.46%
	福建	11	80	4.05%
	广东	1	8	0.41%
内陆地区	湖北	8	146	7.39%
	湖南	114	1193	60.41%
	江西	74	483	24.46%
其他	不详	18	29	1.47%

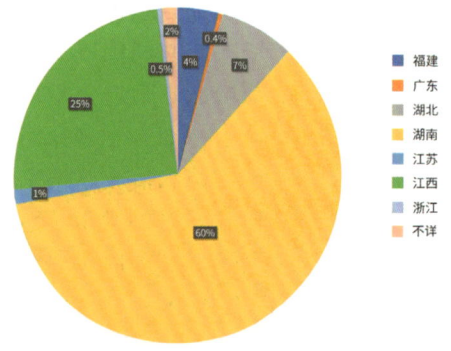

图1 线装家谱谱籍地分布图

如表1以及图1所示，虽然在线装家谱的谱籍地分布方面，沿海地区以4∶3的微弱优势领先于内陆地区，但在线装家谱的种数、册数方面，湖南与江西两省远远高于其他省份。一个地区的纂修家谱量与该地区的经济状况、族姓聚散、刻印技术等因素有很大关系，但就家谱采访而言，与所签约供应商的地理位置以及家谱获取渠道的关系更为密切。此次补采家谱所呈现的特点就是以湖南为中心，向外放射延伸到周边其他省市地区。

3.线装家谱的版本年代与版本类型

表2 线装家谱版本年代与版本类型统计表

版本年代						版本类型								
清		民国		1949年以后		木活字本		抄本		石印本		铅印本		排印本	
种	册	种	册	种	册	种	册	种	册	种	册	种	册	种	册
100	642	119	1120	15	213	194	1737	25	36	2	19	6	62	7	121

通过表2可以看出，线装家谱以清代谱和民国谱为主，清代谱占42.74%，民国谱占

50.85%，而1949年以后的家谱只占了6.41%。在这些家谱中，存在递修关系的就有30余种，如福建建宁的《甯氏族谱》有三种，分别纂修于清康熙五十八年（1719）、清同治五年（1866）和清光绪二十一年（1895）；湖南的《邓氏族谱》有四种，清道光四年（1824）纂修一次，清光绪间纂修两次，民国二十五年（1936）又再次纂修。这些家谱传承有序，不仅记录了该家族的姓氏源流、迁徙过程、支脉繁衍等情况，也较全面地反映了其家族纂修谱牒的历史。

家谱的版本类型多以木活字本为主，大约占了93%。木活字本占主流的原因是其有省时省力、简便易行、成本不高、可重复使用、修改方便等优势。纂修家谱的规模和刊刻数量与其家族的经济状况有很大关系，有些没有能力大规模修谱的家族也会选择手写家谱，即抄本家谱。此次补采的家谱中，抄本的数量也占据一定比例，近11%。抄本家谱一般册数较少，内容也相对简单，只记录与本支相关的信息与世系，质量参差不齐。

4.特色家谱

《中国家谱总目》是迄今为止收录中国家谱最多、著录内容最为丰富的一部专题性联合目录，全书收录姓氏共计608个，家谱52401种。在本次补采的家谱中，《中国家谱总目》有记录的有33种，重叠率仅为12%。其中有7种比《中国家谱总目》所记册数更多，内容更为完整。如湖南浏阳的新安堂《余氏支谱》，余宏猷等纂修，六卷首一卷，清光绪十四年（1888）木活字本。始迁祖余守一，明洪武间迁居浏阳，卷首新序、目录、旧序、祭文、修谱名目、派行、领谱编字、治家格言、家规、宗戒、凡例、宗祠图、合约、墓图、服制图，卷一垂丝图，卷二至六世系。湖南仙源的三凤堂《薛氏创修族谱》，薛国彦主修，十一卷首二卷，民国九年（1920）木活字本。卷首目录、谱例、修谱诏、凡例、修谱条例、家规、家训、要言十禁、祠堂记、坟图、纂修姓氏、领谱字号、新老字派、祀产录，卷一至十世系，卷十一长生谱。

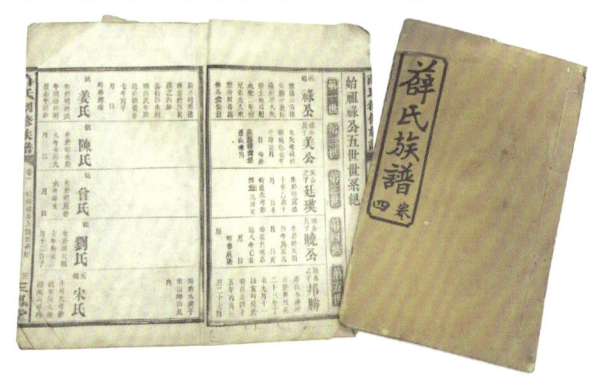

图2　民国木活字本《薛氏族谱》

三、2020年国家图书馆接收捐赠家谱情况

2020年，国家图书馆接收个人或者单位新编家谱资料（含家谱、族姓资料、姓氏研究、谱学研究等）捐赠共169种，计824册，接收家谱捐赠已经成为丰富我馆家谱专

藏的重要来源。

下面分别从家谱捐赠数量、家谱地域（谱籍地）、家谱姓氏三方面对我馆2020年家谱捐赠数据进行统计和分析：

2020年由于新冠疫情的影响，民间家谱修撰大受影响，新修族谱数量明显下滑。又因为上半年地方文献组居家办公，只能依靠网络办公完成家谱捐赠的前期咨询和沟通交流，年中我馆复工以后，接收家谱捐赠工作才重回正轨。因此，本年度我馆家谱捐赠总体数量相比往年略有下滑，但在地方文献组各位同事的倾力努力下，依然保质保量地完成了家谱捐赠的接收工作。本年度，我馆接收个人或者单位新编家谱资料捐赠共169种，计824册。其中，精平装129种307册（其中老谱影印本3种10册），线装40种517册；家谱150种789册，姓氏文化资料19种35册；到馆捐赠78种312册，邮寄捐赠91种512册。我组对符合文献入藏条件的每一位捐赠者都进行了登记回函，不符合入藏条件的图书积极与捐赠者取得联系，或者将图书转到馆里其他相关部门。今年接收捐赠工作中，我组共接待到馆读者78位，接听读者捐赠咨询电话近200人次，并对每一位读者都进行了热心、细致的接待，努力丰富和拓展采访方式。

地域分布上，我馆接收的捐赠家谱有以下特点：第一，地域分布广泛。接收的家谱遍布全国22个省、直辖市和自治区，另有全国或者地区性的家谱资料（以统谱、通谱、姓氏研究为主）共计7种8册。第二，区域分布不平衡。东南沿海地区家谱最多，其中尤以江苏、浙江、山东、福建为多。内陆中部地区次于东南沿海，如湖南、湖北、山西、河南、安徽、江西各省分布较为均衡，西南地区的四川、重庆也有一定数量，其他如东北、西北地区数量较少。

姓氏方面，2020年我馆接收的捐赠家谱共计74姓，姓氏种类非常丰富，既有张、王、李、赵、林、陈、刘等大姓，同时又有许多稀见姓氏，比如：凌、臧、覃、帅、税、幸、府、淡等。捐赠数量上林姓夺魁，共15种，其次为张、陈、李等大姓。捐赠家谱中也出现了大部头的姓氏联谱和通谱，比如由诸暨郭氏宗谱纂修执委会捐赠的《诸暨郭氏宗谱》1种即有236册，是谱记载了汾阳王郭子仪后裔，诸暨郭氏四派的世系、世传等内容。另外在捐赠家谱中也出现了1种满族家谱《梅赫理氏抚顺族谱》，该谱记载了辽宁抚顺地区满族正蓝旗梅赫理氏世系传承等内容。

图3 《诸暨郭氏宗谱》

2020年国家图书馆金石拓片采访工作述要

□ 宋 凯 国家图书馆古籍馆

2020年国家图书馆金石拓片采访颇丰，通过日常征集采进石刻拓片12批共计1328种1956册（件）。另有捐赠文献137种233册（件），全年采访总数为1465种2189册（件）。今年的采进文献以地方石刻为主，类型多样，颇具特色，兹按批次简述如下：

第一批，有关山西省临汾市曲沃县、运城市新绛县、临汾市隰县三地石刻拓片共计229种307张，包含门额、楹联、门墩、墓志、祠庙碑等石刻类型，比较多样地体现山西临汾、运城当地的石刻文化特点。该批文献中的《孝思门额》《树德门额》《务本门额》《耕读门额》等，是山西当地居民淳朴厚德观念的反映；《靳昺墓碑》《靳佑之墓碑》《靳和神道碑》等是研究山西临汾靳氏家族的重要史料。

第二批，有关甘肃、宁夏等地石刻拓片44种48张。以墓志和祠庙碑为主，其中《宇文猛墓志》《宇文迪墓志》为研究宇文家族的重要史料；《崆峒山大顶黄箓会元旦建醮碑》《崆峒大顶三仙殿碑》《崆峒元鹤记》《九天圣母庙前殿记》等为甘肃省平凉市崆峒山石刻拓片的集中汇集，传拓不易，较为难得。

第三批，有关山西省晋城市高平市石刻405种527张，为山西省近几年新发现的石刻，以明清时期寺庙碑、功德碑、墓志为主，石刻类型多样，比较集中地反映了山西高平石刻文化特点。此批石刻多分布在高平市乡野村落，传拓不易，例如《定林寺碑》《定林寺记》《定林寺香田记》《定林寺七佛殿东阁记》等是对高平市米山定林寺石刻的集中传拓，《永宁寺记》《永宁寺碑》《永宁寺社地石记》等是对高平市常乐村永宁寺石刻的集中传拓，《万寿宫碑》《万寿宫后土殿三清殿碑》《大圣仙姑殿碑》《万寿宫正殿碑》等是对高平市上董峰村万寿宫现存石刻的集中传拓，《西林书院碑》《嘉祥寺佛殿后墙碑》《嘉祥寺碑》等是对高平市赤祥村嘉祥寺石刻的集中传拓。采进这些相对集中的拓片，对收集、保存、保护当地的石刻文化有重要意义。

第四批，有关陕西省、河南省、河北省、江西省等地的石刻拓片共计109种138张，多为近年新出土的墓志、地券，尤以唐代墓志为主，文献价值高。有些资料比较珍贵，例如唐刻《唐从心及妻长孙氏墓志》，志主唐从心工书善画，曾为洛阳都城标志性建筑"天枢"书写铭文"大周万国颂德天枢"，两《唐书》有传，志文可与传世纸本文献互校。此墓志2018年出土于陕西咸阳空港新城，是较为稀见的大尺幅墓志。另有隋唐刻《豆卢贤墓志》《王晞墓志》《赵因本墓志》等，传拓精美，非常宝贵。另如《宇文瑱墓志》《宇文瑱妻李氏墓志》《宇文吉甫墓志》《宇文则墓志》是北周宇文家族较为集中的文献资料。

第五批，有关河南省、陕西省、山西省等地石刻拓片274种540张，内容包括墓志、画像、经幢、墓幢、地券等类型。有些资料比较珍贵,例如《张来墓志》《张惟直墓志》《王宗本墓志》《张瑷墓志》《卢正玄墓志》《杨寿墓志》《李景询墓志》《王鸿儒墓志》《樊元寂墓志》等唐代墓志,颇具史料和书法价值;《赵不狷妻高氏墓志》《赵士岑女墓志》《赵士颗女墓志》《赵士琢子墓志》等为宋代宗室之人墓志,是研究宋代宗室的稀见史料;《瑞兽莲花画像》《拜谒画像砖》《双龙图》《阳遂富贵图》等画像,刻画精美,较为稀见;唐刻《千福寺金刚般若波罗蜜经幢》《佛顶尊胜陀罗尼经幢》,传拓精美;北齐天保六年(555)刻《惠咸等造像题名》、唐大中五年(851)刻《李琮为亡父造佛顶尊胜陀罗尼经幢》、宋大定四年(1164)刻《张仪墓幢》等,体现了民间佛教文化在当时的盛行,资料较为难得。

本年采进的石刻拓片总体质量上佳,较好地实现了馆藏资源建设的补充。

图1 已编校、折叠的新采拓片

2020年国家图书馆地图文献采访工作述要

□ 任昳霏　国家图书馆古籍馆

2020年，受新冠肺炎疫情的影响，国家图书馆舆图组地图采访工作的难度增加了。经多方沟通联系，舆图组2020年一共完成采访近十批，其中不乏具有历史文物性、学术资料性和艺术代表性价值的珍贵文献。

从地图内容上看，本年度采访地图包括二十世纪五六十年代，湖北大兴水利工程期间绘制的河道水库水利工程图；二十世纪五十年代，长江水利委员会成立之后，对长江进行综合利用规划的河道图；二十世纪五十年代，水利部黄河水利委员会勘测规划设计研究院编制的黄河治理开发综合和专项规划图；以及二十一世纪以来，全国各地的大遗址保护规划图，古建文物修复工程图等大批专业地图。其中，长江、黄河和湖北水库图都是二十世纪五十年代绘制的专门的水利地图。湖北水利工程图共收入79种591件，长江河道及水闸设计图共29种558件，黄河治理专项图共126种175件。1952和1953两年湖北共修塘堰9.85万口，受益面积200余万亩，极大地缓解了湖北大部分农田靠天吃饭的情况。舆图组2020年入藏的湖北水利工程图，就是这次湖北省兴修水利工程的实测手绘地图，它保存了大量中华人民共和国成立初期国内基础建设的一手资料，具有较高的学术资料价值。由于这批地图资料为整批完整入藏，资料具有原始性和完整性，又由于这批地图均为手绘本，所以十分稀见。随着三峡大坝的建设，湖北省域内很多水库、水坝被淹没。现场实地踏查，已无法了解当年兴修水利工程的原貌。因此，此次舆图组收入的湖北水利工程图，不但保留了当年大兴水利时的原始测绘数据，还成为我们了解这些水库原貌最直接的图像资料。

与湖北水利工程图类似，长江水利委员会、黄河水利委员会实测的长江、黄河河道图，也是在相似的历史背景下完成的。其中，2020年购入的黄河地图，绘图年代上起二十世纪五十年代初，下至2013年。地图涉及中华人民共和国成立以来，近七十年的黄河治理成果。1949年6月16日，黄河水利委员会在山东省济南市成立。中华人民共和国成立之后，先后迁至河南开封、郑州。此次收入的黄河地图以二十世纪五六十年代实测的大比例尺黄河中下游河道地形图为主，黄河防洪工程图、清淤图、灌渠图等治河地图为辅。治理长江、黄河是中华人民共和国成立初期非常重要的水利工程。无论是河道治理还是地图测绘，都是实践性极强的事业。本年度收入的河道图，系统保存了二十世纪五十年代水利工程建设的规划、设计、勘测资料，凝聚了几代治河人的智慧和汗水，也真实记录了中华人民共和国史上光辉的一页。

此外，2020年舆图组地图采访还购入一批西北五省的军用地形图，共计4种224件。这批地图出版时间集中在1933年至1938年，由国民政府参谋本部陆地测量局测绘、制图。此批西北地形图涉及区域包括新疆、甘肃、青海等区域，均为大比例尺实测地图，为我们了解民国年间西北地区的地形和军事部署提供参考。

2020 年国家图书馆少数民族文字古籍采访工作述略

□ 柳 森 李金花 王建海 国家图书馆古籍馆

  国家图书馆古籍馆少数民族语文组承担着中国少数民族文字古籍的采访与编目工作。本组前身为本馆（编者注：本文的本馆均指的是国家图书馆及其前身）20世纪20年代成立的满蒙藏文编目室，著名藏学家于道泉、黄明信及满文专家李德启先生等曾在此任职，为本馆中国少数民族文字古籍收藏、整理与研究工作做出了重要贡献。清宣统元年（1909），清政府为筹建京师图书馆（今国家图书馆前身），将内阁大库所藏的四十余箱满文图书拨交学部而转入本馆。此后，本馆又接收了旨在培养蒙藏人才的殖边学堂的部分满文、蒙古文图书，由此奠定了本馆收藏中国少数民族文字古籍文献的坚实基础。经过百年来的精心访求，目前本馆藏有18个文种的中国少数民族文字古籍，分别是：佉卢字、焉耆-龟兹文、于阗文、粟特文、突厥文、藏文、回鹘文、西夏文、察合台文、契丹文、女真文、蒙古文、八思巴文、彝文、满文、东巴（哥巴）文、傣文、水文，总计34000余册（件），是国内中国少数民族古籍文种最多的典藏单位。其中，数量较大的是满文古籍16600函（册），藏文古籍4000余函（册），纳西族古籍（东巴文、哥巴文）4000余册，蒙古文古籍3000多函（册），彝文古籍500多册，西夏文古籍约130卷（册）。本馆所藏中国少数民族文字古籍具有文种丰富、载体多样、内容多元等鲜明特征，这些古籍不仅是记录和传承中国少数民族传统文化的重要载体，更是中华民族自古以来即是"多元一体、和而不同"的命运共同体的有力见证，对于不断铸牢中华民族共同体意识，坚持文化认同，构筑中华民族共同精神家园具有重要的学术价值与现实意义。

  在各级领导的亲切关怀和社会各界的大力支持下，2020年，通过捐赠、购买方式，本组采访入藏中国少数民族文字古籍及梵文古籍共7种7函（册、件），其中，藏文古籍3种3函（册）、蒙古文古籍2种2函（册）、藏蒙古文合璧古籍1种1函、梵文古籍1种1件，以上均为本馆缺藏之珍贵典籍。在此，笔者对以上文献之基本情况与相关价值予以详细阐述。

一、藏文古籍

  《大藏经》是以经、律、论为主的佛教典籍总汇。目前可见的《大藏经》，有汉文《大藏经》、藏文《大藏经》、蒙古文《大藏经》、满文《大藏经》、巴利文《大藏经》等。藏文《大藏经》是藏传佛教的典籍总集，分为《甘珠尔》（bkav-vgyur）、《丹珠尔》（bstan-vgyur）两个部分。《甘珠尔》为佛语部，是释迦牟尼语录的译文，

《丹珠尔》为论疏部，是佛家诸弟子对释迦牟尼教义所作论述与注疏的译文。藏文《大藏经》内容丰富、包罗万象，不仅涵盖义理、仪轨、静修、咒语等佛教经论，而且包括逻辑、天文、历法、工艺等诸多内容，堪称藏文化的百科全书。在目前存世的藏文古籍中，《大藏经》即为其大宗。

1.明丽江版朱印本《甘珠尔》一函

根据相关研究者统计，目前所见藏文《甘珠尔》刻本有12种，其中最早者为明永乐八年（1410）刻本，共106函，此后亦有明万历三十三年（1605）刻本问世，此次入藏的明丽江版《甘珠尔》在刊刻时间上即为第三种。明丽江版《甘珠尔》具有重要的版本价值，被视作藏区《甘珠尔》之最早刻本，不仅开启了藏地刊印藏文《大藏经》之先河，而且对藏传佛教在云南及周边地区的广泛播布具有重要的推动作用，更是明清时期纳西族与藏族文化交流的历史见证。

长期以来，云南丽江（vjang-sa-dam）纳西族木氏土司在地缘方面始终处于汉藏族群交汇区域。为了构建自身的文化认同，完成对自身族群祖源的历史书写，从而强化其家族政治地位的合法性与延续性，木氏土司在政治上隶属并服从于明朝中央政府，而在宗教文化上则倾向于亲近业已在滇藏交界地区广泛传播的藏传佛教。"丽江府土官与藏传佛教各派及其支系之间的法缘和政教关系，是纳藏交往史上至关重要的内容。历代木氏土官皆热衷于建寺造像、刻经布施，优礼活佛，建构佛教大檀越的宗教身份。这种文化选择既有地缘政治上的原因，也是时风波及的结果。"①在明廷推行"多封众建"治藏策略的政策背景下，屡受封赏的噶玛噶举派逐渐发展为在川、滇、藏交界地区流传最广、势力最大的藏传佛教教派。于是，为了巩固自身在滇藏交界地区的现实利益，木氏土司始终奉行优礼藏僧、支持藏传佛教发展的行动策略。同时，需要指出的是，木氏土司本身也对藏传佛教有所了解甚至产生了较为粗浅的信仰。其中，土司木增（bsod-nams-rab-brtan，1587—1646）即已接受了佛教的解脱之说并付诸实践，"就在他广交文士饱受汉文化熏陶的同时，他还接受了禅悦思想。佛教的色空观念已深深地印入他的心灵深处。明天启四年（1624），三十七岁的木增正值壮年有为却悄然引退，传位于其子木懿（阿诗阿春），自己在玉龙山南侧的芝山上修建了别墅'解脱林'，搬将进去，以求清净，坐静谈禅，真是想寻求'解脱'了。这样，我们就可以理解：为什么他在天启三年，即退隐的前一年，刻刊藏文甘珠尔经了。"②

明万历三十七年（1609），木增捐资刊刻藏文《甘珠尔》。木增聘请第六世噶玛巴红帽系活佛曲吉旺秋（chos-kyi-dbang-phyug，1584—1635）主持编纂，其以抄本蔡巴《甘珠尔》为底本，至万历四十二年（1614），将《甘珠尔》目录刊刻完成，而全部经板于天启三年（1623）刊刻完成，共108函。明丽江版藏文《甘珠尔》的顺利刊行，对于扩大木氏土司和噶玛噶举派的政治与宗教影响意义重大。清

---

① 安琪：《汉藏间的抉择：明代丽江木氏土官的文化认同研究》，《原生态民族文化学刊》2020年第6期，第53页。
② 王尧：《藏文大藏经：丽江-里塘版甘珠尔经述略》，《中央民族学院学报》1986年第3期，第74页。

康熙三十七年（1698），蒙古和硕特部首领达尔杰博硕克图汗兵临云南，在丽江府见到此套《甘珠尔》经板，遂下令用骡马驮运搬迁至理塘寺存放。由此，明丽江版《甘珠尔》亦被称作丽江-理塘版、理塘版《甘珠尔》，殊为可惜的是，此经板于清光绪三十四年（1908）毁于兵燹。

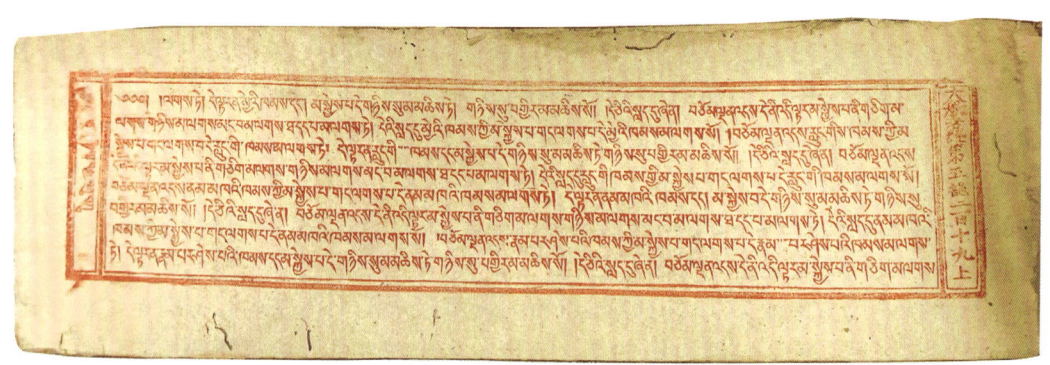

图1　明丽江版藏文《甘珠尔》

目前存世的较为完整的明丽江版《甘珠尔》有两部：一部存于拉萨大昭寺，另一部存于昌都卓珍寺。二者均为朱印本，在装帧形制方面，除上下护经板外，经本主体为单面印刷经折装。相比之下，此次受捐入藏的明丽江版《甘珠尔》亦为朱印本，但为梵夹装散叶经，在装帧形制方面与上述拉萨、昌都藏本及在云南纳格拉洞新发现的梵夹装墨印本均不相同。这一方面反映出此部明丽江版《甘珠尔》在印刷过程中用墨与形制方面的显著变化，另一方面，也体现出明丽江版《甘珠尔》在西藏、云南、四川等藏区的广泛传播。因此，此函明丽江版藏文《甘珠尔》入藏，不仅直接补充了馆藏，同时也进一步丰富了本馆藏文《大藏经》的藏品种类。

2.清北京版朱印本《甘珠尔》一函

入清之后，清中央政府统治者推行"兴黄教，所以安众蒙古"的基本治边国策，旨在运用藏传佛教在蒙藏民众中的广泛影响力而达到治国安邦的政治目的，由此，在优礼藏传佛教僧侣的政治实践基础上，组织刊刻大型藏传佛教经典——藏文《大藏经》便成为顺势之举。清康熙二十二年（1683），康熙帝下令由和硕裕亲王福全主持，以永乐版和万历版《甘珠尔》为蓝本，在北京嵩祝寺开雕藏文《甘珠尔》，历时17年，至三十九年（1700）工竣，共107函，共收佛教经典文献1055部。此北京版《甘珠尔》之编排顺序是："（1）密续类24函；（2）般若类24函；（3）宝积类6函；（4）华严类6函；（5）经藏类32函；（6）律经类13函等。"[①]清雍正二年（1724），囊括3522部佛典的藏文《丹珠尔》刊刻完成，共225函。起初，该经全部经板存放于嵩祝寺，因此，北京版藏文《大藏经》又被称作嵩祝寺版藏文《大藏经》。

---

① 布楚、尖仁色：《琉璃明镜：藏文大藏经之源流特点版本暨对勘出版》，中国藏学出版社，2012年，第92页。

图2 清北京版藏文《甘珠尔》

因北京版藏文《大藏经》是清廷组织编纂刊刻,故而在编纂、刻印、装帧方面均属质量上乘之作。对此,有研究者指出:"该版藏经因系清王室官本,刻造、装帧颇为精良,版型较一般藏文经大,每册扉画均为手工绘制,笔触细腻,设色鲜丽,大多出自藏族和蒙古族宗教画家手笔。该版藏经曾流传到日本和欧洲。"①其版本价值不言而喻,但经板于清光绪二十六年(1900)毁于八国联军之手。

北京版藏文《甘珠尔》对北京版蒙古文《甘珠尔》和满文《甘珠尔》影响很大,此二文种《甘珠尔》大多直接译自北京版藏文《甘珠尔》。目前,北京版藏文《大藏经》存世较少,本馆藏有此北京版藏文《甘珠尔》八十函,此次获赠一函为《大宝积经》第一卷,恰可补充本馆藏品之缺。

3. 清光绪间铜版印本《圣般若波罗蜜多八千颂》一函

一般认为,藏文《圣般若波罗蜜多八千颂》(vphags-pa-shes-rab-kyi-pha-rol-tu-phyin-pa-brgyad-stong-pa)于吐蕃第三十八代赞普赤松德赞时期,即公元8世纪,由印度学者释迦塞纳、加纳悉地,西藏译师达摩大希拉等译作藏文,全书二十四卷三十二品。该经亦称《般若波罗蜜多八千颂》《八千颂》等,为藏文古籍中流传十分广泛的经典之作,所载为大乘佛教基础理论,不仅是佛教僧侣日常念诵的经典作品,而且是研究佛教发展史的第一手史料。

图3 清铜版印刷藏文《般若波罗蜜多八千颂》

---

① 王治国:《藏族典籍翻译研究:雪域文学与高原文化的域内外传播》,大连海事大学出版社,2016年,第35页。

此次获赠之藏文《圣般若波罗蜜多八千颂》为清光绪间铜版印本。从印刷成品质量上看,由于铜版吸水性差,导致墨色过于集中,覆纸后很难均匀着墨,因此,该书呈现出墨色溢出、浓淡不匀等刊印效果。但是,目前国内所藏清铜版印本藏文《圣般若波罗蜜多八千颂》十分稀罕,值得一提的是,在2020年10月30日文化和旅游部公布的《第六批国家珍贵古籍名录》中,内蒙古自治区鄂尔多斯市图书馆藏清铜版印本藏文《般若波罗蜜多八千颂》名列其中,因此,该书之版本价值不容忽视。同时,纵览本馆少数民族文字古籍藏品中,尚无铜版印刷藏品,因此,此次获赠之藏文《圣般若波罗蜜多八千颂》恰可填补这一品类方面的空白。

二、蒙古文古籍

1.清布里亚特刻本《譬喻之海》一函

此蒙古文布里亚特版《譬喻之海》(eldebüliger-ün dalai orosiba)即汉文所称《贤愚经》《贤愚因缘经》,全书共十三卷六十九品,每品讲述一个或若干个佛本生、佛本行、因果报应等教理故事,意在劝导信徒众生行善积德、努力精进。目前所知,蒙古文《贤愚经》的译者是明末蒙古族翻译家锡埒图·固什·绰尔吉(1564—1625)。

目前所见的蒙古文《贤愚经》的最早刻本为清康熙五十三年(1714)刻本,对此,有学者在列举清前期蒙古佛教经典时言及:"康熙五十三年(1714)刊印的蒙古文《佛说贤愚经(贤愚经)》(üliger-yin dalai-yin sudur orusiba)。《佛说贤愚经》后来以不同的蒙古文经名(即以silaɣun onol-tu kemegdekü sudur的经名),收录于1720年《北京木刻版蒙古文甘珠尔经》。"①

图4 清布里亚特版蒙古文《譬喻之海》首

---

① 明·额尔敦巴特尔:《16—18世纪蒙古佛教史研究》,内蒙古人民出版社,2018年,第234页。

图5 清布里亚特版蒙古文《譬喻之海》尾

查阅《中国蒙古文古籍总目》可知，该书现有清抄本和清刻本存世，其中，刻本分别为清康熙五十三年（1714）刻本、清雍正六年（1728）刻本。相比之下，本次入藏蒙古文《贤愚经》为清布里亚特刻本，其封面题"譬喻之海经（eldeb üliger-ün dalaikemegdekü sudur orosiba）"，正文卷端题"贤愚经（siluɣun onol-tu kemegdekü sudur）"。该书装帧形制为梵夹装，开本44.5 cm×9.0 cm，版框40.0 cm×7.0 cm，四周双边，凡488叶，每叶正面左侧刊题名及页码。该书封面内正文首叶及次叶两侧均有佛像，正文正面30行、背面31行，行字不等。该书卷末有尾记，其中言明此经由阿古寺第七世住持苏玛迪巴匝日主持刊刻。值得一提的是，虽然该经经文后半部分稍有烧焦痕迹但未伤及正文，恰如张元济先生在感叹善本古籍幸免于水火之际所言"此为世间珍秘之本，自当有神物护持"[①]。

布里亚特人属于蒙古各部中信奉藏传佛教较晚的部落，"布里亚特人受蒙古各部纷纷改信喇嘛教的影响，于17世纪30年代开始信奉喇嘛教，并经历了一段喇嘛教与萨满教并存的阶段。喇嘛教的传播路线是经外蒙古蔓延到贝加尔湖附近的豁里布里亚特地区，其传播者是喀尔喀蒙古喇嘛和藏区来的藏族喇嘛。"[②]由此，随着藏传佛教在布里亚特地区的持续传播，以藏传佛教典籍为代表的布里亚特版蒙古文古籍即由该地区寺院陆续刊行。据相关资料记载，"布里亚特地区蒙古族寺院多刊有蒙古文藏传佛教典籍，其中即有阿古寺，曾刊印22种书籍"[③]。因本次入藏《譬喻之海》卷末尾记明确标注了阿古寺等信息，由此可知，该书应属布里亚特版。

至于该书刊刻年代，因阿古寺第七世住持苏玛迪巴匝日的生平与事迹尚不可考，因此，只能从当地寺院建立时间等背景因素予以推定。目前所知，布里亚特地区佛教寺院的兴建多集中于17世纪末18世纪初，对此，有研究者指出："17世纪末至18世纪初，遵循西藏大乘佛教传统的寺庙开始在布里亚特建立，新的宗教迅速传播到布里亚

---

① 张元济：《清抄本〈三朝北盟会编〉跋》，张元济：《张元济全集》（第10卷），商务印书馆，2010年，第111页。
② 孛·蒙赫达赉、阿敏：《呼伦贝尔萨满教与喇嘛教史略》，民族出版社，2013年，第233页。
③ 乌·托亚：《蒙古古代书籍史》（蒙古文），内蒙古人民出版社，2008年，第197页。

特各个部落当中。这样,泛贝加尔湖地区的主要人群皈依了藏传佛教,特别是著名的宗教改革家宗喀巴(1357—1419)创立的格鲁派。"①同时,鉴于该经刊刻者为阿古寺第七世住持,该经刊刻应不早于19世纪。因清布里亚特刻本《譬喻之海》为《中国蒙古文古籍总目》所未收,为国内稀见之版本,故其具有重要的版本价值,同时,通过此经亦可管窥藏传佛教在布里亚特地区的传播历史。

2.清末抄本《阎罗法王经・恩德古日勒汗传》一册

此墨笔抄本的基本情况为:封面为麻布,装帧形式为线装,开本25.5cm×13.0cm,每半叶10行,行字不等。该书封面题《阎罗法王经》(erlig nomon qaɣan)、《恩德古日勒汗传》(endegürel neretü qaɣan-u taɣuji kemegdekü),书中内容即为二者合抄,前者110叶,后者20叶。

图6 《阎罗法王经・恩德古日勒汗传》封面　　图7 《阎罗法王经・恩德古日勒汗传》末尾

《阎罗法王经》是佛教经典之一,阎罗王又称作阎罗、阎魔王、降阎魔尊,在藏传佛教中,其与大威德金刚同为文殊菩萨的化身,也是牛头形护法神。《恩德古日勒汗传》在书中题名为"endegürel qaɣan-u üligerorosiba",叙述了与恩德古日勒汗相关的佛教故事。此书末叶显示抄写年代为"阳水虎年",结合该经蒙古文书写体例等特征,笔者推测其抄写年代应不晚于清光绪二十八年(1902,藏历第十五绕迥阳水虎年)。同时,《中国蒙古文古籍总目》中并未收录此二种文献,可见该书流传稀少。

---

① 白长明主编:《蒙医药机构史略》,内蒙古科学技术出版社,2018年,第75页。

三、藏蒙古文合璧古籍与梵文古籍

1.藏蒙古文合璧清初刻本《莲花生大师祈愿文》一函

藏文、蒙古文合璧，清刻本，其基本情况为：梵夹装，开本32.5cm×10.5cm，版框8.8cm×10.5cm，左右单边，凡89叶，缺第69—73、第90叶，每面3双行，每双行上为藏文、下为蒙古文。书中第一叶中间刻有莲花生大师像，每面左侧为藏文与蒙古文页码，右侧为汉文页码。由字体及页码等特征推断，此书应为清初北京刻本。书中主要讲述了阳火马年，应五位格隆（dge-slong）之请，莲花生大师讲解密咒中守誓之喇嘛祈愿文。

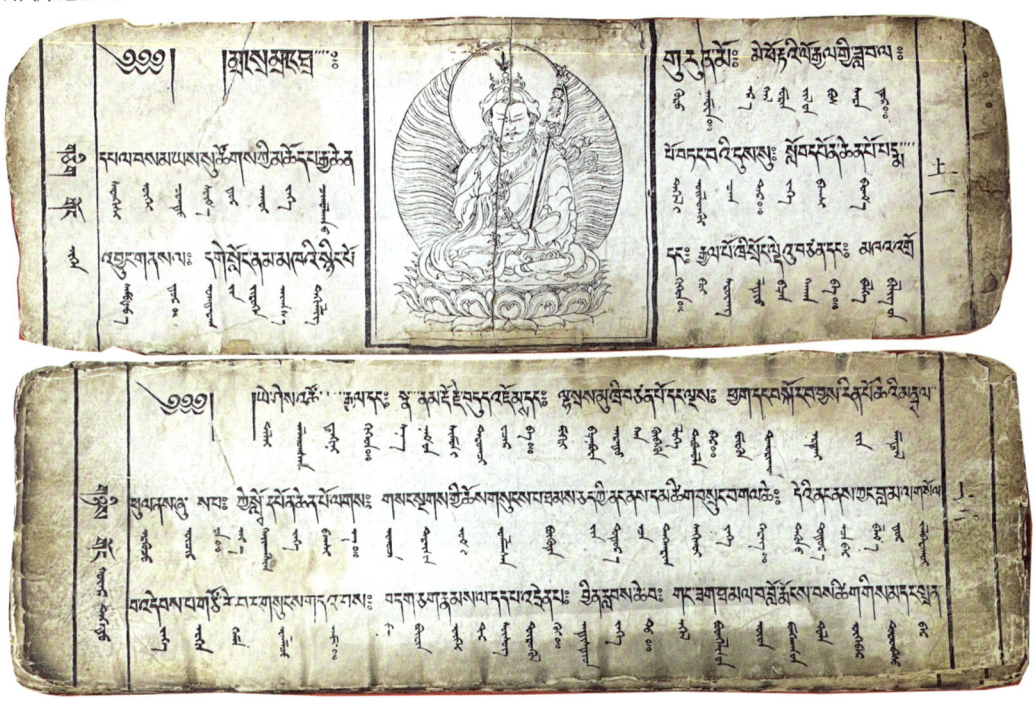

图8 《莲花生大师祈愿文》经首

莲花生（padma-vbyung-gnas），又称莲花生大师、莲花生大士，梵语音译为巴特玛萨木巴瓦（Padmasambhava），原是乌仗那（笔者注：今巴基斯坦境内）佛教僧人。公元8世纪中叶，莲花生大师应吐蕃赞普赤德祖赞（khri-lde-gtsug-btshan，704—755）之邀到西藏传法，使佛教密宗在西藏落地生根，同时，教授藏族子弟翻译之法，并与寂护大师（Santaraksita）一起创立了西藏历史上第一座寺院桑耶寺，以之作为弘扬佛法的根本道场。值得一提的是，"据智慧海王所著《莲花生传》载，他从吉祥狮子学大圆满法以后曾到中原的五台山学习天文历数。他的上师吉祥智也曾立志朝礼五台山，他的同学无垢友也到过汉地。所以莲花生一派的教法有很浓厚的汉地禅宗的色彩。"①同时，因莲花生大师在西藏倡导建立了出家、在家僧团制度，由此为藏传佛教在藏地广泛传播打下了坚实基础，"故受到藏族人民的爱戴，尊奉他为藏密的开山鼻祖，宁玛派的传承祖师，密乘大圆满传承祖师。宁玛派尊奉莲花生大师为根本上师，宁玛派所传授的咒语与伏藏相传都是由他所教授。莲花生大士为阿弥陀佛、观世音菩萨、释迦牟尼如来等身、口、意三密之金刚化现，亲身示现不生不灭之真谛。莲花生的地位在藏传佛教信仰中极为崇高，被藏族百姓尊称为第二佛。"②正是得益于莲花生大师的重大功绩，藏传佛教在西藏开始进入全面发展的前弘期。

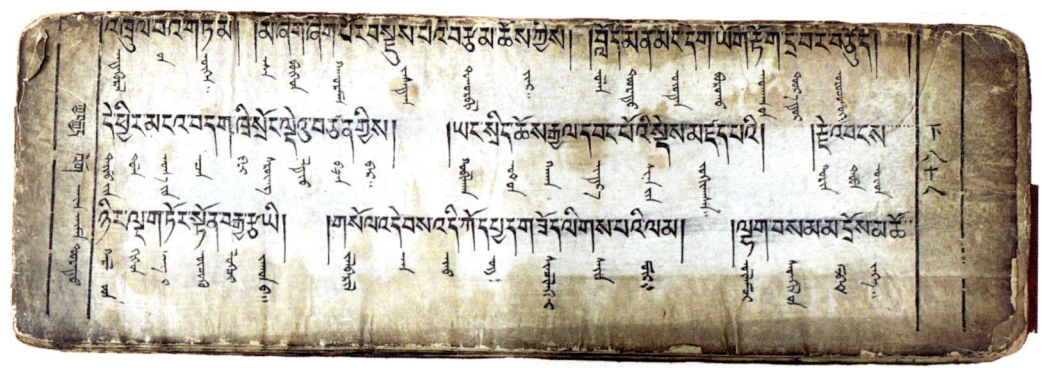

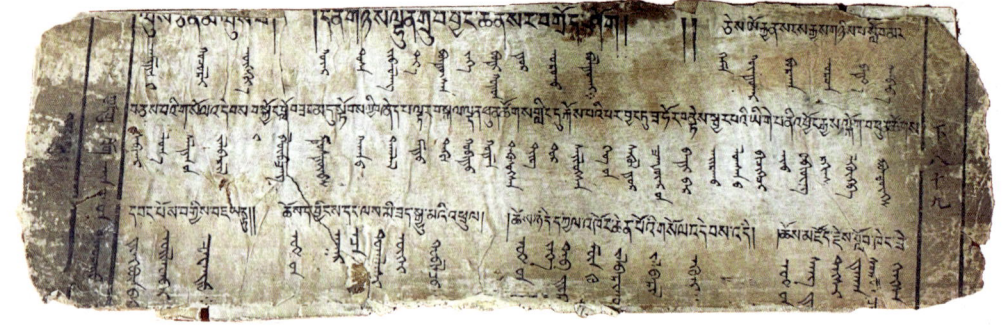

图9 《莲花生大师祈愿文》经尾

实际上，存世蒙古文古籍中亦不乏有关莲花生大师的作品，但据笔者查阅，与此书题名与内容相似者寥寥可数，因此，该书具有一定的版本价值。加之该书为藏文、蒙古文合璧刻本，乃中国古代少数民族文化交融发展的重要体现，所以该书亦具有重要的文献价值。

2.唐雕版印梵文《陀罗尼》一叶

陀罗尼是梵文"Dhāraṇi"的音译，意译作能持、能遮或总持。《大智度论》中有对陀罗尼的经典释义："问曰：已知次第义，何以故名陀罗尼？云何陀罗尼？答曰：陀罗尼，秦言能持，或言能遮。能持者，集种种善法，能持令不散不失。譬如完器盛水，水不漏散。能遮者，恶不善根心生，能遮令不生。若欲作恶罪，持令不作，是名

---

① 黄明信编：《吐蕃佛教》，中国藏学出版社，2010年，第59—60页。
② 降边嘉措主编：《〈格萨尔〉大辞典》，海豚出版社，2017年，第69页。

陀罗尼。"①一般认为，陀罗尼指古印度的一种记忆术，佛教密宗用其代指时常念诵不忘并可受诸加持的有固定格式的词句，因此，其经常与神咒、真言等混称。随着佛教在唐代中原地区的传播与发展，《大随求陀罗尼经》（*phags-pa-rig-pavi-rgyal-mo-so-sor-vbrang-ba-chen-mo*）流行一时，陀罗尼经咒便以"护身符"的形式逐渐走入民间，有一定经济能力的信众纷纷采用书写、诵持陀罗尼经咒，或佩戴装有陀罗尼经咒的饰品等方式，追求实现祈福禳灾、增寿益智的平生夙愿。

该陀罗尼经咒为纸本，由悉昙体梵文写成，其直径25.0 cm，经咒为14圈不可环读之封闭圆环。该叶所载经文内容出自《大随求陀罗尼经》，其大意为：若有受持此神咒者，所在得胜；若有能书写并戴于头上者，若置于臂者，则其能成一切善事；同时，其最胜清净，常为诸天龙王所庇护，又为诸佛菩萨所忆念。该叶中心左侧空白处手书"女弟子五十二娘愿所求如意"，由此可知，此陀罗尼咒的持有者为"五十二娘"。

图10　唐代雕版印梵文《陀罗尼》（笔者在捐赠活动现场拍摄）

该藏品边框外部古朴简明且无任何装饰，应为雕版印本《陀罗尼咒经》的原始状态。20世纪80年代初，宿白先生在推断其时陕西西安、江苏镇江、安徽阜阳、安徽无为等唐墓中发现的五件雕版印本《陀罗尼咒经》的刊印时间顺序时，初步提出了确定早期《陀罗尼咒经》雕版印本演进时间的一种标准："雕印梵文者在先，汉文在后；《咒经》文字不能连读的排列在先，可以连续环读的排列在后；外围框单线在先，双线在后；外围内容墨绘在先，雕印在后；外围形象较多的在先，只有一项手印者在后。"②此后，学界多以此作为推定早期雕版印本《陀罗尼咒经》的基本标准之一。

---

① ［印度］龙树菩萨造，〔后秦〕鸠摩罗什译，王孺童点校：《大智度论》（上），宗教文化出版社，2014年，第101页。
② 宿白：《唐宋时期的雕版印刷》，文物出版社，1999年，第9页。

由此观之，该藏品应属早期雕版印刷品。值得一提的是，据捐赠方表示，该藏品附有美国亚利桑那大学加速器质谱仪（AMS）实验室出具的放射性碳测年鉴定报告（笔者注：其误差率在正负25年），报告显示该藏品纸张年代不晚于公元770年。因此，可暂时视其为不晚于唐大历五年（770）的雕版印刷品。由此可见，该藏品版本年代极早，存世十分稀少，具有极其重要的文物价值，兼具版本价值与文献价值，为了解唐代《陀罗尼经》传播史及中国早期雕版印刷史提供了重要实证。

四、结 语

中华人民共和国成立以来，党和政府始终高度重视少数民族文字古籍保护与整理工作，特别是党的十八大以来，党中央进一步加大对少数民族文化遗产的保护力度。2018年两会期间，习近平总书记到内蒙古代表团参加审议时强调，要注重从少数民族文化中汲取营养。2019年7月16日，习近平总书记在内蒙古大学图书馆蒙古文古籍阅览室考察时指出，要加强对蒙古文古籍的搜集、整理、保护，挖掘弘扬蕴含其中的民族团结进步思想内涵，激励各族人民共同团结奋斗、共同繁荣发展。习近平总书记的指示充分体现了党中央对少数民族文字古籍工作的高度重视，更是对少数民族文字古籍工作者的殷切期望与有力鞭策。

由上可知，2020年本馆入藏的这7种少数民族文字古籍不仅文种丰富、保存状况良好，而且各具特色、均属珍贵稀缺文献。这不仅进一步丰富了本馆少数民族文字古籍馆藏，而且再一次彰显了本馆作为国家总书库在古籍保护与传承文明方面肩负的社会责任。我们将继续拓宽采访渠道，大力访求流散民间的珍贵的少数民族文字古籍，做好相关的古籍整理、保护、研究、开发工作，力争让少数民族文字古籍成为铸牢中华民族共同体意识的重要文化资源，为新时代中国民族团结进步事业做出应有的贡献。

2020年新入藏稀见革命文献提要五种

□ 吴 密 国家图书馆古籍馆

国家图书馆善本特藏中有一类习称"新善本"的文献，其主体为辛亥革命至中华人民共和国成立前的这段特定历史时期内的革命文献资料。革命文献是革命文化的重要载体，它主要记载了中国共产党为实现民族独立和人民解放而斗争的奋斗历史，昭示着中国共产党人的初心和使命，见证中国人民站起来了的光辉历程。革命文献属于不可再生的文化资源，国家图书馆每年都会通过不同途径广为征集。本文介绍的五种系2020年新入藏文献，分属于辛亥革命时期、国民革命时期、土地革命时期和解放战争时期，涵盖了民国初年到中华人民共和国成立期间的多个历史层面，颇具文献价值和文物价值，故撰提要，供学界参考利用。

1.《黄帝之魂》

新中华书社1914年12月版，1册（218页），21.8 cm×14.7 cm。本书为《黄帝魂》的再版本。《黄帝魂》1903年由上海东大陆图书印刷局出版发行，不久即被广为翻印，遂成为20世纪初宣传民族革命非常有影响力的一部书籍。该书有45篇(目录为44篇)和30篇(目录为29篇)两种，这两种版本都因为目录遗漏了《祝北京大学堂学生》一则，以致目录和实际所收篇目相差一篇。

《黄帝魂》各种版本的撰述者和编辑者均署"黄帝子孙之多数人""黄帝子孙之一个人编辑"。据章士钊《疏〈黄帝魂〉》，前者指各篇的作者，后者则是黄藻。[①] 黄藻，字菊人，湖南善化人。曾参与庚子年（1900）唐才常领导的汉口自立军起义。失败后逃往上海，鬻文为生。1903年革命风起云涌，为了救亡，同时也为了反对梁启超《中国魂》的改良宣传，黄藻用了八个月的时间，"收摄近十年来新闻杂志及各种新撰述之精魂"，编缀成书，名为《黄帝魂》。该书重要的篇目有《国民日日报》之《黄帝纪年论》《王船山史说申义》，《国民报》之《正仇满论》《亡国篇》《中国灭亡论》，《开智录》之《义和团有功于中国说》（即《义和团与中国之关系》），《苏报》之《驳革命驳议》等，在当时产生了广泛的影响。《黄帝魂》30篇本属于删减本，1910年初版，本馆藏有1912年再版本。本次征集的《黄帝之魂》为新中华书社1914年版，正文218页，收文30篇，与1912年再版本的篇目、页数一致，甚至于两书为黄帝所作赞语中的红字校改处也相一致，说明两书为同一版本。本书的特别之处有以下几点：一是《黄帝魂》其他各版封面均无图案，居中为黄藻以魏碑竖题的"黄帝魂"三个大字，本书整个封面的中心是一上身裸露的女子，封面顶端从右至左以隶书横题"黄帝之魂"，由于封面底色较深，标题极不显眼；二是正文前除了收录"中国民族开国之始祖"插图之外，还增收了"明文待诏曲水流觞""明张积仁林泉小景"

---
① 章士钊：《疏〈黄帝魂〉》，《辛亥革命回忆录》（第一集），文史资料出版社，1961年，第218页。

扇面画作两幅;三是其他版本版权页上的印刷者和发行者多署"黄帝子孙",并有黄帝纪年,本书版权页上的印刷者和发行者署新中华书社,仅用民国纪年,题名亦作"黄帝之魂"。

2.《拥护省港罢工》

中央军事政治学校编,1926年版,1册(40页),18.7 cm×13.2 cm。本书为第一次国共合作时期的中央军事政治学校编印的出版物。封面红色,绘有工人斗争场景插图,居中竖题"拥护省港罢工",左上有"中央军事政治学校"字样;封二为目录,随后有勘误表4页;正文每页靠近书口处都印有"拥护省港罢工专号";封三登有《黄埔日刊》广告。故本书往往又被著录为中央军事政治学校《黄埔日刊》刊出的《拥护省港罢工专号》,实际上这两个题名著录的是同一本书。

本书目次如下:《中央军事政治学校拥护省港罢工宣言》、《省港罢工委员会暨全体罢工工友来书》、《本校答复省港罢工委员会暨全体罢工工友书》、《本校特别党部复罢工委员会书》、《省港罢工的面面观》(熊雄)、《援助省港罢工的要义》(体诚)、《省港罢工不是工人"一己的问题"》(懋廷)、《是援助工友吗?还是干的自己的事呢?》(划平)、《省港罢工与五卅事件》(昌杰)、《本校二十五日开拥护省港罢工大会纪实》。此外,正文还收有一篇《从省港罢工演绎出来的结论》(从周),为目录所无。

黄埔军校是第一次国共合作时期孙中山在中国共产党和苏联的帮助下创办的革命军事学校,全名"中国国民党陆军军官学校"。1924年5月创立,孙中山兼任该校总理,蒋介石任校长,廖仲恺任党代表。共产党人周恩来、熊雄先后担任军校政治部主任,聂荣臻任政治部秘书,恽代英、萧楚女、叶剑英等人都曾在该校任教官。1926年3月改名"中央军事政治学校"。因军校校址始设于广州黄埔长洲岛,通称黄埔军校。黄埔军校对省港大罢工给予了大力支持,曾选派优秀毕业生到省港罢工委员会纠察队担任教官。多次发表援助和拥护省港罢工的宣言,号召"各阶级的民众们!我们应该巩固我们的联合战线,我们应该竭诚拥护省港罢工!我们应该改正我们过去对于罢工的漠视态度!我们应该同情于罢工工友的艰难与苦战!我们应该共同执行封锁政策,扫清破坏罢工的奸细,在精神上及物质上积极援助罢工工友,以期达到最后的胜利"。1926年8月25日,黄埔军校召开拥护省港罢工大会,全校2000多名师生参加,广东省政府农工厅长陈其瑗、全国总工会代表刘少奇等应邀到会讲话。《本校二十五日开拥护省港罢工大会纪实》即是这次大会的详细记录,该纪实整理有《方教育长致开会词》《陈其瑗先生讲演词》《全国总工会刘少奇先生讲演词》《香港学生代表讲演词》。本书的作者均为共产党员,且多任职于军校政治部,其中熊雄为政治部副主任;"划平"即廖划平,为政治教官;"体诚"即安体诚,政治教官;"懋廷"即王懋廷,政治教官;"从周"即张从周,第四期政治部职员。[①]"昌杰"即毕昌杰,1926年加入中国共产党,后来任中国共产党云南特别委员会组织委员。

---

① 辛增明:《熊雄在黄埔》,广东人民出版社,2018年,第59—60页。

本书为研究黄埔军校和省港罢工的重要资料，中国科学院广州哲学社会科学研究所和广州古籍书店曾于1960年复制了本书，为蓝色油印本。该油印本校改了原书的错误之处，正文最后有如下说明："在校对过程中发现还有不少错漏字，除明显的错误已改正外，有些地方我们仍按原来的印刷本。希读者注意。"该书铅印本原件能够入藏我馆，实属难得。

3.《第六次大会后的政治工作》

上海民志书局1929年10月发行，1册（282页），19.4 cm×14.0 cm。本书题名取自版权页，封面题名为"一九二九第六次大会后的政治工作"，卷端题名为"第六次大会后中国共产党的政治工作第一集"，是中国共产党第六次全国代表大会后秘密出版的中央文件集。

本书除目录页缺损外，基本完好，正文收录的文件有：《第六次全国代表大会的总结与精神》（中央通告第二号）、《目前革命形势与党的战术和策略》（中央通告第三号）、《总的政治路线之正确的运用》（中央通告第八号）、《目前政治形势与群众工作》（中央通告第十五号）、《反帝国主义与争取群众策略》（中央通告第二十号）、《反对军阀战争和争取群众》（中央通告第二十五号）、《目前政治形势的分析与党的主要路线》（中央通告第三十号）、《答覆江苏省委对中央工作的意见》（附《（江苏省委）对中央工作的意见》）、《军阀战争的形势与我们党的任务》（中央通告第三十三号）、《反军阀战争中的工作方针》（中央通告第三十四号）、《共产国际执行委员会与中国共产党书》、《中央对国际二月八日训令的决议》（中央通告第三十七号）。

"四一二"反革命政变后，中国共产党在上海建立的出版发行机构上海书店被查封，党的出版工作转入地下。十年内战时期，中国共产党在上海建立了无产阶级书店、华兴书局、秋阳书店、春阳书店等出版发行机构，秘密出版马列主义著作和党的重要文献，本书即是其中非常重要的一种。本书存世极少，其出版时间为"一九二九年十月"，总发行处为"上海民志书局"。检索各类文献资料和回溯书目，以"上海民志书局"发行的民国出版物也只有《共产国际对于中国革命决议案》《中国革命与机会主义》寥寥几种。根据出版时间，本书通常被认为是上海无产阶级书店或华兴书局的秘密出版物。

中央档案馆藏有1929年4月印发的《中国革命与中共的任务——共产国际代表布哈林在中国共产党第六次全国代表大会上的政治报告（一九二八年六月十九日）》，该文件最后列出了4种学习材料，第4种为"第六次大会后中国共产党的政治工作（已付印）"[①]，表明本书是党的文件，在1929年4月以前就已付印。中央档案馆编《中共中央文件选集》收录的1928—1929年的部分中央文件就是以此书为底本整理，足见其文献价值。

---

① 中共中央党史研究室、中央档案馆编著：《中国共产党第六次全国代表大会档案文献选编》（上），中共党史出版社，2015年，第257页。

4. 伪装本《老残游记》清样稿本

1948年版，1册（60页），20.5 cm×28.0 cm。本书系伪装本，实为《庆祝济南解放特刊》一书的清样稿本。1948年9月16日至24日，华东人民解放军经八昼夜的激烈攻坚作战，解放山东省省会济南，拉开了战略决战的序幕。济南解放后曾出版过《解放济南之战》《庆祝济南解放特刊》等宣传册，最有特色的当属托名晚清小说家刘鹗代表作《老残游记》的伪装本。

大多数伪装本一般仅在封面上做文章。本书的特别之处在于不仅封面作了伪装，书籍的前面也做了深度伪装。封面后面是《老残游记》的原书目录，共20章，第1至8页是《老残游记》原书第一章的全文，其后才是本书的目录和正文。正文收入：《济南介绍》、《庆祝济南解放的伟大胜利》（新华社社论）、《粟裕将军谈胜利的原因》、《人民解放军公布初步战果》、《济南被歼敌军介绍》、《王匪耀武被我俘获》、《中共中央及各方贺电》、《人民解放军与济南人民约法七章》、《军管委员会颁布入城纪律》、《军管委员会颁发安民布告》、《我军城市政策受到热烈拥护》、《进攻的号声响》（歌曲）、《济南战役总动员令》、《济南战斗经过》、《解放济南之战》、《男女老少齐动员》、《支前小唱》（歌曲）、《庆祝胜利》（歌曲）、《访齐鲁大学》等19篇文章、文告和歌曲。

刘鹗创作的《老残游记》以其对晚清济南市井风情的生动描绘而为世人称颂，本书巧妙伪装成这本著名的谴责小说，以方便其在国统区传播。新善本藏有正式出版的《老残游记》伪装本一册，封面大字单行题写伪装题名"老残游记"，左半部双行小字书"原本精校"，右半部为"大明湖"插图。封底中部用艺术字标注"益智"二字。未标注出版时间。经过比较，清样稿本与正式出版的版本排版一致，校改处亦相吻合。本书装订较为简单随意，册页均为对折未裁开，临时加装的封面亦无图案文字，仅用蓝色钢笔书有"老残游记""1948.10""活版印"字样。《进攻的号声响》和《庆祝胜利》《支前小唱》三首歌曲未按目录顺序装订，夹杂在书前的伪装目录和正文中间，显示了其清样稿本的特征。革命书刊的伪装本已属稀见，本书为清样稿本，更是难得一见。

5.《国徽图案参考资料》

人民政治协商会议筹备会编印，1949年9月25日印发，1册（5页），38.5 cm×33.0 cm。本书系国徽征集阶段，由张仃和钟灵设计，以人民政治协商会议筹备会名义编印的国徽图案参考资料。本书封面从上到下印有"国徽图案参考资料""人民政治协商会议筹备会编印""一九四九年九月廿五日"字样。整书以红色绳带装订，封面居中印有一枚红色的政协会徽，显得极为庄重。内收5幅彩印国徽设计图案，依次标注"复选第一号第一修正图"至"复选第一号第五修正图"。此外还附有《中华人民共和国国徽应征图案候选修正图案说明》，摘录如下：

甲、设计含义总说

工人阶级(经过共产党)领导的，工农联盟为基础的，人民民主专政的中华人民共和国，像一个太阳一样，在东方升起。

这一有五千年悠久历史与文化的伟大古国，在共产主义的光芒照射之下，获得了解放。

这一历史性的变革，为我们伟大祖国创设了富强康乐的先决条件；而且也给予东方所有遭受帝国主义侵略和迫害的国家人民增强了信心，指出了方向。中国的解放，是全世界（特别是东方）各殖民地半殖民地国家的光明和希望。

乙、纹样含义详解

(一)齿轮，嘉禾的结合，代表工农联盟。……

(二)衬景及五角红星，代表工人阶级的先锋队——共产党的领导，及共产主义的光芒普照全球。……

(三)地球上面将我国版图显露出来，表现了我国特征——地域辽阔广大。……

附：制印法解说……

设计者：张 仃、钟 灵

1949年6月15日，中国人民政治协商会议筹备会在北平召开，会议决定设立6个工作小组，其中第六小组的任务是研究草拟国旗、国徽、国歌、纪年、国都等方案，组长是马叙伦，副组长叶剑英、沈雁冰。7月10日，政协筹备会发布《征求国旗、国徽图案及国歌词谱启事》。到8月20日，政协筹备会共收到国内及海外华侨寄来的应征国徽图案稿件112件，图案900幅。经过反复讨论和审阅后，第六小组认为张仃、钟灵设计的图案比较符合要求。张仃、钟灵听取了代表们的意见，对图案做了修改，由第六小组选择其中5幅图案，以新政治协商会议筹备会的名义编印了一份《国徽图案参考资料》。据钟灵回忆，当时他在政协任布置科科长，张仃是他们请来的美术顾问，两人曾共同设计了政协会徽，也比较了解国徽设计要求。本书提供的设计图案，形式上仿照政协会徽，左右稻麦环绕，上为齿轮，中央为五角星照耀下的地球，中国版图是二色的，下方是写有"中华人民共和国"国名的红色绶带。

随后，国务院牵头成立了梁思成领导的清华大学建筑系设计小组和张仃领导的中央美术学院设计小组。在将近一年的时间里，两组专家提出多种设计图案，国徽审查小组一审再审，设计专家根据评审意见和建议作了一次次的修改，共同完成了中华人民共和国国徽的设计。本书是见证中华人民共和国国徽诞生过程的重要历史资料，作为会议参考材料印发，数量既少，存世自然也不会很多。

2020年国家图书馆外文善本采访工作述要

□ 彭福英　国家图书馆古籍馆

2020年，国家图书馆外文善本组通过拍卖、购买等采访途径，共采入文献32种79册，内容涵盖文学、哲学、历史学、语言学等学科，出版时间从17世纪延续到19世纪，其中17世纪出版物4种，18世纪和19世纪文献各14种，内有初版数种。从文种来看，英文14种、法文7种、德文5种、荷兰文4种、俄文1种、拉丁文1种。多数书内收录精美版画，保存状况佳，具有较高的文献和文物价值。

新采外文善本中有一批为北京私人藏家所售，共13种51册，均为1850年前出版，其中18世纪出版的6种，19世纪出版的7种。英文文献居多，两种为法文。内容以诗歌、小说、散文和文学人物传记为主，另有本草和历史著作各一种。从装帧来看，该批文献皆为皮质精装，分为全皮装和四分之三皮装两种。大理石花纹纸装饰的应用是这批文献的特色。大理石花纹纸广泛地存在于古代中国、日本、波斯、土耳其等国家，17世纪左右陆续传到德国、法国、荷兰、英国等国。大理石花纹纸用于书籍装帧，在18—19世纪的欧洲比较流行，各个国家都出现了不同风格的大理石花纹纸。此批文献中，大理石花纹纸主要用于封面和环衬的装饰，花纹种类包括波浪纹、旋涡纹和气泡纹，各具特色。该批文献中的《托尔夸托·塔索传》（*Life of Torquato Tasso*）一书，为意大利文艺复兴时期著名诗人托尔夸托·塔索（Torquato Tasso, 1544—1595）的传记，由英国著名出版商约翰·默里公司出版。该公司由约翰·默里（John Murray, 1737—1793）1768年创办于伦敦。19世纪上半叶，该公司跻身为英国最重要和最有影响力的出版公司之一，许多著名作家，如拜伦（George Gordon Byron, 1788—1824）、简·奥斯汀（Jane Austen, 1775—1817）、沃尔特·司各特（Walter Scott, 1771—1832）的作品，都由此公司最先刊出。此批文献的另一特点是书内收录大量精美版画。其中《约翰·盖伊作品集》（*The Works of John Gay*）卷六的铜版画插图出自英国著名诗人、版画家威廉·布莱克（William Blake, 1757—1827）之手。插画富有想象力，生动精美，为版画之精品。

因为各种机缘，今年有幸采入《资本论》（*Kапитал: критика политической экономии*）俄文初版1种1册（图1）。《资本论》，全称《资本论：政治经济学批判》（*Das kapital: kritik der politischen*

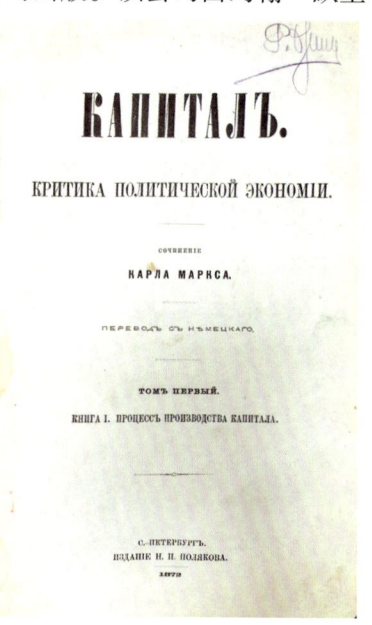

图1　《资本论》第一卷1872年俄文初版

oekonomie），德国著名思想家卡尔·马克思（Karl Marx，1818—1883）创作的政治经济学著作。全书共分三卷，以唯物史观的基本思想作为指导，通过深刻分析资本主义的生产方式，揭示了资本主义社会的发展规律，并第一次科学地确立了政治经济学的研究对象和方法，为政治经济学的发展做出了划时代的贡献。该书第一卷德文初版1867年在德国汉堡面世，后被翻译成多种文字。德文初版甫出，俄国就有人尝试翻译，但因为种种原因，未竟。直到1872年4月8日，《资本论》第一卷俄文译本才在圣彼得堡面世，此为《资本论》的第一个俄文译本，也是《资本论》的第一个外文译本。该译本由俄国革命家盖尔曼·亚历山德罗维奇·洛帕廷（German Aleksandrovich Lopatin，1845—1918）和尼古拉·弗拉策维奇·丹尼尔逊（Nikolai Frantsevich Danielson，1844—1918）合译，出版商波利亚科夫（N. I. Poliakov）出版，总印数为三千册。新书印好后，有幸通过了书报检查机关的审查得以公开出售，并深受读者喜爱，一个半月就售出了该书印数的三分之一。该书有助于马克思理论的传播，而理论又武装了俄国的革命者，并与俄国工人运动相结合，最终促成了十月革命的爆发，在俄国历史上产生了深远的影响。此书进一步丰富了国家图书馆外文善本中早期马列经典著作文献的收藏，具有重要的文献意义。

另一位私人藏家转让的一批文献，共12种16册，多为德文和荷兰文文献。内收录荷兰18世纪著名哲学家扬·弗洛里斯·马丁内特（Jan Floris Martinet，1729—1795）的代表作《自然教理问答》（*Katechismus der Natuur*），卷数齐全，牛皮精装，品相良好；1779年版的《自然教理问答评论》（*Natuurkundige en ophelderende aanmerkingen over het derde en vierde deel van J. F. Martinet's Katechismus der natuur*），同样保存状况良好。这批文献中，有多部文学作品，如德国诗人和小说家约瑟夫·维克托·冯·舍费尔（Joseph Victor von Scheffel，1826—1886）所著诗集《尽情欢乐：古今诗歌》（*Gaudeamus: lieder aus dem angern und weitern*），再如德国小说家、诗人贝特霍尔德·奥尔巴赫（Berthold Auerbach，1812—1882）的作品《女教授洛勒》（*Lorle, die frau professorin*）。

此外，今年还采访到一批版画类作品，内有1768年出版的《凡尔赛喷泉版画集》（*Ethic amusements*），棕色摩洛哥羊皮精装，书脊烫金压花，书前为敬献英国国王之献词。全书铜版画共计94幅，其中44幅为法国凡尔赛迷宫中喷泉与景观的铜版画，其余50幅为凡尔赛花园喷泉上的《伊索寓言》铜版画，书页有鸢尾花水印。《伊索寓言》铜版画，存世较少，具有重要的收藏价值。《奥兰治-拿骚亲王、荷兰省督威廉四世皇家仪典巨幅版画集》（*Lyk-staetsie van Zyne doorluchtigste hoogheid den heere Willem Carel Hendrik Friso, prince van Orange en Nassau*），初版，四分之三犊皮精装，书脊烫金，大理石花纹纸封面。内收41幅对开页铜版画，描绘了1752年举行的从海牙到代尔夫特的奥兰治-拿骚亲王、荷兰省督威廉四世（Willem Karel Hendrik Friso，1711—1751）的皇家葬礼仪典。每幅铜版画均有荷兰文、英文和法文标题。《五至十七世纪建筑、装饰艺术版画集》（*L'architecture du Ve au XVIIe siècle, et les arts qui en dépendent*），1854—1858年巴黎出版，共收录305幅版画，部分为铜版插画，部分为彩色石印版画。书中介绍了5世纪到17世纪的建筑艺术以及相关的雕塑、铁艺、壁画、马赛克等艺术作品。既有法国建筑设计师的作品，也有欧洲其他国家建筑师的未刊作品。作者朱尔·加亚博（Jules Gailhabaud，1810—1888），法国著名艺术史家，撰写了多部建筑相关书籍。《五至十七世纪建筑、装饰艺术版画集》，历时8年方才写就，出版后颇受称赞。《英国王后出访荷兰》（*Beschrivinge vande blyde inkoomste, rechten van Zeegebogen en ander toestel op de wel-koomste van Haave Majesteit van Groot-Britanien*）初版，内收版画多幅，既有对开页版画，也有整页版画，描绘了古希腊英雄珀尔修斯与安德洛墨达、珀琉斯与海神忒提斯的婚礼等希腊神话故事和历史场景。17世纪40年代英国陷入内战，皇后亨利埃塔·玛丽亚（Henrietta Maria，1609—1649）携带珠宝前往荷兰典当，寻求战争所需资金。此书图文并茂，记载了这一重要历史事件，兼具史料和文物价值。

陈邦福生平及其手稿遗藏整理、捐赠

□ 陈治华

一、陈邦福生平

图1 陈邦福（1952年）
（图片来源：《陈邦福金石著述汇编》）

我的父亲陈邦福（1893—1977），字墨移，祖籍河南，后迁至江苏句容，因父辈科举寄籍丹徒，故自称丹徒人。父亲出身书香世家，其父培寿先生（字辅卿）是光绪二十八年（1902）举人，曾任东台县官立中学国文老师，著有《汉武梁祠画像题字补考》《楚辞大义述》等。父亲从小受辅卿先生和伯父祺寿先生（字星南）金石钟鼎拓本教育熏陶。二老以历年搜集的3000余种拓本，传授父亲金石鉴别和考证之法，父亲从此入金石之学门径。

父亲17岁就有文章在报刊发表，如发表在清宣统三年（1911）《国粹学报》上的《尔雅逸文笺》《贾马年谱》。1914年父亲从新式学堂——淮南法学专科学校毕业后，在东台、姜堰等地任国文老师。

父亲20岁后周游宁、沪，后去北京做家教（父亲曾对我讲当年是去北京康有为家做家教）。期间结识了不少金石前辈，"见闻所及，又略有增益"[①]。

在外不到两年，父亲又南归教书。在教书之余，父亲撰写发表了《殷契辨疑》《殷契说存》《古玺发微》《亿年堂金石记》等多部著述。父亲自称这个时期"年少学浅，多不自量"[②]。

抗战期间父亲年近五十，移居镇江、扬州，在镇江师范和京江中学高中部教文史课，整天忙得不可开交。他上午在镇江师范，下午去镇江大学山京江中学上课，依然坚持课余和深夜撰写金石著述。那时父亲正值精力充沛的中年时期，同他书信往来密切的学者也较多，主要有郭沫若、黄炎培、黄宾虹、吴湖帆、吕凤子、吴昌硕、郑振铎、王献唐、叶恭绰、鲍鼎、叶玉森、王国维、罗振玉、唐兰、容庚、商承祚、顾颉刚、胡厚宣、陈梦家、王个簃、陈邦怀、陈直等先生。这个时期，父亲撰有《金石文字考略》等著作。

---

① 陈邦福：《陈邦福金石著述汇编》上册，国家图书馆出版社，2018年，第135页。
② 陈邦福：《陈邦福金石著述汇编》上册，第135页。

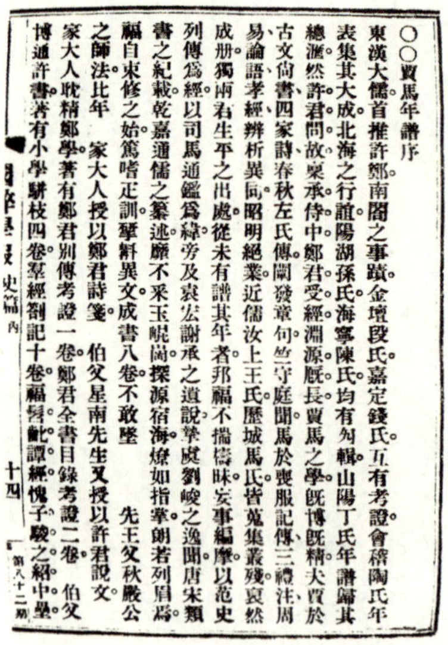

1947年初至解放前夕，父亲一直在扬州中学高中部教文史课。解放前夕，1949年元月间，父亲携我和二妹（母亲于1948年因病去世）随扬州中学部分师生迁来苏州，当时借居在苏州市东中市承天寺古庙中。不久，苏州解放，扬州中学部分师生返回扬州，父亲和我、二妹随部分师生留在苏州，仍借居承天寺古庙内。这时候父亲处于失业状态，为了生活，每天下午和晚上各两个小时去阊门外两户人家做家教。我们当时的生活状况正如《姑苏野史》中《陈墨移和郭沫若》一文所写："陈墨移解放前流寓苏州，住东中市承天寺内，贫困潦倒，生活艰难。"①尽管生活在如此困境中，父亲总是以乐观心态面对现实，在既做爹又做娘的情况下，挤出时间读书、作诗、写文，一如既往地做他的金石研究。记得当时在住所的一面墙上，钉着一幅未经装裱的吕凤子画的《白衣罗汉像》。罗汉的造型是瘦削面孔的老僧，炯炯有神的双眼，犹如父亲。另一面墙上挂着一幅已装裱过的立轴，是《毛公鼎》拓本，上面除了有父亲写的跋，还有几位著名学者的跋。尽管室内一幅贫困潦倒、生活艰难的景象，但父亲始终保持着一个老知识分子的傲气、骨气。他老人家常对我们子女说："一个人生活再困苦一点、吃得再差一点，没什么的，只要有志气在！"

1951年，苏南行政公署办公室通知父亲去面谈，然后正式通知父亲去无锡苏南文管会担任考古和编目工作。不久，苏南文管会迁来苏州原忠王府内，父亲仍然担任考古和编目工作。1953年，江苏省政府聘父亲为江苏省文史馆馆员，并兼任苏州市文管会顾问。父亲的人事和薪金关系虽已转入省文史馆，但他仍继续在文管会工作。这期间父亲积极参与文物鉴定保护、园林修复，以及工艺美术品的展览工作，为文物工作献计献策。

中华人民共和国成立后的这段时期，父亲撰写了多篇新出土铜器考释文章。1954年6

图2 陈邦福《贾马年谱》序
（图片来源：《陈邦福金石著述汇编》）

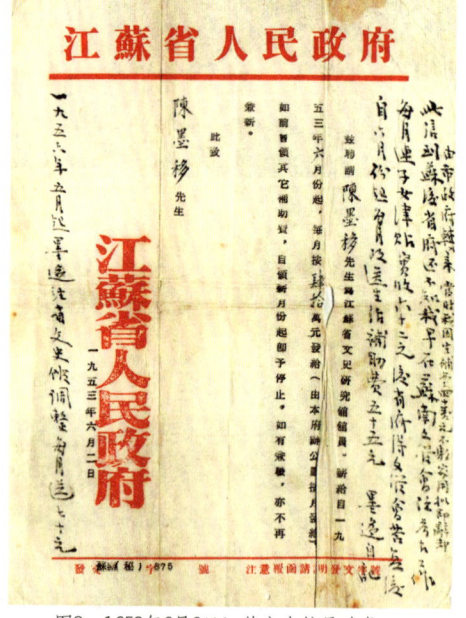

图3 1953年6月2日江苏文史馆员聘书
（图片来源：《陈邦福金石著述汇编》）

---

① 吴趼：《姑苏野史》，江苏文艺出版社，1990年，第348—350页。

月,江苏丹徒县东乡大港烟墩山出土了一批青铜器。其中一只铜器底部有120余字,但器物破损严重,文字残缺。父亲不顾年老体衰,亲自指导修补师傅拼接修复文物。对器上铭文夜以继日地考订研究,并与郭沫若先生通信讨论,终于考订铜器为"矢簋",铭文内容是周武王、成王伐商之后,把一批弓矢等武器、土地和奴隶赏赐给亲信,以控制和安定东部地区秩序的记录。此铜器号称"江南国宝",目前陈列在中国国家博物馆。考释文章以《矢簋考释》为题刊登在《文物参考资料》1955年第5期。1960年春江苏吴江横塥一古墓出土一批残铜片,经父亲考订,并和郭沫若、陈邦怀、陈直等先生通信讨论,最后考订为"越王残钟"。考释文章以《吴江横塥出土越王残钟考释》刊登在《考古》1961年第7期。

"文革"开始后,父亲即在家休养、写文著书。在这个特殊时期的特殊环境里,年逾七十的父亲开始撰写《碑版研究法》。在查找资料困难重重的情况下,他花费数年时间,于1971年誊写完成《碑版研究法》正式书稿。父亲过世前几年,他为此书联系多家出版社,大多答复机构调整,不接受出版事宜。

二、整理出版《陈邦福金石著述汇编》

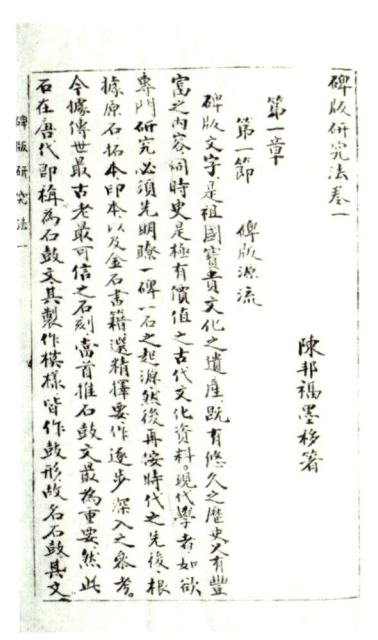

图4 陈邦福《碑版研究法》手稿
(图片来源:《陈邦福金石著述汇编》)

父亲去世后,我接手《碑版研究法》,持苏州市文物保管委员会的介绍信函与多家出版社联系,均无结果。就这样一拖再拖,一眨眼几十年过去了。直到2004年我去苏州古籍书店看书,看到书架上有一本新书,是中山大学陈炜湛教授写的《甲骨文论集》。书中有一篇《容庚与甲骨文研究》,我读后颇有感触:父亲也是一生研究金石碑版、甲骨文、古文字学的学者,该书中提到的十多位学者,绝大多数是和父亲有学术往来的同辈好友。因此我即给陈教授去信,请他帮助指点,还特地把陈教授老师容庚先生致父亲的4封信札,复印了寄给陈教授看。不久,陈教授回函称:"令尊大名,素所敬仰,先师容、商二老生前亦常提及,其遗著理应整理付梓,以嘉惠学林。"并嘱我与出版社联系。又说:"容师及顾、胡诸先生致令尊之书信,似亦可编集印行,或于学术刊物发表之。"①由于陈教授的鼓励和启发,我对《碑版研究法》的出版更加有信心,我要努力完成父亲的遗愿。

我在与苏州博物馆领导程义副馆长和副研究馆员李军博士的接触交往中,得到二位先生的指点和大力帮助。比如起初我是打算先将父亲的几十封友朋书札复印,然

---

① 陈邦福:《陈邦福金石著述汇编》上册,第176页。

后再考虑出版《碑版研究法》。在这件事上，两位先生给我的指点和建议是极其重要的。他们均认为先印几十封信札的话，书太显单薄，建议我把父亲历年已出版过的著述、未刊登过的手稿，加上《碑版研究法》书稿，以及几十封友朋信札，一并汇编成书，同时再配入父亲的照片与书法作品等，全书就会丰富饱满。

不久，他们二位又给我联系到国家图书馆出版社南江涛先生。南先生对我说他了解邦福先生的著述情况，表示愿意接受此书的出版，并亲自来苏州看样、洽谈，很快我们就签订了出版协议，于是就有了后来的《陈邦福金石著述汇编》。

收集汇总准备交出版社的稿件，首先是要整理父亲的遗著和遗物。遗著好整理，最难整理的是友朋信札和部分零散手稿。这些资料存放得较乱，特别是我自己又缺乏这方面的专业知识，会弄错和遗漏写信札的人。例如，前上海画院王个簃先生本名叫王贤。我对此不熟悉，就把"王贤"给父亲的一封信搁在一旁。幸有李军先生帮助整理，识别出好几份类似情况的信札，否则太可惜了。再则出版社要求我提供所有原件（包括照片、图片、证书、手稿、书稿等）的扫描件，扫描后汇总寄出版社。这就要求每一件、每一页材料都要进行扫描。大量的数字化扫描工作均是李军先生帮助完成，要是没有李先生的帮助，对于年过八旬的我来讲，实在难以完成。

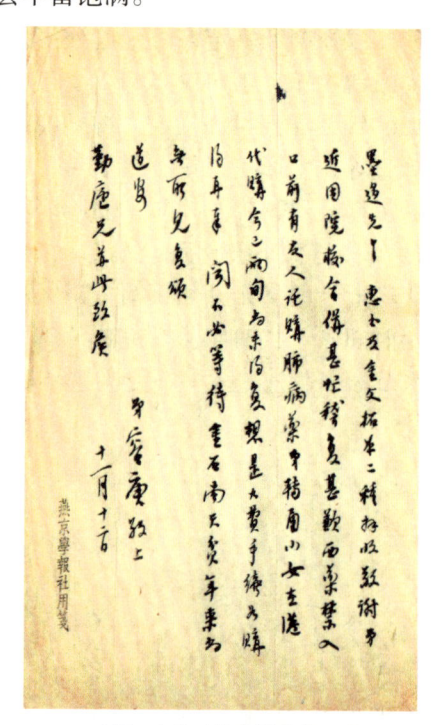

图5　容庚致陈邦福信札
（图片来源：《陈邦福金石著述汇编》）

在编辑过程中，也要感谢南江涛先生和编辑徐晨光博士给予的大力支持。特别还要感谢南先生的是，在本书接近收尾送印时，还有几件稿本在某地图书馆，迟迟不予配合扫描。当时我只好劝南先生放弃，但南先生不厌其烦地坚持和对方沟通，最后终于圆满解决。最终绝大部分稿本和已出版过的著述都收录在《陈邦福金石著述汇编》中。当时还有一件事，即《陈邦福金石著述汇编》的序请谁写。我感觉应该找一个学者型的领导写，思来想去，还是请苏州博物馆的程义副馆长写较为合适。他既是学者型的领导，又是从我二叔陈直先生所在单位（西北大学历史系）毕业，所以再三恳请他接受。在此也表示衷心的感谢！

三、捐赠父亲手稿遗藏

《陈邦福金石著述汇编》一书于2019年4月出版面世。书已出版了，后续问题是，留下的《碑版研究法》书稿、部分手稿、照片、证书、图片，还有几十封友朋信札等原件，如何处理。是分散给各亲属保管还是怎么处理，这个问题一直困扰着我。起初我也想过将父亲这些遗著、遗物，分散给各亲属保管，留个纪念。但仔细想，遗著《碑版研究法》书稿六卷四本有它的连续性，一卷连着一卷，一张连着一张，若分散保存，这个几张那个几张，这怎么能行！另外，各家收藏保管条件也不一样，与国家文博单位收藏保管的条件根本不能比。并且各家保管时间久了，免不了有各种变迁情况，保管的东西易流失，或难免流落于社会。不久前，我在网上看到北京保利公司拍卖吕凤子先生赠给父亲的《白衣罗汉像》，据说已被南京一客户拍得；还看到上海某拍卖公司在拍卖父亲的书法作品，写在扇面上的甲骨文字等。思来想去，我还是极力主张将这些原件捐献给国家文博单位。为这件事，我也请教了苏州博物馆程义副馆长和李军先生，请教他们如何处理最妥。二位先生和我的设想相同。他们建议我，为保证这些原件完好不散落，最好还是捐献给国家文博单位，并讲有两种捐献形式，一是无偿捐献，另一种是有偿捐赠，不妨选择后一种。当然，应该选择收藏保管条件最佳的单位，并且后一种能有些奖励，作为个人更能接受。

最初的时候，我想捐给苏州或南京，后来李军先生建议我问问南江涛先生，请他联系询问国家图书馆古籍馆。南先生很快有了回音。2019年5月底，国图古籍馆赵爱学博士和我联系，表示有收藏保管的意向。7月16日他会同国图专家赵前先生特地来苏州看原件。返回北京后，国图召开专家会议研究论证，决定接受陈邦福金石手稿文献原件73种110册（件）。双方在洽谈协商过程中自始至终相互理解支持，最后圆满达成协议。我在这件事上又要感谢南江涛先生牵线搭桥，特别是他提醒我在协商有偿时适可而止，不要要求过高，关键是让这批文献找到一个最好的归宿，得到较好的收藏保管。确实是这样，把这批文献放在国家图书馆，能得到很好的保管，同时也能让这批文献在更大的范围为学术界和公众服务，继续发挥其学术和文物价值。因此双方顺利达成协议，并商定由我亲自带父亲的遗藏赴京交接。古籍馆谢冬荣副馆长为我们顺利来京，多番协调，安排好了接送、食宿和捐赠仪式等一切事宜。12月12日，我和老伴、儿子、儿媳、孙子一行5人来到北京，受到国图和古籍馆领导的热情接待。次日上午，双方在国家图书馆举行了捐赠仪式，完成交接和签署协议。在前期商定捐赠目录的基础上，我把家中所藏尚未整理的零散拓片等一起带到国图无偿捐赠，共计134种230件。在国图期间我们还参观了国图典籍博物馆古籍展厅，以及有关建筑设施，觉得国图收藏保管条件上乘。这批文献交给国图古籍馆，我们一百个放心。

塞外青城取经记

□ 黄润华　国家图书馆古籍馆

蒙古文《甘珠尔》是清康熙五十六年（1717）由康熙皇帝发起并带头捐款，号召蒙古各部王公大臣集资刊印的一部大藏经。在此之前，蒙古文《甘珠尔》仅以抄本流传，辗转传抄，漏讹甚多。康熙皇帝听说其头等侍卫家藏一部蒙古文《甘珠尔》抄本后，谕令将其刊刻布施。蒙古王公大臣和宗教领袖对此十分重视，纷纷出资，并由多伦诺尔的宗教领袖组织一批学问高深、蒙藏兼通的喇嘛将蒙古文《甘珠尔》抄本与藏文《甘珠尔》刻本详加对勘，在当时的民族文字图书出版中心——北京白塔寺——刻板印刷，历时三个寒暑，耗银34000余两终告完成，全套共109函。据《全国蒙文古籍联合目录》统计，国内现存八部，其中国家图书馆藏有一部，存109函，其中有一函仅剩夹板，书页尽失。这部《甘珠尔》经是梵夹装，朱印本，框高17 cm，宽59 cm。上下夹板髹以红漆，再用羊毛制的宽带缠紧，宽带上还配有带纹饰的金色铜扣。每一函都显得十分庄重、典雅，是不可多得的蒙古文重要古籍，入选第二批国家珍贵古籍名录。这部经典是怎样入藏国家图书馆的呢？事情要回溯到20世纪的70年代初。

图1　蒙古文《甘珠尔》整体面貌

1972年底，我结束了将近三年的"五七"干校生活，从湖北咸宁向阳湖畔回到北京图书馆，正式开始我的图书馆业务生涯。我工作的部门那时叫善本特藏部兄弟民族语文组，即现在的古籍馆少数民族语文组。1973年12月7日上午，我突然接到主楼门口值班人员的电话,说是有一位内蒙古来的人找我。我急忙出去一看,发现并不认识这位客人。原来当时民族语文组只有我一人,馆里的同事只要有与少数民族有关的事(包括看不懂的文字与书籍)便叫我去处理。客人是从内蒙古来的,又说是有关蒙古文古籍的事,门口值班的同志当然第一反应就是找我了。

相谈之下,得知来人大名白歌乐,是内蒙古语言文学历史研究所(现内蒙古社会科学院前身)的工作人员。他说,他们研究所有两部蒙古文的《甘珠尔》,其中一部少了一函,他们愿意把这部捐献给有需要的单位,首先想到北图,特地来问问北图是否愿意接收。尽管当时我对这部大藏经的具体情况和价值还不甚了解,但"嗜古"的情结使我几乎都没有考虑就点头说要。

图2 蒙古文《甘珠尔》一函

兴奋的心情冷静下来后,我马上意识到自己是一个无职无权的普通小卒,而且当时正处在"批林批孔"运动的前夕,在此关头收进一部几百年前御制的佛经是否会被有些人上纲上线呢?今天的年轻人可能对这种思虑难以理解,但在当时是很现实的问题。一百多函的佛教经典似乎在冥冥中有一种特殊的魅力在吸引我,我细细想了一下,觉得这是机不可失、时不再来的好事,于是先口头向部领导作了汇报,得到首肯后,12月10日拟好正式报告经部主任签批后报馆,很快得到了批准。现在想起来,如果当时没有部、馆两级领导的支持、同意,这件千载难逢、送上门来的好事也办不成。而在当时的形势下,批准这件事情也要冒一点风险的。让我们记住这几位领导的名字吧,他们是善本部主任廖文英、副主任任金城、主管馆长鲍正鹄、馆长刘季平。

1974年2月25日,我和金石组的王敏同志被派往呼和浩特"取经"。王敏是位老同志,是金石碑帖专家,早年在琉璃厂庆云堂做过学徒,练就了辨认碑帖拓本的好眼力,在业内颇有名气。他为人善良,不善言辞,待人谦和,但刻苦能干,与这么一位长者同行,我感到踏实、放心。

当时北京到呼和浩特有一班夕发朝至的列车。经过一夜的行车,翌日10：40抵达呼和浩特,白歌乐和研究所图书资料室主任宝音同志接站。

二月底的塞外青城仍然寒气逼人。下了火车,大街上的高音喇叭正在播送"批林批孔"的文章,那个年代特有的高亢激越、咄咄逼人的大批判语调充满了大街小巷。一个月前,江青一伙人在首都体育馆召开"批林批孔"动员大会,此时"批林批孔"正向高峰发展,批判孔孟之道和林彪的"克己复礼"的文章潮水般涌来,大喇叭里充满火药味的批判声音不绝于耳。在这样的背景下我们前去迎请一部二百多年前康熙皇帝御制的佛经,现在想想真是有些吊诡。

在主人的安排下,我们住进了自治区第一招待所。晚上白歌乐来商谈日程安排,第二天上午9：00,他又来接我们到研究所。那时,研究所在呼和浩特市的主干线新华路上,是一座大院子,里面是一排排的平房,《甘珠尔》经存放在最里面一个书库中。图书馆的宝音主任接待我们,并陪我们到研究所有关部门参观,介绍与有关同志认识。

在讨论如何运经时,大家商定用火车托运,这样就有两个问题必须解决:一是经函的包装问题,二是车皮问题。经研究所同志的提示,我们去呼市郊区的废品收购站寻找合适的包装材料,经过对几个废品站的探寻,终于找到一批刚收来的水泥袋,袋子是用很厚的牛皮纸做成的,将其裁开包装经函,又厚又结实,真是不错的材料。于是我们将那批水泥袋悉数买下,共60斤,花了7.20元。废品站还有不少草绳、麻绳,正是捆扎的好材料,站上的师傅一时高兴,将这堆绳子一并奉送了。我们兴冲冲地将这批包装材料运回了研究所。

包装工作开始了。在研究所的院子里,我们先将绳子用水闷湿,再清理水泥袋。这批袋子的纸张硬度和韧度都不错,拆开展平却颇费功夫,拆开袋子后,里面都残留一些水泥,要把它们清扫干净却带来了大麻烦。呼和浩特的早春天气不见绿色,却常常刮风,这些水泥末经风一吹无孔不入,再加上经函上多年累积的尘埃,弄得人满脸、满身全是灰土,两只手更不用说。干上半天,每个人灰头土脸的形象可想而知。

蒙古文大藏经每一函都用厚厚的木板夹住,再用羊毛制成的一寸见宽的带子缠紧,带子的头用黄铜铸成,虽然没有称过重量,但每函二十多斤还是有的吧。先要把经函从架上取下,抱到院子里除尘,再拿经过清理的水泥袋纸包裹,用绳捆好,再送回架上,这是一种重体力劳动。幸好那几天天公作美,在早春的阳光下干活,还不觉得很冷。

研究所派了武又文、巴彦和一位王姓同志支援,他们就像做自己的事情一样认真卖力。记得武又文已届中年,身体较弱,但干活从不惜力。我们五人半天时间共打包70函。

我们住的招待所是自治区政府交际处的房子,条件很好,从建筑到设备绝对一流。那时似乎客人不多,每天早餐的时候,没有几个人吃饭。我们一日三餐都在招待所吃,那个时候吃饭除了交钱还要交粮票,跨省出差事先要把本地粮票换成全国通用粮票,我的定量是每天1斤1两,早餐3两,中晚餐各4两。正餐的情况都忘记了,但早餐却留下了深刻印象。每天早晨是一盆小米粥，里面大部分是水，只在盆底有些许小米，可以说是照得见人脸。主食是窝头居多，再有一碟咸菜。小米粥不够可以加，主食是限量的。每天刚刚吃饱，一干活，很快就饿了。我和老王在街上买了一包桃酥之类的点心，以备不时之需。点心又干又硬，放了四五天，直到吃完的时候，包装纸上一点油渍都没有。当时供应困难并非呼市一地如此。呼市当时有一个特别的景象，大街上摆满了卖"钢丝面"的摊头。这种"钢丝面"不知用什么杂粮做的，有红、橙、黄等颜色，色彩鲜艳，但据说煮后很硬，难以下咽，故老百姓以"钢丝"戏称之。在那个困苦的年代也算是一种"黑色幽默"吧。2001年，隔了二十多年我再去呼市，满大街全是伊利、蒙牛的广告，超市里商品琳琅满目，与我首次在内蒙古的经历相比，真是恍如隔世。

在研究所里工作几天，与他们许多工作人员慢慢都熟悉了。那时他们和很多单位一样，大概没有太多的事做，业务基本上处于停顿状态。我在空闲时间与他们聊天，也有很多收益。图书馆宝音主任原来是某个党委组织部的部长，矮矮胖胖，脸上老是挂着祥和的微笑。图书馆还有一位名叫吉木斯的女同志，负责报刊采编，非常敬业，一直向我了解北图报刊的业务情况，提的问题专业性很强。图书馆有个特藏室，主管是位叫高娃的蒙古族女同志，我听说她那里有许多难得一见的好东西，但她是个原则性很强的人，没有规定的手续休想进入特藏室一步。后来知道她在内蒙古的高级知识分子圈里是个知名人士，很多学者都想在研究资料方面得到点方便，但很难在高娃那里得到特殊照顾。我想管理善本特藏正是需要这样原则性很强的干部。研究所的巴音满达胡，是文学组的负责人，常常与我聊天。还有巴达荣嘎先生，他是位达斡尔族的高级知识分子，除蒙、汉语言外，英、日文都很好，他好像在哲学组，我也常去他办公室聊天，学到不少东西。他后来到北京出差，还专门到图书馆来看我，直到1980年代他当上全国政协委员后，大概工作繁忙，未再联系了。研究所还有一位叫墨尔根的老人，他是当时还能见到的为数不多的老一代蒙古族知识分子，无论外表形象还是内里学问都有代表性。他戴一副茶色水晶眼镜，知识渊博，据说研究所的许多蒙古文抄本都是经他手收集来的，他告诉我他在1959年到过北图，他说柏林寺书库藏的经版中有蒙古文《丹珠尔》的经版，他们所藏有一部蒙古文《丹珠尔》，但缺几页，希望能补齐。研究所的蒙古文古籍很多，藏量在自治区排列首位，其中有很多珍本。许多图书已经残破，特地请了师傅进行修复。我在那里见到一位姓刘的师傅，好像是南方人，在所里工作多年了。和研究所许多同志接触，总体给我的感觉是都很热情、真诚、敬业，有不少人知识水平相当高，确实是内蒙古的知识精英。和研究所的友好关系延续了很长一个时期，直到1970年代末或1980年代初，北图民语组和舆图组联合去大连出差，还与研究所宝音主任等一起同行呢。当然与我们最熟悉的要数白歌乐了，在后来的交往中得知，他原来是内蒙古资深的新闻记者，写过不少重要报道和文章，还整理过蒙古族著名的古代文学作品《成吉思汗的两匹骏马》，在蒙古族知识分子圈中有较高的知名度。我和他交往多年，后来一度失去联系，直到2004年我去呼市看书，费尽周折才找到他，那时他已是年过八十的老者了，见了我，高兴地请我喝酒。

他夫人白老师善解人意，说白歌乐戒酒多年了，这回遇见老朋友就让他喝一回吧。

3月2日，将剩余的30多包打完捆，全部108函（包括只有两块经版的一函）经卷包装终于完成了。我们拿着由研究所出具的介绍信到铁路部门联系车皮，还算比较顺利，跑了两趟就把事情办妥了。到装运的那一天，由研究所出一辆解放牌卡车，图书馆还出了好几个人帮助装车，并指派两人和我们一起跟车去车站帮助卸车。在那个年代里，这些都是无偿的，大家都像完成自己本职工作一样认真地做好这些事情，更不会有人想要收取汽油费、劳务费。大藏经送到呼和浩特西货站托运，全部经藏重1351公斤，运费21.76元。当拿到货运站开具的发票和托运单据时，心中感到一种难以名状的释然和轻松。不过，以今天的标准来审视，这样托运是不符合贵重物品运输规矩的。按照今天的规定，运送这样珍贵的古籍，一定要两个人押运。而当时没有这样的要求，也没有这样的意识。可是，话说回来，当时要有那样的古籍保护意识和规定，这部珍贵的大藏经大概也不可能白白送给你了。由此想到，看待历史，一定要以彼时彼地的具体条件来对待，切不可以今天的标准来衡量。

5月20日，这批经藏平安、完整地运至北京。善本部组织了好几个人用了五天的时间将全部大藏经拆包、清扫、整理完毕，最后存放在文津街北图院内4号楼地下室早已准备好的库房内，至此，康熙版蒙古文《甘珠尔》正式入藏北京图书馆。

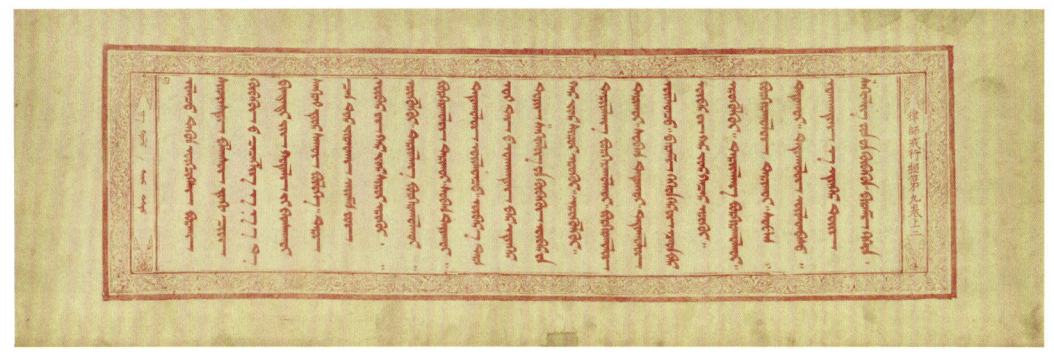

图3　蒙古文《甘珠尔》内叶

青城取经记到此好像可以结束了，但还有两件事应当提一下。一是牙含章等同志的接见。我们抵呼市后的第二天下午，内蒙古语言文学历史研究所领导接见了我们。当时研究所和内蒙古很多单位一样处于军管状态，接见我们的三位领导中有一位是军代表（主任），还有两位副主任是地方干部，为首的便是牙含章同志。他是一位著名的民族学家，在民族学圈内闻名遐迩，我在上大学时就知道他，也略知他宦海沉浮，饱经沧桑的经历。如今他就站在我面前，脸上布满了西北汉子那种特有的粗犷、憨厚的微笑，与我们一一握手、寒暄。这是一次礼节性的见面，谈话内容现已全然不记得了。但正是这次见面，直接引出了五个月后牙含章到北京图书馆的回访，在与馆领导见面时又引发了编纂蒙古文古籍联合目录这一话题。经过多年的努力，最后终于有了《全国蒙文古旧图书资料联合目录》的问世。

在呼市期间还有一件事便是拜访内蒙古自治区图书馆。我在出差前夕去五号楼

（馆行政办公楼）办理有关手续时，在楼道里遇见鲍振西副馆长，他邀我去他办公室一坐。北图的行政办公楼从"文革"前到20世纪末都是不设防的，到办公楼办事的人进进出出，从来没有门卫查验证件、盘问来由，也从来没有出过什么事情。鲍振西副馆长平时待人谦和，"文革"中有一段时间与我关系很近，到了干校又同在田间管理班，前后有三四年的时间在一起同吃、同住、同劳动，所以彼此比较熟悉。尽管他当时贵为副馆长，但还是没有什么架子。听说我要去内蒙古，他让我抽空去自治区图书馆看看。他说，一般来说，北图的人到省馆去，省馆馆长都会见的。他特别叮嘱我去了要多听、多看、少表态，更不要随便答应什么。

当我把大藏经送上火车后，3月5日上午独自一人去造访自治区图书馆。那时图书馆在人民公园内，尽管时间已进三月，但塞外青城仍是一派寒冬景象。公园里人影稀疏，光秃秃的树枝在冷风中摇曳。穿过一段公园小路，一座有些破旧的白色小楼出现在眼前，那就是自治区图书馆了。进楼后看见一间挂有"辅导组"牌子的房间，敲门进去，迎面是一位个头不高，体格健壮，长相颇有蒙古族特色的中年男子，他自我介绍叫胡格，是辅导组组长。我向他说明来意，由他陪我在馆内参观。馆舍不大，不大会儿便转了一圈。有一工作人员前来报告说馆长有请。若不是鲍振西馆长事前说明，我这个小人物真会受宠若惊，不知所措呢。馆长名叫梁济洧，是位老者，还有一位副馆长名叫忽加清。主要是梁馆长介绍情况，讲了馆的概况和配合"批林批孔"的工作，也向我了解北图的情况，最后有两条意见让我带回去向领导反映，一是希望召开一次全国图书馆工作会议，二是希望尽快恢复图书馆中心委员会工作。看得出梁馆长他们都是业务精深、事业心很强的老图书馆工作者，但是在那个特殊岁月里，好像被捆住双翅的雄鹰，很难高飞。他们的意见和我看到的情况回馆后都一一向有关领导汇报了，他们委托办理的一些复制、查找资料等事情也都完成了。在后来的八七年里，为编撰蒙、满文古籍联合目录，与自治区图书馆有了更多的交往，认识了更多的朋友。不过，从1982年后有很长一段时间没有机会再去呼市，直到2003年冬，我去呼市查阅资料时才重登图书馆大门，发现自治区图书馆盖了很气派的新馆，蒙古文部也换了一批新人。我自报家门说明来意，他们中有一位恍然想起，好像听说过我这么个人。当年我认识的领导、朋友都不见了，有的退了，有的过世了，但他们待客的真诚和热情却一代代流传下来了。我为这批新人周到的安排所感动，同时不由想起首次拜访内蒙古图书馆的种种情景，想起那些已经退出舞台的几届领导和许多好朋友，心中不免又有几分惆怅。

戊子年春节初稿，2015年4月21日修改，2019年6月改定

工作纪实

⊙ 整理出版

国家图书馆古籍馆古籍整理出版成果要览

□ 潘　菲　徐　慧　国家图书馆古籍馆

2008年1月，国家图书馆原善本部与文津街古籍馆合并，正式挂牌"古籍馆"。古籍馆作为国家图书馆古籍特藏存藏部门，在对馆藏文献做好存藏保护、服务社会的同时，积极跟进国家战略，顺应时代需求，对古籍特藏文献进行了大量的整理出版和开发利用。主要以三个方式开展：点校整理出版、影印出版、数字出版。其中，影印出版是古籍再生性保护的一种重要方式，也是我馆典籍出版的主要方式。以下将以五种文献类型（汉文古籍、金石拓片、古旧舆图、方志家谱、少数民族古籍）分门别类对古籍馆正式挂牌以来的整理出版成果进行盘点梳理，撷英拾萃，是为总结，亦为展望。

一、汉文古籍

（一）影印

1.国家大型古籍整理出版工程类

（1）中华再造善本工程编纂出版委员会编：《中华再造善本》《中华再造善本续编》，国家图书馆出版社，2002—2017年。

（2）刘心明主编：《子海珍本编（大陆卷）》，凤凰出版社，2013年。

（3）张元济选目，李致忠主编：《四部丛刊四编》，中国书店出版社，2016年。

（4）李致忠主编：《四部丛刊五编》，中国书店出版社，2020年。

2.专藏、专题类

（1）任继愈主编，国家图书馆编：《国家图书馆藏敦煌遗书》，国家图书馆出版社，2007—2012年。

（2）殷梦霞选编：《郑振铎藏古吴莲勺庐抄本戏曲百种》，国家图书馆出版社，2009年。

（3）方广锠、李际宁主编：《开宝遗珍》，文物出版社，2010年。

（4）中国国家图书馆编：《中国国家图书馆藏清宫升平署档案集成》，中华书局，2011年。

（5）中国国家图书馆编：《原国立北平图书馆甲库善本丛书》，国家图书馆出版社，2013年。

（6）陈红彦、谢冬荣、萨仁高娃主编：《清代诗文集珍本丛刊》，国家图书馆出版社，2017年。

（7）中华书局编辑部影印：《思溪藏》，中华书局，2018年。

（二）目录、索引

（1）《中国古籍总目》编纂委员会编：《中国古籍总目》，中华书局，2009—2013年。

（2）方广锠编著：《中国国家图书馆藏敦煌遗书总目录·新旧编号对照卷》，中国人民大学出版社，2013年。

（3）《国家图书馆古籍普查登记目录》编委会主编：《国家图书馆古籍普查登记目录》，国家图书馆出版社，2015年。

（4）《宋本思溪藏总目》编写组编著：《宋本思溪藏总目》，中华书局，2016年。

（5）方广锠、李际宁、黄霞著：《中国国家图书馆藏敦煌遗书总目录·馆藏目录卷》，中国人民大学出版社，2016年。

（6）李文洁、贾大伟、刘悦编纂：《王阳明文献普查目录》，学苑出版社，2019年。

（7）刘波编：《丝绸之路研究论文目录》，学苑出版社，2019年。

（8）刘毅超编：《汉文敦煌遗书题名索引》，学苑出版社，2021年。

（三）图录

（1）国家图书馆古籍馆编：《西谛藏书善本图录（附西谛书目）》，中华书局，2009年。

（2）周一良主编：《自庄严堪善本书影》，国家图书馆出版社，2010年。

（3）国家图书馆古籍馆、国家古籍保护中心编：《书香人淡自庄严——周叔弢自庄严堪善本古籍展图录》，国家图书馆出版社，2012年。

（4）国家图书馆编：《鸣沙遗墨：国家图书馆馆藏精品大展敦煌遗书图录》，国家图书馆出版社，2014年。

（5）《国家图书馆宋元善本图录》编纂出版委员会编：《国家图书馆宋元善本图录》，浙江古籍出版社，2019年。

（6）国家图书馆古籍馆主编：《国家图书馆西谛藏书善本图录》，鹭江出版社，2019年。

（四）题跋

（1）李文洁、贾大伟、刘悦等编纂：《王阳明著述序跋辑录》，学苑出版社，

2019年。

（五）提要

（1）中华再造善本工程编纂出版委员会编著：《中华再造善本总目提要》（唐宋编、金元编），国家图书馆出版社，2013年。

（2）李文洁、贾大伟、刘悦等著：《王阳明著述提要》，学苑出版社，2019年。

（3）常苪心编：《丝绸之路研究论著叙录》，学苑出版社，2019年。

（六）资料汇编与辑佚

（1）殷梦霞、李定凯编：《国家图书馆藏古籀文献汇编》，国家图书馆出版社，2009年。

（七）普及类

（1）冀淑英著，李文洁绘：《冀淑英古籍善本十五讲》，国家图书馆出版社，2009年。

（2）陈红彦主编：《古籍善本掌故》（一、二），上海远东出版社，2017年。

二、金石拓片

（一）影印

（1）国家图书馆金石拓片组编：《国家图书馆藏陈介祺藏古拓本选编》，浙江古籍出版社，2008年。

（2）国家图书馆编：《国家图书馆藏青铜器全形拓集成》，上海书画出版社，2019年。

（二）图录

（1）国家图书馆编：《中国传拓技艺图典》，故宫出版社，2012年。

（2）国家图书馆编：《翰墨流芳：国家图书馆馆藏精品大展图录》，国家图书馆出版社，2014年。

（3）国家图书馆编：《铭刻撷萃：国家图书馆馆藏精品大展金石拓片图录》，国家图书馆出版社，2014年。

（4）中国书法家协会、中国国家图书馆编，陈洪武、韩永进主编：《中国国家图书馆典藏碑帖善拓集粹》，西泠印社出版社，2015年。

（三）题跋

（1）冀亚平编：《国家图书馆章钰藏拓题跋集录》，国家图书馆出版社，2008年。

（2）国家图书馆编：《纸拓千秋：国家图书馆藏古器物全形拓题跋集》，上海书画出版社，2019年。

三、古旧舆图

（一）古舆图
（1）中国国家图书馆、测绘出版社编著：《北京古地图集》，测绘出版社，2010年。

（二）样式雷图档
（1）国家图书馆编：《国家图书馆藏样式雷图档·圆明园卷初编》（全十函），国家图书馆出版社，2016年。

（2）国家图书馆编：《国家图书馆藏样式雷图档·圆明园卷续编》（全十二函），国家图书馆出版社，2017年。

（3）国家图书馆编：《国家图书馆藏样式雷图档·颐和园卷》（全十二函），国家图书馆出版社，2018年。

四、方志家谱

（1）傅璇琮、陈红彦、徐蜀、郭又陵、谢冬荣等编：《国家图书馆藏地方志珍本丛刊》，天津古籍出版社，2016年。

五、少数民族古籍

（一）影印
（1）张公瑾名誉主编，黄建明、张铁山主编：《中国少数民族文字珍稀典籍汇编》，福建人民出版社，2017年。

（2）萨尔吉、王建海、萨仁高娃编著：《中国国家图书馆藏西域文书·藏文卷》，学苑出版社，2020年。

（二）目录
1.全国目录

（1）国家民族事务委员会全国少数民族古籍整理研究室编：《中国少数民族古籍总目提要》，中国大百科全书出版社、甘肃民族出版社、内蒙古教育出版社等，2003—2019年。

2.各地目录

（1）金毓嶂总主编：《北京地区少数民族古籍目录丛书》，辽宁民族出版社、中国藏学出版社、中央民族大学出版社、内蒙古文化出版社、民族出版社等，2008—2017年。

（三）图录

（1）黄润华主编：《国家图书馆藏满文文献图录》，国家图书馆出版社，2010年。

（2）张公瑾、黄建明主编：《中国少数民族古籍珍品图典：民族古文字古籍整理研究100年通览》，中国社会科学出版社，2018年。

六、小 结

古籍馆一直坚守传统典籍整理的阵地，积极开展与相关公藏单位以及学界相关科研机构、顶级专家的合作，了解学术前沿，多层次、多角度揭示文献资源，使之服务于国家发展、符合学界需求、引导大众阅读。不断开阔思路，优化选题，提高文献出版的精细化水平，不断提升馆藏古籍利用的质量，是当务之急。进一步增加对馆藏细粒度了解，厘清馆藏文献在数量、版本、类别、内容上的情况和关联，打通不同文献类型间的界限，探讨数字出版方式，开发专题数据库，以内容为核心的文献出版应是未来古籍出版和利用的方向。

《汉文敦煌遗书题名索引》前言

□ 刘毅超　国家图书馆古籍馆

自1900年敦煌藏经洞重现天日之后，数以万计的敦煌遗书流散到世界各地。作为一门国际性的显学，敦煌学有"今日世界学术之新潮流"之称。近百年间，很多机构和学者也在开展敦煌遗书的编目工作，各自取得大量开拓性的成果。仅就敦煌遗书的"总目"而言，陆续有王重民、刘铭恕先生《敦煌遗书总目索引》[1]、黄永武先生《敦煌遗书最新目录》[2]、施萍婷女史《敦煌遗书总目索引新编》[3]等三部著作，汇集了当时业已公布的大多数敦煌遗书的信息，推动了学术的发展。近二十年来，敦煌遗书大量影印出版（包括之前较少披露的俄藏部分），在资料的丰富性上已经大大延展，修订或重编"总目"的时机日渐成熟。然而，时至今日，还没有一部囊括所有已知敦煌文献的总目录问世，学者们查阅敦煌文献，还不得不综合使用多种工具书反复检寻，方可得到自己所需文献的相关信息，给工作带来了极大不便。当然，编纂"敦煌遗书总目"是一项艰巨的工作，短时间内是不可能完成的。

笔者在敦煌吐鲁番资料阅览室接待读者咨询、协助查找敦煌文献的日常工作中，深刻感受到，编纂出一部汉文敦煌遗书的总索引，将会是敦煌学研究非常实用的工具。本书（编者注：本文的"本书"均代指《汉文敦煌遗书题名索引》一书）尝试汇集海内外汉文敦煌遗书，抽取题名与编号，按汉语拼音顺序排列，制成题名索引，以便学者检索，为敦煌学及丝绸之路的进一步研究提供参考。

本书分为正编与附录两部分，正编即汉文敦煌遗书的题名索引。该索引以汉文为主，酌情收录了极少数双语对照的文献。并参考学界研究成果，剔除了管见所及的非敦煌文献。本书所收的敦煌遗书题名，主要参考前贤的定名成果。本着便于读者检索利用的原则，在保证准确性的前提下，尽量选取影印图录的定名。中国国家图书馆藏、法藏及俄藏（俄Φ.001—366，Дx.00001—03600），均以图录定名为主要参考，但俄藏敦煌文献有一万余件残片，图录未予定名。如果此部分残片不予收录，则题名索引的有效性将大大削弱。幸而2019年邰惠莉女史主编的《俄藏敦煌文献叙录》出版[4]，将残片部分全部定名，且详加叙录，极富参考价值。

英藏部分较为复杂，以S.6981号为界，分为前后两个部分。S.6981号之前，佛经部分主要参考《敦煌遗书总目索引新编》及《敦煌宝藏》，汉文非佛经部分，主要参考《英藏敦煌文献（汉文佛经以外部分）》及《敦煌遗书总目索引新编》。S.6981号之

---

[1] 商务印书馆编：《敦煌遗书总目索引》，商务印书馆，1962年。（王重民、刘铭恕合编，以商务印书馆的名义出版。）
[2] 黄永武主编：《敦煌遗书最新目录》，新文丰出版公司，1986年。
[3] 敦煌研究院编：《敦煌遗书总目索引新编》，中华书局，2000年。
[4] 邰惠莉主编：《俄藏敦煌文献叙录》，甘肃教育出版社，2019年。

后，汉文非佛经部分，主要参考荣新江先生《英国图书馆藏敦煌汉文非佛教文献残卷目录（S.6981—13624）》，并据《〈英国图书馆藏敦煌汉文非佛教文献残卷目录〉补正》对定名做了修订[①]。佛经部分，主要参考方广锠先生《英国图书馆藏敦煌遗书目录（斯6981号—斯8400号）》[②]。S.8400号之后的佛经部分，由于尚未公布目录，故本索引未能收录。

日藏敦煌遗书，以杏雨书屋所藏敦煌秘笈为最，题名以图录定名为基础，并参照学界研究成果做了部分修订。书道博物馆藏品也非常可观，除去敦煌遗书外，还有大量吐鲁番写本，笔者仅收录其出土地明确标注为敦煌的部分。据学者研究，有些残片册长期以来被认作吐鲁番写本，实际上混入了少量敦煌写本，如SH.176-94"金光明最胜王经"[③]，本索引也酌情予以收录。

海内外还有为数不少的散藏敦煌遗书。申国美编《中国散藏敦煌文献分类目录》对此做了有益的探索[④]，以类相从，颇便翻检，但该书出版距今已有十余年，在此期间陆续有新的图录出版。故而，笔者以诸家所出图录为主要参考，对海内外散藏敦煌遗书题名做了辑录及整理工作，详情可参考本书参考文献。刘婷对国内散藏敦煌遗书的分布做过统计，亦可参考[⑤]。部分散藏敦煌遗书未据图录定名，而是依据学者的校录及研究成果，如浙藏敦煌遗书，选取了黄征、张崇依先生所著《浙藏敦煌文献校录整理》之定名[⑥]。石谷风藏敦煌文献[⑦]，据方广锠先生《〈晋魏隋唐残墨〉缀目》定名[⑧]。有些散藏敦煌遗书公布后，定名又有修订，如重庆博物馆（中国三峡博物馆）所藏敦煌遗书，杨铭先生于1996年发表《重庆市博物馆藏敦煌吐鲁番文献写经题录》一文[⑨]，加以介绍。随后又有修订补充，收入其2014年出版的《西部民族、文物与文化研究》一书[⑩]，即以杨铭晚近发表之增订题名为准。此外还需说明的是，王重民先生辑有"敦煌遗书散录"，著录了中日多家小宗藏品，在相当长的历史时期内，发挥了重大作用。但由于时代久远，有些敦煌遗书的藏地已经变更，稽考不易，故此次未予收录。拍卖会上亦偶有敦煌写经面世，刘婷对此做过归纳梳理[⑪]，本书不再收录。

---

① 荣新江：《〈英国图书馆藏敦煌汉文非佛教文献残卷目录〉补正》，宋家钰、刘忠编：《英国收藏敦煌汉藏文献研究》，中国社会科学出版社，2000年，第379—387页。
② 方广锠：《英国图书馆藏敦煌遗书目录（斯6981号—斯8400号）》，宗教文化出版社，2000年。
③ 包晓悦：《日本书道博物馆藏吐鲁番文献目录（下篇）》，《吐鲁番学研究》2017年第1期，第140页。
④ 申国美编：《中国散藏敦煌文献分类目录》，北京图书馆出版社，2007年。
⑤ 刘婷：《中国散藏敦煌文献叙录》，郝春文主编：《2019敦煌学国际联络委员会通讯》，上海古籍出版社，2019年，第103—133页。
⑥ 黄征、张崇依：《浙藏敦煌文献校录整理》，上海古籍出版社，2012年。
⑦ 石谷风：《晋魏隋唐残墨》，安徽美术出版社，1992年。
⑧ 方广锠：《〈晋魏隋唐残墨〉缀目》，季羡林、饶宗颐、周一良主编：《敦煌吐鲁番研究》第六卷，北京大学出版社，2002年，第297—334页。
⑨ 杨铭：《重庆市博物馆藏敦煌吐鲁番写经题录》，季羡林、饶宗颐、周一良主编：《敦煌吐鲁番研究》第六卷，北京大学出版社，2002年，第353—358页。
⑩ 杨铭：《重庆市博物馆藏敦煌吐鲁番写经题录》，《西部民族、文物与文化研究》，民族出版社，2014年，第342—350页。
⑪ 刘婷：《中国散藏敦煌文献叙录》，郝春文主编：《2019敦煌学国际联络委员会通讯》，上海古籍出版社，2019年，第103—133页。

由于敦煌文献异常复杂，诸家定名不甚一致，为了题名的严谨性，也为了排序的方便，对于个别分歧较大的部分，参照相关研究成果加以修订统一。如敦煌文献中存在数量不少的毛诗及注本，诸家定名，或作"毛诗诂训传"，或作"毛诗故训传"，或作"毛诗郑笺"，或作"毛诗注疏"，或作"毛诗传笺"；或注明篇章，或不注篇章。既不便排序，更不便翻检。笔者以张涌泉先生主编《敦煌经部文献合集》①的定名为基准，加以统一。敦煌道经部分，以王卡先生《敦煌道教文献研究：综述·目录·索引》②一书为准，逐条核对、修订了诸家定名。

本书后列附录三种，依次为"馆藏机构简称表""备考卷号索引""全国馆藏文物名录晋唐写本辑录"。

"简称表"主要是敦煌遗书编号简称与全称的对照，有些较为生僻的藏地，酌情使用全称，以免混淆。

"备考卷号"主要包括非汉文部分与非敦煌出土部分。所谓非汉文部分，仅包括《国家图书馆藏敦煌遗书》《法藏敦煌西域文献》《俄藏敦煌文献》《英国国家图书馆藏敦煌遗书》《敦煌宝藏》等图录中附带收录的非汉文部分，而不包括专门另行编号的胡语文献。所谓非敦煌部分，指的是出土地不是敦煌，却误入敦煌遗书序列的部分文献。它们本身不是伪卷，或出于吐鲁番，或出于西域，或出于黑水城，与敦煌文献一样，同是晋唐以降历史变迁的见证，可与敦煌文献相互发明，故编入附录。

"全国馆藏文物名录晋唐写本辑录"是以国家文物局公布的文物普查信息为基础而编制的。绝大部分的敦煌遗书已经影印出版，但仍有一小部分藏品，散落在各地博物馆、图书馆中，有待"再发现"。可喜的是，2017年底，国家文物局在其官网公开发布"全国珍贵文物数据库"③，这是文物普查带来的实用成果。其中收录了大量晋唐写本，颇有疑似出于敦煌藏经洞者。虽然未能同时公开图版，但毕竟提供了珍贵且权威的信息，有利于我们对敦煌文献的"家底"做更深一步的清点。这些写经是经过鉴定的晋唐真迹，虽然凭借现有信息难以判断它们是否出自敦煌，其中必然会有不少非敦煌文献，但作为与敦煌文献同时代的"姊妹"，它们依然可以发挥参照比勘的作用。本书将其收入附录，保留原有普查登记号及名称，以便使用参考。

此外，敦煌文献还存在伪卷问题，日本学者藤枝晃先生甚至认为"日本所藏敦煌写本的98%是伪物"④。辨伪与存真，自然应是学者的毕生追求，然而敦煌文献是吉光片羽般的遗存，每件都极为珍贵，如果不小心误真为伪，轻率地予以剔除，反而不利于学术研究。诚如荣新江先生所言，"我们不应该轻易否定有价值的写本，也不能把学术研究建立在伪卷基础之上"⑤。因此，本书本着审慎的原则，对于有伪卷嫌疑的敦

---

① 张涌泉主编：《敦煌经部文献合集》，中华书局，2008年。
② 王卡：《敦煌道教文献研究：综述·目录·索引》，中国社会科学出版社，2004年。
③ 国家文物局博物馆与社会文物司：全国珍贵文物数据库 http://gl.ncha.gov.cn/Industry/Collection—Collection（2021-3-12检索）。
④ 荣新江：《敦煌学十八讲》，北京大学出版社，2001年，第355页。
⑤ 荣新江：《敦煌学十八讲》，第364页。

煌遗书，暂不做剔除，这是需要特别加以说明的。

本书是"国家传统文化典籍整理工程"子项目"'一带一路'文献整理与研究项目"的阶段性成果。所收题名涉及海内外一百五十余家单位及个人所藏之敦煌遗书，合计五万七千余条记录。本书在前辈学者的基础上，补充了一些新资料，主要有以下三个方面：

一、补充新出图录及馆藏目录信息。本书补充了《敦煌遗书总目索引》《敦煌遗书总目索引新编》《敦煌遗书最新目录》《中国散藏敦煌文献分类目录》问世后新出版的图录信息，既包括《国家图书馆藏敦煌遗书》《杏雨书屋藏敦煌秘笈》等大宗藏品，也包括《中国文化遗产研究院藏西域文献遗珍》《青岛市博物馆藏敦煌遗书》《成贤斋藏敦煌遗书》等小宗藏品。图录以外，也有不少叙录或者相关简介发表，国内如山东博物馆、四川博物院等，海外如美国国会图书馆、哥伦比亚大学东亚图书馆等，本书也予以收录。

二、关注文物普查及国家珍贵古籍名录信息。本书收录第一至五批国家珍贵古籍名录中的晋唐写本，已编入正文，辑录文物普查中发现的晋唐写本，制成附表。个别小宗藏品，如西安博物院藏徐锡祺旧藏敦煌写经，既收入国家珍贵古籍名录[①]，也有学者撰文介绍[②]，本书保留其珍贵古籍的名录号，同时以括号附注学者所拟之流水号。如"因明入正理论一卷，第二批02493（西博009）"，以便检核。

三、梳理散藏于海内外公私机构的零星藏品。由于历史的原因，敦煌遗书的庋藏极为分散，称之为满天星斗亦不为过。除去专门出版图录及撰写叙录外，有些藏品或以官网介绍，或以新闻报道的形式披露，如华中师范大学博物馆藏张舜徽先生旧藏《金光明经》[③]，浙江大学古籍所藏启功先生旧藏《佛说观佛三昧海经》等[④]，本书亦予以收录。海外藏品的梳理，以荣新江先生《海外敦煌吐鲁番文献知见录》一书贡献最大[⑤]，长期以来是学者了解海外敦煌吐鲁番文献的指南，笔者在该书的指引下，结合刘波、宋雪春[⑥]等学者的统计，补充了管见所及的海外散藏敦煌遗书。

下面简要交待本书的使用。本书收录汉文敦煌遗书的题名及卷号（无单独编号或编号不明者，标注其藏地或藏家），题名以汉语拼音排序。例如，欲查找敦煌遗书中的《黄仕强传》，即可按首字"黄"所属汉语拼音H字头下查找"黄仕强传"，检得BD02921（1）、BD06558（1）、P.2136、P.2186（1）、P.2297（1）、Дx.01672、Дx.01680、Дx.04792、大谷大学乙71、上图084（2）、伍伦27号1、浙敦026（浙博001）、中村不折068等号，对照附录1"馆藏机构简称表"，可知为中国国家图书馆、法国国家图书馆、俄罗斯科学院东方研究所圣彼得堡分所、日本大谷大学、上海图书

---

① 中国国家图书馆、中国国家古籍保护中心编：《第二批国家珍贵古籍名录图录》，国家图书馆出版社，2010年。
② 王庆卫：《徐锡祺旧藏敦煌写经简述——以西安地区藏品为中心》，《敦煌研究》2019年第5期，第134—142页。
③ 华中师范大学博物馆：《敦煌石室写本长卷》，http://mus.ccnu.edu.cn/info/1022/1035.htm（2021-3-12检索）。
④ 李靖：《浙大获赠敦煌写经真迹》，《浙江大学报》2008年3月28日，第2版。
⑤ 荣新江：《海外敦煌吐鲁番文献知见录》，江西人民出版社，1996年。
⑥ 宋雪春：《国内外藏敦煌文献的数量、内容及来源的介绍与考察》，《上海高校图书情报工作研究》2018年第4期，第83—88页。

馆、滨田德海、浙江博物馆、中村不折藏敦煌遗书。再核以参考文献，即可找到所据图录或叙录。国图藏、英藏、法藏等敦煌遗书，已经陆续拍摄并上传高清彩图，读者可于IDP（国际敦煌项目）网站[①]，按号检索、浏览。需要注意的是，与《敦煌遗书总目索引》《敦煌遗书最新目录》《敦煌遗书总目索引新编》不同的是，中国国家图书馆藏敦煌文献一律使用北敦号，以"BD"表示，以便与图录及IDP彩图对应。读者在敦煌学论著中如见到原千字文号、缩微胶卷号、临字号、残字号等各种编号，检方广锠、李际宁、黄霞编《中国国家图书馆藏敦煌遗书总目录：新旧编号对照卷》[②]，即可得与之对应的北敦号。

敦煌文献的定名与汇总是一项富有挑战性的工作，诸家定名或有抵牾，汇总之时更形困顿。限于笔者的学力及精力，必定会存在不少舛误，或挂一漏万，或鲁鱼亥豕，敬请读者不吝赐正！假如此书能为广大读者提供些许便利，省去一点点翻检之劳，就算没有白费工夫了。

在接到这项光荣任务时，作为一个初涉敦煌学领域的年轻人，笔者既激动又忐忑，唯有尽心尽力，才能不负厚望。本书的编纂工作得到国家图书馆古籍馆副馆长陈红彦女士、萨仁高娃女士的大力支持。敦煌文献组组长刘波老师为笔者提供了丰富的资料与细致的指导，除分享学术界的前沿信息外，还多次帮忙借书，在定名的分类、技术处理等诸多方面，也给予了极具实用性的建议。同事常苾心女士、王姿怡女士也提供了很多帮助。东北大学柴栋博士、东京大学刘扬博士帮忙搜集、翻译了很多日文资料。特此致谢！

[①] IDP（国际敦煌项目），http://idp.nlc.cn/（2021-3-12检索）。
[②] 方广锠主编：《中国国家图书馆藏敦煌遗书总目录：新旧编号对照卷》，中国人民大学出版社，2013年。

⊙ 读者服务

国家图书馆古籍特藏在线查阅指南

□ 曹菁菁　国家图书馆古籍馆

在过去的一年中，全世界人民的生产和生活方式都受到新冠病毒疫情的挑战。当空间移动的自由受到限制的时候，如何跨越空间限制实现"云端工作""云端交流""云端消费"成为全球人民面临的主要问题之一。十几年来，国家图书馆一直坚持着古籍特藏数字资源建设工作，积累了一定的资源，打造了一座"线上藏书楼"。疫情暴发以来，这座线上藏书楼一直在为公众提供古籍查阅服务。目前看来，疫情可能还会与人类共存一段时间。国家图书馆接待来访读者的政策会根据疫情的变化有所调整，但我馆的古籍查阅服务会在"云端"持续为广大读者提供古籍查询及部分古籍的阅览服务。本文将详细指导读者如何线上查阅国家图书馆的数字化古籍资源。

一、操作指南

第一步：注册及登录。

登录国家图书馆官方网站，打开国家图书馆官网www.nlc.cn，点击"读者门户登录注册"。

如果您是国家图书馆读者卡用户，请直接在此页面登录。

如果您尚未拥有国家图书馆读者卡，请点击此页面右上角的"注册"选项，申请开通用户。

第二步：查找资源类型。

读者云门户页面有"特色资源"栏目，点击"更多"选项，进入资源列表页面。其下有"古籍资源"专栏，可见我馆古籍资源库列表。

在古籍资源库列表中，点击需要访问的古籍资源库。

第三步：检索文献。

在检索页面输入需要查找的文献名或者责任者名，即可获得相关文献信息。

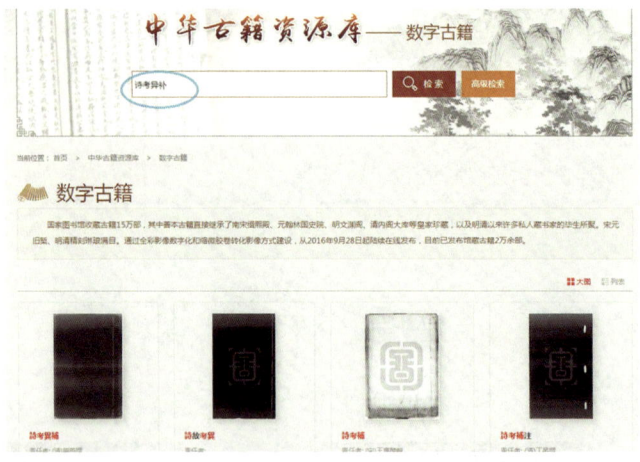

第四步：在线阅览古籍图像。

在检索列表中查找自己需要的书籍，点击图像，进入详细信息页。

在详细信息页中，点击"目录"按键即可得到该书分卷或分册的目录列表。

点击"在线阅读"按键,即可阅览此书分页图像。

由于当前数据分享平台的技术限制,所有在线古籍数据库仅支持在Windows操作系

统下以IE内核浏览器阅览古籍影像。手机、平板电脑以及Apple公司的mac电脑暂时无法阅览古籍影像。

二、数据库简介

"中华古籍资源库"是"中华古籍保护计划"的重要成果，目前在线发布的古籍影像资源包括：国家图书馆藏善本和普通古籍、法国国家图书馆藏敦煌遗书、天津图书馆藏普通古籍等，资源总量超过3.3万部。

1. "数字古籍"资源库收集国家图书馆藏古籍的体量最大，请优先选择。
2. "数字方志"资源库是专题资源库，收录普通古籍专藏中的方志文献。可通过题名、著者、出版地、出版者等条目进行检索。

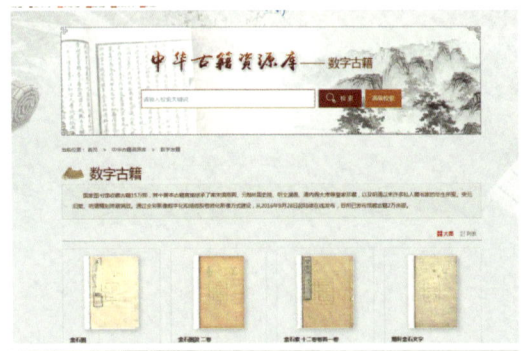 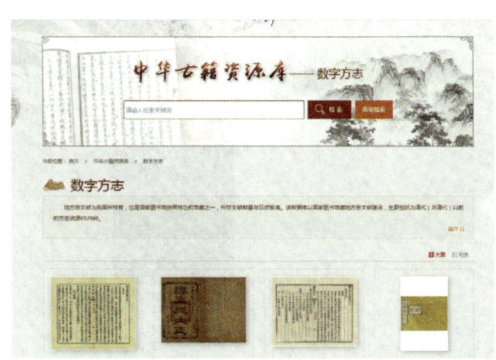

3. "中华医药典籍资源库"目前为测试版。为了"加强中医古籍、传统知识和诊疗技术的保护抢救和整理"，为使读者能够通过互联网检索、利用中医文献资源，国家图书馆从古籍善本收藏中选出了可供中医文献整理研究的文献建设了该资源库。目前收录221种经典中医古籍文献。

4. "碑帖菁华"数据库以国家图书馆宏富的拓片收藏为基础，内容涉及历史、地理、政治、经济、军事、民族、民俗、文学、艺术、科技、建筑等方面，目前共收录2.3万种拓本。

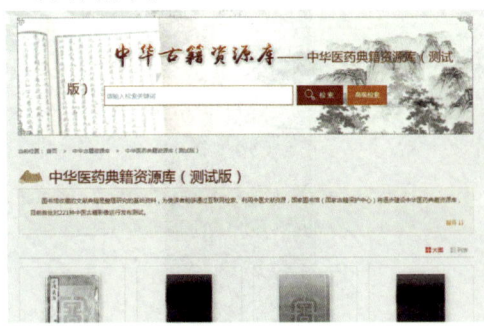 

5. "甲骨世界"数据库以国家图书馆藏甲骨为基础，收录了甲骨实物2964条，影像5932拍。甲骨拓片2975条，影像3177拍。随着数字化工作的不断推进，该数据库也会

持续更新。

6."西夏文献"数据库是以国家图书馆保存的西夏、元代孤本及各种西夏的珍贵实物资料为基础建设的数据库。包括西夏文献书目数据124条；原件影像近5000拍；西夏论著、研究论文篇名数据1200余条。

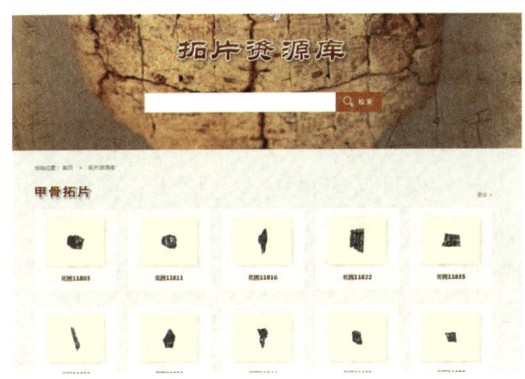 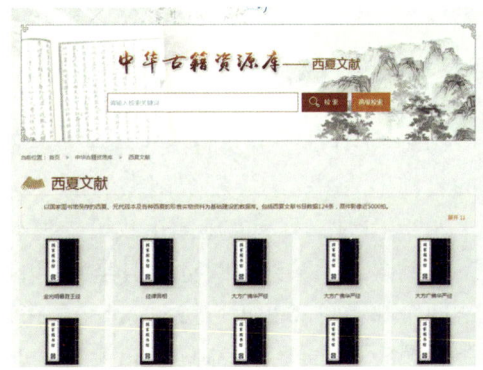

7.东京大学东洋文化研究所汉籍影像数据库，简称"东文研汉籍影像库"，是东京大学东洋文化研究所捐赠给国家图书馆的4000余种数字化的汉籍数据。东京大学东洋文化研究所创办于1941年，至今已近八十年。在此期间，研究所陆续纳藏了不少中国古籍，其中包括东方文化学院东京研究所的旧藏以及大木干一、长泽规矩也、仓石武四郎等知名人士的收藏。这些藏书绝大部分购于二十世纪二三十年代的中国内地。

8."哈佛大学善本特藏"资源库收录了哈佛大学哈佛燕京图书馆藏中文善本古籍特藏中已发布的三批中文古籍善本数据及齐如山专藏古籍的数据。哈佛大学哈佛燕京图书馆藏中文善本古籍特藏，以其质量之高、数量之大著称于世。为了方便海内外学人便捷地利用这些资料进行研究，同时以数字化形式保存这些中华古籍精品，目前中国国家图书馆发布哈佛大学哈佛燕京图书馆古籍数据共1139种。

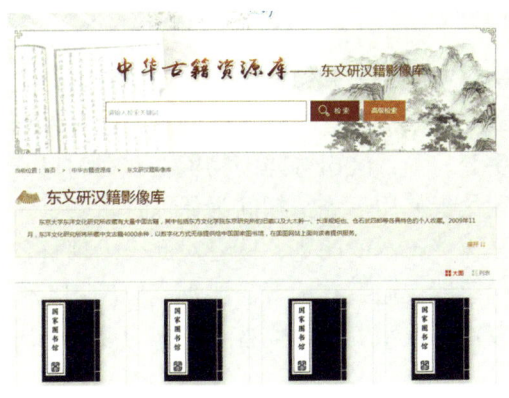 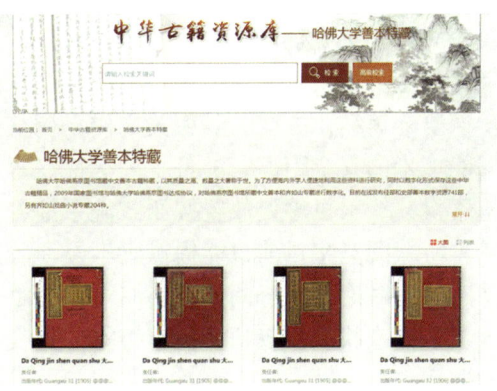

如果您所需要的古籍不在上述数据库中，则请您查询我馆电子书目（http://opac.nlc.cn），记录好它们的索书号，根据疫情防控政策，预约到馆查阅。

感谢你们还在提供服务
——疫情期间善本特藏阅览室读者服务工作侧记

□ 张伟丽　国家图书馆古籍馆

2020年的1月，当人们喜气洋洋地准备过春节时，一场猝不及防的新冠疫情闯入大家的日常生活中，为了配合国家的抗"疫"大计，保证读者的安全与健康，国家图书馆于2020年1月24日起实施闭馆政策，善本特藏阅览室也随之关闭。

虽然读者无法到馆阅览，但是我们的阅览服务并没有暂停，为方便读者咨询而开通的两个邮箱自2020年1月25日起一直在解答读者咨询、回复读者邮件。线上服务自1月25日至5月共回复读者邮件150余封，工作人员将读者需求一一记录，待复工后再为之办理。其中有一封来自香港中文大学梁教授的来信引起了我们的注意，梁教授的著作出版在即，由于疫情的原因，插页书影还没有着落，情急之下，给善本特藏阅览室咨询邮箱写信求助。得知情况后，我们积极与她联系，经过多次邮件往来，为梁教授办好了相关手续，并在保证古籍安全和人员安全的情况下扫描好书影邮寄给她。梁教授收到书影后十分激动，立刻回信给我们："感谢善本阅览室，感谢你们在这个特殊的时期还在提供服务，及时解决了我的问题。"这位未曾谋面的梁教授对于善本特藏阅览室的肯定与赞扬，让我们备受鼓舞。

5月上旬，随着北京地区及全国疫情的好转，国家图书馆做出恢复部分阅览服务的决定，5月12日，关闭109天的善本特藏阅览室和敦煌吐鲁番资料阅览室重新开放，接待读者。受疫情影响，暂时实行预约限流措施，读者需要在预约系统中提前预约，并出示预约码后才能进入阅览室。由于进馆阅览属于室内活动，为保证来往人员安全，在正式开馆前，古籍善本特藏典阅组学习了《国家图书馆疫情期间文献消毒方案》《国家图书馆恢复开馆演练方案》《国家图书馆有序恢复开馆公告》《国家图书馆逐步恢复开馆细化方案》等相关文件，调整了阅览室桌椅位置，使读者阅览时能够保证间隔一米的安全距离，配备了一次性口罩、手套、消毒湿巾等防疫物资，并在门口、检索机、饮水机等处放置按压式洗手液，方便读者使用。疫情期间为保证古籍安全，善本特藏阅览室目前只能提供善本复原胶片和再造善本的阅览，读者对此表示理解，并对特殊时期能够查阅到相对专业的文献表示感谢。遇到有读者需要善本原件，工作人员多方查找，以胶片、再造善本、现代点校本、数字资源等代替，积极为读者解决问题。

预约系统刚开始运行时，有的读者不知如何操作，或者因为不熟悉阅览室布局误约了善本特藏阅览室，值班老师都热情、耐心地给予指导，让读者既能快速地查到专业文献，又能享受工作人员及时、周到的服务。为方便读者查阅不同阅览室的文献，我们积极做好与其他阅览室的联动与衔接工作。如果读者预约善本特藏阅览室后，所需文献在其他阅览室，工作人员会积极负责联系，并到相应阅览室领取文献，待读者阅览完毕，按时归还。经过多次实践，善本特藏阅览室与其他阅览室协调配合，既满足了读者的文献需求，又保证了文献安全，使读者满意而归。

疫情期间，我们克服读者需求多、工作人员人手不足的困难，在其他科组的鼎力协助下，尽量全方位地为读者服务。截至2020年6月20日，善本特藏阅览室答复读者电话及现场咨询100余次，接待读者300余位，提归胶卷100余种，提归再造善本近100种，取归其他阅览室联动书籍10余种，为读者扫描书影200余拍，胶卷还原300余拍，交付电子数据近7GB。我们坚持线上、线下同时服务，读者咨询邮箱自疫情开始至今一直在回复读者咨询邮件，多渠道的服务和工作人员扎实的业务知识及快速的反应能力受到了读者的好评。

图1　疫情下重新布局的善本阅览室

需要特别指出的是，《中华再造善本》丛书在疫情期间为古籍阅览服务发挥了重大作用。由于其全面、真实地反映了古籍内容，借阅方便，成为疫情期间读者借阅及整理、展览、拍摄古籍等工作的重要组成部分。2020年6月至12月间，《中华再造善本》单日最高提阅量达33种133册。其用途主要有三个方面：一、满足日常读者借阅。二、办古籍展览、筹建博物馆时预先确定书目。三、辅助古籍整理等相关工作。从日常工作情况来看，工作人员应该进一步熟悉《中华再造善本》所收古籍情况。比如知名度较高的《史记》，在第一批《中华再造善本》内就收有五部，分别是：据宋建安黄善夫家塾本影印，据宋乾道七年蔡梦弼东塾刻本影印，据宋淳熙三年张杅桐川郡斋刻八年耿秉重修本影印，据蒙古中统二年段子成刻明修本影印，据元至元二十五年彭寅翁崇道精舍刻本影印。此外，还有根据乾隆刻本影印的《史记志疑》，根据清抄本影印的《史记考证》等等。一般读者常常感到困惑：怎么有这么多《史记》，这些不同版本的《史记》彼此有什么区别，特点是什么，应该先看哪一种？如果工作人员能够清楚明白地解释出来，特别是能够结合《中华再造善本》的自身特点，就能够更为准确地为古籍爱好者服务，收到良好的效果。

从寒冬到春风再到夏荫初凉，随着疫情防控常态化，善本特藏阅览室的工作也会随之调整，相信我们每一位工作人员都会不断积累疫情中从事阅览服务的工作经验，继续为读者提供专业高效的善本特藏阅览服务。

惟愿相见日，四海承平时。

携手谈契阔，书香以言志。

疫情中的坚守,因读者的鼓励而倍感温暖

□ 肖　刚　国家图书馆古籍馆

2020年1月24日起,国家图书馆因新冠疫情闭馆。在馆领导的规划和古籍馆的协调下,古籍阅览室通过电子邮件、电话、微信、快递等多种方式,有条不紊地开展远程服务,尽量满足读者需要,力争将闭馆带来的影响降到最低。同时,逐步开始复工复产,5月12日,善本阅览室集中开放后开始了联合服务。下半年更是克服了文献开发任务重、施工改造作业多、人手严重不足等困难,安全生产的同时保障了读者服务的顺利开展。10月1日,普通古籍阅览室重新对外开放,读者从全国各地纷至沓来,工作人员压力突显。

在普通古籍阅览室开展服务的这段时间,读者表扬不断,坚守在岗的工作人员,因读者的理解倍感温暖。

"来到贵馆后,工作人员热情细致的服务讲解,尽职尽责,周到的帮助,使我深受感动。谢谢你们!"

"等疫情结束了,希望尽快对外(正常)开放。图书馆太好了,老师们服务态度特别棒,就是时间不够用。"

"我是上世纪八十年代初,自柏林寺书库起读书四十余年的读者,从北图、国图获益巨大,我深深感谢各位馆员!"

"工作人员热情,服务周到,深受感动。收获很大。谢谢!"

工作人员的辛勤付出,能收获众多读者的认可和赞许,既有读者的理解、体谅和关爱,也与普通古籍阅览室紧抓服务质量有关。

近年来,普通古籍阅览室一直非常重视提升读者服务质量。要求大家摆正心态,提倡微笑服务,换位思考,做好服务工作。人人都应不忘初心,为读者解决问题。在日常服务工作中,坚持做到耐心、细致、热情、周到。读者说话时耐心听,表达不清时主动问,与读者交流时积极主动,考虑问题时全面周到。针对老年读者等需要帮助的群体开展暖心服务,做到多听、多问、多提醒。说话要提高音量、放慢语速、多说几遍,上下楼梯时提醒注意安全,不要遗漏物品,有需要随时告诉工作人员等等。同时,摸索出很多具体经验。比如,读者来电咨询时,主动告知到馆路线、车次和开馆时间等信息,提醒不要走错馆区,避免走冤枉路,帮助查询各类信息。读者办理各种手续,尽量做到一次解决或通过快递寄送,减少来回奔波之苦。针对疫情时期各种情况变化频繁的特点,做到及时跟进、迅速告知读者。

为了将读者服务落到实处,我们制定了严格而明确的奖惩规则。如因工作人员服务问题引起读者不满甚至投诉,要求当事人及时改正错误,向读者道歉,并扣发当月奖金,同时也提醒其他人注意;如果得到读者表扬,也会号召大家共同学习,并有相

应的奖励措施。

　　同时，对于读者意见、建议也十分重视。有读者提出冬季座椅较凉，希望增加坐垫。我们收到建议后，当天联系业务管理处和厂家沟通处理，及时为阅览室所有座椅安装坐垫。很多读者希望冬季能喝到热水，我们及时向馆里反映，很快在楼门口处就有了免费向读者供应的热水。

　　看到一份又一份读者的表扬信，既让我们充满了荣誉感和自豪感，又倍感温暖。读者的信赖和各级领导的期许，让我们有信心、有决心继续做好一线服务工作，发挥好国家图书馆服务窗口的桥梁与纽带作用！

文津讲坛的空间体验与技术革新

□ 周升川　国家图书馆古籍馆

国家图书馆文津讲坛是国家图书馆已故名誉馆长任继愈先生倡议创办的，常年面向社会公众举办的公益性学术文化系列讲座。该讲坛的创办旨在继承"保国粹而惠士林"的文化传统与人文精神，以服务社会、服务公众、弘扬中华民族优秀文化、传承文明与知识为宗旨。自2001年元旦至今，已经举办讲座1000余场，听众十余万人次。坚持精品意识，主讲人均为学术成果丰厚、享有社会声望的知名专家学者，演讲内容涉及文学历史、哲学政治、文学戏曲、音乐舞蹈、书法绘画、文博考古等领域，受到广大读者的热烈欢迎，在社会上享有盛誉，被公认为是弘扬中华文化、推动全民阅读、构建学习型社会的知识园地[①]。

一、空间体验

2001年1月至2008年10月，文津讲坛讲座的举办地点在国家图书馆古籍馆文津楼学术活动东厅。2008年11月至今，讲座举办地点改在国家图书馆古籍馆临琼楼二楼讲座厅。改变举办地点，更多的是为了给读者带来更舒服、便利的听课体验。

文津楼建于1931年，采用宫殿式建筑风格，绿琉璃庑殿顶，2006年被公布为全国重点文物保护单位。文津楼学术活动东厅面积大约有190平方米，厅中有八个支撑圆柱。由于文津楼建成过于久远，学术厅的设计并不能满足讲座会场的要求，场馆老旧、支撑柱阻挡视线、场内采光差、讲座设备陈旧等一系列问题，影响了讲座现场的听课效果。随着来现场听讲座的读者日益增多，学术厅座椅数量不能满足读者的需求，很多读者都站在安全通道上聆听讲座，听讲体验差，也给现场安全管理带来巨大压力。

2008年11月，在馆领导的支持下，讲座会场改到临琼楼二楼讲座厅举办。临琼楼建成于1975年，二楼讲座厅面积大约450平方米，整个厅内没有任何支柱，南墙大约三分之二都是窗户，北墙为整面窗户，通风采光条件非常好，站在北窗前可以观看到北海美景。会场固定座椅大约可容纳180人，另外配有100把移动折叠座椅，总听课人数可容纳280人左右。

在临琼楼一楼设有安检通道和存包柜，讲座厅内设有3个安全通道和安全出口，保障了讲座现场的安全管理，以及紧急事件发生时的快速疏散。2019年，临琼楼加装了一部电梯，方便了有行动障碍的读者上下楼。

根据参加讲座的读者反映，改造后的临琼楼讲座厅，和文津楼学术活动东厅相

---

① 金龙：《国家图书馆讲座发展回顾与新态势》，《图书馆学刊》2019年第10期，第70—76页。

比，可容纳更多的读者，还不会显得拥挤；新场地宽敞明亮、窗明几净、空气新鲜、上下方便，又能在休息时间远眺北海公园美景，在这个会场听讲座是一种享受。

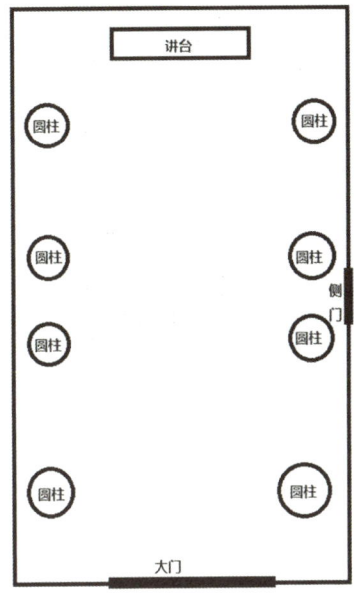

图1　文津楼学术活动东厅平面图

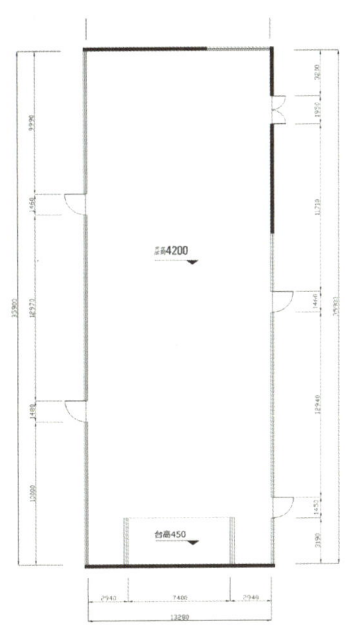

图2　临琼楼讲座厅平面图

图3　临琼楼讲座现场照片

除了对读者听课的讲座厅的环境进行改善，2008年，我们对主讲老师的休息室也进行了升级改造。现在的临琼楼休息室可与北海琼岛遥相对望，将北海一年四季的美景尽收眼底。美丽的景色和优雅的环境可以让主讲老师在讲座开始前放松身心，为讲座做好积极准备。休息室内还设置有专门的题字留念案台，在这里主讲老师可以比较舒服地在签到簿上挥洒笔墨，或留下对于文津讲坛的期望寄语。

图4　牟钟鉴先生于临琼楼为文津讲坛题字

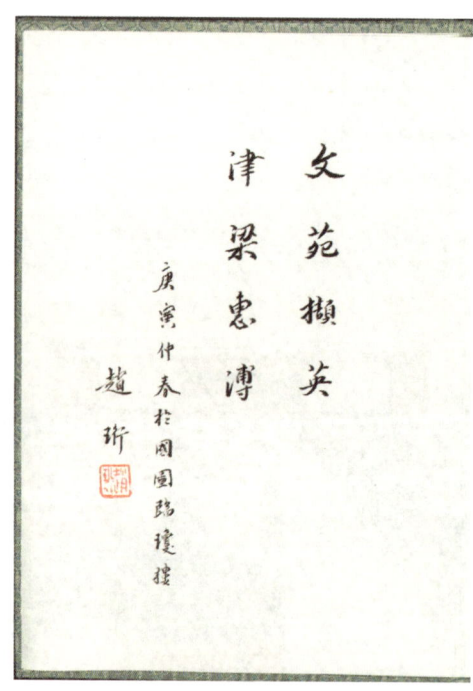

图5　赵珩先生题字

二、讲座厅多媒体设备与技术变革

二十年前,在文津楼学术活动东厅举办讲座的时候,由于建筑老旧,所有的音视频线路走的都是明线,杂乱无章;由于设备陈旧,扩音设备在讲座过程当中经常会出现杂音;现场只有一个标清投影机与幕布,后排观众难以看清屏幕,讲座效果不尽人意。灯光条件也不理想，现场只有普通的日光灯，无其他任何光源，严重影响了现场拍照和摄像效果。现场录音使用卡带录音机，而2000年以来，卡带日渐淘汰。讲座过程中，必须有专人在设备机柜旁边，随时手动控制各种设备。

2008年讲座举办场地换到临琼楼之后，针对上述问题，我们对临琼楼原有多媒体设备也做了一个升级方案，主要是让所有多媒体线路都走暗线，不仅消除安全隐患，在观感上也大为提升。新讲座厅不仅是空间变大、变亮、更通风，在讲座设备方面也有非常大的改进。经过多次商讨，我们确认了多媒体改造方案设计原则：

1. 技术先进性原则。采用的系统结构应该是先进的、开放的体系结构，整个系统能体现当时报告及会议技术的发展水平。

2. 实用性原则。把能够最大限度地满足读者要求、满足实际工作需求作为第一要素进行考虑，采用集中管理控制的模式，在满足功能需求的基础上兼顾操作方便、管理简便。

3. 可扩充性和可维护性原则。要为系统以后的升级预留空间，系统维护是整个系统生命周期中所占比例最大的部分，要充分考虑结构设计的合理、规范，以便系统的维护可以在很短时间内完成。

4. 操作、维护的简便性原则。产品系统从硬件到软件的设计，都考虑了用户易操作的需求：中控系统集大屏幕投影机、矩阵、幕布、音响、音视频播放、灯光等设备控制于一身，使会议时不再需要对各种设备进行独立繁琐的操作，轻按触摸屏即可控制相应设备。

5. 经济实用性原则。在充分保障系统稳定性的前提下，此次设计方案依据经济实用性原则，尽可能做到系统的总投资少，系统的管理和维护费用少，系统在未来进行更改、搬迁、改造、升级时所需的花费少，保证总体设计达到功能和经济的优化。

在日常使用上，新设备主要变化在于用IPAD平板电脑在场地的任意地方都可以控制调音台和投影机；无线话筒的增多，方便了台下读者提问；调音台能直接用U盘录音，主讲人的声音不用通过现场，而是直接传输到调音台录制成MP3格式文件；增加了实物展台，方便老师展示各种物件。

针对多媒体讲厅举行讲坛和会议的主要功能，我们特别注意改进最主要的两大系统，即保证有良好的扩声系统和清晰的大屏幕显示系统。

多媒体讲厅扩声以保证语音清晰度、丰满度和足够的声压级为主，会议系统也应以保证语音清晰度为主，多媒体音视频及影视播放，不仅有语音，还有音乐，因此扩声系统设计既要保证音乐丰满度、清晰度和足够的声压级，又要保证影视观赏的大动态场景，还要保证会议扩声高清晰度和声像准确度。

临琼楼讲座厅现场有六个主音箱，并且在顶上均匀分布着十二只吸顶辅助音箱，使在会场不同位置的人接受的声音大小都比较均匀。

大屏幕显示系统要求具有清晰地播放文字、文本类文件的功能，同时还要求对图片及视频格式文件也要有超强的表现能力。讲座厅现场有两个高清投影机和幕布，并且能独立显示不同的画面。

此外，灯光布设方面也有所加强，现场除了有十排照明日光灯，还有背景灯，四个射灯和四个面光灯，使得现场拍照和摄像效果都有了较大提升。

自从讲座搬到临琼楼举行之后，读者对新的场地和新的多媒体设备带来的视听效果都非常满意。

三、未来文津讲坛空间和技术展望

随着多媒体技术的发展，我们希望以后能有更好、更先进的多媒体设备，能让现场的读者有更好的视听体验。同时也希望能广泛应用各种无线音视频技术，减少现场物理线路铺设，使会场更简洁，操作更便捷。最好可以组建专门的技术人员队伍，做好各种多媒体应用培训，为讲座顺利举行保驾护航。同时，网络技术的快速发展和5G网络的逐渐普及，未来讲座完全可以实现线下、线上同时举行，使讲座不再受讲座厅现场空间的限制，让所有想听讲座的读者能通过来现场，或使用手机、电脑和电视等多种终端设备的方式来参与讲座活动。当然，如何流畅、清晰、便捷地为读者提供新媒体技术讲座服务，也是未来值得继续探讨的工作内容。

在讲座资源的传播方式与渠道上，除了现场传播、线上直播，还有媒体传播、网络点播和文化站传播等方式。总之，应当努力让广大读者不受时间、空间和设备的限制，以更多、更直接、更便利的途径获取讲座资源①。

回顾文津讲坛20年的历史，我们不仅在讲座内容上深耕细作，努力促进学术文化的传播与交流，为人民提供丰富多彩的文化生活方式，让广大社会公众共享优秀的文化资源②，也在空间体验和设备技术等方便不断改进，满足读者参与讲座活动的多样化需求。随着技术的发展，我们必须继续追踪现代新技术、了解读者新需求，为推动文化大发展大繁荣、建设社会主义文化强国做出贡献。

---

① 周升川：《关于公共图书馆讲座资源传播形式的思考》，《黑龙江史志》2015年第11期，第281页。
② 蔡萍：《文津讲坛的历史与可持续发展》，《全国公共图书馆讲座工作论文集》，国家图书馆出版社，2010年，第144—148页。

"中国典籍与文化"系列讲座二十周年工作述要

□ 常芳心　国家图书馆古籍馆

保存我国古代典籍，培养中华文化传人，使文明薪火代代相传，发挥社会继续教育的功能，是国家图书馆神圣而重要的使命。自2001年起，国家图书馆古籍馆（原善本特藏部）与全国高校古委会《中国典籍与文化》杂志合作举办"中国典籍与文化"公益性学术文化系列讲座，时至今日已经走过20个春秋，成功举办讲座370余讲。20年来，我们邀请国内外著名专家学者莅临讲演，从典籍谈文化，面向广大读者深入浅出地讲授中华文化精髓，发布研究成果，其高质量和专业水平深得社会大众的信赖和认可，受到广大读者的热烈欢迎。

一、讲座理念与特色

（一）讲座以中华典籍为基点，传播与弘扬中华传统文化。浩如烟海的中华典籍是中华传统文化的重要载体，是我们的文化基因得以传承之根本，习近平总书记《在哲学社会科学工作座谈会上的讲话》指出："中国古代大量鸿篇巨制中包含着丰富的哲学社会科学内容、治国理政智慧，为古人认识世界、改造世界提供了重要依据。"中华典籍为我们的文化自信提供支持。自开办之日起，"中国典籍与文化"系列讲座就以中华优秀典籍为基点，不断挖掘典籍中的知识内容，以讲座形式系统讲述某学术领域研究成果。讲座主题涉及历史学、文学、建筑学、医学、哲学等多个学科。主讲人方面，我们以学术造诣为标准，不设职称、职务等门槛，既邀请过年高德劭的学术大家，如启功、罗哲文、朱家溍、戴逸、冯其庸、舒乙、王其亨、王尧、白化文等先生，也邀请过学有专攻的青年才俊，如孙闻博、程苏东、郭永秉等80后高校年轻老师。

（二）讲座始终跟踪科研与学术前沿，注重国际学术交流。为学术之津梁是国家图书馆的重要职责。在现今物质追求与流行文化急速膨胀的时代，"中国典籍与文化"系列讲座始终坚守学术阵地，不随波逐流，不一味追求听众人数，坚持为学术服务之目的，注重学科领域的专业性与学术性，利用科研单位和高校教学资源，紧跟学术前沿，与北京大学、清华大学等高等院校以及中国科学院、中国社会科学院等科研机构合作，邀请学科领域资深专家学者，对一些新考察、新发现、新研究展开系列演讲。如2012年举办"伊朗归来话伊朗"系列讲座，以北京大学、清华大学、中国人民大学几位主讲教授的伊朗考察之行为主线，根据当地的历史遗存、地理风貌、风土人情向听众还原了丝绸之路与古代波斯的异域文明，这一系列讲座跟进了最新的学术研究资料与成果。2017年8月内蒙古大学和蒙古国相关学者公布了新发现《燕然山铭》石刻,我们特别举办"发现《燕然山铭》——浅谈这一发现的学术价值"讲座,从刻石文本、旧传拓本和传世文本之间的关系、刻石所在地点与历代学者对燕然山地理位置的认识等方面,阐释发现《燕然山铭》对学术研究的重要价值。这场讲座展示了《燕然山铭》石刻的最新研究成果,受到了相关研究学者的关注,也促进了学术前沿成果的交流。再如宁强教授《西夏艺术对中华文明形成发展的贡献——以〈西游记〉故事为中心》、赵贞教授《李渊建唐中的"天命"塑造》等报告,皆为学者尚未发表过的研究成果。以上这些讲座,展示出了学者们的最新思考与研究,也搭建了最新学术成果与大众交流的平台。

此外,"中国典籍与文化"系列讲座积极与国外汉学界建立联系,注重国际交流,邀请海外汉学家前来演讲。2001年"中国典籍与文化"系列讲座首讲即邀请俄罗斯著名汉学家李福清(Борис Львович Рифтин)先生讲授《俄罗斯汉学研究50年》。20年来,我们在跟进国内学术研究的同时,也不断关注世界范围内的汉学与汉籍的研究。2007年邀请日本学者真柳诚演讲《日朝越三国中医古籍受容论》;2008年邀请日本敦煌学者荒见泰史演讲《转型期的敦煌变文》;2010年邀请日本与韩国学者讲授《朝鲜汉籍与日本汉籍的刊刻》;2011年邀请韩国学者崔溶澈讲授《〈红楼梦〉在韩国》;2016年与中国科学院自然科学史研究所合作,邀请法国远东学院的蓝莉(Isabelle Landry-Deron)、米盖拉(Bussotti Michela)两位研究员来馆演讲《法国中文印刷与汉字活字》;2018年邀请日本早稻田大学永富青地教授对王阳明文集的版本进行了探讨,引起了听众极大的兴趣,现场座无虚席。国外学者的莅临不仅使听众接触到了世界范围的最新研究成果,还为国内外学者的学术交流构建了平台,开阔了学术视野。

(三)讲座依托国家图书馆馆藏资源,注重配合展览等重大活动策划。国家图书馆作为中华民族优秀文化典籍的重要收藏单位,典籍宏富,远可以追溯到殷商时期的甲骨,近可涉及当代研究文献,特别是敦煌遗书、《赵城金藏》《永乐大典》《四库全书》,更是举世闻名的四大专藏。其他如金石拓片、老照片、历代地图、名家手稿、民族文字古籍也各具特色。"中国典籍与文化"系列讲座自开办以来,结合国家图书馆展览、学术会议等重大活动,举办围绕活动主题的相关讲座多场。如:举办"文明的守望——中华古籍特藏珍品暨保护成果展",推出"文明的守望——中华文化遗产"系列讲座,邀请奋斗于保护中华文化遗产第一线的著名专家学者到馆,讲述中华文化曾经的辉煌与现在面临的危机,与到场听众一同呼吁保护文化遗产、拯救人类文明。配合"册府千华——西域文书保护成果展"举办西域典籍讲座,邀请北京大学段晴、荣新江两位知名教授针对国家图书馆藏西域文献的收藏和保护情况,解析西域文献的社会、历史价值。"国家珍贵古籍特展"讲座、"道德经展览"讲座、"洁白的丰碑——纪念傅雷百年诞辰展览"讲座、"非物质文化遗产传拓技艺展"讲座、"文艺的灯塔——纪念《在延安文艺座谈会上的讲话》70周年展"讲座、"书香人淡自庄严——周叔弢藏书展"等讲座,都将实物展示与讲座阐释结合,所请专家学者围绕珍贵典籍藏品深入解读,引导听众对展览内容形成更直观、更深刻的认识,从而使展览和讲座的社会教育功能和宣传作用更加延伸。

2017年国家图书馆举办"圣贤的足迹，智者的启迪——孔府珍藏文献展"，"中国典籍与文化"系列讲座与国家古籍保护中心办公室联合北京大学《儒藏》编纂与研究中心、曲阜孔子博物馆，配合展览举办"孔子·儒学·儒藏——儒家思想与儒家经典名家"系列讲座，邀请楼宇烈、牟钟鉴、安平秋、孙钦善、陈来、李中华、郭齐勇等知名学者为广大社会公众深入阐述儒家思想与儒家经典，解读以儒家文化为代表的中华优秀传统文化中蕴含的思想观念、人文精神和道德规范。特别是该系列中的《儒家文化与中华民族复兴》《探寻儒学中的"普遍价值"》《孔子与当代中国》《儒家经典与〈儒藏〉编纂的价值意义》《略论儒释道三教互动及现代意义》《儒家的经典诠释及现代转化》等报告，关注儒家文化的当代价值与发展，在弘扬传统文化的同时，也为增强我们的文化自信注入了活力。

（四）讲座聚焦时事热点与时代需求。"中国典籍与文化"系列讲座在传播与宣传中国传统文化基础上，利用其社会影响，充分发挥大众教育功能和引领作用，关注党和国家政策动向，宣扬积极的价值观和人生观，以达到全方位为大众服务之目的。如结合反腐倡廉所需举办的"古代廉政文化"系列讲座，结合国学热举办"童蒙文化"系列讲座，社会上反响强烈，深得听众的好评。

2015年是科举废止110周年，对科举制度的讨论一时成为学界和公众的热点话题之一。我们策划实施了"科举文化"系列讲座7讲。主讲人分别来自北京大学、厦门大学、北京师范大学、中国社会科学院等高校和科研机构，均为当代科举研究领域的重要学者。讲题涵盖科举的历史及其贡献、不同时代科举的特点、科举对中国社会的影响等多个方面，让听众对古代科举制度有了更为客观的认识，同时，科举考试的利弊及其对现代考试制度的影响等问题，也引起了听众们的更多思考。

随着"一带一路"倡议的实施，丝绸之路研究、西域研究成为学术研究的热点，同时也是公众关注的热点。"中国典籍与文化"系列讲座利用国家图书馆与敦煌西域研究学者的广泛联系，举办了一系列与丝绸之路、西域文明有关的主题讲座。如：邀请中央民族大学胡振华教授主讲《"一带一路"与中亚东干人》，讲解了中亚地区东干人的历史与现状；2016年举办"西域古代多元文明"系列讲座，关注丝绸之路沿线各大文明，通过对《摩诃婆罗多》《罗摩衍那》《吉尔伽美什》、希腊神话、维吉尔史诗等史诗作品及其文化背景的阐释，以及与中华传统文化的比较对照，加深了听众对古代印度、古代西亚、古代希腊罗马历史文化精髓的了解。这一系列讲座大受欢迎，几乎场场爆满，场面热烈。

二、讲座系列与内容述要

20年来，"中国典籍与文化"系列讲座已举办370余讲，邀请主讲人280余人。为了向公众系统地普及中国古代典籍知识与中华传统文化，我们注重讲座的系列化，有意识地策划了一些主题相关、能形成一定规模的讲座系列，逐渐走向系列化、专业化，对某一主题以多场系列化的方式进行全面深入解读。

2002—2003年，我们与全国古籍整理出版规划领导小组办公室、中国敦煌吐鲁番学会等机构合办"敦煌与丝路文化"学术讲座38讲，并举办了学者座谈会。讲座邀请了国内外知名敦煌学者，如宁可、柴剑虹、郑阿财、郝春文、荣新江以及英国吴芳思（Frances Wood）和法国华澜（Alain Arrault）等先生，主题涉及敦煌学和中国文化的诸多方面，兼具知识性和学术性，既普及敦煌学与丝路文化知识，又弘扬了我国传统文化。这一系列讲座还被列为高校课程，受到了本科生和研究生的欢迎。当时的任继愈馆长曾在座谈会上指出："敦煌学是世界范围的学术，国内外学者应共同努力，从这次讲座可以看到敦煌学后继有人、前途无量。"郝春文先生认为："这一系列讲座是国家图书馆社会教育职能的一个具体体现。举办如此大规模的学术讲座，说明敦煌吐鲁番学资料研究中心已经成为海内外敦煌学和丝路文化学的纽带和桥梁。"讲座结束后，许多听众都提出了希望整理出版演讲稿的要求，于是我们根据录音疏通文字，汇集了这一系列讲座的全部内容，出版了《敦煌与丝路文化学术讲座》第一、二辑。

2006年，与中国科学院自然科学史研究所合作举办"中国科技史"系列讲座，依据中国古代自然科学典籍与技艺，普及科学知识，传播文化。这一系列讲座对《九章算术》《远西奇器图说录最》等文献以及中国古地图典籍进行了解读和阐释。同时，《天人之际：中国古代的天文学》《技艺双绝：中国古代的青铜技术和艺术》《较晴量雨：中国古代对雨水的认识及影响——以熙宁七年和雨量器为中心的讨论》《知识与权力——康熙时代的科学传播》等讲座，让听众了解了古人对科学技艺的认知和利用，并以史为鉴，注重科学文化与现代社会的发展。

2007—2008年，举办"中医文化"系列讲座，邀请中国中医科学院、北京中医药大学、首都医科大学中医药学院等机构的教授、主任医师对中医典籍的整理和研究成果进行展示，让听众对我国的传统医学有了更多的接触和了解，如郝万山《〈黄帝内经〉中的阴阳五行学说及养生保健》、钱超尘《宋本〈伤寒论〉版本流传史》、梁永宣《日朝医学笔谈交流与中国医学》、郑金生《本草主流文献与〈本草纲目〉概说》等讲座，通过对《黄帝内经》《伤寒论》《本草纲目》等中国古代重要中医典籍的解读，揭示了蕴含于其中的中国医学传统文化。

2014—2015年，举办"先秦诸子经典"系列讲座，邀请中国社会科学院、中国人民大学、北京师范大学等单位的专家学者担任主讲人，围绕儒家、道家、法家、纵横家等先秦诸子百家相关代表言论、著作进行讲说，让听众们对先秦的重要典籍如《论语》《周易》《庄子》《商君书》《战国策》等产生了浓厚兴趣，对百家争鸣的先秦时代有了进一步的了解，也对中国早期的经典文化有了更直观、更深刻的认识。

2016—2018年，组织"童蒙文化"系列讲座，意在从古代儿童的教育问题入手，对国学教育、蒙学经典进行深入解读，既呼应了目前方兴未艾的国学教育热，也传播了正确的国学教育观念。这一系列讲座从汉代的童蒙文化谈起，为听众阐述了不同时代的童蒙文化特征，同时对中国传统的蒙学教材、中国传统蒙书在汉字文化圈的传播、童蒙教育中的家教问题进行了探讨。从古代的童蒙文献到教育实践，传递了中国古代童蒙教育的精髓，并呼应了新时代"家教""家风"建设。

另外，我们还举办了"图书馆古籍收藏与整理""中国古籍版本鉴定知识""中国古书出版印刷史""国外科技经典·科技史""史记十五讲"等专题系列讲座，在社会上引起强烈反响，也得到了广大听众的好评。

三、讲座成就与影响

20年来，"中国典籍与文化"系列讲座不断将优秀讲座资源推送给广大听众，并取得了一定的成就。

第一，讲座聘请专业人员进行拍摄，将每场讲座都制作成为视频，既可以留存讲座资料，又可以方便不能来现场聆听讲座的受众。随着技术手段的提升，我们于2017年将讲座视频质量提升为高清图像，深度编辑讲座，添加讲座内容相关的图片、文字、视频及主讲人的演讲幻灯片等，并向文化部全国文化共建共享工程推送精品讲座，使听众能异时异地感受中国传统文化的魅力，从而使讲座影响更加扩大。

第二，我们通过整理讲座录音，提炼文字，结集讲座稿。2007年，在"中国典籍与文化"系列讲座开办六周年之际，出版"中国典籍与文化讲座丛书"第一辑。讲座集是每一场讲座的凝练，它既不像专业学术论文那样艰深难懂，又没有佶屈聱牙的晦涩文字，将学术研究用朴实无华的口语化风格叙述，浅显易懂又微言大义。让那些未能亲临讲座现场的广大受众通过讲座丛书一睹讲座风采。十多年来，我们不断精心挑选讲座的主题与内容，汇集整理讲稿，大体上以每年一辑的频率出版讲座丛书。现在讲座集已经出版至第十三辑，并在2012年出版了《文化论衡——中国典籍与文化系列讲座十年选粹》。

第三，"中国典籍与文化"系列讲座的影响力在宣传与报道方面也可见一斑。每期讲座都会在国家图书馆馆区内的滚动屏、布告栏进行预告。信息时代，网络通信发达，国家图书馆的微博、微信等客户端都会宣传讲座。我们也根据作者信息、讲座内容选择相应图片制作海报进行宣传。"中国典籍与文化"系列讲座因为其受欢迎的程度和影响力得到了多家文化媒体的数次报道。如《中国文化报》《读书报》《团结报》《河北青年报》《大学生》等，都对讲座内容进行过报道。特别是第2期史金波先生所讲《西夏文献探秘》，《中国日报》记者写了英文专稿，在报纸头版进行了报道，使"中国典籍与文化"系列讲座的影响传至海外。甚至有人从法国通过电话与史先生交流，谈论这场讲座的影响。

经过20年的坚守，讲座得到了社会的认可。学界和听众都给"中国典籍与文化"系列讲座以非常高的评价，如王尧先生认为："国家图书馆为北京的青年、专家学者之间搭起桥梁，实在是一个了不起的事情。这对我们国家的文化的普及提高有着不可估量的作用。"邓文宽先生曾说："作为研究所的专业人员，长期以来，我们的研究成果长期束缚在象牙塔里，讲座给了我们这些专业工作者把自己的学术研究与广大的听众交流的机会，使更多的人了解我们在某一方面的文化成就，知道我们的民族文化有哪些内容需要了解。文化和科学知识的传播应该是国家走向现代化的重要内容之一……我希望讲座、文化传播方式都能开展起来，我相信能取得很好的成就。"专家学者们的肯定，也坚定了我们将讲座一直举办下去的信念。

"中国典籍与文化"系列讲座逐渐成为大众提高文化素质的一种营养与需要。20年来，听众们对讲座的热情有增无减，并形成了一批固定的"粉丝"。他们每场讲座都准时参加，早早就来到馆门口等候开馆，认真做讲座笔记，积极与主讲人互动交流。讲座的听众不受年龄限制，不受地域的限制，从学生到老者，甚至从五湖四海来到北京，享受这场学术的盛宴。

20年来，"中国典籍与文化"系列讲座以其专业性与学术性，逐渐成为体现图书馆公益服务与社会教育功能的招牌栏目之一。同时，讲座的知识性与专业性以及讲座服务人员的热情执着得到众多关心古籍、喜爱传统文化的听众青睐和尊重，到图书馆听"中国典籍与文化"系列讲座已成为他们文化生活中不可或缺的一部分。"中国典籍与文化"系列讲座，将继续以公益形式为爱好读书、爱好传统文化的热心听众服务，让停留在典籍上的历史文化真正"活"起来！

国家图书馆古籍特藏文献近五年出境展览述略

□ 萨仁高娃　赵大莹　国家图书馆古籍馆

国家图书馆古籍特藏文献展览已举办多年，已然成为"让古籍中的文字活起来"，让公众近距离接触文化宝藏的重要途径。作为国际文化交流的重要内容，古籍特藏文献也常常在其他国家的图书馆或博物馆展出，增加不同文化之间的相互了解和交流，也加深两国人民之间的友谊。国家图书馆历来重视与境外相关图书馆合作举办展览，扩大中华古籍特藏的传播范围和国际影响。本文以近五年国家图书馆馆藏古籍特藏文献出境展览为例，总结新时期展览的特点和工作经验，以期对未来工作有所启发，更好地为公众提供文化精品。

一、近五年古籍特藏文献出境展概况

（一）特藏展——新西兰传统木版年画图片展

2015年12月11日至2016年3月12日，在中国国家图书馆与新西兰国家图书馆共同策划下，传统木版年画图片展在新西兰国家图书馆成功举办（图1）[①]。

图1　新西兰国家图书馆年画展现场

年画是国家图书馆的一类特藏文献。年画流行于民间，清代以来各地形成了不同的风格并产生了各自的代表作品。其浓郁的乡土气息和独特的艺术魅力，不仅反映了大众对美好生活的热烈向往，还引起了艺术家和研究者们的注意，成为艺术史研究和

---

① 展览的详细资料，参见金靖、张萌：《中国国家图书馆藏木版年画赴新西兰展览综述》，《文津流觞》2016年第1期，第118—135页。

艺术品收藏的独特专题。

最早的年画"门神"出现在汉代，但"年画"之名直到清人李光庭在《乡言解颐》中正式提出后，才沿用至今。年画在清代中后期蓬勃发展，各地涌现出大量年画作坊和画店，其中河南开封的朱仙镇、山东潍坊的杨家埠、江苏的桃花坞、天津的杨柳青被誉为中国"年画四大家"。年画的制作方式和内容都随着时代的发展而不断变化，如石印年画、胶印年画的陆续出现，以及日渐涌现的反映近代民间生活内容的不同地域风俗、题材的各地年画。

这个展览全部使用了高仿复制品，总量为44种，近百件。选用高仿复制品主要是出于保护文献的原因。传统年画的使用周期通常只有一年，能完好地保存下来非常不易，而且民间印品纸张大多粗劣，辗转流传后，许多已经严重酸脆，在妥善修复前，不宜搬动。几经考量，双方商定以高精度扫描方式采集年画图像，再通过修图、跟色等方式，制作高质量的年画复制品，还原藏品原貌，满足观展需求。

年画主题方面，策展团队希望传递给观众一些有关中国近代世俗生活的真实记录，讲一系列生动而直观的民间木刻版画艺术史、印刷史和民俗史故事，故而年画的题材与技艺是遴选展品时的主要考虑因素。

在整理过程中，我们发现"门神"题材应用最为广泛，且不同地区的制作技艺也各具特色。例如天津杨柳青金瓜立式门神和陕西凤翔马上鞭锏门神，虽然都是"武门神"秦琼和尉迟恭，但前者采用套印和手绘结合的制作方法，吸收了北方版画与院体工笔画的艺术特色，色彩绚丽，背景构图和人物形象都非常精致、细腻，凸显出天津地区具有的艺术家与书籍刻印中心的双重优势。陕西凤翔年画在形象上则吸收了秦腔戏剧人物的表现手法，显示出粗犷、雄浑的北地艺术特色。除了"武门神"，年画里还有一种"文门神"。民间往往把武门神贴在街门，文门神贴在二门。后者的形象以赐福天官为主。例如河北武强义兴号画店所刻印的"五子夺魁 喜报三元"，画面风格反映出京城文化、杨柳青年画和晋南文化的互相影响。

儒家礼仪重视祭祀的传统，这也成为年画的另一个主要题材。包括神像祭祀类年画，如"纸马""神码"，就是根据祭祀规模和要求，将祭祀的神像印成大小不一的年画来用。民间最受欢迎的是财神马、灶王像等，寄托了人们美好的愿望。值得注意的是，有一些年画为拼版制作，即画面是固定的一块版，再另外雕一块版来印刷黑色月历，如河北武强的灶王夫妇年画。这样就可以多年使用，节约了制作和时间成本，反映出民间印刷业的实态。另一类是中秋祭月主题的年画——"月光马"（月光纸）。画面除了有神像，往往还有一些场景。其版面多为分层样式，或分两层，或分三层，通常最下层占比最大，描绘广寒宫玉兔捣药的场景。两层画面的上层多是"关公夜读"场景或"增福财神"形象；三层画面的顶部为"水月观音"形象。

第三类年画题材是历史故事。历史故事、神话传说，往往以口耳相传或戏曲形式在民间传播。木版年画是一个非常好的传播载体。例如武强南关村隆合画店的三国故事年画"新刻七擒孟获全图"，人物特点写实，色彩明亮、丰富。这样的主题年画兼具艺术性、故事性与实用性，深受百姓喜爱。

最后一种题材是带有特定寓意的简单年画,如"吉祥喜庆"年画。典型的代表是以明宪宗朱见深绘制的《一团和气图》为底本创作的年画。苏州桃花坞制版的"一团和气"年画,将"和气"之寓意与无锡惠州泥人塑大阿福形象相结合,带有本地民间传说色彩,成为流行于苏浙湘皖地区的经典年画。

在新西兰国家图书馆举办的年画展,就涵盖了上述四类题材的代表性年画。虽然都是复制品,依然有不错的反响。故而在对外交流类的展览上,以图像类视觉艺术题材结合中国传统书籍印刷技艺进行选题策划,是一个比较好的方向。这个专题展览一方面让新西兰人了解中国民间文化的特色,另一方面为奥克兰华侨界庆祝中国新年的活动增光添彩。新西兰国家图书馆馆长比尔·马可诺特(Bill Macnaught)表示,他们还会向新西兰中小学生普及年画知识。

与世界其他国家相比,俄罗斯与荷兰的中国木版年画收藏和研究最引人注意。2003—2004年,俄罗斯冬宫博物馆(The State Hermitage Museum)举办中国木版年画展,展出200多件馆藏年画,集中反映了俄罗斯汉学家对中国民俗和木版年画艺术的认识(图2)。展览指出,年画在中国传统新年庆祝、祭祀礼仪等方面的用途和表现形式,以及在明代彩色套印技术发展之下,于清代民间焕发新生。在这次展览推送的信息中,已经传达了中国年画特有的民间教育功能,它们是不识字的民众可以使用的特殊的"书",可以与评书演说、戏曲表演等内容互相补充,由此了解中国的文学文化。因此年画代表了特定时期的特殊艺术风格。

冬宫的这个展览展品数量多、内容揭示颇为全面,但与2016年新西兰图书馆展览所呈现的内容相比,"他者"的认识较多,"自我"的体认稍显缺乏。新西兰举办的年画展则综合呈现了从题材、技艺、艺术到背后相关的中华礼仪、社会经济等内容,这样的信息揭示更为深入、故事也更加动人。作为展览成果,新西兰图书馆还正式出版了图录《年画》(Nian Hua,Wellington: National Library of New Zealand, 2015)。年画展作为特藏品的专题展,未来可以继续考虑在艺术形式的对照和对比方式上着手,深入展现文明的交流和互鉴的闪光点。

图2 2003—2004年俄罗斯冬宫年画展消息

(二)专题展——"大清世相"专题文献展

2016年1月2日至5月22日,"大清世相:中国人的生活(1644—1911)"展览在澳大利亚国家图书馆进行。该展览策划始于2014年,选题在开展之前几经改易,大纲不断重写。从馆藏版本精华的"中国古代书籍史"展览,到特藏文献"样式雷图档及雷氏家族",再到展现中国清代的日常生活,每次的主题变化都很大。最终双方确认选题为贴近人们日常生活场景,重点表现清代中国各地市井百姓生活的内容,包括表现少数民族生活的《黔苗图》、京剧《升平署脸谱》、第一版《红楼梦》等。这样的内容深浅适宜,更能引起观众的兴趣。在3个月的展期里,先后有7万余人次参观展览,并予以高度赞扬。选题的多次变化提示我们,国际合作的展览,往往反映了不同文化主体对内容的选择,并非一味输出式或索取式,而是体现"想知道"和"能传递"的互动结果。这也是新时代文化双向交流的一个主体性特点。

此次出境展览,国家图书馆古籍馆的展品有88件,是近年来古籍馆外出展览中规模最大的一次,许多展品是首次迈出国门。展品类型包括古籍善本、年画、古旧舆图、样式雷图档、晚清诰命档案以及金石拓片等,特藏文献占50%(图3)。

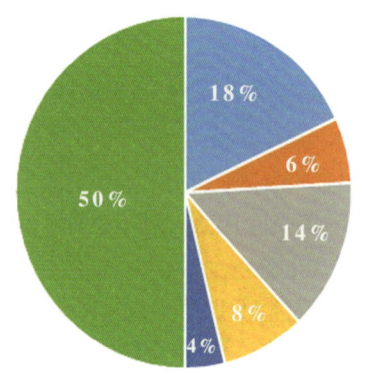

图3 2016年"大清世相:中国人的生活(1644—1911)"展出国图古籍馆藏品类型

特藏文献在外观形态上,很多都不同于传统古籍。装帧样式除了挂轴、立轴,还有大幅面的单张拓片、舆图;有以建筑图档为专题特色的样式雷文献;也有色彩浓烈、喜庆活泼的成组年画;以及影视剧中常常出现的诰命档案等文献。既具有视觉冲击力,又形式多样,容易吸引观众的注意力,在不知不觉中传递中国书籍形态的阶段化发展和多样性特征。

除了选题亲民、展品多样,该展览的工作流程也值得称道。

首先,工作团队专业性强。澳大利亚国家图书馆为该展览专门成立了策展项目组,由来自亚洲部、展览部、文献保护部、国际交流处等部门的员工组成。项目组还聘请了澳大利亚国立大学的汉学家吴南森(Nathan Woolley)博士作为首席策划,确保选题内容和展品陈列的专业性。而来自不同部门的项目组成员,各司其职,无论是筛选展品,还是讨论大纲,都能够确保工作效率。在整个筹展期间,两馆策展团队先后进行了7次电话会议,并有无数电子邮件联系相关事宜,沟通顺畅且高效。在正式确认展品前,澳大利亚国家图书馆的策展项目组专门来国家图书馆进行调研(图4),面议展陈方式的具体细节。

人员专业化不仅体现在选题策划和展品选题上,还反映在展览文案的编撰上。该展览以清代不同阶层的文化、宗教生活、社会状态为主要关注点,分圣治、文风、红尘、番邦、变迁五个部分,在整个

图4 2014年澳大利亚国家图书馆策展团队来国家图书馆调研展品

布局中注重展品之间的关联与互动,从而勾勒出17世纪中期至20世纪初的清朝帝国图景。展览虽然大多为古籍文献,但展签仍然保持简约准确的特点,避免冗长文字造成阅读疲惫,而尽量用详细的讲解来介绍展品。双语展板和展签,使得在澳华人也能够亲切欣赏。展览文案的中英文内容,不求绝对直译,而是尽量保留内容准确性,并兼顾措辞的文雅。在首席策展人吴南森博士的努力下,澳洲国立大学中华全球研究中心的师生也对文案进行了校对和润色。在展览期间,该研究中心还在图书馆举办了清朝八旗制度、民间宗教、医药典籍、晚清社会变迁等主题讲座,辅以图书馆举办的丰富多彩的中国主题电影、书法与饮食文化介绍活动,满足了观众的不同需求,切切实实地将中国故事讲述得淋漓尽致。

其次,展陈流程规范化。澳大利亚国家图书馆保护部门的同仁,对展品的形态、尺寸、陈列方式进行了极为细致的资料搜集、数据统计和信息登记。在展陈前即对展品展示用具进行了"量体裁衣"的个性化设计和制作(图5—图7)。在布展当日,根据展厅条件和展品状况变化迅速反应、现场制作适用装具。例如开展前发现古籍书册较薄、书叶偏软,澳方同仁马上现场设计制作了有弧度的古籍书托,以保障在展陈过程中更好地支撑和保护展品①。

图5 澳大利亚国家图书馆保护部门制作展览辅助用具

图6 澳大利亚国家图书馆制作的古籍书托

图7 澳大利亚国家图书馆为大幅面特藏文献制作画框

---

① 参见李坚、彭福音:《"大清世相"展览展具制作大观》,《文津流觞》2016年第1期,第74—78页。

同样值得一提的是，澳方在布、撤展时使用了区域色块标识法（图8）、展品布局分区标记清单等方法，工作时，每个颜色区有一组人员负责，提升了工作效率。

撤展时展品要在装箱前进行详细检查，修复部门人员亲自查看、核对，包括展品本身和包装的具体状况。包装材料由专人负责，分区摆放，待核对后，再逐一包装、标记后，放在打包箱内（图9、图10）。最后双方在点交单上签字，完成展品交接。

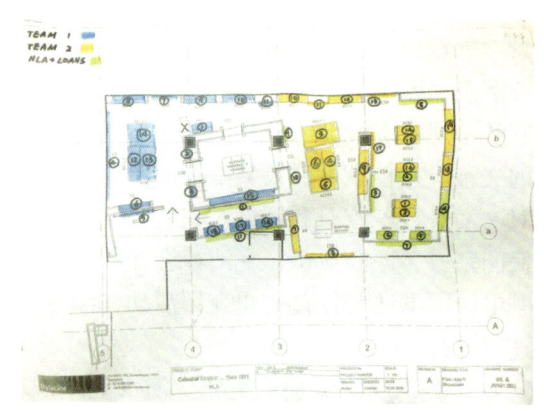

图8　布、撤展工作单

图9　打包文献加以标识

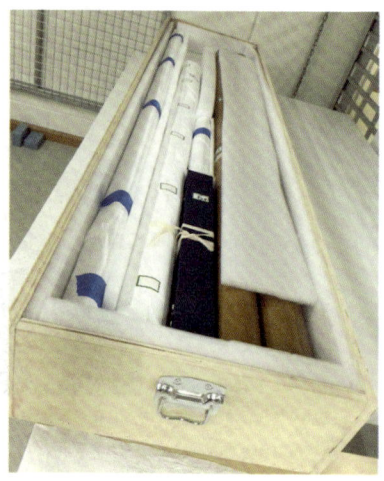

图10　固定位置装箱后等待运输

澳方同仁特别善于接受古籍馆的建议，比如在悉尼机场包装时，在包装箱两侧用包装绳打了两个盘扣（图11），这样在香港机场转机时，凭借特殊的盘扣标志，港方转运人员得以迅速找到托盘行李，使因航班延误导致的藏品转运、错运的危机顺利化解。规范化的流程控制，可使展品在包装、运输流程中得到妥善保护，彼此的职业化素质和专业性交流，也增加了相互的信任。

图11　在外包装上做特殊标记

最后，以充分的时间筹备展览与多渠道立体宣传，极大提升了展览的社会关注度与影响力。所谓"好酒也怕巷子深"，精心筹备的展览，如果无人问津，心血都要付之东流。因此，在展览成本核算过程中，要制定合适的宣传经费比例；并且要注意把握宣传节奏，在确认启动筹备时，即开始进行预热宣传，再根据展览进度，分时宣传、逐步升温，在开幕之前推向关注的高潮。这次展览，澳大利亚方面的宣传可谓"铺天盖地"，成效亦十分显著。这方面的职业化经验值得继续总结和交流。

（三）非遗技艺展——汉庭顿图书馆木刻版画艺术展

2016年美国汉庭顿图书馆组织了一场艺术展览——版画展①，国家图书馆古籍馆、南京图书馆、上海博物馆等几家单位出借展品，在异国他乡为观众展示了中国传统艺术形式。

此次展览是2014年开始筹备，历时两年多才最终展出。主办方多次讨论和挑选展品后（图12），从国家图书馆借展12组19件版画精品。

汉庭顿图书馆的展品交接工作也是负责文献保管和修复的部分员工同时参加，将原书与清单逐一核对，图版与实物对照无误后，签字交接。由于参加借展的单位有3家，因此，在一家单位办理清单交接手续时，另外2家单位便分别承担协助、拍照和监督工作。汉庭顿图书馆馆长和其他工作人员也在旁边监督工作（图13）。从上午9点进馆办理保险事宜、开箱、核对清单，到下午3点半完成全部清点工

图12　汉庭顿图书馆人员在国家图书馆挑选展品

① 展览详细介绍，参见程有庆：《汉庭顿版画展布展工作小记》，《文津流觞》2016年第1期，第140—142页。

作，其过程之细致可以想见。之后，又用三四个小时完成布展，一天内高效完成任务。

此次展览的规模不及"大清世相"展，但展品特色极强。国图展品包括一级文物三件：明崇祯十七年（1644）胡正言十竹斋刻彩色套印本《十竹斋笺谱初级》，此书反映了中国古代制笺艺术的最高成就；万历三十七年（1609）汪氏环翠堂刻本《坐隐先生订棋谱》，为明代著名版画家汪耕绘制，徽州名工黄应组镌

图13　汉庭顿图书馆内进行展品开箱清点

刻，特别是书中的六版连式"坐隐图"，精巧细致，是明代徽派版画的上乘佳作；明崇祯刻本《张深之先生正北西厢秘本》，其插图为明末著名画家陈洪绶绘制，是各类传世《西厢记》版画中的佼佼者。此外还有明崇祯刻本《琵琶记》、彩色套印本《花史》、清彩色套印本《芥子园画传》等，都是中国传统版画中的杰出代表。

毋庸置疑，此次专题展极具学术性和资料性。汉庭顿图书馆在中国木刻版画的收藏和研究方面有着深厚的积累，其馆内"流芳园"是中国以外最大规模的中国园林。而版画中的园林建筑，是绘画与建筑的双重艺术体现。以徽州黄氏作品为线索，串联起本次展览所有展品，更显示出其精妙的眼光；从版画作品到艺术商业市场，海外汉学图书馆对中国艺术的研究视角也在此次展览中特别呈现。

鲁迅先生说："中国木刻图画，从唐至明清，曾经有过很体面的历史。"作为木刻版画艺术的延续，清代木刻版画进入了普遍发展时期，民间木刻得到了普遍的发展，诞生了著名的木版年画。汉庭顿图书馆便是以作品的精彩程度、话题度和研究积累程度为切入点策划选题，将一个中国木刻版画艺术最巅峰时代的徽州黄氏作品作为整个展览的主线索。其策划选题的高妙之处，亦在于集中阐释木刻版画在书籍作品上的体现，并未发散到民间木刻版画艺术。将展览传达的内容，停留在中国传统版画艺术的最精品上，体现了该馆对中国传统版画艺术的兴趣点和有意识地揭示艺术与技艺、社会的相互关系的办展旨趣。

回顾各类版画展，按形式可以粗略分成三种：一种是历史回顾性的展览，通过不同阶段、不同地域的展品，展现某种艺术的产生和发展过程，具有较强的资料性、研究性价值。如国家图书馆举办的"国家珍贵古籍特展"中的"明清戏曲版画"专题（2008）。另一种是艺术性的展览，通常以艺术视觉呈现为主导因素，强调艺术家通过作品所表达的想法，通常是某一作家或某一派别的展览。例如国家图书馆举办过的"《庆赏升平》《百子图》《水浒传》艺术展"（2010），呈现清代宫廷绘画与雕版书籍插图的艺术特征。还有一种则是综合展，在某一主题设定下，集中不同类型的版画进行展示。比如国家图书馆举办的"纸上宝石　版画珍珠"藏书票展（2000），就是将国家图书馆藏西文古

书旧籍上的代表性藏书票精品甄选陈列，从木刻形式到石印形式，荟萃一堂。

版画展览一方面能够反映世界各地不同时期的版画发展水平，另一方面也体现出策展人的学术倾向。此次汉庭顿图书馆的中国传统版画展，则是将中国传统版画与建筑艺术介绍给美国民众，也是向世界展示对中国传统艺术的认同。

（四）特藏展——墨西哥甲骨文记忆展

2016年10月18日至26日，作为墨西哥"阿卡普尔科2016中国船"艺术节系列活动之一，国家图书馆"甲骨文记忆"展受邀来到墨西哥[①]，在港口城市阿卡普尔科圣迭戈历史博物馆举办。这个艺术节创设于2007年，是为了纪念曾经满载中国货物中拉航线（澳门—马尼拉—阿卡普尔科）而举办，是海上丝绸之路的独特纪念活动。

可以想见，1565年10月，当"圣巴勃罗"号马尼拉大帆船满载中国货物来到墨西哥，商品中不仅有丝绸、瓷器、珠宝、麝香、食品，很可能还有明代社会已经成为商品的书籍。作为中国最早期的文字实物——甲骨文，藉着2016年中国担任艺术节主宾国的东风，为策展团队所青睐，从中国北京走进了墨西哥阿卡普尔科（图14）。以文字、文献、书籍，连接异域文明，是一个非常好的跨文化交流方式，特别是甲骨文，更有象形文字的独特魅力。策展团队找到了非常好的切入点。

图14 "甲骨文记忆"展览会衔

甲骨属于国图的特藏文献。甲骨文又称"甲骨刻辞"，是中国商周时期刻在龟甲和兽骨上的文字，是中国已知最早成系统的文字，距今有3000年的历史。这次参展的知名藏品包括"四方风甲骨""商王世系甲骨"等（仿制品，图15），综合展示了殷墟甲骨所记载的商代社会祭祀、军事、农业气象、生育疾病、鬼神崇拜等历史面貌。此次展览有商代妇好墓出土青铜器、陶埙等仿制品配合展出。

除了象形文字的亲切性，这个展览的独特之处还在于新颖多样的展陈方式。例如绿色亚克力片刻制的甲骨文"姓氏林"，以甲骨文刻出中国常见姓氏，增添了"林中漫步"的沉浸式体验乐趣；互动区的生肖甲骨文摹拓拷

图15 国图藏知名甲骨展品（仿制品，照片为赵爱学提供）

[①] 展览的详细资料，参见赵爱学：《"甲骨文记忆"展墨西哥巡展记》，《文津流觞》2016年第1期，第143—148页。

贝台也引起了嘉宾和观众们的兴趣（图16）。为了更具体地介绍甲骨基本知识和发现历史，古籍馆员工赵爱学为展览做了专题讲座，特别指出殷商文明与墨西哥奥尔梅克文明的有趣关联，如中国甲骨文与玛雅文共有的象形、会意、形声等结构方式，奥尔梅克玉圭符号与中国甲骨文、金文高度相似等，引起了听众的极大兴趣。

图16　入口的姓氏林和龟腹甲展示、互动摹拓体验区（照片为赵爱学提供）

这个全部是仿制品的展览，因其独特的设计、有趣而且互动性高的内容，得到了当地人民的认可，展览策展组获得了阿卡普尔科市文化局长颁发的荣誉证书。这是一个信号，让我们看到文明的交流互鉴，在民众和政府两个层面上的双重肯定，也让我们认识到，这类直观、形象、能够反映丝绸之路交流互鉴的历史题材的展览，将会受到越来越多的关注和推崇。

二、近五年古籍馆藏品出境展的展品分析与经验总结

（一）展品数量与频度分析

如果将近五年国家图书馆藏品出境展的数量和频度进行统计，可以发现古籍特藏展品出境陈列其实并不频繁。从表1汇总的展品类型上看，只有一次展览是多种藏品云集，剩下三次都是单种类型文献的展示。

表1　古籍特藏品外出巡展统计表

场次	时间	地点	展览名称	藏品种类	展期	展品数量
1	2015年12月11日—2016年3月12日	新西兰国家图书馆奥克兰馆	"年画：来自中国的新年画作" NIAN HUA:New Year Pictures from China	1	3个月	44种100件（复制品）

续表

场次	时间	地点	展览名称	藏品种类	展期	展品数量
2	2016年1月2日—2016年5月22日	澳大利亚国家图书馆	大清世相：中国人的生活(1644—1911) Celestial Empire:Life in China, 1644–1911	6	5个月	古籍馆展品88件
3	2016年9月12日—2016年9月15日	美国汉庭顿图书馆	园林、艺术、商业：中国木刻版画 Garden, Art, and Commerce in Chinese Woodblock Prints	1	1周	12组19件
4	2016年10月18日—2016年10月26日	墨西哥阿卡普尔科市圣迭戈历史博物馆	甲骨文记忆展览 Memoria de las inscripciones en huesos oraculares	1	1周	20件（复制品）

如果我们比较这四次展览的时长，可以发现藏品出境展，最多仍是以5个月为期。目的是要保证藏品的休眠时间，以避免因过度曝光、运输等造成的文献损伤或老化。综合来看，澳大利亚图书馆的展览原件数量最多，时间最长，社会影响也最好。虽然展览的藏品数量不同、时长有异，但这四次展览还是成功的对外交流展。

（二）藏品出境展经验总结

1. 展览策划与筹备

纵观前述四次展览，展览的成功要素，首先是精心的策划与筹备。即便是仅有一周的墨西哥"甲骨文记忆展"，策展团队都不是在短时间内完成策划和筹备工作的。甲骨文记忆展此前在国内就获得了博物馆界"十大精品展览"之誉，有很好的资料积累和展示经验，因而能够把最受欢迎的内容与形式直接转换推送给墨西哥民众。策展方面，只需要结合象形文字在东西文化方面的联结和差异，便可以为交流和呼应服务，产生很好的观展体验。

常规来说，跨国交流展都需要提前三年左右筹备。这期间，合作方可以充分沟通，根据藏品情况和当地观众的兴趣点，以及策展团队想要呈现的文化内容来展开讨论。这种讨论往往需要进行几轮。这样，最终的选题可以兼顾学术性、展品的专题性或多样性、展陈空间艺术设计性、展览内容的话题性等各方面因素，获得好的效果。充足的时间，才能保证意外变动之下的有效应对。

2. 展览宣发经费保障

"好风凭借力"，内容精致的展览，亦需要有效的宣发渠道和宣传方式，才能达到好的传播效果。如果仅仅是开幕当天有个开幕式或者前一天举办媒体发布会，其宣传效果大多不尽如人意。特别是一些展期较短的展览，往往观众还没来得及看，就已经结束了。

澳大利亚图书馆的"大清世相展"找到了中国华为等企业赞助，有充足的经费做立体宣传，使展览消息充分得到推送，无论是纸媒、网络，还是实体广告，都获得了很好的社会效应。墨西哥的"甲骨文记忆展"，借助墨西哥的"中国船"艺术节，等于在该系列文化活动的集中宣传下，一起推送出去，因而可以获得宣传合力的最大化效应。同时，作为两个政府间的文化互动，文化官员的参与，也提升了展览的曝光度，从而取得了更好的宣传效果。

展览宣发经费可以用于出版展览图录，是国外图书馆举办展览的惯例。澳大利亚"大清世相展"的展览图录保留了展板的配色方案、中英对照的文案设计，保留了展览的前期准备实况，使得展览有了资料价值的长时效应。即便是新西兰国家图书馆举办的复制品年画展，也有专门的正式出版的展览图录。在各国图书馆的网站首页，特别是国家图书馆，往往有"商店"（shop）二级页面，历次展览图录大多可以找到，也便于读者远程访问和购买。这一点，值得我们关注。

不仅如此，充足的经费还可以用来制作精美的在线展览，无论是三维立体全景观式的展厅复原，还是简单的动画构成的展品图像、语音文字介绍，都保留了展览的资料，某种程度上来说，是另一个形式的展览图录。在有国际合作展览的意向之初，便要考虑宣发经费的保障问题。

3. 策展项目团队专业化

专业度高的策展项目团队有助于极大地提升工作效率。前面的几个合作展览，特别是澳大利亚"大清世相展"和美国汉庭顿图书馆的木刻版画展，都显示出专业团队的优势。外联人员负责沟通协调，选题由专业研究者把握，展品调度有库房管理人员，展品维护与包装有修复和文献保护人员，展陈效果有专业设计人员，统一在项目负责人的协调下，分工合作，平行对接，保证了各环节沟通的顺畅和有效推进。

现阶段，语言已经不是沟通的主要障碍。随着孔子学院在全球的建设，以及文旅部在各国设立的中国文化中心，都可以成为策展团队的外延语言专家。汉语和英语作为工作语言已然成为可能。因此，利用实时会议通信等方式，可以远程多地开展工作，提高工作效率。语言的障碍克服后，还可以提升展览语言的魅力，信、达，乃至雅地展现文案的精彩内容。

展览的设计人员要与内容人员密切配合，形式为内容服务。无论是环境搭建、灯光布设、展具制作，甚至如何呈现内容是最恰当的，都要仔细讨论，才能在最大限度保护藏品的前提下，显示出展品的精彩之处。例如澳大利亚"大清世相展"为展品专门制作的拱形书托，就是适应汉文古籍纸薄书软的特点而设计的。

4. 布、撤展中的专业人员与辅助设施

因为藏品载体形态不同、取放翻合的安全动作也不完全一致。所以合作的国际展览，通常都是藏品所属方主要负责布展和撤展，借展方辅助。这也是几次展览中大家彼此形成的默契。在观摩对方整理、摆放、收纳各自的藏品的过程中，自己也可以了解这类文献的特点，加深对不同藏品的认识。多年积累下来，也可以成为专门的经验，为将来更好地开展合作服务。

在布、撤展过程中，要有文献修复和保护的员工在现场，以便在突发情况下，可以对文献做紧急加固或其他方式的保护。在文献准备打包时，检查包装方式是否可行。特殊文献的形制多样，其包装用具往往是特制的，最好是取出后能按原样放回。工作中，最好有照相机或摄像机拍摄过程，既保存资料，也有互相监督的作用。

5.展览的互动效应

展览在举办期间以各种途径开展互动活动，也可以使展览效果达到更佳。澳大利亚"大清世相展"在展览期间举办各类观众互动活动的同时，结合中国春节和当地灯光节，利用展品图案设计五颜六色的灯光投射在建筑物上，引来全世界注目。

6.展品出入境流程的规范化

各馆布、撤展一般都有规范流程，因此操作并不是很困难。但展品出入境所涉及的相关流程以及各种特殊情况的处理，需要不断总结经验，并形成主要的规范流程，才能为后续展览的报关、通关、运输衔接等提供参考。

古籍在我国目前都视作文物，因此申报出关要按照文物流动的相关流程做好拍照、文字申报记录等资料，这些已有相关参照资料。值得注意的是在展品出入境的转运过程中的衔接问题。为避免飞机延误造成的展品丢失风险，最好在一个批次的展品外包装上做外观一致、特征明显的标志。这样才能在衔接转运物品时，提高工作效率，降低丢失或延误风险。

三、未来古籍特藏文献出境展的工作建议

未来的古籍特藏文献出境展，建议提前做好规划，考虑选题与展品特点，选择对藏品揭示与观众体验均有帮助的展陈方式，争取做出最优方案，以保证展览的效果。基于此前经验，在选题和展陈方式方面，建议未来工作可以着重考虑以下方面。

（一）制定展览方案需要考虑的因素

1.展览主题策划中的考虑因素

展览主题策划中的考虑因素，包括文化间的共同性、差异性和会通性。策展人要了解可靠的专业研究内容，并结合当下的热点问题、主流趋势进行策划，做到选题精当、恰切、有趣、有益。

此外，还要考虑作为国家图书馆可能负有对外宣传推送中华优秀传统文化的使命。因此，在主题筛选上，一定是积极的、在中国历史上有较大影响的、正面的选题，不可有争议性内容存在。

2.展品特点与主题结合的可能性

基于此前四个展览的经验，古籍特藏类文献的交流展在筹备过程中，要慎重地策划主题。丝绸之路沿线的东西文化交流、文明的交流与互鉴，都是比较好的切入点。藉由空间的路线、历史的遗迹、流传的文献，东西文化的异同在时、空、物方面有了具体的呈现载体，并与当地风物、历史结合，能够引起共鸣。因此对照性与对比性强的藏品，与主题结合可能性高，可以作为主要的备选展品。

3. 展陈方式对观展体验的影响因素

现在的展览已经摆脱了传统的堆文献、铺展签的展陈方式。空间环境设计、光线、参观路线、互动体验等，都会对观展人群的心理体验有较大的影响。根据经验，30至40分钟左右参观完一个展览是大多数观众的选择。合理的展线能够不走回头路；适宜的光线和布局能够突出重点和亮点；环境设计是否能够带给人沉浸式的体验，把这些都按分钟细化，才能做出一个有口碑的精彩展陈。

展览的互动不能太过简单，要有与主题密切相关的实质内容，将知识性、趣味性与互动形式相结合，保证互动人群的收获，才能对展览的社会效应产生积极影响。

4. 展览教育资源拓展对展览内容普及的促进作用

展览的教育资源是展览现场互动的延伸，包括专题讲座、展览图录、在线展览，以及专门为展览设计的其他独特教育资源形态。近几年很多博物馆把AR、VR技术用于提升展览互动体验；还有通过讲解直播的方式，带动远程观众看展，对展览内容推送都是有益的尝试。新技术不断发展，除了共时性的教育资源建设，还可以考虑历史性的延伸。将关联度高的展览，或同一主题、同一时代的不同类型展览进行整合，利用新技术，推送新形式的教育资源。

（二）未来对外合作展览的优先推荐选题

展览内涵丰富，展现形式直观，可视性强，在国际文化交流中占据着重要地位。十四五期间，作为国际文化交流的主要手段，可规划选题各异，形式多样的展览。国家图书馆结合馆藏和以往丰富经验，可策划以下展览：

1. 主题文献综合展

综合展根据需要，可于时空轴上纵横交错，展品可以我馆藏品为主，也可多方展品参与。

（1）中国古代书籍史与书籍文化展。中国古代的四大发明之中，造纸术和印刷术对世界文化的传播贡献极大。这两大发明结合的成果，便是中国古代发达的书籍史。结合近年的书籍史研究热点，可以将"中国古代书籍史"打造成为国家图书馆的品牌展览，策划各地巡展，在世界范围内普及中国书籍史与书籍文化，增强文化自信。

（2）中国文字展——从甲骨文到行书展。文字是文化的载体，不仅传承了多姿多彩的文化，也深受书法爱好者和研习者的喜欢。选取中华文化的载体——文字，遴选从甲骨文到行书的历史演变过程中的代表性作品，并开展现场的临摹互动，将不同地区文字与文明的故事进行交流，也是一个可以考虑的选题。

（3）一带一路沿线文明互鉴展。东西文化交流、多元文明互鉴是一带一路文化带的永恒话题。利用国家图书馆丰富馆藏，可与一带一路沿线国家联合举办文明互鉴展，回顾历史，追溯文化根源，推进文明交流，增强多国间友谊。

（4）纪念特展。以重大事件为中轴，结合馆藏，举办纪念意义的特展。

2. 专题文献展

比起综合展，专题展则内容集中、主题突出，展品内涵的挖掘更深。

（1）中医药文献展。馆藏该主题的古籍特藏类文献，特别是彩绘的药物图谱，是很好的文化交流资源。在明末清初的东西文化交流蓬勃期，西方人对亚洲植物的兴趣极强，特别是林奈植物分类法诞生前后，植物学、医学方面都对植物药物图谱的编纂绘制有很浓厚的兴趣，涌现了一批同主题文献。汉文的医药文献和植物药物图谱也因此在海外受到关注，有一定量的收藏。此专题展览，可以依托文献，开展东西文化的"交流与互鉴"，辅助中医文化在世界上的宣传。

（2）世界名著展。该主题的文学作品一直受到海内外读者的喜欢。将文学与版本、考古、艺术相结合，尝试还原某一时期的文学作品的历史场景，进而认识当时人民的生活状态，是东西文化互相认识、了解的一个很好的切入点。

（3）工匠与工艺：技艺、科技。中华非物质文化遗产中的传统技艺，包括造纸、印刷、文献修复等，代表了中国古代传统科学技术的发展情况。作为其载体的木刻版画、古籍文献、园林艺术等，都是关联技艺、艺术、文献与社会的选材，可以很好地宣传中国传统科技与技艺、大国工匠精神。

（4）文化遗产："世界记忆名录"、中国"非遗"。整合列入"世界记忆名录"的馆藏，可选择性地联合举办世界记忆名录展；结合中国非遗项目，推出"非遗"文化展。

（5）各类文献展。结合奥运年、音乐节等世界性活动，可以推出体育文献展、音乐文献展，等等。

（三）展览形式

根据文物出入境的管理办法，能够实物出境展陈的藏品，可以考虑实物展，不能出境的藏品，可以提供高清图版，以制作图片展板或多媒体文献展，以现代化手段助力传统文献的宣传推广。

（1）实物展。鉴于古籍特藏出境以及安全等因素，实物展可考虑原件与高仿复制相结合的形式，尽可能保证展览的完整性。

（2）图片展。部分展览，因策划时间紧张、实物出境程序繁复等实际情况，可考虑举办图片展。

（3）多媒体展。考虑展览场地有限等劣势，可考虑利用多媒体手段，举办网上展，以满足全世界观众观看展览的需求。

总之，随着数据挖掘技术和新媒体应用的日益广泛，未来的展览选题和展示方式，都将突破以往的各种限制，未来的工作势必改写传统办法，在把握选题原则的基础上，既要满足观众的多样化需求，又要能结合新技术带来新体验，以让优秀的传统文化藉由古籍特藏资源，更好地传递给下一代、更有效地传播到全世界，在多方的交流与互鉴中，迸发新的活力与光芒。

⊙ 数字化与文创

中国国家图书馆参与国际敦煌项目（IDP）二十年回顾

□ 刘　波　乌心怡　国家图书馆古籍馆

国际敦煌项目（International Dunhuang Project，简称IDP）是一个以丝绸之路东段出土文献、文物数字化为主要工作的国际合作项目。中国国家图书馆自2001年参与项目合作，至今已经20年。在这个值得纪念的年份，回顾20年来的合作和工作历程，对于相关工作的继续推进，或许是不无益处的。

一、背景与缘起

国际敦煌项目关注的主要是敦煌西域文献，也就是丝绸之路东段各考古遗址出土的古代文献。这些古代遗址分布很广，包括甘肃敦煌、内蒙古额济纳旗黑水城以及新疆的吐鲁番、库车、和田等地。其中最重要、出土文献数量最大的，是甘肃敦煌莫高窟。所以，敦煌就成为一个代表，一个象征。

1994年为数字化丝绸之路东段出土文献而建立国际合作项目的时候，就以"敦煌"作为项目的名称，称为"国际敦煌项目"。当然，国际敦煌项目并不仅仅关注敦煌文献，它也关注吐鲁番文书、黑水城文书、于阗文书等其他地方出土的资料。所以后来有人提议，说"国际敦煌项目"这个词太窄了，不能涵盖其他的文献，建议改一改。这个意见经过讨论，没有被采纳，主要原因就是"敦煌"具有很强的代表性和象征意义。

这些文献大批出土的时代，是19世纪末到20世纪初。清末民初的中国，国力虚弱，缺乏把守国门、保护文物的能力。大批外国探险家在中国西部活动，用各种手段攫取了数万件敦煌西域文献。当时，大多数中国人没有文物保护的观念，偶然得到一些敦煌西域文

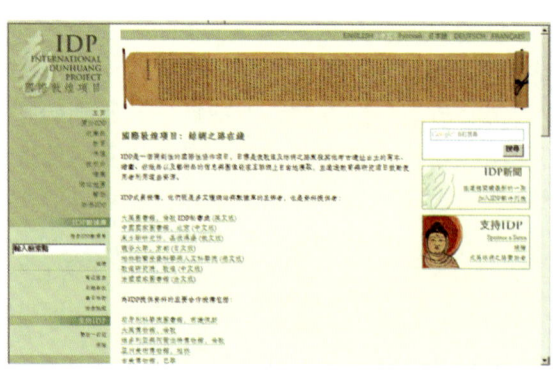

图1　IDP中文网站首页

献，也往往只是将之视为古董或古代书法作品——大量近代人留下的题跋可以说明这一点，只有罗振玉、王国维等学者认识到它的文物价值和学术价值。但是，这些极少数的认识到其文物价值和学术价值的学者，没有机会或者没有能力调动很多资源去保护。直到1909年，敦煌遗书被发现将近10年之后，罗振玉等人才从伯希和那里获得消息。罗振玉等人尽力补救，但是错过了最佳的时机，这些文献文物已经散布到了世界各国。

据我们目前所知，全世界10多个国家的120多家图书馆、博物馆和其他机构收藏有敦煌西域文献，私人收藏则难以确切统计。有的同一件文献被撕裂为多片，收藏在不同国家的不同机构，学者们经常需要做跨国、跨机构的敦煌文献的缀合。敦煌文献散藏全世界的现状，决定了国际合作是非常必要，也是非常重要的。

在没有网络的时代，要调查敦煌遗书是很困难的，需要花费很多经费和时间。日本学者在这方面表现出了敏锐的学术眼光。在敦煌遗书刚刚运到北京不久的1910年8月，京都大学就委派狩野直喜、内藤虎次郎、小川琢治三位教授与富冈谦藏、滨田耕作两位讲师前往北京，调查了收藏在京师图书馆的敦煌遗书共约800件，拍摄了部分写卷的照片，编制了《清国学部所藏敦煌石室写经翻阅目录》。因此，日本的敦煌学和中国的敦煌学几乎同时起步。后来，内藤虎次郎、神田喜一郎、那波利贞等日本学者远赴欧洲调查英法藏卷，也都很有成绩。

民国初年以后，中国的很多学者也开始从事英法收藏的敦煌遗书的调查工作。其中最重要的，就是20世纪30年代国立北平图书馆派出的王重民、向达，以及姜亮夫等先生。他们在英、法工作了数年，获得了大量的资料。他们自己也成为中国敦煌学研究成就最高的学者，被视为中国第二代敦煌学家的代表人物。这样远赴重洋地进行调查，经费和时间成本巨大，需要难得的机遇，而且对于分藏多处的文献不容易有整体的研究。

敦煌学的发展，从一开始就关注敦煌文献的公布、影印和整理。从1909年到现在，一百多年从未间断。尤其是1990年以来，以上海古籍出版社为代表的中国出版界，经过长时间的努力，影印出版了敦煌西域文献主要收藏机构的大部分收藏品。英国、法国、中国的几家大图书馆在此之前还都发行过敦煌遗书缩微胶卷。这些数量众多的出版物和缩微胶卷，是敦煌学能持续深入发展的重要资源。

不过，这些资料还是不能满足需要。现有的敦煌西域文献缩微胶卷往往不够清晰，很多文字难以释读。文献图录则因印刷成本的缘故，大多只是黑白图版，无法完整呈现某些不可忽视的文书信息，比如朱笔书写的文字。还有，缩微胶卷只有少数研究机构才能购藏，而大型图录价格昂贵，流传也不广，学者们使用起来仍然感到不够方便。

到了20世纪末期，数字化技术、数据库技术、网络技术发展起来，很多机构都制作了自己的文献数据库，还有的建立了自己的敦煌文献数据库，利用网络向所有使用者提供清晰的文献图像，比如傅斯年图书馆、日本国会图书馆，等等。这对所有的学者来说，都是一个好消息，因为我们不再需要舟车劳顿、远渡重洋，也不需要花费大量的研究经费，只要打开电脑，就可以看到清晰的文献彩图。

但是，敦煌遗书收藏在10多个国家的100多家机构中，各馆分头做数字化的话，要调查敦煌文献仍然需要逐一搜索，依然不够方便。而且，有的机构并没有数字化的计划，这就需要有别的力量来推动它做数字化。因此，在数字化时代，国际合作依然是必要的。

为了解决这个问题，国际敦煌项目（以下简称IDP）应运而生。IDP的宗旨，就是联合世界各地的敦煌西域文献收藏机构，共同开展敦煌西域文献保护、编目和数字化工作，利用统一的平台发布文献信息与图像，使敦煌及丝绸之路东段其他考古遗址出土的写本、绘画与艺术品的信息与图像能在互联网上免费获取，为学术研究和文化教育活动提供资源，解决困扰敦煌学研究者们长达一个世纪之久的资料获取困难的问题。

二、项目发展历程

1993年，英国国家图书馆、中国国家图书馆、法国国家图书馆、俄罗斯科学院东方学研究所圣彼得堡分所等机构的专家在英国萨塞克斯开了一次学术会议。在这次会议上，专家们倡议成立一个国际合作组织，共同建立网上数据库，使各国学者能充分利用敦煌西域文献，同时促进敦煌西域文献的保护与研究。

这个倡议最早是英国国家图书馆亚非部中文组的吴芳思（Frances Wood）提出的，将它付诸实践的是魏泓博士（Dr. Susan Whitfield）。这次会议的第二年，也就是1994年，IDP在英国国家图书馆成立。刚开始项目团队只有魏泓博士一个人，后来慢慢增加了一些人手。1995年，IDP网络数据库设计完成并投入使用。1998年，IDP英文网站开通，数据库开始对外提供服务。

随后，IDP开始与世界各地的机构开展合作。1999年，中国国家图书馆开始与英国国家图书馆协商项目合作事宜。经过两年的商议，并报请中华人民共和国文化部批准，中国国家图书馆和英国国家图书馆于2001年签订协议，开始项目合作，建立国家图书馆IDP数字化工作室。2002年，国图发布了IDP数据库及网站的中文版。IDP国图中心额定配备一位管理人员、一位摄影师、两位图像处理工作人员。不过，受制于种种因素，人员配置有时没能达到额定的标准。在项目合作的初期，英国国家图书馆提供了设备与技术支持。

其他收藏机构的IDP中心也相继建立。2004年，俄罗斯科学院东方学研究所圣彼得堡分所建立IDP圣彼得堡中心，日本龙谷大学建立IDP京都中心。2005年，德国柏林勃兰登堡科学与人文科学院成立柏林IDP中心。2007年，敦煌IDP中心在敦煌研究院成立。2008年11月，IDP巴黎中心在法国国家图书馆成立，同时发布法文网站，法国国家图书馆藏全部敦煌汉文、藏文写卷的数字化图像也同时上传到数据库。2010年，韩国高丽大学也设立了IDP中心。

在2010年前后，IDP在全世界设立了八个中心，分别维护英、中、俄、日、德、法、韩七种文字版本的网站与数据库，世界上大部分人口都可以使用自己熟悉的某一文种的IDP网站了解丝绸之路的历史与文献。如此广泛的覆盖面，在全世界的古籍文献数据库中，是独一无二的。

目前情况有一点变化，几年前，韩国高丽大学的IDP中心停止运作，韩文网站也随之关闭。高丽大学的IDP中心是崔溶澈教授担任该校民族文化研究院院长时建立的，起初运转良好，配有专职的工作人员，出版了韩文版IDP通讯。后来，由于人事变动及其他一些原因，项目合作停止，原来的专职工作人员也转到了别的大学。

很多图书馆、博物馆以合作机构的形式参与项目合作，将本馆藏品的数字图像发布于IDP数据库，比如台湾地区的傅斯年图书馆，匈牙利科学院图书馆，德国柏林亚洲美术博物馆，法国巴黎吉美博物馆，大英博物馆、伦敦维多利亚与阿尔伯特博物馆，美国弗利尔美术馆、普林斯顿大学美术馆、纽约摩根图书馆，瑞典国立人种学博物馆等，共计数十家，而且数量仍在增长。

目前正在推进的IDP-US项目，就是一个推动北美各收藏机构与IDP合作的专项计划。这个计划由美国乔治城大学（Georgetown University）的讲师Michelle Wang和另一位专职研究人员Miki Morita具体执行，已经和十余家机构达成了协议，更多的机构仍在联络中。这些机构将在IDP数据库发布各馆所藏的敦煌西域文献图像，涉及的对象不仅有文献，还有壁画、织物。

经过他们的调查，一些以前鲜为人知的资料得到揭示。比如旧金山亚洲艺术博物馆藏有一册吐鲁番文书，包括开元十七年（729）户籍残片二片、受田簿残片一片，贞元九年（793）残状一片，开元廿一年（733）残状一片，还有叶恭绰、王树枏的题跋若干则，这是很有价值的历史资料，以前很少为敦煌吐鲁番学研究者利用，现在因这个项目的揭示而引起学者们的注意。

IDP数据库有普林斯顿大学美术馆所藏的索纮写本《道德经》，它的落款是"吴建衡二年（270）五月五日"，时代非常早，关于它的真伪也有很多争论。IDP数据库里的图版，后半截缺了两段，大概是最初拍摄的时候不小心遗漏了。我因为调查近代人的题跋，发现了这个问题，经Miki协调，普林斯顿大学美术馆已经将缺失部分补齐，给使用者提供了更全面的资料。

经过这个项目，北美各机构的收藏大部分都能在IDP数据库中发布。中国和日本的各机构，则还有很长的路要走。我们期盼更多的机构能加入IDP这个合作平台，用它来汇集、分享敦煌西域文献的高清图版和目录资源，为学者们提供方便。

三、运行模式

IDP项目的成功运作，与它建立的一套独特的运行模式有密切的关系。

从建立之初起，IDP的运作经费便主要由各种基金会资助。IDP各中心的主办机构为其提供办公场所、网络设备与部分其他开销，但是大部分数字化设备、职员薪水、会议经费及其他活动经费都依赖外部基金的支持。筹款是IDP秘书处最重要的工作之一。

二十多年来，很多基金会支持过IDP的工作，IDP网站设专页列出这些基金会所资助项目及资助金额。这种资金运作模式为IDP的公益性服务提供了保证，同时，IDP卓越高效的公益服务工作也提高了各大基金会支持其事业发展的兴趣与意愿。

最近这些年，运作经费方面也有一些变化。2008年全球金融危机之后，国图IDP中心的设备更新便更多地依赖国图提供资金。随着中国工资水平的逐渐提升，国图IDP中心工作人员的工资，也越来越多地由国图提供，最近三年更是完全由国图解决。

IDP成功运作的秘诀，还在于它的结构模式。为了实现资源整合的目的，IDP利用互联网建立了一个数据库。这个数据库包括多个服务器，每个成员机构都维护着自己的服务器，IDP用网络技术把它们连成一体。各成员机构数字化的图像，都存放在自己的服务器上。成员机构之间，不需要互相提交图片数据。这个做法打消了很多疑虑。以前有学者批评国图参加IDP合作，把图版交给英国国家图书馆。这是不了解IDP数据库结构的详情而发表的批评，其实是一个误会。清末民初敦煌遗书等珍贵文献流失海外，是近代中国的国耻，因此国人非常在意合作的方式，有时候会用带有民族主义情绪的眼光去看待这个问题，这是完全可以理解，也是应该尊重的。而西方国家方面，由于摄影作品在法律上具有著作权，各机构也很难痛快地同意把大批资料交给其他机构发布。

2001年中、英两馆签署的合作备忘录，对合作数据库的版权有明确的规定：各馆制作的图像与数据的版权归制作者所有；任何一方不得修改和删除对方的数据；中英双方和第三方不得复制对方图像，也不得将其用于其他目的。这一协定成为此后各机构开展项目合作的范本。IDP的合作方式，体现了对收藏机构的权利的尊重。

与服务器的分散分布不同，IDP数据库的对外服务界面（也就是IDP网站）是统一的。IDP网站有7个文种的不同版本，可以很方便地互相切换。任何一个文种的网站，都可以检索到所有服务器的资源。不管用哪个网站检索，同一个检索词，得到的结果是一致的。

IDP"服务器分散，发布平台统一"的模式，既体现了对收藏机构权利的尊重，又方便了使用者。这种模式是统一的国际合作平台得以建立并正常运行的基础，可以说是一种双赢的模式。这是IDP得以顺利运转并取得成绩的关键。

四、数字化及其他工作

文献数字化是IDP的核心工作。IDP各中心都建立了数字化工作室，配备专业摄像师与图像处理工程师开展文献数字化工作。当然也有例外：法国国家图书馆IDP中心因为馆藏文献数字化工作已经在别的项目下完成，不需要重复进行，因此没有数字化工作室；高丽大学没有敦煌西域文献收藏，他们的IDP的中心也没有数字化工作。

IDP建立了一套完备、详细的文献数字化工作流程，各中心遵循同样的工作流程、工作步骤、技术标准开展数字化。工作标准规定了很多动作，拍摄、转换格式、替换背景、增加标尺、拼接等等，程序多达几十项。从事数字化工作的同事们每天都在重复这些程序，日复一日，年复一年。

不过，这个做法取得了良好的效果，它使得IDP数据库里中、英、日、德、俄等各国工作人员上传的图片质量同等优良，面目相似，就像是同一个人做出来的一样，这是非常难得的。我们的技术人员大多数有比较丰富的工作经验，比如国图IDP刚刚退休的摄影师乌心怡女士，连续在IDP工作了20年，拍摄并初步处理图像20余万幅；负责图像处理的刘婷女士，已经在IDP工作了14年，经手处理并上传到数据库的图像超过18万幅。

IDP数据库为使用者提供清晰度较高的大图像，方便学者观察文献的细节；对于长卷，还提供拼接图，方便学者了解文献的整体样貌。所有图像均可从数据库中直接下载，用于学术研究。如果用于商业活动或出版，使用者应与馆藏机构联系，获取授权。各机构还可以根据使用者的要求，提供高清图像，这项服务一般是收费的。

IDP坚持质量高于速度的理念，宁可放慢数字化工作的速度，也要保证图像的质量，让研究者和使用者获得满意的文献图像。当然，学者们对数字化速度有着很高的期待。为此，国家图书馆IDP中心可以为学者提供特别的服务，优先数字化学者急需的文献。我们的电子邮件公布在IDP网站上，只要学者写邮件把急需的卷号告知我们，如果文献状态良好，能够进行数字化，工作室便可以调整工作计划，优先数字化该文献。这在一定程度上缓解了速度与质量的矛盾。最近几年，我们应多位学者的要求，优先数字化过一些敦煌文献。有的学者要求一两件，有的学者要求的量更大，我们都尽快地一一满足了。给我们写信的学者，大多数来自中国，也有几位来自日本，不过目前还没有来自欧美的。

截至2020年3月下旬，IDP数据库已经发布文物文献图像数据已超过54万幅。其中，中国国家图书馆发布5400多件，20.2万幅，数量最多。比较而言，中国国家图书馆对于IDP数据库文献资源的贡献在各机构中居于首位，占总量的37.4%，我们对此深感欣慰。英国国家图书馆发布16.9万幅，占总量的31.3%，居于第二位。

从长度方面计算，国图所藏的敦煌卷子在各馆中最长，这意味着数字化工作完成之后，国图发布的图片数量将是最大的。因此，国图对IDP数据库的贡献率，未来还会继续增大。我们目前完成了5400余件敦煌遗书，占国图馆藏总数16579件的1/3左右，预计我们最终上传的图版数量将达到60万幅左右。换句话说，还有约2/3没有完成。数字化工作量仍然非常巨大。

有的成员机构的藏品，已经全部数字化并通过IDP数据库发布，比如法国国家图书馆、敦煌研究院、龙谷大学等等。但是，大部分机构的数字化工作还没有完成，包括敦煌西域文献四大收藏机构中的三个，也就是中国国家图书馆、英国国家图书馆以及俄罗斯科学院东方学研究所，都还有很长的路要走。

显而易见，完成文献的数字化是进行其他更高层次工作的基础。数字人文实践的基础，就是完成文献的数字化。为了早日完成数字化，我们希望以后有机会投入更多的资金，配备更多的图像处理工作人员，加快工作速度。目前的经费只允许我们维持现有的规模，希望以后能有所扩展。

IDP不是一个单纯的文献数字化项目，它还关注与敦煌西域文献相关的工作，包括保护修复、研究、展览、教育等等。IDP致力于推动化学家、纸张保护专家、文献修复专家亲密合作，发展文献保护技术，提升保护方法与修复技艺。IDP已分别在萨塞克斯（1993）、巴黎（1996）、柏林（1998）、圣彼得堡（1999）、斯德哥尔摩（2002）、北京（2005）和伦敦（2007）举办了七次保存保护研讨会，促成保护修复专家交流经验。其中，第六次会议由中国国家图书馆主办，会后出版了中英双语的论文集《融摄与创新：国际敦煌项目第六次会议论文集》。我们原本计划2020年在北京召开第八次会议，但不幸因新冠肺炎疫情的影响，不得不将会期推迟到2022年。

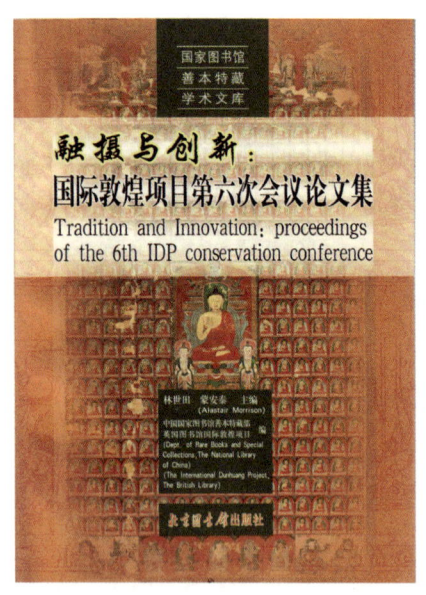

图2 国际敦煌项目第六次会议论文集书影

此外，IDP还于1997年在伦敦举办了敦煌伪卷国际研讨会，出版了论文集《敦煌伪卷》（*Dunhuang Manuscript Forgeries*），在国际敦煌学界产生了重大的影响。2004年，为配合"丝绸之路：贸易、旅行、战争与信仰"展览，IDP组织了一个关于于阗王国的学术讨论会，并出版论文集《于阗王国》（*The Kingdom of Khotan to 1000 CE: A Meeting of Cultures*），作为《内亚艺术和考古杂志》（*Journal of Inner Asian Art and Archaeology*）的第3期于2008年出版。2006年11月，中国国家图书馆与IDP在北京联合举办"西域文献学术座谈会"，主题是"丝绸之路上的《金光明经》"。

IDP也举办或协助举办文献展览，如2004年在伦敦举办的"丝绸之路：贸易、旅行、战争与信仰"展览，吸引了15万余人参观，出版有图录《丝绸之路：商贸、旅行、战争与信仰》（*The Silk Road: Trade, Travel, War and Faith*）。2008年9月25日至10月24日于中国国家图书馆举办的"1860—1930：英国藏中国老照片展"也是借助IDP这一合作平台促成的，此次展览后南赴广州、武汉巡展，社会反响非常强烈，并出版图录《1860—1930：英国藏中国历史照片》。2012年10月，中国国家图书馆、英国国家图书馆、敦煌研究院共同庆祝IDP中文网站发布十周年，联合举办了"敦煌旧影——晚清民国敦煌历史照片展"，以及IDP项目专家讨论会。

敦煌西域文献全面地反映了中古时代中国和中亚地区的文明，学者以外的普通公众也能从中得到很多有益或有趣的信息，IDP工作人员通过演讲、展览、教育项目与编纂普及读物等方式向学术界以外的人士推介这些精彩的资源。IDP网站设有教育版块，为学习丝绸之路文化、历史、艺术、宗教和语言的学生提供资源，也可供教师教学参考。

IDP在各国各机构的工作内容，有一定的不同。核心的数字化、数据库维护等工作，大部分机构基本都具备，此外的其他工作，则各有侧重。在英国国家图书馆，IDP是一个工作内容很复杂、很全面的项目，贯穿了关于敦煌西域文献的方方面面，从保护、修复,到数字化,再到研究、推广,全程参与。他们特别关注修复,在该馆的修复部门之外,IDP项目组也聘用修复专家,开展修复工作,为数字化做准备。

目前英国国家图书馆的IDP中心,正在推进《妙法莲华经》项目。这个计划由香港北山堂基金会资助,从2018年夏天开始,计划用四五年的时间,完成该馆收藏的800多件《妙法莲华经》的修复和数字化。团队有六位同仁:一位主管,一位项目经理,两位修复人员,两位数字化人员。《妙法莲华经》项目主题明确、体量适中,能在不太长的时间内集中力量完成,也比较容易得到资金方面的支持。

在中国国家图书馆,因为我们有专业的修复机构和修复团队,而且大批量的敦煌遗书修复工作已经完成,因此国图IDP项目不涉及修复,专注于数字化。当然,我们也关注文献研究,与敦煌学界有很多互动。法国国家图书馆的数字化工作早已完成,图版也已经在GALLICA发布,因此他们主要就是用一个本地服务器连入IDP数据库,提供服务。曾经存在的韩国IDP,因为主办机构没有文献收藏,他们做的主要是研究与推广工作。敦煌研究院在数字化之外,还做了一些教育、推广项目。

工作内容、工作方式的不同,并不影响我们的合作。核心的工作,是数字化和数据库,以及相关的会议、研究、推广等等。各机构的目标是一致的,就是合作共建、开放共享,这是我们能合作二十多年的重要原因之一。

五、数据库及其检索

从1994年到现在,IDP一直使用专门设计的4D数据库开展大部分工作,数据库以IDP网站为对外服务界面。4D数据库的核心部分是一个兼备元数据管理与图像管理功能的集成系统。每件文献在数据库中均建立唯一的数据条目,以文献的馆藏号(Pressmark)作为唯一标识。馆藏号既是连接元数据与图像的唯一标识符,也是最为便捷的检索途径。

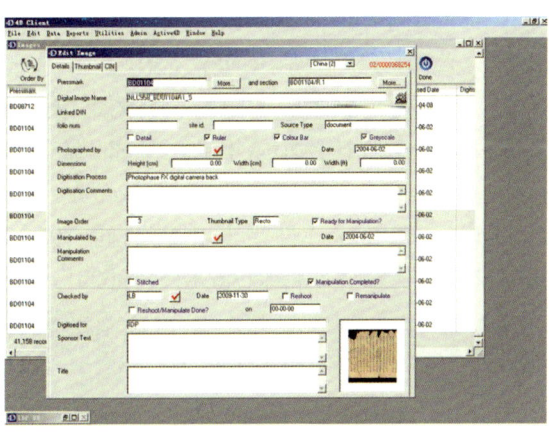

图3 4D数据库截屏(图像管理页)

数据条目包括文献的馆藏号、出土地、收藏史、材质、尺寸、装帧、主题、文种、保存与修复情况等内容,事实上可视为一条简明的目录。截至2021年3月,IDP数据库中已录入数据条目150663条。

IDP的数字化对象不仅限于文本文献,目前已扩大到绘画、艺术品、历史照片、考古文物等文献类型。4D数据库设计了完备而详明的数据结构,上述各类文献的各种信息,包括物理信息与修复记录、文献信息等,均可以在数据库中得到完整反映。

IDP还征得作者的同意,将大量已经出版的文献目录编辑成XML格式,上传到数据库,并在目录条目与相应文献图片之间建立链接,使学者能在同一界面上同时看到文献图片和各种目录的著录，便于研究参考。数据库还设置了单独的栏位，用于记录与每件文献相应的研究论著目录与译文，为学者提供研究参考。

4D数据库设有语汇对照表，用于将所有内容翻译成不同语言，显示于各文种网站。"最新消息栏"则用于发布IDP各中心的最新活动信息。4D数据库的任何增删、修改都可在IDP网站上即时显现。我们工作中发现什么问题，或者使用者提出一些问题，我们即时修改，网页上即刻更正。

IDP数据库设有多个层次的检索体系。最简单、最快捷的，是通过网站左侧的检索框，输入文献卷号进行检索。IDP的初衷是解决学术资料共享问题，因此其检索方式也非常学术，进行检索的最有效检索词是文献编号。

当然，对于不熟悉敦煌学，不了解各种馆藏号的使用者来说，IDP数据库不太好用，因为用标题检索，比如在检索框输入"妙法莲华经"，检索不到自己想要的结果，所以经常有使用者向我们提出能不能改进。其实改进不太容易，因为IDP数据库有七个文种，如果要实现标题的检索，需要给每件文献做七种语言的标题，其实就是七个文种的目录，这个工作的难度是比较大的。而馆藏号使用的都是通用的罗马字母和阿拉伯数字，不需要经过翻译，较为通用。

各机构的编号体系各不一样。我们检索IDP数据库的时候，需要先利用一些目录，或者索引，查到自己需要的编号，然后才能很方便地进行检索。比如，中国国家图书馆所藏敦煌遗书，曾经使用过千字文号、缩微胶卷号等多种编号，近年已经统一使用BD号。B代表北京图书馆（中国国家图书馆前身），D代表敦煌遗书。要查找每一个卷号，可使用方广锠、李际宁、黄霞著《中国国家图书馆藏敦煌遗书总目录·馆藏目录卷》（中国人民大学出版社，2016年）；要查询BD号与早期其他编号之间的对应关系，可使用方广锠主编《中国国家图书馆藏敦煌遗书总目录·新旧编号对照卷》（中国人民大学出版社，2013年）。又如，查询英国国家图书馆所藏敦煌文献的编号，可使用Lionel Giles所编 *Descriptive Catalogue of the Chinese Manuscripts from Tunhuang in the British Museum*（新文丰出版公司，1985年影印本）、荣新江《英国图书馆藏敦煌汉文非佛教文献残卷目录(S.6981—13624)》（新文丰出版公司，1994年）、方广锠《英国图书馆藏敦煌遗书目录：斯6981号—斯8400号》（宗教文化出版社，2000年）等目录。

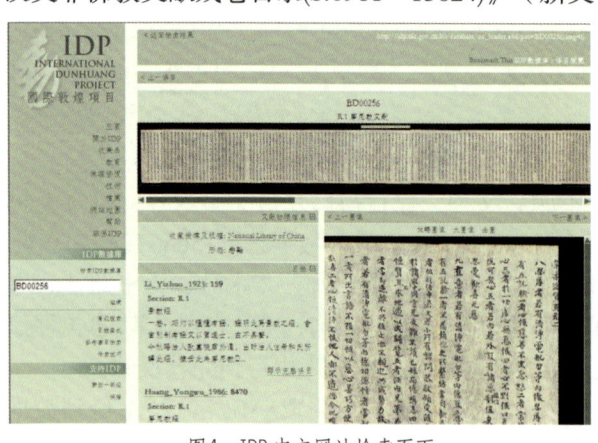

图4　IDP中文网站检索页面

整合全世界所有敦煌遗书的总目录，目前还没有出版。迄今为止最好用的敦煌遗书总目，是施萍婷主撰稿的《敦煌遗书总目索引新编》（中华书局，2000年），该书的基础是王重民主编的《敦煌遗书总目索引》（商务印书馆，1962年），收录中国国家图书馆、英国国家图书馆、法国国家图书馆所藏大部分敦煌文书的目录，但于敦煌西域文献四大收藏机构中缺少俄罗斯科学院东方学研究所，仍然不够全面。2021年初，刘毅超编的《汉文敦煌遗书题名索引》由学苑出版社出版，提供了目前为止最便利的汉文敦煌遗书索引。

检索吐鲁番文书，则可以利用陈国灿、刘安志主编《吐鲁番文书总目·日本收藏卷》（武汉大学出版社，2005年），荣新江主编《吐鲁番文书总目·欧美收藏卷》（武汉大学出版社，2007年）等目录。

根据这些目录，查到所需文献的编号，就可以方便、快捷地调阅文献图片了。为了方便不熟悉文献编号的使用者快捷地获得资料，IDP设置了高级检索、目录查找、书目检索等多种检索方式。

高级检索提供三种选项：（1）文献馆藏号检索：如果使用者熟知藏品的馆藏号，可使用该选项；假如并不确定准确的编号，可使用"包含匹配"。检索结果显示前300条。（2）特定条件检索：可通过文献类型、收藏机构、主题或关键词、简短标题、形态、考古遗址、语言（文字）等七个角度检索某一范畴的全部文献。检索条件可组合使用，比如浏览匈牙利科学院图书馆收藏的历史照片，可在"收藏机构"下选择该图书馆，同时在"文物种类"下选择"照片"，然后点击"提交"，即可索得所有符合条件的文献图像。（3）文献目录自由检索：检索IDP数据库中的文献目录，可使用文献标题、人名或目录中著录的任何其他信息进行检索。若需检索某个或多个特定目录，可使用"目录限定"选项。

目录查找用于查找某种敦煌西域文献目录，并浏览该目录所著录的所有文献。如选中Boltz的Non-Buddhist Documents from Dunhuang in the British Library，点击"提交"，可查得此目录的所有339个条目，点击条目即可看到相应的文献图片。IDP在提供文献目录的同时，也提供少量遗址考古报告与写卷译文，如梅维恒（Victor Mair）教授的《伍子胥变文》译文The Story of Wu Zixu等，译文同样与相应的文献图像相链接。

书目检索用于检索数据库中有关中亚考古、文物与文献研究的参考书目，可查得标题、作者及出版信息，便于进一步研究参考。

IDP数据库的图像有三种规格，小图用作标识，检索页面显示中等大小的图像，此外还提供清晰度非常高的大图像。大图像的尺寸远大于文献原件，清晰度甚至超过阅读原卷，足以清晰呈现某些肉眼不易察觉的细节。IDP不仅数字化文献正面，同时也将写卷背面数字化，甚至没有字的地方也从不遗漏。这种做法对文献研究看似没有帮助，但是对于文书学、写本学的研究却是非常必要的，有益于使用者了解文献的全貌。

敦煌文献大多为卷轴装，有的写卷长达十余米，因此单幅的图像往往不足以展示文献的原貌。IDP采取拼接图像的方法解决这一问题，对于拍摄多幅图像的每件文献，提供精心拼接而成的全图，完整再现文献的原貌。

六、IDP对敦煌文献研究的贡献

IDP最重要的作用和贡献，就是为敦煌文献研究提供资料，提供查找资料的最方便的途径。有的资料是通过IDP数据库首先向学术界公布的，比如普林斯顿大学东亚图书馆的敦煌西域文献。普林斯顿大学东亚图书馆是北美地区仅次于哈佛大学福格艺术博物馆的第二大敦煌文献收藏机构，它收藏的敦煌文献长期没有完整公布，只有1989年布里特（Judith Ogden Bullitt）的论文《普林斯顿收藏的敦煌写本残卷》（Princeton's Manuscript Fragments from Tunhuang），介绍了83件写本残卷，刊布了21幅文献图版。在很长一段时间里，布里特的论文及其所刊布的图版是国内学界研究普林斯顿藏品的主要依据。

IDP于2008年初完成这批藏品的数字化，并通过网络数据库对外发布高清图像，为进行综合整理提供了良好的条件，因而迅速引起学界的注意。笔者利用这批图像，在陈国灿、荣新江两位教授早先研究的基础上，整理了其中的策问残卷，结合其他材料加以分析研究，揭示其在中国古代教育史及科举制度研究方面的价值，写了《普林斯顿大学东亚图书馆藏吐鲁番文书唐写本经义策残卷之整理与研究》一文，发表在《文献》2011年第3期。

有的资料此前虽然已经用缩微胶卷或文献图录公布，但IDP发布的图像更为全面清晰，足以为研究者提供更多、更完整的信息，因而在一定程度上推动了敦煌文献研究的进步。如BD01404（寒4、北3515号）《金刚般若波罗蜜经》，卷前有启请文，对于研究佛教信仰有一定文献价值。通卷上部经火烧，残缺不全，且颜色变暗，尤其是该卷最富研究价值的启请文部分损毁最为严重。由于缩微胶卷和《敦煌宝藏》均为黑白图像，火烧痕迹变色部分与墨笔字迹颜色相近，因而无法清晰显示火烧变色部分的文字。但IDP所发布的彩色图像，则非常清晰地显示了所有残存文字，有利于启请文部分的校录与探讨。

IDP的清晰图像，也有助于学者们开展文书学的研究，高清图版能让学者们详细观察写卷的外观形态，包括纸张、粘连方式、墨迹墨色、书写方式、圈点勾连符号、批注校字、雌黄改字等等，给较少有机会接触原卷的学者进行文书学研究提供了一定的条件。

从这些方面都可以看到IDP对于敦煌文献研究有积极的推动作用。学者们都非常乐意引用IDP的图版。我曾经用IDP作为关键词，在CNKI论文数据库中检索，得到了220条结果。除了几篇介绍IDP工作的文章之外，超过200篇论文都是利用IDP提供的图像开展敦煌文献研究的。学者们也非常乐意在论文中标明，他们所用的图片来自IDP数据库。这说明，中国的敦煌学研究者们，特别喜爱并信赖IDP。这是我们努力工作的动力之一。

七、IDP的未来

前面介绍了IDP的情况和贡献。其实，IDP也面临很多问题和困难。主要有几个方面：

一是数字化速度。到现在，数字化工作仅仅完成大约1/3。其中法国国家图书馆、龙谷大学、敦煌研究院等机构已经完成，中国国家图书馆、英国国家图书馆各完成约1/3，俄罗斯科学院东方学研究所完成的数量还比较少。其他还有很多藏量相对较小的藏家，没有加入项目合作。这个项目已经执行了20多年，数字化工作速度不能让学者满意。

比较慢的原因主要有两方面。首先是IDP制定的数字化标准比较高。为了保证图片质量，图像处理程序是固定的，比较复杂，每一幅图需要做几十个动作，长卷还要拼接。因此每个工作人员每天只能处理约40幅图。我的同事刘婷女士每周都超额工作，每年也只能上传1万多幅图片。因此，整体上工作速度快不起来。其次就是人员。我们希望多聘一些人手来加快数字化工作速度，可惜经费等方面的条件不允许，只能维持目前的规模。

二是数据库不够稳定。IDP使用的4D数据库软件，因为种种原因没能及时更新，造成数据库不够稳定的问题。七个服务器中，如果有一个停止服务，那么相应语种的网页就打不开，该馆的文献图片就不能下载。比如说，我们国图的服务器一旦停摆，中文网站就打不开，同时从英文网站虽然能搜索到国图的卷子，但是无法打开大图，也不能下载。英国的服务器停摆，结果也是一样的。

2013年在敦煌召开IDP第一次工作会议，我们讨论过要换数据库系统的可能，英国国家图书馆的技术人员戴维（David Crowe）和沙木（Sam van Schalk）提出了一个方案。2015年在伊斯坦布尔召开第二次工作会议，我们再次进行讨论。2019年11月，在伦敦召开第三次工作会议，决定依然使用4D提供服务，但需要将它升级到最新版本。目前，我们正在进行升级工作，完成之后将会大幅改善数据库的访问速度和使用体验。未来IDP可能会采用更新的技术来搭建新的数据库。

对于IDP自身来说，结构上也存在一些问题。IDP在全世界有七个服务器。由于各中心的服务器分居世界各地，为了让使用者在每一个网站上都能同时检索到所有服务器的资料，IDP构建了复杂的数据同步系统，每两个服务器之间实时进行数据同步。随着中心的增多，这一工作目前已经非常繁重。细心的用户会发现，IDP主页上的数字化图像统计数据，不同文种的网站显示的数量不一致，这就是数据同步延迟导致的结果。当然，这不影响检索的结果，对使用没有影响。

针对目前的问题，IDP正在酝酿结构性的改革，整个数据库需要重新设计并升级。升级计划主要包括：采用新的数据库系统，目前已经在讨论中。可能会采用IIIF（International Image Interoperability Framework），方便图片分享并提升使用者的体验。有的机构建议采用云存储，外购商业服务，各机构不再维护独立的服务器，以解决服务器系统复杂、数据同步滞后且不稳定的问题，各机构对此意见不一致，仍需要进一步的讨论。

无论IDP将来采用什么结构模式，它都会继续为敦煌西域文献研究者和对此感兴趣的广大公众服务。我们相信，经过升级调整，IDP的联合共建、资源共享能达到更高的水平，服务也会做得越来越好。

历代方志资料类纂数据库

□ 张　毅　肖　禹　国家图书馆古籍馆

地方志，又称方志、志乘，历史悠久，"是记载一定地区（或行政区划）自然和社会各个方面的历史与现状的综合性著述"[①]。其内容丰富，举凡一地的建置、沿革、疆域、山川、名胜、物产、气候、人物、文化、教育、民族、风俗、事件等，无所不包，被誉为一方之全史、地方的百科全书，具有存史、育人、资政等功能。

据不完全统计，汉文古籍超过20万种，地方志约占5%。面对自古及今卷帙浩繁的珍贵方志文献，如何更妥善地保存、管理，便捷地揭示其知识脉络，深入挖掘其价值内涵，使之在当今的经济文化建设、国民教育、学术研究等领域发挥出其应有的作用，是摆在时人眼前的重要课题。

目前，地方志资源的开发利用以整理出版与数据库为主。整理出版以全本影印居多，影印又多以丛书的形式出现。如《中国方志丛书》《中国地方志集成》《天一阁藏明代方志选刊》以及国家图书馆出版社的"著名图书馆藏稀见方志丛刊"系列丛书等。这些影印丛书部头庞大，造价不菲，多为藏书机构收藏。

方志的文献特性决定了从中撷取资料者多，通读全本者相对较少。读者往往需要披沙拣金，从海量资源中汲取需要的信息。一些学者为便于使用，按照专题或类别从地方志中辑录相关资料或是编制索引。如《中国地方志经济资料汇编》《中国地方志民俗资料汇编》《地方志灾异资料丛刊》《中国地方志佛道教文献汇纂》等。但也存在收录范围有限、刊行数量较少、价格高昂以及整理质量不高等问题。

我国的数字方志建设大约兴起于20世纪90年代，现主要有图像版、全文版、图文参照版三种形式。规模较大者如国家图书馆"数字方志"库、籍古轩"中国数字方志库"、爱如生"中国方志库"、万方数据公司"新方志"数据库、超星数字图书馆"中国历代方志集（1368—1949）"数据库等。整体而言，地方志数字化虽然取得了一些研究成果，积累了一定的项目经验，但是广度和深度都相当有限，难以满足学术研究、文化教育和社会发展的需要，存在较大的拓展空间。

随着科技的进步，互联网和新媒体技术广泛应用于各领域，地方志的数字化、信息化为大势所趋，是当下解决藏与用、编辑与出版、开发与利用等问题的最行之有效的路径。而地方志同时具备地域性、时代性、系统性、资料性和科学性，包含丰富的内容信息，与大数据特性非常相似，适合与现代技术相结合，进行深层次的数据加工与标引，建立资源库、知识库。

德国马克思普朗克科学史研究所搭建的专为数字方志打造的历史研究工具LoGaRT（Local Gazetters Research Tools），是进一步利用、发掘方志数字资源的优秀案例。在此工具的支持下，近年来学术界已产生一些具有影响力的学术成果。该系统支持学者

[①] 来新夏主编：《方志学概论》，福建人民出版社，1983年，第1页。

以关键词形式检索相关信息，通过搭建专题数据库，利用数据库进行大数据的信息发掘、标签、分类或文本分析。

国家图书馆藏有大量的古旧地方志特色资源，自2002年起陆续进行数字化建设。"数字方志"库从馆藏中精选出6868种地方文献（以地方志为主）进行数字化，时间跨度上起宋元下至民国，地域范围覆盖全国30余个省、直辖市、自治区。目前已完成地方文献扫描300余万拍，同时完成全文转换200余万拍。"中华古籍资源库"中包含千余部善本方志影像。为便利读者使用与后续开发，需要进行资源整合，统一著录标准，查漏补缺，完善数据，统筹制定馆藏方志数字化的发展方向和路径。

以国家图书馆为主，联合其他单位共同完成的国家科技支撑计划项目"中国地方志数字化关键技术研究与演示平台设计"进行了大量方志数字化的基础性研究和技术开发。包括方志文献特性和数字化特性、方志碎片化理论与方法、方志数字化标准规范体系建设、方志数字化技术应用研究、方志可视化技术应用研究等。项目核心成果——方志碎片化理论与方法，可谓为方志数字化、方志资源的开发利用提供了一种新模式。

基于方志利用的需求，依托雄厚的方志馆藏，借鉴新技术手段及理念，"历代方志资料类纂数据库"的构想应运而生。通过稳步推进方志通用基础数据建设，并依据实践总结、形成数据标准，设计、搭建合理的数据库结构和工作平台，逐步完善方志内容主题词表，构建相对严谨、灵活的数据组织方式，提供用户入口。

该数据库旨在充分而高效地揭示、激活方志资源，弥补现有方志类数据库在全面、精确检索等方面的不足，帮助用户加速数据分析、处理，减省时间，节约精力，进而冲破旧视野，发现新知。同时，改善传统出版对个体使用者造价高、获取不便、采集信息效率低等问题，并可针对传统出版受众有限的问题，在适当时机推出方志数据定制服务，为研究者及相关人员提供更为便利的工作条件。此外，简化方志的阅读、利用难度，增加受众群体，传播、推广方志文化，使其更好地为国家各项事业及公众服务。如有资金注入，搭建此库并投入服务，将是数字人文的重大成果。

习近平总书记在福建工作期间曾说："了解历史的可靠的方法就是看志，这是我的一个习惯。过去，我无论走到哪里，第一件事就是要看地方志。"2014年，在第五次全国地方志工作会议上，国务院总理李克强提到"地方志是传承中华文明、发掘历史智慧的重要载体"，要求各级编撰人员"以更加饱满的热情、以求真存实的作风进一步做好地方志编纂、管理和开发利用工作，为弘扬优秀传统文化、服务经济社会发展作出新的贡献"。2006年5月，为继承和发扬中华民族的优秀文化传统，全面、客观、系统地编纂新方志，科学、合理地开发利用地方志资源，充分发挥地方志在经济社会发展中的作用，国务院公布了《地方志工作条例》。方志的利用方向更加明确。

对方志资源全方位的挖掘、更科学高效的利用，需求迫切，技术亦成熟，需要的是资金的注入和上级领导的支持以及各方面的协作。

文创产品的转型探索
——以国家图书馆视听古籍产品为中心

□ 朱默迪　朱婷婷　国家图书馆古籍馆

自2016年国务院办公厅转发《关于推动文化文物单位文化创意产品开发的若干意见》以来，国内各大文博机构纷纷部署文化创意产品开发工作。目前已形成以故宫博物院和国家博物馆等文创单位为代表，其他各博物馆、图书馆、美术馆文创产品百花齐放的盛景。国家图书馆古籍馆在文创开发上进行了诸多尝试，至2018年已自主设计生产了400余款实体文创产品，得到古籍研究者、工作者和爱好者的认可。

近年来，我国在商用5G、区块链、人工智能等前沿技术领域不断取得突破，成果丰硕，传统文化产业开始在新兴技术的助推下寻求转型升级。微博、微信、音频、短视频等被广泛运用于文化传播领域，为文创产业的数字化转型以及数字文创的发展带来了更有效的传播途径，人们获取信息的方式更加便利。与此同时，旨在鼓励和规范文化产业数字化发展的国家政策和法律也在进一步完善。《中共中央关于制定国民经济和社会发展第十四个五年规划和二〇三五年远景目标的建议》明确提出"实施文化产业数字化战略，加快发展新型文化企业、文化业态、文化消费模式"。2020年11月修改的《著作权法》扩大了著作权保护范围，还引入了惩罚性赔偿制度。《刑法修正案（十一）》中，也加大了惩治侵犯著作权罪的力度。

在互联网知识经济、文博机构文创产业以及音频、短视频等视听软件蓬勃发展的当下，以视听产品为代表的数字文创，理应成为文博机构新的发力点。作为公共文化机构，图书馆承担保存人类文化遗产、开发信息资源、参与社会教育等职责。图书馆文创产品承载着古籍文化精髓，它们要让"书写在古籍里的文字活起来"，让更多的用户感受到古籍不再是束之高阁、晦涩难懂的"古物"，而是触手可及又贴近生活的"读物"。推广文创产品是发挥图书馆服务职能的延伸，追求古籍文创形式的多样化、建立更完整的产业链则是古籍文创产业持续发展的保障。在探索实体文创开发的道路上，国家图书馆古籍馆开始有意识地进行数字文创产品开发，发掘以"视听古籍"为中心的数字文创产品的市场潜力。现有音频、视频内容类产品中，传统文化一直是热点话题，而细分至古籍文献类专业内容则仍属空白。国家图书馆古籍馆古籍资源丰富，在古籍类IP开发（IP是英文Intellectual Property的缩写，意思是知识产权，这里指用于二次或多次转化、移植、改编的文化素材）和开展外部合作上也积累了相当的经验与资源，对于把握古籍类文创的调性、受众、市场具有较为深入的理解，在这些方面可以说具有不可替代的优势。

2019年4月23日，国家图书馆古籍馆与蜻蜓FM联合出品的文化音频节目《故人·故纸》正式上线。节目选取国家图书馆四大专藏中的《永乐大典》和《四库全书》为主题,以典籍的诞生、流传、收藏为线索,深度解析国宝背后的故事,用故事串联历史,向大众普及古籍善本知识。该节目是国内首个古籍版本知识普及类音视频节目(表1),颇受听众关注。

图1 《故人·故纸》节目海报

图2 《故人·故纸》节目弹窗

表1 《故人·故纸》节目列表

日期	期数	标题
2019-4-23	第1期	《永乐大典》缘起之永乐大帝的三件大事
2019-4-23	第2期	《永乐大典》——明王朝的超级"百科全书"
2019-5-13	第3期	"黑衣宰相"和"大明奇才"——《永乐大典》背后的关键人物
2019-6-4	第4期	谁偷了朕的大典?《永乐大典》是如何遗失的
2019-6-18	第5期	"瑞世鸿宝今何在"——《永乐大典》收藏传奇
2019-6-26	第6期	灵芸针线绝 名书好手装——我在国图修《大典》
2019-7-24	第7期	《四库全书》编纂缘起:朕的天下,就是要文脉一统
2019-8-14	第8期	就"四"论"四"——数字解密《四库全书》
2019-8-21	第9期	天才少年起河间——《四库全书》总纂官
2019-10-23	第10期	《四库全书》里的风月事——纪晓岚与他的"杜小月"
2019-12-17	第11期	KPI狂人爱新觉罗·弘历——《四库全书》的组织管理
2019-12-31	第12期	审校不严,可否归田?——四库馆臣众生相

截至2019年底，全部12期节目更新完毕，节目总点击量已超过80万，作为仅有12期的节目，社会反响十分突出。故此，在中国古籍保护协会、财通证券的支持下，国家图书馆古籍馆与蜻蜓FM继续合作，于2020年推出《伴随一生的古诗词》系列音频节目。这个系列的节目内容以教育部编、人民教育出版社出版的中小学课本为基础，选择其中收录的部分古诗文进行解读与共读，一期项目成果为两个专题10期节目，呈现诗歌从四言到五言的发展和唐代边塞诗的风采。与《故人·故纸》节目采用蜻蜓单一主播来播讲的形式不同，该节目采取明星亲子互动形式呈现，单期节目由原文朗读、诗文解析、亲子互动问答三部分构成。每个专题的首期通讲历史文化背景及诗歌理论常识，后四期精选四首代表性诗作，逐词逐句分析古诗词之美。2020年11月底，全部节目完成并上线（表2）。

表2 《伴随一生的古诗词》（一期）节目列表

期数	题目	主播
专题一：	唐以前的古诗是什么样？	苏扬
第1期	温柔敦厚，君子之歌——《诗经·周南·关雎》	苏扬
第2期	东临沧海，天地我心——曹操《观沧海》	苏扬
第3期	人生易逝，不负韶华——汉乐府《长歌行》	张天娇
第4期	格物具情，天然自得——陶渊明《饮酒》	张天娇
专题二：	边塞诗的兴衰	瞿弦和
第1期	千秋明月，梦里家国——王昌龄《出塞》	瞿弦和
第2期	旗亭画壁，传布千古——王之涣《凉州词》	瞿弦和
第3期	万里悲凉，一盏泯之——王翰《凉州词》	六神磊磊
第4期	唐人别诗，此为绝唱——王维《送元二使安西》	六神磊磊

节目邀请了四对亲子搭档来担任主播，他们之中既有来自国家院团的专业播音主持，又有具备一定媒体影响力的个人"大V"（微博等网络平台上关注量大且获得个人认证的用户），既满足了儿童教育类节目对标准发音的严格要求，同时也提升了大众的接受度和节目的趣味性。专业的播音技巧、互动问答的趣味形式、贴近生活的讲解内容、反映考点的测试题目，是这个系列节目的重要特色。

节目上线一周后，播放量为4.8万次，登上蜻蜓新品节目排行榜前五名。截至2021年3月15日，总播放量18.4万次，单期最高播放量4.3万次。后续古籍馆计划持续推出系列节目，以完整呈现中国文学史上的诗词瑰宝，范围从早期诗歌到唐诗一直延伸至宋诗宋词。

图3 《伴随一生的古诗词》
节目海报

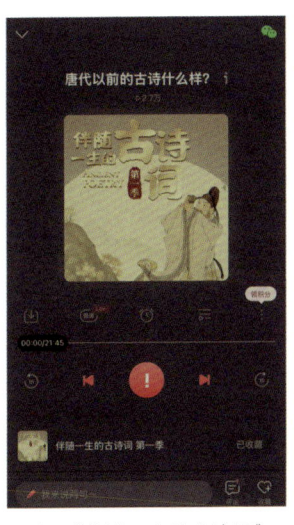

图4 《伴随一生的古诗词》
节目播放页

图5 《伴随一生的古诗词》
节目专辑页

图6 《伴随一生的古诗词》
在蜻蜓FM排行榜

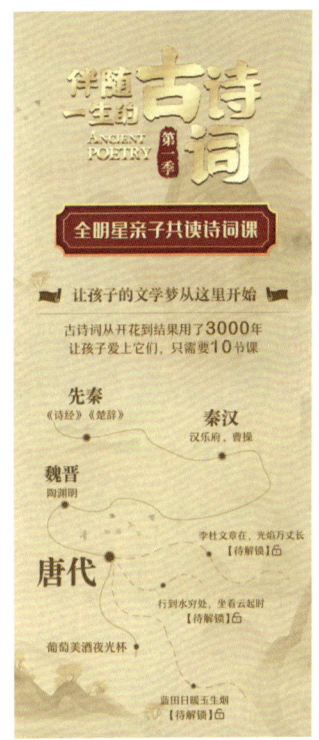

图7 《伴随一生的古诗词》
节目落地页长图（局部）

在视频文创节目方面，国家图书馆古籍馆也有所尝试。2019年8月，国家图书馆古籍馆与中国数字图书馆公司合作，策划制作短视频纪录片《文津博古》。其内容是选取国家图书馆馆藏珍贵古籍善本，进行深度的知识挖掘，邀请古籍馆优秀青年学者主讲，成品形式为10个主题12期视频节目，每期15分钟左右（表3）。

表3 《文津博古》节目一览

主题名称	内容及主讲特色
中国古代的活字印刷术	全面梳理活字印刷术的发展，辅以古籍馆藏科技经典文献示例。主讲人来自古籍馆文献保护组，曾开设"纸落云烟"微信公众号，进行传统印刷科技科普。
国宝传奇——《赵城金藏》	国图"四大专藏"之一，具有较高知名度。主讲人来自古籍馆善本组，长期从事佛经版本研究，曾多次进行专题讲座和展览导览讲解。
随性所至 ——王阳明书法艺术漫谈	以王阳明书法作品为切入点，串讲王阳明书法造诣与心学思想。主讲人来自古籍馆金石组，专门从事金石拓片编目、研究工作，曾多次在参观接待任务中承担导览讲解工作。
李时珍与《本草纲目》	全面梳理李时珍相关医学文献。主讲人来自古籍馆善本组，专门从事古籍版本编目、研究工作，曾多次在参观接待任务中承担导览讲解工作。
徐霞客与《徐霞客游记》	以国图珍藏稀见版本为例，讲述中华传统地理经典文献。主讲人来自古籍馆舆图组，专门从事古代地图、历史地理研究，曾多次参加电视节目录制。
画学金针 艺林宝玩 ——《芥子园画传》	利用国图馆藏的多种版本，讲解中国传统艺术经典。主讲人来自古籍馆普通古籍组，专门从事古籍插图研究，曾多次进行专题讲座和演讲。
《永乐大典》的诞生与流传 （上）（下）	国图"四大专藏"之一，具有较高知名度。主讲人来自古籍馆善本组，专门从事古籍版本编目、研究工作，曾在多次参观接待任务中承担导览讲解工作。
武则天宫廷写本《金刚经》	国图"四大专藏"之一，具有较高知名度。主讲人来自古籍馆敦煌组，长期从事敦煌遗书版本编目、研究工作，曾多次进行专题讲座、展览导览讲解和电视节目录制。
"满"汉全书 ——《四库全书》（上）（下）	国图"四大专藏"之一,具有较高知名度。主讲人来自古籍馆典藏阅览组，专门从事纪昀相关文献研究，曾为"文津街七号"公众号内容主创。
《说文解字》与汉字源流	中国传统语言文字类经典文献，意义重大却较难理解。主讲人来自古籍馆经典文化推广组，古典文献学博士专业出身，曾为"文津街七号"公众号内容主创。

《文津博古》依托于古籍馆专业人员的扎实学术基础，在古籍内容介绍的基础上，着重增加了普及古籍版本知识的内容。另外，节目利用古籍馆已有实体文创进行辅助讲解，既丰富了讲解形式，又实现了实体文创和数字文创的联动。

除了音频、视频节目外，古籍馆还在2021年春节期间与阅文集团合作，制作推出9款创意"福"字手机壁纸，通过阅文集团旗下的起点中文网、腾讯阅读等APP（application的缩写，一般指手机软件）推送给广大读者。截至2021年2月22日，微博平台阅读量达1100万，话题量8306.8万，讨论量3.4万，媒体深度报道18篇，腾讯阅读平台新春活动在春节同期活动中曝光及参与量最高，"福"字壁纸领取量达120多万次①。壁纸选取皇帝御笔、名家手书等具有较高知名度的"福"字进行创意设计，融入很受青年人喜爱的"梗"（网络用语，笑点的意思）。例如，"王的福"壁纸"福"字的设计，一层含义是"福"字来源为国家图书馆馆藏王羲之书《淳化阁帖·司州帖》，意为"来自王羲之的福"；第二层含义为"书圣"王羲之书法作品，可称为"福字之王"；第三层含义是"王的福"英语谐音"Wonderful"，意思是"极好的"。这三层含义既体现了中华传统文化之美，又表达了节庆美好祝福寓意，用当代语境释读古代典籍，雅俗共赏。

图8 "福"字手机壁纸

图9 "福"字来源

① 赵大莹：《"王的福"，何以成为"流量王者"？》（"国家图书馆通讯"公众号），https://mp.weixin.qq.com/s/9J1oUWtV9qn1cjK358FM1Q（2021-3-15检索）。

浩如烟海的古籍中蕴含着中华民族深厚的历史思想文化，但由于古籍内容艰深、高质量IP资源稀缺，绝大多数古籍并没有被有效转化为IP资源，成为文博类IP"活起来"的难点。目前，古籍类文创产品IP开发仍处于起步阶段，主要集中在实体产品的开发和授权上，数字文创的形式也比较有限。文创的研究开发始终离不开人才，特别是对数字文创而言，需要的是可以跨学科的复合型人才。在未来要重视对文创人才的引进和培养，在职称评定、收益奖励层面对文创开发人员有一定倾斜。加强与国内外高校、研究机构合作，共建高端专家、文创人才智库；同时也要积极招商引资，吸引社会资金和智力投入文创开发和生产。

另外，在进行文创开发合作时，文博机构始终应坚持"守正创新"的理念。文创开发固然有市场经营的需求，但同时也承担着社会教育的职能。文创IP开发并非一味炒作概念或视觉奇观，尤其数字文创的开发依赖于互联网技术，更应注意当下互联网世界泛娱乐化的倾向和过度依赖信息智能技术导致的"信息茧房"现象。虽然当下数字文创的开发处于初级阶段，仍需要具有话题性或市场价值的IP作为开发先驱，但在"热闹"过后图书馆应探索的是一条可持续的、长期的IP运营之道，引导公众进行深度学习和思考，从而达到推动全民阅读、提高基本公共文化服务均等化水平的目标。

作为现代文化产业体系的重要一环，发展数字化产业是国家在文化和文物领域的规划布局需要。作为国家重要文化机构，国家图书馆古籍馆将加快探索数字文创之路。这将是一个任重道远的过程，需要图书馆主动拥抱变革，抓住机遇，积极与以互联网企业为代表的社会资本加强合作，在实践中不断发展前进。

后记：疫情中古籍人的初心和坚守

庚子春节，随着匆匆回家的脚步，多数人开启了家人欢聚的模式，开始准备团聚的年夜饭。却不曾想到，假期的第一天，突如其来的新冠肺炎疫情，就让我们按下了正常生活的暂停键。一直忙碌的古籍馆，一度陷入了寂静和茫然的状态。在文旅部、国家图书馆领导们的决策和要求下，每日上报部门员工健康情况，统计员工离京、返京情况，每日跟踪新增离京、境外返京情况（含共住家属），以及是否去疫情较严重的医院看过病、居住区是否被通报出现确诊或疑似病例情况。加强与滞留外地，特别是湖北等地员工的沟通，了解滞留员工实际状况，及时解决困难。督促返京员工做好防护，按照规定进行隔离观察。日复一日地统计报告，部办的潘菲没有一句怨言。不断制定复工计划，成为业务的常态。在短暂的恐慌后，居家办公的古籍人开始思考，在疫情影响下，业务工作如何开展，书的保护怎么做，读者服务如何继续，为国家甚至全球范围的疫情防控我们能做些什么。为了沟通方便，一个个微信工作群建立起来。

首先，为了方便读者利用远程服务资源，曹菁菁带着推广组的同事，把如何利用网络上的古籍资源做成了一个攻略。在请示时任业务管理处处长的毛雅君和主管领导时，得到领导首肯，毛处长说正需要这样的服务。于是这个攻略很快通过国家图书馆的公众号发布，给疫情中的古籍服务做了铺垫。

几乎与此同时，考虑到疫情前期的服务或许涉及消毒问题，古籍保护科技文化和旅游部重点实验室及时向业务处汇报沟通，在组长田周玲的带领下，调研了书籍消毒查杀的多种渠道和办法，权衡利弊，写出了建立长期消毒房的建议，交给主管领导，为后期服务提供决策参考。没有想到的是疫情太复杂，以至于持续的时间远远超出我们的想象，让经历过"非典"的我们都觉得匪夷所思。眼看惊蛰已到，库房空调还没法正常开放，难以有效抑制书虫的复活，若书库不及时投防虫药，一旦发生虫害蔓延，后果不堪设想。实验室和书库同事们互相配合，分批申请入馆，及时投放了樟脑精。在没有空调的库房投放药物，一天下来，他们不仅衣服湿透了，回到家里力气也没有了。疫情会不会出现次生灾害，该如何防治，也成为摆在我们面前的问题。实验室的同事又对书籍的水、霉灾害等防治做了调研，撰写了文稿。职责所在，古籍人面对疫情，对书的热爱初心未改。

在抗击疫情的过程中，中医抗疫的研究、临床应用没有停止过。我们能做什么？居家办公的古籍人分工协作，将各自负责的藏品中那些与疫情相关的医籍梳理出目录，希望让古人曾经拯救众生的智慧惠及今天的百姓。克服居家查询的不便，从敦煌遗书、善本古籍、普通古籍、少数民族文字古籍、金石拓片等文献类型中，大家查出了与疫情相关的文献目录，尽管不是针对新冠肺炎，但是这些古籍中蕴含的古人的智慧，或许能够帮助相关工作人员挖掘出抵抗疫情的信息。倘若如此，古籍中的文字就真的活起来，古为今用了。

随着信息的不断扩散，境外的疫情也在不断地蔓延，赵大莹等同事受委托，查询中国的古代医学典籍中哪些文献有其他国家语言的译本，能够与同在地球村的邻居分享抗疫的历史经验。中医文献的当代价值和海外传播或许会成为新的研究课题。

疫情中受到影响最大的可以说是家在湖北的同事了，宋宇馨刚刚回到宜昌老家就赶上小区完全封闭，她和家人的安全成为同事们的牵挂。守望相助、彼此温暖成为宇馨和同事们在疫情中的自我保护、心理疏导和逐渐复工的切实行动。让我们心怀敬意的，还有那些家人在抗疫一线冲锋的同事，时时安慰和及时支持成为大家共同的选择。

当然，疫情中，古籍人并未有一点工作倦怠，已经与协作单位签署了修复合同，需要尽力在合同约定时间内完成，疫情稍有缓解，在组长胡泊的带领下，几位年轻的修复师在寒冷的修复车间开始了修复工作。自己会开车的自驾上下班，不会开车的，家人担心他们的安全，竟然又开始了家长接送的模式。同时，一刻未停的，还有沉重的业务工作。已签约的数字化扫描项目，在陆续复工时被排在前面，推广、典阅等业务科组相互配合，积极推进。鲁迅手稿、甲骨文献、典籍整理工程的出版，任务书的推进，《文津流觞》《文津学志》和两个系列的讲座文字整理，国家图书馆"十四五"战略研究等，一刻不停。在业务处的统一协调下，古籍馆开始了征集中国抗疫文献的系统工作，为庚子年留下一份特殊的国家记忆。

转眼一年过去，疫情还没被完全击退，未来的路或许还有更多的艰辛，抗击疫情、在守望相助中发展，任务艰巨。但是，古籍人将一如既往地团结、坚守、担当。藉《文津流觞》正式出版之际，我们就把疫情中的那份坚守和坚守中的点滴收获呈现出来，它是古籍馆同仁的一份抗疫记忆，更是古籍馆同仁悉心交出的一份抗疫答卷。

是为后记。

《文津流觞》征稿启事

《文津流觞》原为国家图书馆古籍馆主办的内部刊物,自2021年起改为集刊,由广西师范大学出版社公开出版。改刊后的《文津流觞》将继承原有风格,追求学术性与普及性的统一,以鲜活、生动的文字报道古籍工作所思所感、馆藏文献掌故、古籍研究最新成果、古籍界的旧事新闻,以及对前辈专家的追思与怀念等,致力于让书写在古籍里的文字活起来,推进中华优秀传统文化的创造性转化、创新性发展。《文津流觞》现设有"文献天地""保护修复""文献采访""工作纪实"等固定栏目,另会不定期地开设专栏。

敬祈广大古籍工作者、研究者及爱好者垂注并赐稿。

一、稿件要求

稿件须为原创。来稿请使用规范简体字,篇幅一般在4000字以内,图文并茂。注释采用脚注格式。文章的插图要求提供分辨率为300dpi以上的tif或jpg格式图片,单张图片大小1MB以上,并标注图片来源。

二、投稿事宜

1. 请将稿件发送至邮箱,邮件主题注明"《文津流觞》投稿"字样。所有来稿请提供作者基本信息,包括姓名、工作单位、职称或职务、联系地址、邮政编码、电子邮箱、电话号码。

2. 来稿采用双向匿名外审制度,编辑部一般在收到来稿后三个月内回复处理意见。如需撤稿,请及时告知编辑部。超过三个月无答复,作者可转投他刊。

3. 本刊不向作者收取审稿费、版面费等任何费用。来稿一经刊用,即按本刊标准支付稿酬,另寄赠样刊1册。

三、联系方式

联系人:林老师　赵老师
电　话:010-88545453　010-88545493
邮　箱:wenjls@163.com
地　址:北京市海淀区中关村南大街33号国家图书馆《文津流觞》编辑部
邮　编:100081